Prof. Dr. Dieter Birk/RA Dr. Matthias Bruse, LL.M./
Prof. Dr. Ingo Saenger (Hrsg.)

Forum Unternehmenskauf 2013

Aus dem Münsteraner Studiengang
„Mergers & Acquisitions"

 Nomos

Die Deutsche Nationalbibliothek verzeichnet diese Publikation in
der Deutschen Nationalbibliografie; detaillierte bibliografische
Daten sind im Internet über http://dnb.d-nb.de abrufbar.

ISBN 978-3-8487-0955-7

1. Auflage 2014

Vorwort

Die Nachfrage nach Juristen und Wirtschaftswissenschaftlern mit vertieften Kenntnissen auf dem Gebiet M&A ist ungebrochen. Um diesem Bedarf gerecht zu werden, begründeten die Rechts- und die Wirtschaftswissenschaftliche Fakultät der Westfälischen Wilhelms-Universität Münster im Jahre 2002 gemeinsam den europaweit ersten reinen M&A-Masterstudiengang. Fester Bestandteil des M&A-Masterstudiengangs ist die Anfertigung einer häuslichen Abschlussarbeit. Viele der von den Teilnehmern vorgelegten Arbeiten waren auch in diesem Jahrgang von so hoher Qualität, dass wir uns wiederum entschlossen haben, eine Auswahl davon der Öffentlichkeit zugänglich zu machen. Der vorliegende Sammelband vereint unter dem Titel „Forum Unternehmenskauf 2013" die besten Masterarbeiten des inzwischen neunten Studiengangs, der mit der feierlichen Graduierung im Oktober 2012 seinen erfolgreichen Abschluss genommen hat.

Unser besonderer Dank gilt den neun Autoren der Beiträge für die Zustimmung zur Veröffentlichung und ihre Tatkraft bei der redaktionellen Bearbeitung der Aufsätze. Die Dozenten des M&A-Studiengangs haben die Arbeiten betreut und standen den Teilnehmern als Ansprechpartner zur Verfügung. Die Mitarbeiter der JurGrad gGmbH haben den Studiengang organisiert und die vorgestellten Arbeiten sorgfältig redigiert. Auch bei den Dozenten und Mitarbeitern möchten wir uns daher herzlich bedanken. Unser Dank gilt schließlich der Kanzlei P+P Pöllath + Partners, die wiederum dazu beigetragen hat, die Drucklegung zu ermöglichen.

Münster, im August 2013

Dieter Birk   Matthias Bruse   Ingo Saenger

Zur Entstehung und Ausrichtung der Masterstudiengänge in Münster

Die Idee der Master-Studiengänge verband „Theorie" und „Praxis" schon bei ihrer Geburt: Einige Hochschullehrer(innen) der Rechts- und der Wirtschaftswissenschaftlichen Fakultät und Anwälte der Unternehmenskauf-Kanzlei P+P Pöllath + Partners wollten einen interdisziplinären Studiengang Steuerwissenschaften einrichten. Parallel hierzu entwickelte sich der Plan eines M&A-Studiengangs, der auf die Bedürfnisse der Praxis zugeschnitten ist und in enger Zusammenarbeit mit bekannten Experten durchgeführt werden sollte. Gute Erfahrungen gab es schon aus dem Summer Course „International Taxation", der seit einigen Jahren Hochschullehrer und Praktiker aus Finanzverwaltung und Beratung mit Studenten und anderen Studierenden zusammenführt.

Auch für Infrastruktur und Inhalt wurden in diesem Kreis der Gründer schnell Lösungen gefunden. Der Freundeskreis der Rechtswissenschaftlichen Fakultät gründete eine gemeinnützige GmbH; eine Geschäftsführerin wurde eingestellt, die die Projekte mit großem Engagement vorantrieb. Für die fachlich-inhaltliche Begleitung des Curriculums sorgten P+P Pöllath + Partners. Sie gaben nicht nur wichtige Anregungen und Impulse für die Gestaltung des M&A-Kurses, sondern halfen auch, namhafte erstklassige M&A-Praktiker aus erstrangigen Kanzleien als Dozenten zu gewinnen. Die Kanzleien und andere Sponsoren sicherten den Start auch finanziell, von der ersten Werbung über Stipendien bis zu einer Schriftenreihe.

Mittlerweile ist der Masterstudiengang Mergers & Acquisitions Teil eines vielfältigen Studienprogramms. Die gemeinnützige JurGrad gGmbH betreut neben den weiteren Masterprogrammen „Arbeitsrecht", „Steuerwissenschaften", „Versicherungsrecht", „Real Estate Law", „Unternehmensnachfolge, Erbrecht & Vermögen", „Wirtschaftsrecht & Restrukturierung" und „Medizinrecht" auch die Summer Courses „International Taxation", „Value Added Tax" sowie „M&A", organisiert M&A-Gespräche und fördert den Kontakt der Alumni untereinander sowie mit Praktikern und Arbeitgebern.

Das Programm des M&A-Studiengangs soll junge Juristen oder Wirtschaftswissenschaftler mit Hochschulabschluss praxisorientiert qualifizieren, um auf anspruchsvollen (und auch lukrativen) Beratungsgebieten tätig zu werden. Im Studiengang M&A wird in drei Semestern der komplette Vorgang eines Unternehmenskaufs in aufeinander aufbauenden Veranstaltungen behandelt. Neben einer umfassenden Behandlung der auftretenden steuerlichen Fragestellungen werden in eigenen Modulen unter anderem die Problemfelder der Finanzierung und der Due Diligence, das zu beachtende Vertragsrecht, arbeits-, kartell- und wettbewerbsrechtliche Vorgaben sowie strafrechtliche Risiken abgedeckt. Die einzelnen Studienmodule werden dabei im Co-Teaching jeweils von einem Universitätsprofessor und einem erfahrenen M&A-Praktiker betreut. Die Praktiker sind allesamt in führenden deutschen Kanzleien, Unternehmen, Unternehmensberatungen und Banken mit Schwerpunkt „M&A" tätig. Auf diese Weise partizipieren die Teilnehmer von den reichhaltigen Erfahrungen der Dozenten, die einige der bedeutendsten Übernahmen beratend begleitet haben. Diese Kombination der Stoffvermittlung durch Wissenschaftler und Praktiker gewährleistet den praktischen Erfolg der erworbenen Kenntnisse im Berufsalltag, der im Beratungswettbewerb hart umkämpft ist. Nur Qualität setzt sich durch, deshalb ist es das Ziel der Masterstudiengänge, Ausbildung in höchster Qualität zu bieten.

Inhaltsverzeichnis

Die Profitabilität von Übernahmeangeboten für den Aktionär – Übernahmeangebote annehmen oder Aktien halten? Eine empirische Analyse

Von Daniel Eisenhuth, EMBA

A. Einleitung

Die vorliegende Untersuchung soll Aufschluss darüber geben, ob eine grundlegende Aussage zur Profitabilität von Übernahmeangeboten möglich ist, wobei hierbei unter dem Begriff des Übernahmeangebotes sowohl das Übernahme- als auch Pflichtangebot lt. Wertpapiererwerbs- und Übernahmegesetz (WpÜG) gesehen wird. In der Arbeit stehen jedoch nicht die übernehmenden Unternehmen im Fokus der Analyse, sondern die Aktionäre der Zielunternehmen. Subjektiv betrachtet erscheint, allein durch die Tatsache, dass das WpÜG einen historisch abgeleiteten Mindestpreis vorsieht, ein Übernahmeangebot als attraktiv. Diese Arbeit soll allen Interessierten dazu dienen, eine Indikation bei Erhalt einer entsprechenden Übernahmeofferte zu bekommen, ob es bezogen auf eine mögliche Rendite sinnvoll ist, das Angebot anzunehmen oder nicht.

Zur Beantwortung der Fragestellung werden zunächst in Kapitel B die grundlegenden Sachverhalte des WpÜG aufgezeigt. Hierbei wird insbesondere auf die gesetzliche Unterscheidung zwischen freiwilligen Angeboten und Pflichtangeboten eingegangen. Neben diesen Grundlagen ist ein Verständnis zum Angebotsverfahren und der im Gesetz verankerten Gegenleistung für Übernahme- und Pflichtangebote wesentlich, welches durch diese Arbeit entsprechend vermittelt wird.

Für die in Kapitel C dargestellte Analyse zur Profitabilität von Übernahmeangeboten wird zu Beginn die notwendige Datengrundlage ermittelt und validiert. Nachfolgend finden diese geprüften Daten Einzug in ein Microsoft Excel 2010 (Excel)-Modell, welches die Basis für die empirische Untersuchung bildet. Darüber hinaus müssen Rahmenbedingungen, wie z.B. Kriterien zur Nichtberücksichtigung von Teilen der Grundgesamtheit, in den verschiedenen Analyseschritten definiert werden. Auch ist es erforderlich, den Barwert der in den Übernahmedaten vorhandenen Angebote mit liquiden Aktien als Gegenleistung zu berechnen. Zur abschließenden Beantwortung des Arbeitsthemas werden, neben einer Betrachtung der Annahmefristen, die den Angeboten entnommenen Gegenleistungen den (diskontierten) Börsenkursen der Wertpapiere, unter Berücksichtigung eventueller Dividendenzahlungen, zu unterschiedlichen Zeitpunkten gegenübergestellt.

Die entsprechenden Ergebnisse werden zum Ende zusammengefasst und können dem Adressaten dieser Arbeit als Leitlinie dienen.

B. Unternehmensübernahmen nach dem Wertpapiererwerbs- und Übernahmegesetz

In diesem Kapitel werden die Grundlagen des Übernahmerechts in Deutschland nach dem WpÜG dargelegt. Zunächst werden der Gesetzeszweck und der Anwendungsbereich beschrieben. Nachfolgend werden der Angebotsprozess und die Unterschiede zwischen freiwilligen Angeboten und Pflichtangeboten herausgearbeitet, wobei auch die gesetzlich verankerte Gegenleistung thematisiert wird. Abschließend wird die Möglichkeit des übernahmerechtlichen Ausschlusses von Aktionären (sog. Squeeze-Out) beschrieben.

I.   Zweck und Anwendungsbereich des Gesetzes

Mit dem WpÜG möchte der Gesetzgeber verbindliche Rahmenbedingungen, die den Vorgaben des europäischen Rechts entsprechen, für öffentliche (Übernahme-) Angebote bezüglich des Erwerbes von Wertpapieren in Deutschland schaffen.[1] Dabei soll die Gesetzgebung den Anforderungen an globalisierte Finanzmärkte Rechnung tragen, wodurch auch der deutsche Finanzplatz und Wirtschaftsstandort international gestärkt wird.[2] Neben diesem volkswirtschaftlichen Ziel soll das WpÜG Leitlinien bieten, um zügige und faire Übernahmeverfahren zu gewährleisten, ohne diese explizit zu fördern oder zu verhindern. Zudem soll die Transparenz für von Übernahmen Betroffenen (wie z.B. Wertpapierinhaber, Arbeitnehmer) durch die Gesetzgebung erhöht und die rechtliche Stellung von Minderheitsaktionären gestärkt werden.[3]

Der Anwendungsbereich des WpÜG wird in § 1 wie folgt definiert:

> „Dieses Gesetz ist anzuwenden auf Angebote zum Erwerb von Wertpapieren, die
> von einer Zielgesellschaft ausgegeben wurden und zum Handel an einem
> organisierten Markt zugelassen sind."[4]

Dieser Paragraph bedient sich der Tatbestandsmerkmale „Angebote", „Wertpapiere", „Zielgesellschaft" und „organisierter Markt" aus den Begriffsbestimmungen des § 2.[5] Daher ist für die Bestimmung des Anwendungsbereiches zwingend der § 2 mit heranzuziehen.[6]

1.   Angebote

Der Begriff „Angebote" umfasst nach § 2 Abs. 1 WpÜG nur öffentliche Kauf- und Tauschangebote zum Erwerb von Wertpapieren. Eine Beurteilung, ob es sich um ein öffentliches Angebot handelt, muss einzelfallbezogen erfolgen. Die Merkmale „Bestimmtheit des Adressatenkreises", „Art des Verbreitungsmediums", „Anzahl der angesprochenen Wertpapierinhaber" und „Angebot über die Börse" sind dabei im Besonderen zu beachten.[7] Eine Bagatellgrenze, gemäß der ein Angebot erst ab einer bestimmten Größe dem WpÜG unterliegt, existiert nicht.[8]

---

1   Vgl. *Theater*, Das deutsche Bundesrecht. Erläuterungen zum Wertpapiererwerbs- und Übernahmegesetz, Nomos Online   2001,   http://beck-online.beck.de/?vpath=bibdata\komm\nomos-br-erl\wpueg\cont\nomos-br-erl.wpueg. einleitung_gl1.htm&pos=0& hlwords=#xhlhit (Abruf vom 16.04.2012).
2   Vgl. *Cahn/Senger*, Das Gesetz zur Regelung von öffentlichen Angeboten zum Erwerb von Wertpapieren und von Unternehmensübernahmen, Finanz Betrieb 2002, 277 (279); *Thoma*, Das Wertpapiererwerbs- und Übernahmegesetz im Überblick, Neue Zeitschrift für Gesellschaftsrecht 2002, 105.
3   Vgl. *Theater*, NomosOnline 2001.
4   Wertpapiererwerbs- und Übernahmegesetz (WpÜG), in der Fassung vom 22.12.2011, § 1.
5   Vgl. § 1 Abs. 1 WpÜG.; § 2 WpÜG.
6   Vgl. *Noack/Holzborn*, in: Schwark/Zimmer, Kapitalmarktrechts-Kommentar. Börsengesetz mit Börsenzulassungsverordnung, Wertpapierprospektgesetz, Verkaufsprospektgesetz mit Vermögensanlagen-, Verkaufsprospektverordnung, Wertpapierhandelsgesetz, Wertpapiererwerbs- und Übernahmegesetz, 4. Aufl. 2010, § 1 Rn. 1.
7   Vgl. *Santelmann*, in: Steinmeyer/Häger, WpÜG, Wertpapiererwerbs- und Übernahmegesetz, Kommentar, 2. Aufl. 2007, § 2, Rn. 14 ff.
8   Vgl. *Noack/Holzborn*, (o. Fn. 6), § 1, Rn. 2.

2. Wertpapiere

Auch für den Begriff „Wertpapiere" beinhaltet das WpÜG eine Legaldefinition in § 2. Im Sinne des Gesetzes sind Wertpapiere definiert als

- Aktien,
- mit Aktien vergleichbare Wertpapiere (z.B. Zwischenscheine),
- Zertifikate, die Aktien vertreten (z.B. ADR = American Depository Receipts), oder
- andere Wertpapiere, die den Erwerb von Aktien, mit diesen vergleichbaren Wertpapieren oder Zertifikaten, die Aktien vertreten, zum Gegenstand haben (z.B. Optionsanleihen, Optionsrechte ohne Anleihe, Wandelschuldverschreibungen, Wandelgenussrechte).

Irrelevant ist hierbei, ob eine Verbriefung vorliegt oder nicht.[9]

3. Zielgesellschaft

Unter Zielgesellschaft versteht das WpÜG zunächst eine AG oder eine KGaA mit Sitz in Deutschland. Darüber hinaus ist das WpÜG auch unter bestimmten Voraussetzungen für Gesellschaften mit Sitz in einem anderen Staat des europäischen Wirtschaftsraumes (EWR) anwendbar.[10] Bei beiden Definitionen der Zielgesellschaft stellt das Gesetz auf den Sitz ab, der nach heutiger Meinung (h.M.) dem Satzungssitz bei deutschen Gesellschaften gemäß § 5 Aktiengesetz (AktG) entspricht.[11] Gesellschaften mit Sitz in einem EWR-Staat außerhalb Deutschlands müssen noch weitere Voraussetzung erfüllen, um vom WpÜG erfasst zu werden. Hierzu muss das Angebot auch im entsprechenden EWR-Staat als Übernahmeangebot (sog. europäisches Angebot) anzusehen sein. Darüber hinaus ist es erforderlich, dass entweder die Wertpapiere der Gesellschaft ausschließlich in Deutschland notiert sind oder, bei einer weiteren Börsenzulassung, die nicht im Sitzstaat der Gesellschaft vorliegen darf, die Zulassung zuerst in Deutschland erfolgte (Prioritätsprinzip gemäß § 1 Abs. 3 Nr. 2 b) aa) WpÜG). Trat die Börsenzulassung in Deutschland und dem Drittstaat zeitgleich in Kraft, muss sich die Zielgesellschaft für die Bundesanstalt für Finanzdienstleistungsaufsicht (BaFin) als Aufsichtsbehörde entschieden haben (Wahlrechtsprinzip gemäß §1 Abs. 3 Nr. 2 b) bb) WpÜG), um in den Anwendungsbereich des WpÜG zu fallen.[12] Sind diese Voraussetzungen für eine Zielgesellschaft aus einem EWR-Staat außerhalb Deutschlands erfüllt, so ist das WpÜG nur hinsichtlich der aufsichtsbehördlichen Normen, Sanktionen, Verfahrensvorschriften und gerichtlichen Zuständigkeiten anwendbar, die Fragen der Gegenleistung, des Inhalts der Angebotsunterlage und des Angebotsverfahrens regeln.[13]

---

9   Vgl. *Angerer*, in: Geibel/Süßmann, Wertpapiererwerbs- und Übernahmegesetz (WpÜG), Kommentar, 2. überarb. Aufl. 2008 inkl. Aktualisierung der Kommentierung zu §§ 30, 68 WpÜG auf Stand 19.12.2008, § 1, Rn. 38 ff.
10   Vgl. § 2 Abs. 3 WpÜG.
11   Vgl. *Angerer*, (o. Fn. 9), § 1, Rn. 51.
12   Vgl. *Noack/Holzborn*, (o. Fn. 6), § 1, Rn. 6 ff.
13   Vgl. § 1 Abs. 3 WpÜG.

4. Organisierter Markt

Das WpÜG beschreibt den organisierten Markt zum einen mit einer räumlichen und zum anderen mit einer sachlichen Schranke. Hiernach können Finanzmärkte nur organisierte Märkte sein, wenn sich diese innerhalb des EWR-Raumes befinden (räumliche Schranke).[14] Wenn die Wertpapiere der Zielgesellschaft nicht in Deutschland, sondern in einem anderen EWR-Staat gehandelt werden, beschränkt sich die Anwendung des WpÜG ausschließlich auf gesellschaftsrechtliche Vorschriften (z.B. Kontrolle, Verpflichtung zur Abgabe eines Angebotes und hiervon abweichende Regelungen, Unterrichtung der Arbeitnehmer der Zielgesellschaft oder des Bieters, Abwehrmaßnahmen).[15] Eine sachliche Schranke ergibt sich aus der Tatsache, dass sich § 2 Abs. 7 WpÜG nur auf den regulierten Markt im Inland bzw. den geregelten Markt im Sinne der Richtlinie 2004/39/EG über Märkte und Finanzinstrumente ABl. EG 2004 Nr. L 145 (MiFID-Richtlinie) in einem anderen EWR-Staat bezieht. Der Freiverkehr in Deutschland wird damit ausgeschlossen.[16] Zusammenfassend findet das WpÜG, mit einigen Ausnahmen, bei öffentlichen Kauf- oder Tauschangeboten, bezogen auf Wertpapiere oder vergleichbare Papiere/Zertifikate einer Zielgesellschaft mit Satzungssitz im EWR-Raum, welche an einem regulierten bzw. geregelten Markt innerhalb des EWR-Raumes gehandelt werden, Anwendung.

II. Differenzierung von Angeboten im Wertpapiererwerbs- und Übernahmegesetz

Das Übernahmerecht in Deutschland unterscheidet grundsätzlich zwischen freiwilligen Angeboten und Pflichtangeboten (Abschnitt 5 WpÜG, siehe hierzu Kapitel B.II.3). Die freiwilligen Angebote lassen sich zudem in einfache Angebote (Abschnitt 3 WpÜG, siehe hierzu Kapitel B.II.1) und Übernahmeangebote (Abschnitt 4 WpÜG, siehe hierzu Kapitel B.II.2) differenzieren.[17]

1. Angebote zum Erwerb von Wertpapieren (einfache Angebote)

Unter Angeboten zum Erwerb von Wertpapieren versteht das WpÜG alle Kauf- oder Tauschangebote, die nicht unter die Regelungen zu Übernahme- oder Pflichtangeboten fallen. Hieraus ergeben sich zwei Sachverhalte, die als einfache Angebote zu klassifizieren sind:

- Angebote, die nicht zum Erwerb der Kontrolle an der Zielgesellschaft führen (Einstiegsangebote), oder
- Angebote die von einem Bieter erfolgen, der die Kontrolle an der Zielgesellschaft bereits innehat (Aufstockungsangebote).[18]

Verankert sind die rechtlichen Grundlagen für einfache Angebote im WpÜG in den §§ 10 bis 28.

---

14   Vgl. *Wackerbarth*, in: Goette/Habersack/Kalss, Münchener Kommentar zum Aktiengesetz, Band 6, 3. Aufl. 2011, § 1, Rn. 26.
15   Vgl. § 1 Abs. 2 WpÜG.
16   Vgl. *Wackerbarth*, (o. Fn. 14), § 1, Rn. 27 f.; *Noack/Holzborn*, (o. Fn. 6), § 2, Rn. 47.
17   Vgl. *Thoma*, Neue Zeitschrift für Gesellschaftsrecht 2002, 105 (106).
18   Vgl. *Cahn/Senger*, Finanz Betrieb 2002, 277 (282).

2. Übernahmeangebote

Als Übernahmeangebot bezeichnet das WpÜG Erwerbs- oder Tauschangebote, die auf die Erlangung der Kontrolle der Zielgesellschaft ausgelegt sind.[19] Die Kontrollgrenze legt das Gesetz in § 29 Abs. 2 WpÜG mit einer quantitativen Schwelle von 30% fest. Hintergrund ist die Vermutung, dass aufgrund geringer Aktionärspräsenz bei Hauptversammlungen bereits 30% der stimmberechtigten Anteile ausreichen, um Mehrheitsentscheidungen fassen zu können.[20] Obwohl Angebote, die sich auf die Erlangung der Kontrollmehrheit der Zielgesellschaft richten, freiwillig sind, schränkt das WpÜG diese hinsichtlich der Gegenleistung (§ 31 WpÜG) und der Ausgestaltung des Angebotsumfanges (§ 32 WpÜG) ein. Die Angebotsunterlage eines Übernahmeangebotes darf aber als Bedingung eine Mindestzahl an zu erwerbenden Wertpapieren vorsehen. Solange diese Grenze im Rahmen des Angebotes nicht erreicht wird, ist der Bieter nicht verpflichtet, die ihm angebotenen Wertpapiere zu übernehmen.[21] Neben den definierten Ausnahmen für Übernahmeangebote lt. §§ 29 bis 34 WpÜG sind die allgemeinen rechtlichen Vorschriften des WpÜG für einfache Angebote auch für Übernahmeangebote anzuwenden.[22]

3. Pflichtangebote

Im Gegensatz zu Übernahmeangeboten muss ein Pflichtangebot erfolgen, wenn ein Bieter die Kontrolle (auch bei passivem Kontrollerwerb) über eine Zielgesellschaft erlangt hat. Der im Rahmen des Übernahmeangebotes definierte Kontrollbegriff gilt entsprechend. Diese Angebotspflicht soll Minderheitsaktionären die Möglichkeit bieten, ihre Wertpapiere zu einem unverfälschten Kurs verkaufen zu können (Minderheitenschutz), da neue Beherrschungsverhältnisse oftmals mit einer Änderung der strategischen Unternehmensausrichtung und Geschäftspolitik einhergehen.[23] Wenn der Kontrollerlangung jedoch ein Übernahmeangebot gemäß § 29 WpÜG vorangegangen ist, ist der Bieter von der Pflichtabgabe eines erneuten Angebotes befreit.[24] Im Falle einer unmittelbaren oder mittelbaren Kontrollerlangung an einer Zielgesellschaft muss der Bieter diese innerhalb einer Frist von sieben Kalendertagen veröffentlichen (siehe hierzu Kapitel B.III), wobei die positive Kenntnis bzw. fahrlässige Nichtkenntnis des Kontrollerwerbes maßgeblich ist.[25] Zudem hat der Bieter innerhalb von vier Wochen eine Angebotsunterlage zu erstellen und gemäß § 14 WpÜG zu veröffentlichen.[26] Neben den explizit aufgeführten Regelungen für Pflichtangebote gelten auch für diese die Regelungen zu einfachen Angeboten und Übernahmeangeboten.[27]

---

19 Vgl. § 29 Abs. 1 WpÜG.
20 Vgl. BT-Drucks. 14/7034, S. 53.
21 Vgl. *Süßmann*, in: Geibel/Süßmann, Wertpapiererwerbs- und Übernahmegesetz (WpÜG), Kommentar, 2. überarb. Aufl. 2008 inkl. Aktualisierung der Kommentierung zu §§ 30, 68 WpÜG auf Stand 19.12.2008, § 29, Rn. 11.
22 Vgl. *Noack*, in: Schwark/Zimmer, Kapitalmarktrechts-Kommentar. Börsengesetz mit Börsenzulassungsverordnung, Wertpapierprospektgesetz, Verkaufsprospektgesetz mit Vermögensanlagen-, Verkaufsprospektverordnung, Wertpapierhandelsgesetz, Wertpapiererwerbs- und Übernahmegesetz, 4. Aufl. 2010, §§ 29 ff., Rn. 1.
23 Vgl. BT-Drucks. 14/7034, S. 30.
24 Vgl. § 35 Abs. 3 WpÜG.
25 Vgl. *Noack/Zetzsche*, in: Schwark/Zimmer, Kapitalmarktrechts-Kommentar. Börsengesetz mit Börsenzulassungsverordnung, Wertpapierprospektgesetz, Verkaufsprospektgesetz mit Vermögensanlagen-, Verkaufsprospektverordnung, Wertpapierhandelsgesetz, Wertpapiererwerbs- und Übernahmegesetz, 4. Aufl. 2010, § 35, Rn. 36.
26 Vgl. § 35 Abs. 2 WpÜG.
27 Vgl. *Schlitt/Ries*, in: Goette/Habersack/Kalss, Münchener Kommentar zum Aktiengesetz, Band 6, 3. Aufl. 2011, § 39, Rn. 1.

III.   Angebotsverfahren

Das WpÜG sieht sowohl für freiwillige Angebote als auch für Pflichtangebote ein formalisiertes Verfahren vor. Der Großteil der zu beachtenden Vorschriften findet sich in den Regelungen zu den einfachen Angeboten wieder.

Ausgangspunkt des Angebotsverfahrens ist die Entscheidung des Bieters zur Abgabe eines Angebots bzw. der unmittelbare oder mittelbare Kontrollerwerb an einem Zielunternehmen (hieraus resultierend: Pflichtangebot, II.3). Gemäß § 10 WpÜG muss die Entscheidung zur Abgabe eines Angebotes unverzüglich veröffentlicht werden, wobei das WpÜG den Begriff der Unverzüglichkeit nicht definiert. Aus diesem Sachverhalt kann gefolgert werden, dass eine Veröffentlichung unmittelbar erfolgen muss, wenn die Abgabeentscheidung, insbesondere auch aus wirtschaftlicher Sicht, hinreichend sicher ist. Um diese Sicherheit zu erlangen, kann davon ausgegangen werden, dass auch die Finanzierung des Angebotes geklärt sein muss.[28] In mehrstufigen Entscheidungsprozessen fordert zudem die h.M., dass auch die Zustimmung des Aufsichtsrates im Vorfeld der Veröffentlichung erfolgt sein muss.[29]

Anders verhält es sich im Rahmen von Pflichtangeboten. Zwar nutzt auch hier das WpÜG die Begrifflichkeit „unverzüglich", jedoch wird dem Bieter eine Frist von bis zu sieben Kalendertagen ab Kenntnisnahme des Kontrollerwerbes eingeräumt.[30]

Die Art der Veröffentlichung ist für freiwillige Angebote und Pflichtangebote gleich. Beide haben nach den Regelungen des § 10 Abs. 3 WpÜG zu erfolgen[31], wobei im Vorfeld die BaFin und die Geschäftsführungen der relevanten Börsen in Kenntnis zu setzen sind.[32] Die Veröffentlichung hat zum einen im Internet und zum anderen in einem elektronisch betriebenen Informationsverbreitungssystem (z.B. Reuters, Bloomberg)[33] zu erfolgen.

Im Anschluss an die Veröffentlichung der Entscheidung zur Abgabe eines Angebotes bzw. der Veröffentlichung des Kontrollerwerbes hat der Bieter eine Angebotsunterlage zu erstellen und wiederum zu veröffentlichen. Der Gesetzgeber sieht für die Erstellung der Unterlage eine Frist von maximal vier Wochen vor.[34] Aus § 11 Abs. 2, 3 WpÜG und § 2 der Verordnung über den Inhalt der Angebotsunterlage, die Gegenleistung bei Übernahmeangeboten und Pflichtangeboten und die Befreiung von der Verpflichtung zur Veröffentlichung und zur Abgabe eines Angebots (WpÜG-Angebotsverordnung) geht hervor, welchen Inhalt und welche Gestaltung die Angebotsunterlage berücksichtigen muss, um eine adäquate Entscheidungsgrundlage darzustellen. Konkret handelt es sich hierbei im Wesentlichen um Angaben zu

---

28   Vgl. *Geibel,* in: Geibel/Süßmann, Wertpapiererwerbs- und Übernahmegesetz (WpÜG), Kommentar, 2. überarb. Aufl. 2008 inkl. Aktualisierung der Kommentierung zu §§ 30, 68 WpÜG auf Stand 19.12.2008, § 10, Rn. 11 f.
29   Vgl. *Oechsler,* in: Ehricke/Ekkenga/Oechsler, Wertpapiererwerbs- und Übernahmegesetz, Kommentar, 2003, § 10, Rn. 7.
30   Vgl. § 35 Abs. 1 WpÜG.
31   Vgl. ebenda.
32   Vgl. § 10 Abs. 2 WpÜG.
33   Vgl. OLG Frankfurt a.M., Leichtfertiges Handeln des Vorstands bei öffentlichen Kaufangeboten, Neue Zeitschrift für Gesellschaftsrecht 2010, 583.
34   Vgl. § 14 Abs. 1 WpÜG; § 35 Abs. 2 WpÜG.

- den Wertpapieren, die Gegenstand des Angebotes sind,
- Art und Höhe der Gegenleistung (siehe hierzu Kapitel B.IV),
- Bedingungen, von denen die Wirksamkeit des Angebotes abhängt,
- Beginn und Ende der Annahmefrist sowie
- Absichten des Bieters im Hinblick auf die künftige Geschäftstätigkeit der Zielgesellschaft.

Im Vergleich zur Entscheidung zur Abgabe eines Angebotes stellt die Angebotsunterlage ein bindendes Angebot i.S.d. § 145 BGB dar.[35]

Im Rahmen von einfachen Angeboten (siehe hierzu Kapitel B.II.1) besteht die Möglichkeit, das Angebot auf eine bestimmte Anzahl an Wertpapieren der Zielgesellschaft zu beschränken. Bei Übernahme- und Pflichtangeboten ist ein Vollangebot zwingend.[36]

Nachdem die Angebotsunterlage in der entsprechenden Frist vom Bieter erstellt wurde, wird diese vor Veröffentlichung von der BaFin dahingehend geprüft, ob alle geforderten Angaben vorhanden sind (sog. formelle Vollständigkeitsprüfung). Darüber hinaus findet eine eingeschränkte inhaltliche Überprüfung hinsichtlich offensichtlicher Verstöße gegen das WpÜG oder die WpÜG-Angebotsverordnung statt.[37] Wenn die Angebotsunterlage nicht den Anforderungen des WpÜG genügt, wird das Angebot durch die BaFin gemäß § 15 WpÜG untersagt. Für unrichtige Inhalte der Angebotsunterlage haftet der Bieter nach § 12 WpÜG.

Der Bieter hat in der Angebotsunterlage dem Adressaten eine Annahmefrist einzuräumen. Diese kann zwischen vier und zehn Wochen betragen und beginnt mit Veröffentlichung der entsprechenden Unterlage. Eine Frist von zehn Wochen ist bei Einberufung einer Hauptversammlung der Zielgesellschaft im Zusammenhang mit dem Angebot zwingend. Für den Fall einer Angebotsveränderung gemäß § 21 Abs. 5 WpÜG oder bei konkurrierenden Angeboten gemäß § 22 Abs. 2 WpÜG innerhalb der letzten zwei Wochen der ursprünglichen Annahmefrist ist eine Verlängerung der Annahmefrist um zwei Wochen obligatorisch. Handelt es sich bei dem Angebot um ein Übernahmeangebot, so erhalten die Wertpapierinhaber eine zweiwöchige Zusatzfrist, in der diese trotz Ablaufes der Angebotsfrist das Angebot doch noch annehmen können (sog. Zaunkönigregelung).[38]

---

35   Vgl. *Oechsler*, (o. Fn. 29), § 11, Rn. 1.
36   Vgl. § 32 WpÜG.
37   Vgl. *Geibel*, (o. Fn. 28), § 14, Rn. 30 f.
38   Vgl. *Geibel*, (o. Fn. 28), § 16, Rn. 2.

IV. Gegenleistung

Für einfache Erwerbsangebote beinhaltet das WpÜG keine gesetzlichen Vorgaben über die Ausgestaltung der Gegenleistung des Bieters. Diese muss sich also weder der Höhe, noch der Art nach an einer Vergleichsgröße orientieren. Anders verhält es sich bei Übernahme- und Pflichtangeboten. Hier ist die zu erbringende Gegenleistung in § 31 WpÜG gesetzlich geregelt. Hinsichtlich der Art der Gegenleistung (Geldleistung, liquide Aktien) hat der Bieter grundsätzlich ein Wahlrecht. Das Wahlrecht kann jedoch durch Vor- oder Parallelerwerbe des Bieters verwirkt werden. Dies ist dann der Fall, wenn ein Bieter im Vorfeld eines Übernahme- oder Pflichtangebotes min. 5% der Wertpapiere (Vorerwerb) bzw. min. 1% der Wertpapiere während der Angebotsfrist (Parallelerwerb) durch Geldleistung erworben hat. Der Zeitraum im Vorfeld des Angebots beschränkt sich auf die letzten drei Monate vor Beginn des Angebotsverfahrens.[39]

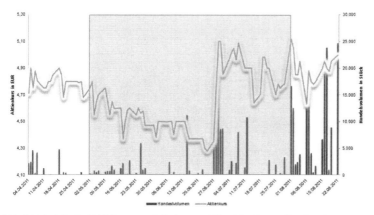

Abb. 1: Beispielhafte Abbildung von Aktienkurs und Handelsvolumen (Quelle: Eigene Darstellung)

Auch zur Höhe der Gegenleistung enthält das WpÜG eine Vorgabe. Unter § 31 Abs. 1 WpÜG ist definiert, dass die Gegenleistung angemessen sein muss. Hierzu führt der Gesetzgeber aus, dass der durchschnittliche, nach Umsatz gewichtete, Börsenkurs des Zielunternehmens zugrunde gelegt werden muss, um eine grundsätzlich angemessene Gegenleistung bestimmen zu können. Für die Durchschnittsberechnung ist der Aktienkurs der letzten drei Monate vor Bekanntgabe der Angebotsentscheidung bzw. der Kontrollerlangung maßgeblich.[40]

---

39   Vgl. *Thoma*, Neue Zeitschrift für Gesellschaftsrecht 2002, 105 (108).
40   Vgl. Verordnung über den Inhalt der Angebotsunterlage, die Gegenleistung bei Übernahmeangeboten und Pflicht-
     angeboten und die Befreiung von der Verpflichtung zur Veröffentlichung und zur Abgabe eines Angebots
     (WpÜG-Angebotsverordnung), in der Fassung vom 06.12.2011, § 5 Abs. 1; *Thoma*, Neue Zeitschrift für Gesell-
     schaftsrecht 2002, 105 (108).

V.   Ausschluss übriger Aktionäre (Squeeze-Out)

Der Gesetzgeber hat mit § 39a WpÜG die Möglichkeit eines übernahmerechtlichen Squeeze-Out geschaffen. Dieser unterscheidet sich insofern vom aktienrechtlichen Zwangsausschluss nach §§ 327 ff. AktG, dass er nur im Rahmen von Übernahmeangeboten und Pflichtangeboten Anwendung findet, womit Aufstockungsangebote vom Anwendungsbereich ausgeschlossen sind.[41] Wenn ein Bieter nach einem Übernahme- oder Pflichtangebot min. 95% des stimmberechtigten Grundkapitals besitzt, kann dieser auf Antrag die Übertragung der übrigen Wertpapiere verlangen, wobei der Antrag innerhalb einer Frist von drei Monaten nach Ablauf der Annahmefrist für das Übernahme- oder Pflichtangebot erfolgen muss[42]. Innerhalb der gleichen Frist sind die Aktionäre, die das ursprüngliche Übernahme- oder Pflichtangebot nicht angenommen haben, berechtigt, dem entsprechenden Angebot doch noch zuzustimmen, wenn der Bieter die Voraussetzungen des § 39a WpÜG zum Ausschluss übriger Aktionäre erfüllt (Andienungsrecht).[43]

Die im Rahmen des Squeeze-Out zu erbringende Gegenleistung des Bieters muss entweder der Art der Gegenleistung des Übernahme- oder Pflichtangebotes entsprechen oder kann alternativ als Barabfindung erfolgen.[44] Die Höhe der Gegenleistung muss hierbei angemessen sein und orientiert sich auch am vorangegangenen Übernahme- oder Pflichtangebot. In diesem Zusammenhang weist eine Annahmequote des o.g. Angebotes von min. 90% auf dessen Angemessenheit hin.[45] Wurde die Annahmequote von 90% verfehlt, muss der Bieter eine angemessene Abfindung festsetzen.[46]

C.   Untersuchung der Profitabilität von Gegenleistungen im Rahmen von Übernahmeangeboten

In diesem Kapitel wird die empirische Analyse zur Beantwortung der Forschungsfrage durchgeführt. Zunächst gilt es, eine vom Umfang her ausreichende und valide Datengrundlage zu erhalten. Danach wird das zur Untersuchung zu nutzende Excel-Modell erstellt und notwendige Rahmenbedingungen hergeleitet bzw. definiert. Abschließend erfolgen die Analyse und die Ergebnisdarstellung der Auswertungen.

I.   Auswahl und Validierung der Datengrundlage

Die Abfrage der Basisdaten ist grundsätzlich über einen Onlinedienst wie Capital IQ oder OneBanker möglich. Diese Dienstleister bieten u.a. die Möglichkeit, online auf unterschiedliche Finanzmarktinformationen zugreifen zu können. Im Rahmen dieser Untersuchung soll in einem ersten Schritt ein Datenabruf bei Capital IQ erstellt werden. Im zweiten Schritt werden die abgerufenen Daten geprüft und über die Verwendung entschieden.

---

41   Vgl. *Paefgen*, Zum Zwangsausschluss im neuen Übernahmerecht, Zeitschrift für Wirtschafts- und Bankrecht 2007, 765 (770).
42   Vgl. *Holzborn/Peschke*, Europäische Neutralitätspflicht und Übernahme Squeeze-Out, Die Implementierung der Übernahmerichtlinie im WpÜG, Zeitschrift für Bank- und Kapitalmarktrecht 2007, 101 (106).
43   Vgl. § 39c WpÜG.
44   Vgl. *Süßmann*, (o. Fn. 21), § 39a, Rn. 13.
45   Vgl. *Süßmann*, (o. Fn. 21), § 39a, Rn. 15.
46   Vgl. *Süßmann*, (o. Fn. 21), § 39a, Rn. 17.

1. Datenabfrage aus Capital IQ

Zunächst wird ein sog. Transaction Screen in Capital IQ erstellt. Dieser Screen ermöglicht es, die notwendigen Transaktionsdaten zu erhalten und ggf. mittels Kriterien zu filtern.[47]

Abb. 2: Erstellung eines Transaction Screens in Capital IQ (Quelle: Capital IQ)

Nach der Erstellung des Screens werden die Kriterien zur Filterung der Ergebnisse ausgewählt. Das erste zu berücksichtigende Kriterium ist die Einschränkung der Transaktionsdaten auf Deutschland. Alle Transaktionen, in denen die Zielgesellschaft ihren (Verwaltungs-) Sitz innerhalb Deutschlands hat, sollen in der Analyse Berücksichtigung finden. Aufgrund dieses Kriteriums werden daher nur Transaktionen ausgewählt, auf die das WpÜG in Bezug auf die Zielgesellschaft Anwendung findet (siehe hierzu Kapitel B.I).

Abb. 3: Transaction Screen, Berücksichtigung des Sitzes der Zielgesellschaft (Quelle: Capital IQ)

Um die gewünschte Datengrundlage für die weitere Untersuchung zu erhalten, ist die Berücksichtigung eines zweiten Kriteriums notwendig. Nach dem WpÜG handelt es sich dann um ein Übernahmeangebot, wenn der Bieter mit seinem Angebot auf den Erwerb der Kontrolle abzielt. Die Beschränkung des Angebotes auf nur einen Teil der Wertpapiere der Zielgesellschaft ist dabei unzulässig (siehe hierzu Kapitel B.II.2).[48] Das o.g. Verbot für Teilangebote gilt ebenso für Pflichtangebote. Folglich dürfen nur Angebote, die sich auf alle Wertpapiere des Zielunternehmens beziehen, in die Analyse mit einfließen. Um dies zu gewährleisten, wird im Transaction Screen das Kriterium „Tender Offer (Full Bid)" angewandt. Dieses schränkt die Datengrundlage insofern ein, dass nur Angebote, die sich auf alle ausgegebenen Wertpapiere bzw. auf alle noch nicht im Besitz des Bieters befindlichen Wertpapiere der Zielgesellschaft beziehen, Berücksichtigung finden.[49]

---

47 Vgl. www.capitaliq.com/help/sp-capital-iq-help/screening/what-types-of-screens-can-i-create.aspx#Transaction Screens (Abruf vom 25.04.2012).
48 Vgl. § 32 WpÜG.
49 Vgl. www.capitaliq.com/help/sp-capital-iq-help/company-profiles/transaction-content-overview/definitions-features - mergeracquisition.aspx (Abruf vom 25.04.2012).

Abb. 4: Transaction Screen, zusätzliche Berücksichtigung der Angebotsart (Quelle: Capital IQ)

Nach der Erstellung des Transaction Screens mit den o.g. Kriterien werden die Basisdaten abgerufen. Dieser Abruf[50] erzeugt 174 Datensätze mit folgenden Informationen:

- All Transactions Announced Date (Datum der Angebotsveröffentlichung),
- Geographic Locations [Target/Issuer] (Land des (Verwaltungs-)Sitzes des Zielunternehmens),
- Merger/Acquisition Features (Angebotsart),
- Transaction Status (Status der Übernahme),
- CIQ Transaction ID (Capital IQ Transaktions ID),
- Excel Company ID [Target/Issuer] (Capital IQ ID des Zielunternehmens),
- Buyers/Investors (Bieter),
- Sellers (Verkäufer),
- Total Transaction Value (Transaktionsvolumen) sowie
- Offer per Share (Angebotshöhe je Wertpapier).

Hinsichtlich der o.g. Informationen sind die Capital IQ Identifikationsnummern (IDs) nur für die Weiterverarbeitung der Datensätze in Excel notwendig.

2. Prüfung der aus Capital IQ abgefragten Daten

Die über Capital IQ abgefragten Daten müssen, bevor sie in Betracht kommen der Analyse zugrunde gelegt zu werden, validiert werden. Maßgeblich für die Höhe und die Art der Angebote sind die von den Bietern veröffentlichten Angebotsunterlagen (siehe hierzu Kapitel B.III). Einen Überblick über Angebote und Bieter bietet die Internetpräsenz der BaFin, auf der auch die digitalisierten Angebotsunterlagen abgerufen werden können.[51]

Die Übersicht der BaFin zeigt alle Angebotsveröffentlichungen seit Inkrafttreten des WpÜG im Jahre 2002. Zum Zeitpunkt des Datenabrufes[52] sind 367 Angebotsveröffentlichungen ersichtlich. Die große Differenz zwischen der Anzahl der Datensätze aus der Abfrage aus

---

50   Abruf vom 28.04.2012, 15:19 Uhr.
51   Vgl. http://www.bafin.de/SharedDocs/Veroeffentlichungen/DE/Liste/WPUeG/li_angebotsunterlagen_wpueg_14.html?
     nn=2798990#Start (Abruf vom 28.04.2012).
52   Vgl. ebenda.

Capital IQ und der Anzahl an Veröffentlichungen lt. BaFin hat unterschiedliche Gründe. Zum einen befinden sich unter den veröffentlichten Angeboten auf der Internetseite der BaFin auch Teilangebote, die bei der Abfrage bei Capital IQ explizit außen vorgelassen wurden (siehe hierzu Kapitel C.I.1). Zum anderen wurde die Datenabfrage bei Capital IQ auf Zielunternehmen mit dem (Verwaltungs-)Sitz in Deutschland eingeschränkt. Diese Einschränkung spiegelt den grundsätzlichen Anwendungsbereich des WpÜG wider (siehe hierzu Kapitel B.I), jedoch sind auch Angebotsunterlagen zu Zielgesellschaften mit Sitz außerhalb Deutschlands zu finden (beispielhaft Übernahmeangebot zu IFCO Systems N.V., Schiphol Centrum, Niederlande, mit Veröffentlichungsdatum vom 23.12.2010). Diese Ausnahmen sind in den Datensätzen von Capital IQ nicht zu finden. Zusätzlich zu den abfragebedingten Gründen verbleibt allerdings eine nicht erklärbare Differenz in der Anzahl der Datensätze, die zeigt, dass Datensätze in Capital IQ ohne ersichtlichen Grund nicht vorhanden sind. Auf Grundlage dieser Erkenntnis wird im Rahmen der vorliegenden empirischen Untersuchung davon Abstand genommen, die Datengrundlage von Capital IQ oder einem ähnlichen Dienstleister zu nutzen. Vielmehr werden für die Untersuchung die Informationen direkt aus den bei der BaFin, veröffentlichten Angebotsunterlagen übernommen (siehe hierzu Kapitel C.I.3).

3. Übernahme und Aufbereitung der Datengrundlage aus den veröffentlichten Angebotsunterlagen

Um eine umfängliche und valide Datengrundlage für die Untersuchung zu erhalten, werden die relevanten Informationen zu Angebotsart und Gegenleistung aus den unter Kapitel C.I.2 erläuterten Gründen ausschließlich den bei der BaFin veröffentlichten Angebotsunterlagen entnommen.[53]

Zur Generierung verwertbarer Daten sowie zur anschließenden Auswertung werden zunächst die Informationen zu Bieter, Zielgesellschaft, Wertpapierkennnummer (WKN)/ International Securities Identification Number (ISIN) und Veröffentlichungsdatum in Excel abgebildet.

Veröffentlichung		Zielgesellschaft			Bieter
Datum	letzte Änderung	Name	ISIN	Ticker	Name
18.04.2012		BHE Beteiligungs-Aktiengesellschaft, Ahrensburg	DE0008222506	BHE	SUPERIOR Private EquityGmbH, Hamburg
14.03.2012	10.04.2012	Graphit Kropfmühl Aktiengesellschaft, Hauzenberg	DE0005896005	GKR	AMG Invest GmbH, Frankfurt am Main
29.02.2012		IBS Aktiengesellschaftexcellence,collaboration,ma	DE0006228406	IBB	Siemens IndustryAutomation Holding AG, München
13.02.2012		sunwaysAktiengesellschaft, Konstanz	DE0007332207	SWW	LDK Solar Germany HoldingGmbH, München
09.01.2012		Leica Camera Aktiengesellschaft, Solms	DE000A0EPU98	LCA1	BCP Lisa Germany GmbH, Frankfurt am Main
19.12.2011		WESTGRUND Aktiengesellschaft, Remscheid	DE000A0HN4T3	WEG1	Klaus Wecken, Schweiz
18.11.2011		hotel.de AG, Nürnberg	DE0006910938	HTL	Hotel Reservation Service Robert Ragge GmbH, Köln
31.10.2011		Plaut Aktiengesellschaft, Österreich	AT0000A02Z18	PUT2	msg systems AG, Ismaning
21.10.2011		Derby Cycle AG, Cloppenburg	DE000A1H6HN1	DCT	Pon Holding GermanyGmbH, Kerpen
22.09.2011		VARTA AKTIENGESELLSCHAFT, Hannover	DE000A0TGJ55	VAR1	ETV Holding AG, Österreich
09.09.2011	13.10.2011	HanseYachts AG, Greifswald	DE000A0KF6M8	H9Y	Aurelius DevelopmentInvest GmbH, Grünwald

Abb. 5: Auszug der Datenübernahme in Excel (Quelle: Eigene Darstellung)

---

53   Vgl. http://www.bafin.de/SharedDocs/Veroeffentlichungen/DE/Liste/WPUeG/li_angebotsunterlagen_wpueg_ 14. html? nn=2798990#Start (Abruf vom 28.04.2012).

Darüber hinaus werden für jeden Datensatz die Angaben zur Art der Angebote, zu den entsprechenden Gegenleistungen und zur Annahmefrist der jeweiligen Angebotsunterlage entnommen. Sind Anpassungen der Angebotsunterlage im Rahmen des Angebotsprozesses erfolgt, werden die veränderten Daten übernommen und somit der späteren Analyse zugrunde gelegt.

Für die Untersuchung zur Profitabilität der Angebote wird in einem nachfolgenden Schritt ein Excel-Modell erstellt (siehe hierzu Kapitel C.II.3). In diesem sollen die übernommenen Datensätze Berücksichtigung finden und entsprechend mit Zeitreihen und zugehörigen Aktienkursverläufen der Untersuchung dienen. Um dies zu ermöglichen, soll das Excel Plug-In von Capital IQ zur Abfrage der Aktienkurse genutzt werden. Die Korrektheit dieser Abfragedaten ist mit Hilfe von Vergleichsabfragen über comdirect sichergestellt. Im Rahmen dieser Überprüfung wurden Börsenkurse (Schlusskurs) zu 50 zufällig ausgewählten ISINs aus der Grundgesamtheit aller vorliegenden Angebotsunterlagen über Captal IQ abgefragt, wobei als Datum der letzte Schlusskurs vor dem jeweiligen Veröffentlichungsdatum der Angebotsunterlagen genutzt wurde. Verglichen wurden diese Daten mit den über comdirect manuell abgerufenen Börsenkursen. Hierbei wurde keine Abweichung festgestellt, was statistisch gesehen eine Datenkorrektheit von min. 95% und eine max. Kursabweichung von weniger als 6% bedeutet.[54]

Zur eindeutigen Identifikation der zu betrachtenden Wertpapiere bedarf es in jedem Fall der Angabe der zugehörigen ISIN, die aus der Übersicht der veröffentlichten Angebotsunterlagen erst mit Veröffentlichungsdatum ab dem 21.05.2003 hervorgeht.[55] Darum ist es notwendig, den Datensätzen mit WKN eine ISIN zuzuordnen. Die entsprechenden ISINs werden entweder den veröffentlichten Angebotsdokumenten entnommen oder über die Kurssuche der Deutsche Börse Group[56] identifiziert, wobei für folgende WKNs keine ISINs gefunden werden konnten:

Zielgesellschaft	WKN
INKA Aktiengesellschaft für Beteiligungen	525 100
Jean Pascale AG	747 113
BW Baden-Württembergische BankAG	812 500

Abb. 6: Nicht zuzuordnende WKN (Quelle: Eigene Darstellung)

Abschließend werden die Datensätze so aufbereitet, dass jeder Datenpunkt (entspricht einer Zeile) eine ISIN mit einer zugehörigen Gegenleistung beinhaltet. Das bedeutet, dass zu einer Angebotsunterlage durchaus zwei Datensätze gehören können, da z.B. unterschiedliche Gegenleistungen bezogen auf Stamm- und Vorzugsaktie gewährt werden. Diese Vorgehensweise, nur eine ISIN je Zeile zu berücksichtigen, erleichtert auch die weitere Bearbeitung der Daten.

---

54 Vgl. *Gäth/Stenz*, Stichprobenerhebung im Kontrollumfeld, Umgang mit umfangreichen Daten in der Verfahrensprüfung, Der schweizer Treuhänder 2009, 232 (242).

55 Vgl. http://www.bafin.de/SharedDocs/Veroeffentlichungen/DE/Liste/WPUeG/li_angebotsunterlagen_wpueg_ 14.html? nn=2798990#Start (Abruf vom 28.04.2012).

56 Vgl. www.deutsche-boerse.com (Abruf vom 02.05.2012).

Letztendlich beträgt die Zahl an übernommenen Datenpunkten 367. Diese Daten spiegeln alle veröffentlichten Angebote seit Inkrafttreten des WpÜG wider. Die nachfolgende Untersuchung beschränkt sich auf diesen Betrachtungszeitraum, um eine Vergleichbarkeit der juristischen Rahmenbedingungen für die Angebote gewährleisten zu können.

II. Durchführung der Analyse

1. Ableitung einer Alternativinvestition/Vergleichsrendite

Es ist für eine adäquate Aussage zur Profitabilität nicht ausreichend, die nominellen Beträge der zukünftigen Kursverläufe einfach der Gegenleistung gegenüberzustellen. Vielmehr ist auch der Zeitpunkt, an dem die Gegenleistung erfolgt, ausschlaggebend. Wird eine Geldleistung im Zeitverlauf betrachtet, so stellt diese einen höheren Gegenwert dar, je früher die Leistung erhalten wird. Um diesen Sachverhalt entsprechend in der Untersuchung zu berücksichtigen, bedarf es eines (risikofreien) Diskontierungsfaktors, mit dem die zukünftigen Kursverläufe auf den Zeitpunkt der Gegenleistung abgezinst werden. Alternativ kann auch die Gegenleistung auf den Betrachtungszeitraum mit demselben Zins aufgezinst oder die prozentuale Rendite zwischen Gegenleistung und Betrag zum Betrachtungszeitraum verglichen werden, wobei der Diskontierungsfaktor als Vergleichsrendite angesehen wird. Für die Analyse der Profitabilität ist es zielführend, einen (risikolosen) Zins heranzuziehen, der sowohl den EWR-Raum (insbesondere die Bundesrepublik Deutschland), aufgrund des Anwendungsbereiches des WpÜG, als auch eine entsprechende kurzfristige Verfügbarkeit (ein Verkauf der Wertpapiere ist nahezu immer möglich) berücksichtigt. Staatsanleihen oder ähnlich risikolose Papiere kommen aufgrund der längerfristigen Laufzeit nicht in Betracht, weshalb im Folgenden die historischen Zinssätze (Basiszins) für Tagesgeld in Deutschland Anwendung finden. Zurückgegriffen wird dabei auf drei-Monats-Durchschnittskurse (Basiszins), die der nachfolgenden Abb. 7 entnommen werden können.

Jahr	Quartal	Ø Zinssatz	Jahr	Quartal	Ø Zinssatz
2002	1	2,46%	2008	1	3,11%
	2	2,46%		2	3,10%
	3	2,46%		3	3,27%
	4	2,44%		4	3,35%
2003	1	2,23%	2009	1	2,62%
	2	2,07%		2	1,78%
	3	1,80%		3	1,40%
	4	1,76%		4	1,27%
2004	1	1,69%	2010	1	1,16%
	2	1,65%		2	1,08%
	3	1,70%		3	1,04%
	4	1,72%		4	1,07%
2005	1	1,74%	2011	1	1,13%
	2	1,75%		2	1,32%
	3	1,64%		3	1,65%
	4	1,63%		4	1,75%
2006	1	1,64%	2012	1	1,64%
	2	1,71%		2*	1,48%
	3	1,83%		3	
	4	2,00%		4	
2007	1	2,41%	* nur April berücksichtigt.		
	2	2,62%			
	3	2,85%			
	4	3,01%			

Abb. 7: Übersicht der verwendeten historischen drei-Monats-Durchschnittszinssätze für Tagesgeld (Quelle: Vgl. http://charts.fmh-index.de/onvista/zinsentwicklung/detailversion (Abruf vom 08.05.2012))

Im Rahmen der Untersuchung werden die aufgezeigten Zinssätze als Vergleichsrendite herangezogen. Hierbei werden die o.g. Quartalszinssätze jeweils anteilig für den spezifischen Zeitraum jedes Untersuchungsobjektes berücksichtigt.

2. Ableitung des Barwertes von Tauschangeboten

Das WpÜG bietet unter bestimmten Voraussetzungen die Möglichkeit, neben einer Barabfindung auch liquide Aktien bzw. eine Kombination aus beidem anzubieten (siehe hierzu Kapitel B.IV). In den vorliegenden Angebotsunterlagen befinden sich zwölf Angebote, die als Gegenleistung liquide Aktien vorsehen sowie zwei Angebote mit einer Kombination aus Geldleistung und liquiden Aktien. Für die weitere Untersuchung der Angebote ist es vonnöten, die o.g. Angebote vergleichbar zu machen. Hierzu müssen die jeweiligen Tauschangebote in eine fiktive Geldleistung (Barwert) umgerechnet werden. Diese Umrechnung erfolgt in folgenden Schritten:

Schritt 1:   Zunächst werden die Tauschbedingungen den Angebotsunterlagen entnommen. Diese beinhalten das Tauschverhältnis zwischen „neuen" und „alten" Aktien, d.h. wie viele Aktien der Inhaber im Tausch für ein Wertpapier des Zielunternehmens vom Bieter erhält.

Zielgesellschaft		Tauschbedingungen			
Name	ISIN	Annahmefrist	ISIN Tauschaktie	Neue Aktien	Alte Aktien
Deutsche Börse AG, Frankfurt am Main	DE0005810055	13.07.2011	NL0009766997	1,0000	1,0000
Solarparc Aktiengesellschaft, Bonn	DE0006352537	28.01.2011	DE0005108401	1,0000	1,0000
HOCHTIEF Aktiengesellschaft	DE0006070006	29.12.2010	ES0167050915	9,0000	5,0000
Elephant Seven AG, München	DE0005138200	16.01.2007	DE0001262251	0,9500	1,0000
Schwarz Pharma AG, Monheim	DE0007221905	08.12.2006	BE0003739530	0,8735	1,0000
Broadnet AG, Hamburg	DE0005490866	11.08.2006	DE0005137004	1,0542	1,0000
Beta Systems SoftwareAG, Berlin	DE0005224406	22.03.2006	DE0005250005	1,7500	1,0000
Bayerische Hypo- und Vereinsbank AG, München	DE0008022005	24.10.2005	IT0000064854	5,0000	1,0000
Dyckerhoff AG, Wiesbaden	DE0005591036	30.09.2003	IT0001369427	2,4000	1,0000
NSE Software AG, München	DE0006790009	07.07.2003	AT0000820659	14,0000	1,0000
E.ON Bayern AG, Regensburg	DE0005045009	07.07.2003	DE0007614406	0,7157	1,0000
Internolix AG	DE0006227309	10.09.2002	DE0005423800	1,0000	1,0000
CAMELOT Tele.Communication.Online.AG	DE0005010896	19.04.2002	AT0000707120	1,0000	4,0000
DePfa Deutsche Pfandbriefbank AG	DE0008047002	20.02.2002	IE0072559994	1,0000	1,0000

Abb. 8: Übersicht der Tauschangebote und Tauschbedingungen (Quelle: Eigene Darstellung)

Schritt 2:   Nun wird der Schlusskurs[57] der neuen Aktien zum letzten Bankarbeitstag innerhalb der Angebotsfrist bzw. bei Übernahmeangeboten zum Ende der weiteren Annahmefrist ermittelt. Dieser Stichtagskurs wird gewählt, um den erforderlichen Zeitpunkt des Transaktionsabschlusses abzubilden.[58]

Schritt 3:   In Abhängigkeit des Umtauschverhältnisses, des ermittelten Schlusskurses der Tauschaktie und einer evtl. zusätzlichen Geldleistung (gemischte Angebote) wird durch

$$GW = \frac{FA_N}{FA_A} \times SK_N + GL^{59}$$

der Gegenwert des Tauschangebotes in Euro ermittelt.

Zielgesellschaft		Aktiensplit		Schlusskurs Tauschaktie zum	Gegenwert des
Name		Faktor	Datum	Ende der Annahmefrist (inkl. Split)	Tauschangebotes
Deutsche Börse AG, Frankfurt am Main		n/a	n/a	nicht verfügbar	nicht verfügbar
Solarparc Aktiengesellschaft, Bonn		n/a	29.06.2007	8,33 €	8,33 €
HOCHTIEF Aktiengesellschaft		n/a	10.06.2004	34,46 €	62,02 €
Elephant Seven AG, München		0,14	17.05.2011	1,29 €	1,23 €
Schwarz Pharma AG, Monheim		n/a	04.01.1999	53,25 €	96,51 €
Broadnet AG, Hamburg		n/a	n/a	4,34 €	4,58 €
Beta Systems SoftwareAG, Berlin		n/a	n/a	3,05 €	6,84 €
Bayerische Hypo- und Vereinsbank AG, München		0,10	27.12.2011	4,15 €	20,74 €
Dyckerhoff AG, Wiesbaden		n/a	n/a	6,04 €	14,50 €
NSE Software AG, München		n/a	n/a	2,26 €	31,60 €
E.ON Bayern AG, Regensburg		3,00	04.08.2008	45,45 €	32,53 €
Internolix AG		n/a	n/a	3,05 €	3,05 €
CAMELOT Tele.Communication.Online.AG		n/a	n/a	nicht verfügbar	nicht verfügbar
DePfa Deutsche Pfandbriefbank AG		n/a	n/a	nicht verfügbar	nicht verfügbar

Abb. 9: Übersicht der errechneten Gegenwerte der Tauschangebote (Quelle: Eigene Darstellung)

Zu drei Wertpapieren („neue Aktien") der betrachteten Angebote waren zum Stichtag keine Börsenkurse, aufgrund eines erfolgten Delistings, verfügbar („nicht verfügbar", vgl. Abb. 9: Übersicht der errechneten Gegenwerte der Tauschangebote (Quelle: Eigene Darstellung)). Aus diesem Grund fließen diese Datensätze nur eingeschränkt in die weitere Analyse ein.

3. Erstellung des Analysemodells

Für eine Aussage zur Profitabilität der Angebote sind Vergleichsgrößen notwendig, die mit der Gegenleistung ins Verhältnis gesetzt werden. In der durchzuführenden Untersuchung werden dazu u.a. Börsenkurse unterschiedlicher Zeitpunkte herangezogen. Zur Vereinfachung der Auswertung und der Möglichkeit der Handhabung der 367 Datensätze wird ein Excel-Modell erstellt. In diesem werden zunächst alle Angebotsdaten mit den entsprechenden Informationen hinterlegt. Auch die Zinsinformationen (siehe hierzu Kapitel C.II.1) finden Einzug in das Modell. Die relevanten Finanzinformationen werden mithilfe des Excel-Plug-Ins von Capital IQ eingebunden. Diese Erweiterung ermöglicht es, auf Informationen

---

57   Alle Aktienkurse vom Börsenplatz Frankfurt
58   Vgl. *Gelman*, Dynamik der Zielaktie bei Unternehmensübernahmen und die subjektive Wahrscheinlichkeit des Übernahmeerfolges, Diss. Münster, Hamburg 2007, S. 63.
59   Formel zur Berechnung des Gegenwertes der betrachteten Tauschangebote (Quelle: Eigene Darstellung). Dabei gilt: GW = Gegenwert, FAA = Anzahl alter Tauschaktien, FAN = Anzahl neuer Tauschaktien, SKN = Schlusskurs neuer Tauschaktien, GL = Geldleistung.

wie z.B. Börsenkurse und Unternehmensinformationen mittels Excel-Funktionen zuzugreifen, wobei die jeweilige ISIN des Wertpapieres als eindeutiger Abfrageparameter genutzt wird.

Neben den o.g. Informationen wird zunächst ein Abruf zu ggf. erfolgten Aktiensplits der Wertpapiere der Zielgesellschaften in das Modell integriert. Die Aktiensplits, welche nach Veröffentlichung des Angebotes erfolgt sind, werden berücksichtigt, um eine Vergleichbarkeit zwischen offerierter Gegenleistung und Börsenkurs zu ermöglichen. Als Börsenkurs wird im Rahmen der Untersuchung stets der Schlusskurs zum betreffenden Betrachtungstag zugrunde gelegt. Der Abruf der Börsenkurse wird für verschiedene Zeitpunkte im Modell implementiert, die in den nachfolgenden Ausführungen der Arbeit benannt und begründet werden (siehe hierzu Kapitel C.III.2). Neben den gegebenen Angaben zu Veröffentlichungsdatum (Ausgangsdatum I) und dem Datum zum Ende der (weiteren) Annahmefrist (Ausgangsdatum II) sollen die Kurse zu Daten abgefragt werden, die sich auf die zwei genannten Ausgangsdaten beziehen (z.B. 50 Tage vor Angebotsveröffentlichung, drei Monate nach Ende der (weiteren) Annahmefrist). Um dies zu ermöglichen, wird zunächst der Tag „x" Tage/Monate vor oder nach dem jeweiligen Ausgangsdatum ermittelt. Liegt dieser Tag an einem Wochenende, so wird zunächst der davorliegende Freitag zurückgegeben. Ist der ermittelte Tag kein Bankarbeitstag (z.B. aufgrund eines Feiertages) oder existiert kein Börsenkurs zu diesem Tag, so wird der zuletzt verfügbare Kurs abgerufen, solange dieser max. sieben Tage vor dem ursprünglich ermittelten Datum liegt. Ist dies nicht der Fall, wird der Kurs als „nicht verfügbar" angegeben. Das gleiche Vorgehen wird auch für die Abrufe des deutschen Leitindex (DAX) genutzt.

Neben den Börsenkursinformationen müssen auch Dividendenzahlungen im Rahmen der Untersuchung Berücksichtigung finden. Auch hierzu verwendet das Modell Funktionen, die Daten von Capital IQ abrufen. Hierbei wird zuerst das Datum der letzten Dividendenzahlung in Abhängigkeit des Betrachtungsstichtages ermittelt. Wenn dieses Datum im Betrachtungszeitraum liegt, wird die Höhe der Dividendenzahlung abgerufen, wenn das Datum nicht in den Zeitraum fällt, ein „-" ausgegeben. Die oftmals zu beobachtenden Dividendenerhöhungen aufgrund von Aktiensplits werden hier als gegeben angesehen und nicht geglättet.[60]

Auf Basis dieser Analysedaten werden die nachfolgenden Untersuchungen auf separaten Tabellenblättern des Modells durchgeführt, deren Ergebnisse unter Kapitel C.III dokumentiert sind.

---

60   Vgl. *Fama/Fisher/Jensen*, The Adjustment of Stock Prices to New Information, International Economic Review 1969, 1 (20); *Binder*, The Event Study Methodology Since 1969, Review of Quantitative Finance and Accounting 1998, 111 (112).

4. Erstellung von Auswahlkriterien zur Berücksichtigung der Angebotsdaten

Eine pauschale Aussage, welche Datensätze in der Untersuchung Berücksichtigung finden können und welche nicht, ist weder gewollt noch möglich. Die anzulegenden Kriterien unterscheiden sich teilweise je nach Untersuchungsgegenstand, d.h. eine Analyse bezogen auf die Annahmefrist bedarf bspw. anderer Anforderungen an die Datensätze und die verbundene Qualität als die Untersuchungen zur Kontrollprämie. Aus diesem Sachverhalt lassen sich folgende Kriterien je Untersuchungssachverhalt ableiten:

- Untersuchung zur Annahmefrist:

  Die hierfür relevanten Datenpunkte beziehen sich ausschließlich auf die veröffentlichten Annahmefristen. Diese sind uneingeschränkt den Angebotsunterlagen entnommen worden und liegen vollständig vor. Für diese Analyse können daher alle Datensätze genutzt werden.

- Untersuchungen zur Kontrollprämie:

  Für diese Untersuchungen sind sowohl die Gegenleistungen in monetärer Form als auch die Börsenkurse zu den entsprechenden Stichtagen der Analyse notwendig. Datensätze der Grundgesamtheit werden daher nicht berücksichtigt, wenn

  o keine monetäre Gegenleistung vorliegt (ausschließlich bei Tauschangeboten aufgrund mangelnder Möglichkeit der Barwertbestimmung relevant) oder

  o kein Börsenkurs zum betrachteten Stichtag verfügbar ist oder

  o ein durch Capital IQ abgerufener Börsenkurs nicht durch eine dritte Quelle (z.B. comdirect, Deutsche Börse) bestätigt werden kann.

- Untersuchung zur weiteren Entwicklung im Zeitverlauf (erwartete Rendite):

  Hierbei sind u.a. die gleichen Kriterien wie bei den Untersuchungen zur Kontrollprämie anzulegen. Zusätzlich sind jedoch Informationen zu Zeitpunkten und Höhen von Dividendenzahlungen relevant. Abschließend müssen für die Daten der Analyse, die vom Transaktionszeitpunkt zukunftsgerichtet sind, eine zeitliche Grenze berücksichtigt werden. Datensätze mit Veröffentlichungsdatum oder Annahmefrist vom April 2012 können bspw. nicht dazu herangezogen werden, eine Aussage über die Veränderung des Verhältnisses zwischen Gegenwert und Börsenkurs sechs Monate nach Beendigung der Annahmefrist zu tätigen, da dieser Zeitpunkt nach Erstellung der Untersuchung liegt. Aus diesem Grund werden die Angebotsdaten mit Veröffentlichungsdatum in 2012 für die o.g. Untersuchung nicht berücksichtigt.

III.   Ergebnisse der Untersuchung

1.   Annahmefrist

Das WpÜG ermöglicht dem Bieter, den Zeitraum für die Annahme seines Angebotes auf vier bis zehn Wochen (vorbehaltlich einer Verlängerung aufgrund von Angebotsänderungen) festzulegen. Diese Annahmefrist wirkt sich zwar nicht unmittelbar auf die Profitabilität der Übernahmeangebote für den Aktionär aus, spielt jedoch hinsichtlich des Verständnisses eine Rolle, wie hoch die Motivation eines Bieters überhaupt ist, eine hohe Anzahl an Angebotsannahmen zu erzielen.

Aus dieser Fragestellung heraus und unter Berücksichtigung der WpÜG-Begrifflichkeiten *Pflicht*angebot und *(freiwilliges)* Übernahmeangebot lassen sich zwei Hypothesen aufstellen:

- Der Bieter versucht den Zeitraum für die Annahme von Pflichtangeboten möglichst gering zu halten.
- Der Bieter versucht den Zeitraum für die Annahme von (freiwilligen) Übernahmeangeboten möglichst weit zu fassen.

Zur Untersuchung dieser zwei Hypothesen können die gesamten Daten der veröffentlichten Angebote herangezogen werden. Dabei wird zunächst der Zeitraum zwischen Veröffentlichungsdatum und Ende der Annahmefrist errechnet und nach Angebotsarten differenziert. Die Auswertung der vorliegenden Datensätze bestätigt die getroffenen Hypothesen. Die durchschnittliche Annahmefrist bei Pflichtangeboten beträgt 33 Tage. Diese Zahl orientiert sich stark an der Mindestangebotsfrist lt. WpÜG von vier Wochen. Hieraus kann geschlossen werden, dass im Rahmen von Pflichtangeboten (keine freiwillige Motivation des Bieters) das Interesse des Bieters gering ist, eine hohe Anzahl von Angebotsannahmen zu erreichen.

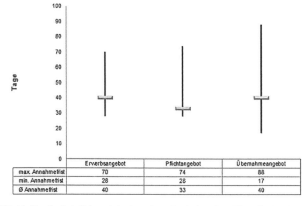

	Erwerbsangebot	Pflichtangebot	Übernahmeangebot
max. Annahmefrist	70	74	88
min. Annahmefrist	28	28	17
Ø Annahmefrist	40	33	40

Abb. 10: Durchschnittliche, minimale und maximale Annahmefristen je Angebotsart (Quelle: Eigene Darstellung)

Bei der in Abb. 10 skizzierten max. Annahmefrist von 74 Tagen bei Pflichtangeboten handelt es sich daher um eine Ausnahme, was auch die Visualisierung in Abb. 11 verdeutlicht.

Häufung Pflichtangebote

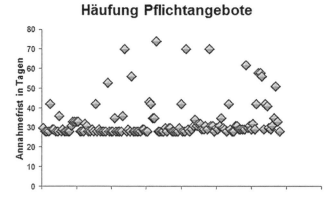

Abb. 11: Visualisierung der Häufung der Annahmefristen bei Pflichtangeboten (Quelle: Eigene Darstellung)

Auch die Analyse bez. der Annahmefristen von (freiwilligen) Übernahmeangeboten zeigt das erwartete Ergebnis. Die durchschnittliche Frist für die Annahme der Angebote ist 40 Tage. Zu berücksichtigen ist hierbei noch die weitere Annahmefrist von zusätzlichen zwei Wochen, die obligatorisch ist. Der Adressat eines Übernahmeangebotes bekommt somit durchschnittlich 54 Tage Zeit, um die Annahme eines Angebotes zu überdenken. Dies sind drei Wochen mehr als bei einem Pflichtangebot, womit die Annahmefrist im Vergleich zum Pflichtangebot fast verdoppelt ist. Die in Abb. 10 aufgezeigte minimale Annahmefrist von 17 Tage erscheint auf den ersten Blick fehlerhaft, da das WpÜG diese mit mindestens vier Wochen festlegt. Eine Ausnahme definiert jedoch das Finanzmarktstabilisierungsbeschleunigungsgesetz (FMStBG). Unter bestimmten Voraussetzungen ist es dem Bund oder dem Finanzmarktstabilisierungsfonds möglich, die minimale Annahmefrist für Angebote auf zwei Wochen zu reduzieren, wobei zusätzlich auch die weitere Annahmefrist bei Übernahmeangeboten entfällt.[61]

Die starke Differenz in den Annahmefristen von Pflicht- und Übernahmeangeboten ist durch die Motivation des Bieters zu erklären. Durch den (unfreiwilligen) Kontrollerwerb an der Zielgesellschaft fällt der Bieter in den gesetzlichen Rahmen eines Pflichtangebotes. Das „haben wollen" der Zielgesellschaft spielt in diesen Fällen regelmäßig keine Rolle. Der Bieter versucht daher, mit möglichst geringem (finanziellen) Aufwand der Pflicht eines Angebotes für alle Aktionäre nachzukommen. Anders ist es bei Übernahmeangeboten um die Motivation des Bieters gestellt. Hierbei ist das „haben wollen" die direkte Motivation für das Angebot. Um die Wahrscheinlichkeit einer geglückten Übernahme noch weiter zu erhöhen, wird den potenziellen Verkäufern der Wertpapiere eine entsprechend lange „Bedenk- und Erinnerungsfrist" eingeräumt.

---

61   Vgl. Gesetz zur Beschleunigung und Vereinfachung des Erwerbs von Anteilen an sowie Risikopositionen von Unternehmen des Finanzsektors durch den Fonds "Finanzmarktstabilisierungsfonds - FMS" (Finanzmarktstabilisierungsbeschleunigungsgesetz) (FMStBG), in der Fassung vom 24.02.2012, S. 12 Abs. 3 Nr. 1.

Auch können durch die lange Frist versäumte Angebotsannahmen aufgrund von Unwägbar-keiten wie z.B. Urlaube, Krankheiten u.ä. auf ein Minimum reduziert werden. Die obige Argumentation gilt ebenso für einfache Erwerbsangebote, bei denen eine durchschnittliche Frist von 43 Tage zu beobachten ist.

2. Kontrollprämie

Unter dem Begriff der Kontrollprämie wird ein Aufgeld verstanden, welches der Bieter den Aktionären zahlt, damit diese dem Kaufangebot (eher) nachkommen.[62] Diese Kontroll- oder Übernahmeprämie lässt sich nur indirekt aus der Gegenleistung ableiten, da diese nicht di-rekt quantifiziert wird.

Abb. 12: Kontrollprämie und Marktpreis als Bestandteile der Gegenleistung (Quelle: Eigene Darstellung)

Des Weiteren kann auch nicht „die eine" Kontrollprämie ermittelt werden, da regelmäßig der Betrachtungszeitpunkt (und damit der Marktpreis) der Ermittlung eine wichtige Rolle spielt. Im Rahmen dieser Untersuchung werden folgende drei Betrachtungszeitpunkte genutzt:

• 50 Tage vor Angebotsveröffentlichung (Stichtag I):

Dieser Zeitpunkt wurde gewählt, um einen Vergleich der Gegenleistung mit einem von der Transaktion unbeeinflussten Börsenkurs der Zielgesellschaft zu ermöglichen. Lt. WpÜG ist innerhalb von vier Wochen nach Entschluss zur Abgabe eines Angebo-tes die entsprechende Angebotsunterlage zu veröffentlichen (siehe hierzu Kapitel B.III). Um jegliche Antizipationen im Zusammenhang mit dem Angebot und damit Beeinflussungen des Börsenkurses ausschließen zu können, wird in der Analyse ein Zeitpunkt von 50 Tagen anstatt vier Wochen vor Angebotsveröffentlichung genutzt.

• Einen Tag vor Angebotsveröffentlichung (Stichtag II)[63]:

Dieser Zeitpunkt spiegelt einen Börsenkurs wider, der die Information der Abgabe eines Angebotes schon eingepreist hat. Die Höhe der Offerte ist dem Markt jedoch zu diesem Zeitpunkt noch nicht bekannt. Hiermit lässt sich die Gegenleistung mit einem Börsenkurs ins Verhältnis setzen, der aller Voraussicht nach eine spekulative Kon-trollprämie beinhaltet.

---

62   Vgl. *Gelman*, Dynamik der Zielaktie bei Unternehmensübernahmen und die subjektive Wahrscheinlichkeit des Übernahmeerfolges, Diss. Münster, Hamburg 2007, S. 46.
63   Vgl. *Binder*, Review of Quantitative Finance and Accounting 1998, 111 (120 ff.).

- Ende der (weiteren) Annahmefrist (Stichtag III):

Das Datum zum Ende der (weiteren) Annahmefrist gibt den Transaktionszeitpunkt wieder. Nach diesem Zeitpunkt kann kein Aktionär das abgegebene Angebot mehr annehmen. Die Angebotshöhe wird zu diesem Zeitpunkt im Börsenkurs Berücksichtigung gefunden haben.

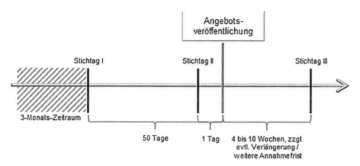

Abb. 13: Übersicht der betrachteten Stichtage im Rahmen der Untersuchung zur Kontrollprämie (Quelle: Eigene Darstellung)

a.)   Stichtag I

Im Rahmen der Analyse wird zunächst untersucht, bei wie vielen Angeboten die Gegenleistung höher ist als der Börsenkurs 50 Tage vor Angebotsveröffentlichung. Hierbei wird in der Auswertung zwischen den Angebotsarten unterschieden. Von den 119 zum Stichtag betrachteten Pflichtangeboten besitzen 88 Angebote eine höhere Gegenleistung, als der tatsächliche Marktwert (Börsenkurs) des Zielunternehmens eigentlich vermuten lässt. Ein ähnliches Bild zeigt sich auch für freiwillige Erwerbs- und Übernahmeangebote. 31 Pflichtangebote (mehr als 26%) und 26 Übernahmeangebote (ca. 17%) beinhalten eine Gegenleistung, die niedriger als der Börsenkurs zum Betrachtungszeitpunkt ist.

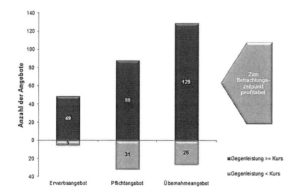

Abb. 14: Anzahl der Angebote mit höherer bzw. geringerer Gegenleistung in Bezug zum Börsenkurs zum Zeitpunkt 50 Tage vor Angebotsveröffentlichung differenziert nach Angebotsarten (Quelle: Eigene Darstellung)

Dies ist dahingehend überraschend, da das WpÜG für Pflicht- und Übernahmeangebote eine Mindestgegenleistung vorsieht, die sich am gewichteten durchschnittlichen Börsenkurs der Wertpapiere des Zielunternehmens orientiert (siehe hierzu Kapitel B.IV). Um dies näher zu beleuchten, wird die Veränderung des DAX (Performance) für den Zeitraum von drei Monaten vor Stichtag I derjenigen Angebote betrachtet, bei denen die Gegenleistung niedriger als der Börsenkurs zum Betrachtungsstichtag ist.

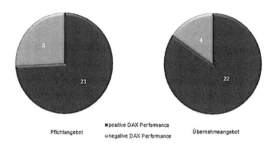

Abb. 15: Aufsplittung von Pflicht- und Übernahmeangebote mit Börsenkurs > Gegenleistung, 50 Tage vor Angebotsveröffentlichung unter Berücksichtigung der DAX Performance (Quelle: Eigene Darstellung)

Aus dieser Abbildung ist ersichtlich, dass bei 75% der Pflichtangebote bzw. 85% der Übernahmeangebote, deren Gegenleistung geringer ist als der Börsenkurs zum Stichtag I, sich der DAX innerhalb des Betrachtungszeitraumes positiv entwickelt hat. Daraus kann abgeleitet werden, dass auch der Aktienkurs der Zielgesellschaften in den meisten Fällen aufgrund einer generellen positiven Börsenentwicklung einen ähnlichen Verlauf zeigt, wodurch ein höherer Börsenkurs bezogen auf die Gegenleistung erklärbar ist.

Die durchschnittliche Höhe der Kontrollprämie des Bieters unterscheidet sich deutlich je nach Angebotsart.

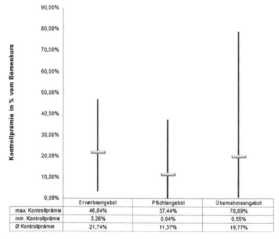

Abb. 16: Durchschnittliche, minimale und maximale Kontrollprämie je Angebotsart, 50 Tage vor Veröffentlichung (Quelle: Eigene Darstellung)

Aus der Untersuchung geht hervor, dass die durchschnittliche Kontrollprämie der betrachteten Pflichtangebote rund 11% beträgt. Im Gegensatz dazu zeigt die Abb. 16 eine durchschnittliche Kontrollprämie für freiwillige Angebote von ca. 22% bei einfachen Erwerbsangeboten bzw. ca. 20% bei Übernahmeangeboten. Ähnlich wie im Rahmen der Analyse zu den Annahmefristen unter 1. lässt sich diese wesentliche Differenz von zehn Prozentpunkten damit erklären, dass die freiwilligen Angebote aus einem eigenen Antrieb heraus motiviert sind. Der Bieter verfolgt klare strategische Ziele mit der gewünschten Übernahme und berücksichtigt zukünftige Synergiegewinne bereits im Angebot. Bei Pflichtangeboten hingegen ist eine Angebotsannahme eher selten erwünscht, da ansonsten im Vorfeld bereits ein Übernahmeangebot erfolgt wäre, damit der Bieter bei diesem u.a. flexibler den Zeitpunkt der Offerte bestimmen könnte. Analog zu den Annahmefristen versuchen die „Pflichtbieter" ihr Angebot möglichst nah am gesetzlichen Minimum (siehe hierzu Kapitel B.IV) zu orientieren, um die finanziellen Auswirkungen dieser Pflicht möglichst gering zu halten. Ersichtlich ist dies zudem an der Bandbreite der Kontrollprämie. Beträgt die maximale Prämie für Pflichtangebote gut 37%, lässt sich im Rahmen von Übernahmeangebote ein maximales Aufgeld von ca. 79% identifizieren. Auch dies spiegelt ein (unbedingtes) „haben wollen" wider.

b.)   Zwischenfazit

Bereits zu diesem Zeitpunkt der Untersuchung kann ein Zwischenfazit bezüglich der Profitabilität von Übernahmeangeboten getätigt werden. Die obigen Ausführungen haben gezeigt, dass ungefähr drei Viertel der veröffentlichten Pflichtangebote eine Gegenleistung beinhalten, die den unbeeinflussten Börsenkurs (Stichtag I), d.h. den Marktwert der Anteile, übersteigt. Diese Quote liegt bei den freiwilligen Angeboten aufgrund der o.g. Gründe mit 91% bei (einfachen) Erwerbsangeboten und 83% bei Übernahmeangeboten sogar nochmals deutlich höher.

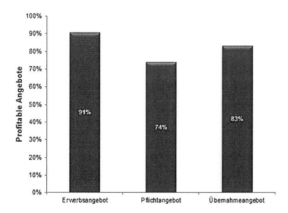

Abb. 17: Anteil profitabler Angebote je Angebotsart unter Berücksichtigung des Marktpreises (Quelle: Eigene Darstellung)

Eine Profitabilität ist daher, bezogen auf den Marktwert der Wertpapiere, bei einem Großteil der Angebote gegeben, wobei eine durchschnittlichen Kontrollprämie von etwa zehn bis 20% anfällt. Einschränkend ist anzumerken, dass dies lediglich eine theoretische Überlegung ist. Zum Betrachtungszeitpunkt liegt das Angebot des Bieters noch nicht vor. Der Aktionär kann folglich nicht durch den Verkauf seiner Anteile die Kontrollprämie realisieren. Nichtsdestotrotz ist die Erkenntnis der o.g. Profitabilität wichtig. Wenn der Markt ein folgendes Angebot antizipiert bzw. die Veröffentlichung erfolgt ist, wird sich der Börsenkurs der betroffenen Wertpapiere aufgrund dieser Information verändern. Dieser Kurs bildet dann i.d.R. nicht mehr den tatsächlichen Wert der Unternehmensanteile ab. Nach Ende der Angebotsfrist und unter der Voraussetzung, dass keine unternehmenswertrelevanten Ereignisse eingetreten sind, kann vermutet werden, dass sich der Börsenkurs der betroffenen Wertpapiere wieder dem Niveau vor Angebotsveröffentlichung (Stichtag I) angleichen wird.

c.)   Stichtag II

Im Vergleich zu Stichtag I stellt sich der Sachverhalt zum Stichtag II anders dar. Die Anzahl der Angebote, bei denen die Gegenleistung den Börsenkurs übersteigt, überwiegt zu diesem Zeitpunkt kaum noch.

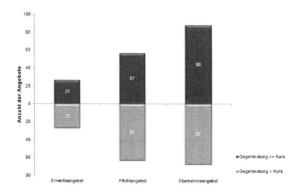

Abb. 18: Anzahl der Angebote mit höherer bzw. geringerer Gegenleistung in Bezug zum Börsenkurs zum Zeitpunkt 1 Tag vor Angebotsveröffentlichung differenziert nach Angebotsarten (Quelle: Eigene Darstellung)

Zu beachten ist hier jedoch, dass der Börsenkurs zu diesem Zeitpunkt nicht mehr vom Angebot unbeeinflusst ist. Aufgrund der Ankündigung zur Abgabe eines Angebotes im Vorfeld der Angebotsveröffentlichung hat der Börsenkurs darauf entsprechend reagiert. Eine generelle Aussage zur Profitabilität lässt diese Betrachtung daher nicht zu. Ein ähnliches Bild zeigt sich auch bei der Betrachtung der durchschnittlichen Kontrollprämie zum Stichtag II.

Angebotsart	Ø Kontrollprämie
Erwerbsangebot	7,26%
Pflichtangebot	4,43%
Übernahmeangebot	3,03%

Abb. 19: Durchschnittliche Kontrollprämie zum Stichtag II je Angebotsart (Quelle: Eigene Darstellung)

Wird davon ausgegangen, dass im Zeitraum zwischen Stichtag I und Stichtag II keine wesentlichen marktwertrelevanten Ereignisse bez. der Zielgesellschaft stattfanden, so lässt sich die starke Verringerung der durchschnittlichen Kontrollprämie um bis zu 15 Prozentpunkte durch Spekulationen erklären. Der Börsenkurs spiegelt nun nichtmehr ausschließlich den Marktwert des Unternehmens wider, sondern beinhaltet zudem noch eine Erwartung hinsichtlich des Angebotes. Dieser Spekulationsanteil zehrt entsprechend die Kontrollprämie auf.

d.)   Stichtag III

Am abschließend betrachteten Stichtag III kann ein Börsenkurs zum Vergleich mit der Gegenleistung herangezogen werden, der bereits die Höhe der Offerte berücksichtigt.

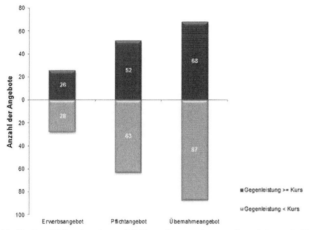

Abb. 20: Anzahl der Angebote mit höherer bzw. geringerer Gegenleistung in Bezug zum Börsenkurs zum Ende der (weiteren) Angebotsfrist differenziert nach Angebotsarten (Quelle: Eigene Darstellung)

Aus Abb. 20 ist ersichtlich, dass im Vergleich zu den vorigen Stichtagen nun die Anzahl der Angebote überwiegt, bei denen die Gegenleistung geringer ist als der Börsenkurs zum Stichtag. Interessanter ist jedoch die Betrachtung der durchschnittlichen Kontrollprämie.

Angebotsart	Ø Kontrollprämie
Erwerbsangebot	7,92%
Pflichtangebot	2,42%
Übernahmeangebot	2,20%

Abb. 21: Durchschnittliche Kontrollprämie zum Stichtag III je Angebotsart (Quelle: Eigene Darstellung)

Diese nähert sich zum Ende der Angebotsfrist weiter der „0%-Marke", was letztendlich widerspiegelt, dass im Börsenkurs die Kontrollprämie fast vollständig aufgeht. Dies ist auch erklärbar, da mit Veröffentlichung des Angebotes durch den Bieter der momentane Gegenwert des Wertpapieres (aber nicht Unternehmenswert) direkt ersichtlich ist und entsprechend Berücksichtigung im Aktienkurs findet. Einen realistischen Wert des Unternehmens drückt dies dann jedoch in aller Regel nicht aus.

e.)   Zwischenfazit

Die obigen Beobachtungen zur Kontrollprämie lassen sich durch den Verlauf der durchschnittlichen Abweichung der Gegenleistung zum Börsenkurs untermauern. Im Vergleich zur Analyse der Kontrollprämie berücksichtigt die obige Abweichung (Abb. 22) auch diejenigen Angebote, bei denen zum Betrachtungszeitpunkt keine bzw. eine „negative Kontrollprämie" vorliegt. Aus Abb. 22 ist ersichtlich, dass sich auch die durchschnittliche Abweichung über den Zeitverlauf der „0%-Marke" nähert. Die Börsenkurse gleichen sich folglich den veröffentlichten Angeboten an.

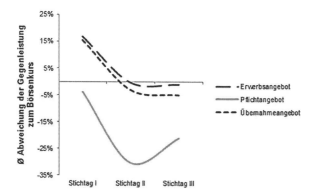

Abb. 22: Durchschnittliche Abweichung der Gegenleistung zum Börsenkurs im Zeitverlauf von Stichtag I zu Stichtag III je Angebotsart (Quelle: Eigene Darstellung)

Eine Ausnahme bildet hier jedoch der Verlauf der Pflichtangebote. Die deutliche und ausschließlich negative Abweichung im betrachteten Zeitraum ist darauf zurückzuführen, dass in den berücksichtigten Pflichtangeboten eine Vielzahl an Angeboten vorhanden sind, bei denen die Gegenleistung nicht auf dem gewichteten drei-Monats-Börsenkurs basiert. Dies ist insbesondere bei Übernahmen im Immobiliensektor der Fall, wo die Gegenleistung i.d.R. auf Grundlage des Unternehmenswertes berechnet wurde und teilweise extrem negativ vom Börsenkurs abweicht (z.B. Zielgesellschaft: Adler Real Estate AG, Hamburg, DE0005008007, Pflichtangebot: 0,12 €, Kurs zu Stichtag II: 1,95 €). Dies prägt daher auch die aufgezeigten Abweichungen.

Hinsichtlich der Profitabilität lässt sich zum jetzigen Zeitpunkt folgendes festhalten:

- Ein Großteil der Angebote beinhaltet eine Kontrollprämie, wobei bei freiwilligen Angeboten Anzahl und Höhe der Kontrollprämie (deutlich) größer sind als bei Pflichtangeboten. Dem Aktionär wird also ein Geldbetrag geboten, der den (Unternehmens-) Wert der Aktie übersteigt.

- Innerhalb der Angebotsfrist nähert sich der Börsenkurs der Höhe der Gegenleistung. Das Angebot ist bezogen auf den (Unternehmens-) Wert der Aktie weiterhin profitabel. Jedoch kann ein Verkauf des Wertpapieres über die Börse eine höhere Geldleistung einbringen (wenn Börsenkurs > Gegenleistung).

3. Weitere Entwicklung im Zeitverlauf (erwartete Rendite)

Im Rahmen der Untersuchung zur weiteren Entwicklung des Verhältnisses zwischen Gegenleistung und Börsenkurs (unter Berücksichtigung evtl. Dividendenzahlungen) werden die vorliegenden Daten an folgenden fünf Zeitpunkten analysiert:

- Drei Monate nach Beendigung der (weiteren) Annahmefrist.
- Sechs Monate nach Beendigung der (weiteren) Annahmefrist.
- Zwölf Monate nach Beendigung der (weiteren) Annahmefrist.
- 18 Monate nach Beendigung der (weiteren) Annahmefrist.
- 24 Monate nach Beendigung der (weiteren) Annahmefrist.

Aus dieser Analyse geht hervor (siehe hierzu Abb. 23), dass sich der Anteil profitabler Angebote drei Monate nach der (weiteren) Annahmefrist leicht verringert hat, sich im Großen und Ganzen jedoch ähnlich darstellt, wie direkt zum Ende der Frist (siehe hierzu Kapitel 0). Lediglich der Anteil profitabler Pflichtangebote ist zum Betrachtungszeitpunkt um gut fünf Prozentpunkte auf über 50% gestiegen.

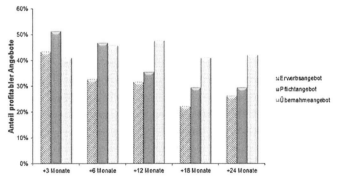

Abb. 23: Entwicklung des Anteils profitabler Angebote je Angebotsart (Quelle: Eigene Darstellung)

Im weiteren Verlauf verringert sich dieser Anteil jedoch sukzessive bis auf gut 30% nach 24 Monaten. Anders verhält es sich bei den Übernahmeangeboten. Diese bleiben bezogen auf die Profitabilität im Untersuchungszeitraum bei einem relativ konstanten Anteil zwischen 40 und 50%. Anzumerken ist an dieser Stelle, dass für die Ermittlung der Profitabilität nicht nur die Gegenleistung ins Verhältnis zum entsprechenden Börsenkurs des Zielunternehmens zu einem bestimmten Zeitpunkt gesetzt wird, sondern die Berechnung unter Berücksichtigung der Dividendenzahlungen erfolgt. Zudem wird die so errechnete Geldleistung (Wert der Aktie + Dividenden) auf den Zeitpunkt der Gegenleistung diskontiert, um eine Vergleichbarkeit zu ermöglichen (siehe hierzu Kapitel C.II.1).

Einen annähernden gleichen, wenn auch leicht höheren Verlauf zeigt die o.g. Auswertung, wenn die Grundgesamtheit auf Angebote eingeschränkt wird, die zum Stichtag I eine (positive) Kontrollprämie auswiesen.

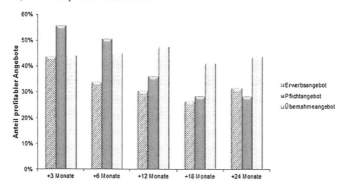

Abb. 24: Entwicklung des Anteils profitabler Angebote mit Kontrollprämie zum Stichtag I je Angebotsart (Quelle: Eigene Darstellung)

Auch hier kann eine über den Zeitverlauf relativ konstante Entwicklung der Profitabilität der Übernahmeangebote beobachtet werden; die Anteile der Pflicht- und Erwerbsangebote stellen sich ebenso ähnlich dar. Es zeigt sich daher, dass sich die Tatsache einer (positiven) Kontrollprämie 50 Tage vor Angebotsveröffentlichung nur unwesentlich auf die weitere Profitabilität auswirkt. Wird die durchschnittliche Kontrollprämie der verschiedenen Angebotsarten im Zeitverlauf aufgezeigt, so lässt sich eine permanent steigende durchschnittliche Kontrollprämie erkennen. Diese steigt von gut 10% nach drei Monaten auf bis zu 45% bei Übernahmeangeboten bzw. ca. 30% bei Pflicht- und Erwerbsangeboten.

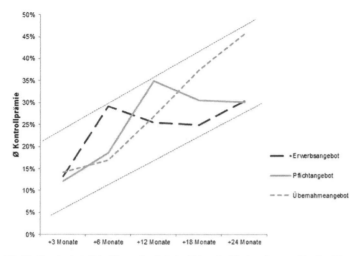

Abb. 25: Durchschnittliche Kontrollprämie im Zeitverlauf je Angebotsart (Quelle: Eigene Darstellung)

Ebenso kann die vollständige Grundgesamtheit mit einbezogen und die prozentuale Abweichung zwischen diskontierter Geldleistung (Aktienkurs + Dividenden) und ursprünglicher Gegenleistung aufgezeigt werden. Die hierbei gewonnenen Ergebnisse relativieren die oben dargestellten möglichen Renditen bei Angeboten mit (positiver) Kontrollprämie im Zeitraum nach Beendigung der Annahmefrist.

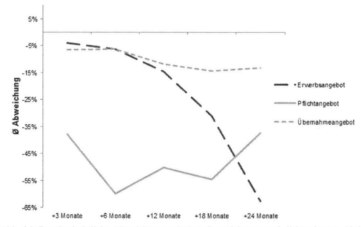

Abb. 26: Durchschnittliche Abweichung zwischen Gegenleistung und diskontiertem Aktienkurs (inkl. Dividenden) im Zeitverlauf je Angebotsart (Quelle: Eigene Darstellung)

41

Die Abb. 26 verdeutlicht, dass der zukünftige diskontierte Gegenwert aus Aktienkurs und kumulierten Dividenden die ursprüngliche Gegenleistung im Durchschnitt übertrifft. Bei Pflichtangeboten beträgt die Differenz durchgehend mehr als 35%, bei Übernahmeangeboten pendelt sich diese im Zeitverlauf bei gut 10% ein. Daraus kann abgeleitet werden, dass für das „Risiko", ein Pflichtangebot nicht anzunehmen, innerhalb von 24 Monaten eine Verzinsung von etwa 35% erfolgt. Im Rahmen von Übernahmeangeboten beträgt dieser Risikozins durchschnittlich gut 10%.

Diese Aussage kann abschließend auch mittels der erwarteten Rendite bekräftigt werden, die durch

$$\grave{\imath}_r = \sum_s w_s \times r_s$$

Abb. 27: Formel zur Berechnung der erwarteten Rendite (Quelle: Eigene Darstellung)

ermittelt[64] wird.

Für Übernahmeangebote zum Stichtag zwölf Monate nach Beendigung der (weiteren) Annahmefrist gilt demnach:

$w_{\text{profitabel}}$	=	0,48 (siehe hierzu Abb. 23)
$r_{\text{profitabel}}$	=	-0,27 (siehe hierzu Abb. 25)
$w_{\text{unprofitabel}}$	=	1 - 0,48
$r_{\text{unprofitabel}}$	=	0,47

Daraus ergibt sich:

$\mu_r{}^{65} = 0,48$ x -0,27 + 0,52 x 0,47 = 0,1148 ≈ 11%

Der Aktionär kann folglich mit einer erwarteten Rendite von 11% rechnen, wenn er das Übernahmeangebot *nicht* annimmt. Die übrigen Datenpunkte können entsprechend berechnet werden.

D.   Zusammenfassung

Eine generelle Aussage zur Profitabilität von Übernahmeangeboten für den Aktionär ist nicht möglich, vielmehr muss die Beantwortung der Profitabilitätsfrage in Anbetracht der Analyseergebnisse differenziert erfolgen. Die durchschnittliche Abweichung zwischen offerierter Gegenleistung und dem (unbeeinflussten) Börsenkurs 50 Tage vor Angebotsveröffentlichung beträgt bei Übernahmeangeboten rund 15%, was auch dem Erwartungswert der Rendite entspricht. Ein etwas anderes Bild zeigt sich bei der Betrachtung von Pflichtangeboten. Hier orientiert sich nicht nur die Länge der Annahmefrist am gesetzlichen Minimum, sondern auch die Höhe der Gegenleistung. Die o.g. durchschnittliche Abweichung beträgt

---

64   ws = Wahrscheinlichkeit des Eintretens des Sachverhaltes s, rs = Rendite zum Sachverhalt s
65   μr = Erwartungswert der Rendite

ca. -4%, was einerseits auf die mangelnde Motivation (fehlendes „haben wollen") der Bieter zur Zahlung einer Kontrollprämie sowie auf Sondersachverhalte des Immobiliensektors in der betrachteten Grundgesamtheit zurückzuführen ist.

Im weiteren Zeitverlauf, d.h. nach Beendigung der (weiteren) Annahmefrist, verändert sich die zu erwartende Rendite sowohl für Übernahmeangebote als auch für Pflichtangebote deutlich. Die aus Börsenkurs und kumulierter Dividendenzahlung bestehende (diskontierte) Geldleistung liegt im Durchschnitt wesentlich höher als die entsprechende Gegenleistung. Bei Übernahmeangeboten konnte eine Differenz von gut 10%, bei Pflichtangeboten von über 35% beobachtet werden. Im Umkehrschluss bedeutet dies also eine erwartete Rendite von 10 bzw. 35%, wenn der Aktionär dem Angebot *nicht* nachkommt.

Aus diesen Erkenntnissen lassen sich folgende drei Leitlinien für Aktionäre ableiten, die eine Indikation für das Verhalten in einer Übernahmesituation ermöglichen:

- Spielt der Aktionär ohnehin mit dem Gedanken, sich von seinem Wertpapier in absehbarer Zeit zu trennen, so stellt ein Übernahmeangebot eine ideale Voraussetzung zum profitablen Verkauf dar.

- Bei Pflichtangeboten sollten die Aktien nach Beendigung der (weiteren) Annahmefrist oder während dieser über die Börse veräußert werden.

- Besteht kein grundlegendes Interesse des Aktionärs sich von seinen Aktien zu trennen, so kann mit einer positiven Renditeerwartung gerechnet werden, wenn die Wertpapiere weiter gehalten werden.

Anfechtbarkeit von Hauptversammlungsbeschlüssen wegen fehlerhafter Entsprechenserklärung gemäß § 161 AktG

Von Claudia Fritze, LL.M.

A. Einleitung

Nach § 161 AktG sind der Vorstand und der Aufsichtsrat einer börsennotierten[1] Aktiengesellschaft verpflichtet, jährlich zu erklären, dass den vom Bundesministerium der Justiz im amtlichen Teil des Bundesanzeigers bekannt gemachten Empfehlungen der „Regierungskommission Deutscher Corporate Governance Kodex" entsprochen wurde und wird oder welche Empfehlungen nicht angewendet wurden oder werden und warum nicht. Diese Erklärung nach § 161 AktG, auch Entsprechenserklärung genannt, ist für die Öffentlichkeit dauerhaft zugänglich zu machen. In den letzten Jahren hat sich die Rechtsprechung vermehrt mit der Frage befassen müssen, ob eine fehlerhafte oder gar gänzlich fehlende Entsprechenserklärung einen Aktionär zur Anfechtung von Hauptversammlungsbeschlüssen berechtigen kann. Maßgebliche Bedeutung kommt hierbei der BGH-Entscheidung vom 16.02.2009 im Fall „Kirch/Deutsche Bank"[2] zu, in der höchstrichterlich erstmals eine Anfechtbarkeit, in diesem Fall der Entlastungsbeschlüsse von Vorstand und Aufsichtsrat, wegen einer fehlerhaften Entsprechenserklärung bejaht wurde. Sieben Monate später hat der BGH seine Rechtsprechung im Urteil „Umschreibungsstopp" bestätigt und präzisiert.[3]

---

[1] Die Verpflichtung trifft auch Aktiengesellschaften, deren Aktien nur über ein multilaterales Handelssystem gehandelt werden, die aber andere Wertpapiere, z.B. Schuldverschreibungen, an einem organisierten Markt zum Handel zugelassen haben und somit den Kapitalmarkt in Anspruch nehmen gemäß § 161 Abs. 1 Satz 2 AktG.

[2] BGH vom 16.02.2009 – II ZR 185/07, NZG 2009, 342 (345 f.).

[3] BGH vom 21.09.2009 – II ZR 174/08, BB 2009, 2725 (2727).

Der Schwerpunkt der Arbeit befasst sich mit den Voraussetzungen einer Anfechtbarkeit einzelner Hauptversammlungsbeschlüsse in Bezug auf eine fehlende oder fehlerhafte Entsprechenserklärung, insbesondere nach der jüngsten Rechtsprechung, sowie mit einer kritischen Würdigung dieser Rechtsprechungsentwicklung. Abschließend werden kurz einige Empfehlungen des Deutschen Corporate Governance Kodex (nachfolgend „DCGK") beleuchtet, die aufgrund der Rechtsprechung in Zukunft streitanfällig sein könnten.

Die potentielle Haftung der Organe wegen einer Nicht- oder Schlechterfüllung ihrer Verpflichtungen aus § 161 AktG ist nicht Gegenstand dieser Arbeit.

B.   Anfechtbarkeit von Hauptversammlungsbeschlüssen

Von den Hauptversammlungsbeschlüssen, die einer Anfechtbarkeit wegen einer fehlerhaften oder fehlenden Entsprechenserklärung ausgesetzt sein könnten, kommen in erster Linie die Entlastungsbeschlüsse der Verwaltungsorgane, Vorstand und Aufsichtsrat[4], aber auch der Beschluss zur Wahl des Aufsichtsrates[5] aufgrund der Art der Verhaltens- und Informationsempfehlungen im DCGK in Betracht. Zu erwägen ist, ob auch der Beschluss der Hauptversammlung zur Bestellung des Abschlussprüfers Anfechtungspotenzial bietet im Zusammenhang mit den Empfehlungen in Nr. 7.2 DCGK. Andere üblicherweise in die Zuständigkeit der Hauptversammlung fallende Beschlussgegenstände, die einen engen Zusammenhang mit dem DCGK aufweisen könnten, sind nicht ersichtlich.

Ein Aktionär, der die Voraussetzungen des § 245 AktG erfüllt und anfechtungsbefugt ist, kann einen Hauptversammlungsbeschluss im Klagewege nach § 246 AktG anfechten, wenn der betreffende Beschluss ein Gesetz oder Bestimmungen der Satzung verletzt (§ 243 Abs. 1 AktG). Für die Anfechtung der Wahl der Aufsichtsratsmitglieder gilt § 251 Abs. 1 Satz 1 AktG, der die Anfechtbarkeit des Wahlbeschlusses ebenfalls von der Verletzung des Gesetzes oder der Satzung abhängig macht.

Zur Anfechtbarkeit können relevante Verfahrensfehler beim Zustandekommen des Beschlusses oder inhaltliche Mängel des Beschlusses führen. Bei den Verfahrensfehlern spielt insbesondere die Verletzung von Informationspflichten im Zusammenhang mit Entlastungsbeschlüssen eine wichtige Rolle. Ein inhaltlicher Mangel liegt dann vor, wenn die von der Hauptversammlung per Beschluss gefasste Regelung nicht im Einklang mit den Gesetzen steht.[6] Die Rechtsverletzung kann zugleich einen inhaltlichen Mangel als auch einen Verfahrensfehler darstellen.[7]

---

4   BGH vom 16.02.2009 – II ZR 185/07, NZG 2009, 342 (345 f.); BGH vom 21.09.2009 – II ZR 174/08, BB 2009, 2725 (2727).

5   OLG München vom 06.08.2008 – 7 U 5628/07, NZG 2009, 508 (510 f.); LG Hannover vom 17.03.2010 – 23 O 124/09, NZG 2010, 744 (745 ff.).

6   *Hoffmann*, in: Spindler/Stilz (Hrsg.), Kommentar zum Aktiengesetz, Band 1, 2. Aufl. 2010, § 120 Rn. 43; *Hüffer*, Aktiengesetz, 10. Aufl. 2012, § 243 Rn. 11, 17, 20.

7   *Hüffer*, in: Münchener Kommentar zum Aktiengesetz, Band 4 §§ 179 – 277, 3. Aufl. 2011, § 243 Rn. 25.

I.   Anfechtbarkeit der Entlastungsbeschlüsse

Mit der Erteilung der Entlastung billigt die Hauptversammlung das Verwaltungshandeln der Organe für das abgelaufene Geschäftsjahr und spricht ihnen das Vertrauen für die weitere Zusammenarbeit aus.[8] Dabei steht der Hauptversammlung grundsätzlich ein Ermessen in ihrer Entscheidung zu, so dass nach der Rechtsprechung Entlastungsbeschlüsse nur anfechtbar sind, wenn die Organe im Rahmen ihrer Verwaltungstätigkeit einen schwerwiegenden Gesetzes- oder Satzungsverstoß begangen haben, der eindeutig feststellbar ist.[9] Die trotz Kenntnis des gesetzeswidrigen Verhaltens beschlossene Entlastung von Vorstand und Aufsichtsrat ist dann inhaltlich falsch und selbst gesetzeswidrig und führt damit zur Anfechtbarkeit. Die somit treuwidrig handelnde Aktionärsmehrheit soll sich nicht gegenüber der gesetzestreuen Minderheit durchsetzen.[10]

Fraglich ist folglich, worin der eindeutige und schwerwiegende Gesetzes- oder Satzungsverstoß der Organe liegen könnte, der eine Entlastung anfechtbar macht. Zum einen könnte er in der Nichteinhaltung der Empfehlungen nach dem DCGK selbst gesehen werden, von denen die Organe in der Entsprechenserklärung behauptet haben, sie einzuhalten, zum anderen in dem Umstand, dass die Transparenzanforderungen des § 161 AktG nicht erfüllt wurden bzw. werden.

1.   DCGK: Gesetzes- oder Satzungsqualität?

Die erste Fassung des DCGK vom 26.02.2002 wurde von der „Regierungskommission Deutscher Corporate Governance Kodex" erarbeitet, einer von der Regierung eingesetzten Kommission, deren Mitglieder sich ausschließlich aus Vertretern aus Wirtschaft und Wissenschaft zusammensetzt. Seither überprüft die Kommission den Kodex jährlich und entwickelt ihn bei Bedarf fort.[11] Die aktuelle Fassung des Kodex wird nach einer Rechtmäßigkeitskontrolle vom Bundesministerium der Justiz jeweils im Bundesanzeiger bekanntgemacht.[12]

Der DCGK ist ein aus drei Komponenten zusammengesetztes Rahmenwerk für eine gute und verantwortungsvolle, auf nachhaltigen Unternehmenserfolg ausgerichtete Unternehmensführung und -kontrolle. Zum einen gibt der DCGK einen informativen Überblick über relevante gesetzliche Bestimmungen aus dem deutschen Gesellschafts- und Kapitalmarktrecht (Kommunikations- und Informationsfunktion). Zum anderen enthält er Empfehlungen in Form von „Soll"-Formulierungen sowie bloße Anregungen, gekennzeichnet durch das Wort „sollte", die jeweils international und national anerkannte Standards der

---

8   *Hüffer*, (o. Fn. 6), § 120 Rn. 2 m.w.N.

9   BGH vom 25.11.2002 – II ZR 133/01 (Macroton), NJW 2003, 1032 (1033); BGH vom 18.10.2004 – II ZR 250/02 (ThyssenKrupp), NJW 2005, 828; LG Krefeld vom 20.12.2006, ZIP 2007, 730 (732); *Hüffer*, (o. Fn. 6), § 120 Rn. 12 m.w.N.

10 BGH vom 25.11.2002 – II ZR 133/01 (Macroton), NJW 2003, 1032 (1033); BGH vom 18.10.2004 – II ZR 250/02 (ThyssenKrupp), NJW 2005, 828; *Hüffer*, (o. Fn. 6), § 120 Rn. 12 m.w.N.; *Schwab*, in: K. Schmidt/Lutter (Hrsg.), Aktiengesetz Kommentar, II. Band, 2. Aufl. 2010, § 243 Rn. 12.

11 DCGK Nr. 1 Präambel.

12 *Seibert*, Im Blickpunkt: Der Deutsche Corporate Governance Kodex ist da, BB 2002, 581 (582); *Ringleb*, in: Ringleb/Kremer/Lutter/v. Werder, Kommentar zum Deutschen Corporate Governance Kodex, 4. Aufl. 2010, Rn. 37.

Unternehmensführung und Überwachung widerspiegeln (Ordnungsfunktion).[13] Da die im Kodex enthaltenen Anregungen mit keiner Offenlegungspflicht verbunden sind, wird im Weiteren nicht näher auf sie eingegangen.

Die gesetzlichen Bestimmungen sind natürlich für deutsche Aktiengesellschaften verbindlich, ihre Beschreibung im Kodex neben den Empfehlungen und Anregungen dient allein einer transparenten und umfassenden Darstellung des gesamten deutschen Corporate Governance Systems insbesondere gegenüber ausländischen Investoren.[14]

Die Aussage über die Einhaltung oder Nichteinhaltung in der Entsprechenserklärung nach § 161 AktG bezieht sich nur auf die Empfehlungen des Kodex. Von den Anregungen kann ohne Offenlegung abgewichen werden.

Wenn einzelnen Empfehlungen des DCGK, z.B. der Empfehlung in Nr. 5.5.3 Satz 1 DCGK, nach der der Aufsichtsrat aufgetretene Interessenkonflikte der Hauptversammlung gegenüber in seinem Bericht offen legen und über deren Behandlung informieren soll, nicht gefolgt wird, obwohl Vorstand und Aufsichtsrat der Gesellschaft in der Entsprechenserklärung erklärt haben, dass sie diese Empfehlungen umgesetzt haben bzw. befolgen, dann wäre diese Nichtbefolgung der Empfehlung selbst nur dann ein Gesetzesverstoß oder Satzungsverstoß, wenn die DCGK-Empfehlungen einem Gesetz entsprechen würden oder Satzungsbestimmungen gleichzusetzen wären.

Nach herrschender Meinung in Rechtsprechung[15] und Schrifttum[16] erfüllen der Kodex selbst und die darin enthaltenen Empfehlungen nicht die Anforderungen an eine Rechtsnorm im Sinne des Art. 2 EGBGB.[17] Es handelt sich bei ihnen auch nicht um einen Handelsbrauch im Sinne des § 346 HGB.[18] Der Kodex mit seinen Empfehlungen ist weder im formellen Gesetzgebungsverfahren vom Deutschen Bundestag verabschiedet worden[19], noch basiert er auf einer Ermächtigungsnorm, die der Kommission eine Normsetzungsbefugnis einräumen würde.[20]

---

13 DCGK Nr. 1 Präambel; *Berg/Stöcker*, Anwendungs- und Haftungsfragen zum Deutschen Corporate Governance Kodex, WM 2002, 1569 (1571); *Ederle*, Die jährliche Entsprechenserklärung und die Mär von der Selbstbindung, NZG 2010, 655 (656); *Ihrig/Wagner*, Die Reform geht weiter: Das Transparenz- und Publizitätsgesetz kommt, BB 2002, 789 (790); *Seibert*, BB 2002, 581 (582 f.); *Wernsmann/Gatzka*, Der Deutsche Corporate Governance Kodex und die Entsprechenserklärung nach § 161 AktG – Anforderungen des Verfassungsrechts, NZG 2011, 1001 (1002).

14 *Ihrig/Wagner*, BB 2002, 789; *Kirschbaum/Wittmann*, Selbstregulierung im Gesellschaftsrecht: Der Deutsche Corporate Governance Kodex, JuS 2005, 1062 (1063 f.).

15 BGH vom 16.02.2009 – II ZR 185/07, NZG 2009, 342 (346 Rn. 26); OLG München vom 23.01.2008 – 7 U 3668/07, NZG 2008, 337 (338); LG München I vom 22.11.2007 – 5 HK O 10614/07, NZG 2008, 150 (151).

16 *Goslar/v. d. Linden*, Anfechtbarkeit von Hauptversammlungsbeschlüssen aufgrund fehlerhafter Entsprechenserklärungen zum Deutschen Corporate Governance Kodex, DB 2009, 1691 f.; *Seibt*, Deutscher Corporate Governance Kodex und Entsprechenserklärung (§ 161 AktG-E), AG 2002, 249 (250); *Thümmel*, Die Abweichung von der Entsprechenserklärung nach § 161 AktG – Neue Risiken für Vorstände und Aufsichtsräte, CCZ 2008, 141 (142); *E.Vetter*, Der Deutsche Corporate Governance Kodex nur ein zahnloser Tiger? – Zur Bedeutung von § 161 AktG für Beschlüsse der Hauptversammlung, NZG 2008, 121 (123).

17 *Hüffer*, (o. Fn. 6), § 161 Rn. 3 m.w.N.; *Sester*, in: Spindler/Stilz (Hrsg.), Kommentar zum Aktiengesetz, Band 2, 2. Aufl. 2010, § 161 Rn. 32.

18 OLG Zweibrücken vom 03.02.2011 – 4 U 76/10, ZIP 2011, 617 (619); *Hüffer*, (o. Fn. 6), § 161 Rn. 3 m.w.N.; *Berg/Stöcker*, WM 2002, 1569 (1571); *Wernsmann/Gatzka*, NZG 2011, 1001 (1003).

19 LG München I vom 22.11.2007 – 5 HK O 10614/07, NZG 2008, 150 (151).

20 *Hüffer*, (o. Fn. 6), § 161 Rn. 4; *Hoffmann-Becking*, Zehn kritische Thesen zum Deutschen Corporate Governance Kodex, ZIP 2011, 1173 (1174).

Die Empfehlungen des DCGK haben auch keine Satzungsqualität oder vergleichbare Wirkung. Satzungsänderungen und -ergänzungen fallen allein in die Zuständigkeit der Hauptversammlung gemäß § 179 Abs. 1 Satz 1 AktG und sind nicht an eine private Kommission delegierbar.[21] Die Entscheidung über die Umsetzung der Empfehlungen bei der Unternehmensführung obliegt allein Vorstand und Aufsichtsrat, eine Einbindung der Hauptversammlung erfolgt nicht. Damit ist eine satzungsgleiche Wirkung ausgeschlossen.[22] Man bezeichnet den Kodex daher auch als „soft law".[23]

Mangels Gesetzes- und Satzungsqualität des Kodex und seiner Empfehlungen berechtigt das Nichteinhalten von einzelnen Empfehlungen des DCGK trotz gegenteiliger Aussage in der Entsprechenserklärung selbst nicht zur Anfechtung der Entlastung.[24]

2. Verletzung des § 161 AktG

Die Anfechtbarkeit der Entlastungsbeschlüsse könnte sich aber aus einer Verletzung der Vorschriften des § 161 AktG ergeben.

§ 161 AktG ist mit der Verabschiedung des Gesetzes zur weiteren Reform des Aktien- und Bilanzrechtes, zu Transparenz und Publizität vom 19.07.2002 (TransPuG) eingeführt worden und durch das Gesetz zur Modernisierung des Bilanzrechts vom 25.05.2009 (BilMoG) ergänzt worden. Die jährliche Erklärung von Vorstand und Aufsichtsrat zur Einhaltung der DCGK-Empfehlungen ist gemäß § 161 Abs. 2 AktG auf der Internetseite der Gesellschaft zu veröffentlichen. Diese gesetzlich verankerte Verpflichtung richtet sich nach dem Wortlaut des § 161 AktG eindeutig an die Organe der Gesellschaft, und nicht an die Gesellschaft selbst.[25]

Anhand von sechs Varianten wird nachfolgend untersucht, ob und wann eine Nichtbeachtung der Vorschriften des § 161 AktG einen schwerwiegenden Gesetzesverstoß der Gesellschaftsorgane darstellen kann.

a.) Gänzlich fehlende Entsprechenserklärung

Wenn Vorstand und Aufsichtsrat überhaupt keine Erklärung innerhalb der Jahresfrist zu der Einhaltung oder Nichteinhaltung der im DCGK enthaltenen Empfehlungen abgeben und auf der Internetseite der Gesellschaft veröffentlichen, verletzen sie ihre gesetzlichen

---

21 LG München I vom 22.11.2007 – 5 HK O 10614/07, BB 2008, 10 (11); Hüffer, (o. Fn. 6), § 179 Rn. 10; Holzborn, in: Spindler/Stilz (Hrsg.), Kommentar zum Aktiengesetz, Band 2, 2. Aufl. 2010, § 179 Rn. 1 f.
22 OLG München vom 06.08.2008 – 7 U 5628/07, NZG 2009, 508 (509).
23 Spindler, in: K. Schmidt/Lutter (Hrsg.), Aktiengesetz Kommentar, II. Band, 2. Aufl. 2010, § 161 Rn. 8; Kirschbaum/Wittmann, JuS 2005, 1062 (1064); Semler/Wagner, Deutscher Corporate Governance Kodex – Die Entsprechenserklärung und Fragen der gesellschaftsinternen Umsetzung, NZG 2003, 553 (554).
24 BGH vom 16.02.2009 – II ZR 185/07, NZG 2009, 342 (346 Rn. 26); KG vom 26.05.2008 – 23 U 88/07, NZG 2008, 788 (789); Hüffer, (o. Fn. 6), § 161 Rn. 32.
25 Lutter, in: Ringleb/Kremer/Lutter/v. Werder, Kommentar zum Deutschen Corporate Governance Kodex, 4. Aufl. 2010, Rn. 1515; Borges, Selbstregulierung im Gesellschaftsrecht – zur Bindung an Corporate Governance-Kodizes, ZGR 2003, 508 (527); E.Vetter, Der Tiger zeigt die Zähne – Anmerkungen zum Urteil des BGH im Fall Leo Kirch/Deutsche Bank, NZG 2009, 561 (562 f.); a.A. Waclawik, Beschlussmängelfolgen von Fehlern bei der Entsprechenserklärung zum DCGK, ZIP 2011, 885 (889).

Verpflichtungen aus § 161 Abs. 1 und Abs. 2 AktG. Fraglich könnte sein, ob dies als ein schwerwiegender Gesetzesverstoß zu werten ist, der die Anfechtbarkeit der Entlastungs- beschlüsse rechtfertigen würde.

Sinn und Zweck des § 161 AktG als Transparenzvorschrift ist es, den Aktionären und dem Kapitalmarkt insgesamt jährlich Auskunft über die Art und Weise der Unternehmens- führung zu geben, damit diese auf ausreichender Informationsgrundlage ihre Investitions- entscheidung treffen können. Dabei ist es bedeutend zu wissen, wie sich Vorstand und Aufsichtsrat zu den Empfehlungen verhalten, die international und national als Standard für eine gute und verantwortungsvolle Unternehmensführung angesehen werden. Dies gibt letztendlich den Aktionären und dem Kapitalmarkt auch die Möglichkeit, die Qualität und Effizienz der Unternehmensführung im nationalen und internationalen Vergleich zu beurteilen.[26] Vorstand und Aufsichtsrat auf der anderen Seite sind durch die jährliche Abgabe gezwungen, sich mit ihrem implementierten Corporate Governance System auseinander zu setzen und dieses zu überprüfen.[27] Wenn Vorstand und Aufsichtsrat den Aktionären nun bewusst eine Auskunft zur Einhaltung oder Nichteinhaltung der Empfehlungen vorenthalten, wird dies von Rechtsprechung und Schrifttum zu Recht als schwerwiegende Verletzung ihrer Leitungs- bzw. Kontrollpflicht eingestuft und die Anfechtbarkeit bejaht.[28] Geheilt wird dieser Verstoß gegen § 161 AktG auch nicht durch einen ausdrücklichen öffentlich zugänglichen Hinweis oder durch einen Hinweis im Geschäftsbericht, dass die Entsprechenserklärung nicht abgegeben wird. Eine solche Erklärung entspricht nicht den Anforderungen des § 161 Abs. 1 AktG und bietet für den Aktionär und den Kapitalmarkt keinen Mehrwert gegenüber gar keiner Erklärung und wird damit zu Recht auch als unzureichend betrachtet.[29] Den Aktionären sind nicht alle für eine sachgerechte Entscheidung über die Beurteilung der Verwaltungstätigkeit der Organe erforderlichen Informationen zur Verfügung gestellt worden.[30]

Ob im Fall der gänzlich fehlenden Entsprechenserklärung die Anfechtbarkeit gemäß § 243 Abs. 1 AktG aufgrund eines Inhaltsfehlers[31] gegeben ist oder ein zu beachtender Verfahrensfehler vorliegt, weil bei wertender Betrachtung die Mitwirkungsrechte des Aktionärs an der Beschlussfassung beeinträchtigt sind, da die fehlenden Informationen „aus Sicht eines objektiv urteilenden Aktionärs für die Entscheidung über die Entlastung [...] wesentlich"[32] sind, kann letztendlich dahin gestellt bleiben. Die Voraussetzungen des § 243 Abs. 1 AktG sind in jedem Fall erfüllt.

---

26   *Spindler*, Zur Zukunft der Corporate Governance Kommission und des § 161 AktG, NZG 2011, 1007 (1008).
27   *Spindler*, (o. Fn. 23), § 161 Rn. 1; *Ederle*, NZG 2010, 655 (656).
28   OLG München vom 19.11.2008 – 7 U 2405/08, ZIP 2009, 718 (719); OLG München vom 23.01.2008 – 7 U 3668/07, NZG 2008, 337 (338 f.); *Hüffer*, (o. Fn. 6), § 161 Rn. 31; *Sester*, (o. Fn. 17), § 161 Rn. 62; *Ettinger/Grützediek*, Haftungsrisiken im Zusammenhang mit der Abgabe der Corporate Governance Entsprechenserklärung gemäß § 161 AktG, AG 2003, 353; *Kiethe*, Falsche Erklärung nach § 161 AktG – Haftungsverschärfung für Vorstand und Aufsichtsrat?, NZG 2003, 559 (567); *Ulmer*, Der Deutsche Corporate Governance Kodex – ein neues Regulierungsinstrument für börsennotierte Aktiengesellschaften, ZHR 166 (2002), 150 (165).
29   OLG München vom 23.01.2008 – 7 U 3668/07, NZG 2008, 337 (338); *Goslar/v. d. Linden*, DB 2009, 1691 (1692).
30   OLG München vom 19.11.2008 – 7 U 2405/08, ZIP 2009, 718 (720); OLG München vom 23.01.2008 – 7 U 3668/07, NZG 2008, 337 (338).
31   *Goslar/v. d. Linden*, DB 2009, 1691 (1692 f.) (schließt Verfahrensfehler aber nicht gänzlich aus); *Kiefner*, Fehlerhafte Entsprechenserklärung und Anfechtbarkeit von Hauptversammlungsbeschlüssen, NZG 2011, 201 (205).
32   OLG München vom 19.11.2008 – 7 U 2405/08, ZIP 2009, 718 (720); OLG München vom 23.01.2008 – 7 U 3668/07, NZG 2008, 337 (338 f.).

Der BGH hat aber in diesem Zusammenhang in seinem Beschluss vom 07.12.2009 zutreffend klargestellt, dass die Anfechtbarkeit nur die Entlastungsbeschlüsse solcher Organmitglieder betreffen kann, die die Erklärungspflicht nach § 161 AktG verletzt haben, also zum Zeitpunkt der jährlichen Abgabe der Entsprechenserklärung im Amt waren. Den Mitgliedern von Aufsichtsrat und Vorstand, die im Laufe der noch gültigen Entsprechenserklärung ausgeschieden sind, kann folglich kein Gesetzesverstoß vorgeworfen werden.[33]

b.) Anfänglich fehlerhafte Entsprechenserklärung

Geben Vorstand und Aufsichtsrat bereits in Kenntnis der Unrichtigkeit eine Entsprechenserklärung ab, die fehlerhaft ist, weil z.B. in der Vergangenheit bestimmte Empfehlungen des Kodex nicht eingehalten wurden und dies auch für die Zukunft nicht beabsichtigt wird, ohne diese Nichteinhaltung bei Abgabe der Erklärung offenzulegen und zu begründen, verletzen Vorstand und Aufsichtsrat ihre gesetzliche Pflicht aus § 161 AktG, der sie zur Abgabe einer fehlerfreien Erklärung verpflichtet. Auch hier stellt sich die Frage, ob die Abgabe einer unrichtigen Entsprechenserklärung einen eindeutigen und schwerwiegenden Gesetzesverstoß darstellt.

Der BGH bejaht in seiner Entscheidung „Kirch/Deutsche Bank" einen relevanten Gesetzesverstoß, wenn die Entsprechenserklärung „in einem […] nicht unwesentlichen Punkt nicht der tatsächlichen Praxis der Gesellschaft [entspricht]"[34]. Der BGH hat dies für die Nichtbeachtung von Nr. 5.5.3 Satz 1 DCGK trotz positiver Entsprechenserklärung angenommen. Nach Nr. 5.5.3 Satz 1 DCGK soll der Aufsichtsrat in seinem Bericht an die Hauptversammlung über aufgetretene Interessenkonflikte und deren Behandlung informieren. Dies hatte der Aufsichtsrat im vorliegenden Fall nicht getan, andererseits aber auch keine Abweichung von dieser Kodex-Empfehlung erklärt. Zwar wurde über die Umstände, die zu den Interessenkonflikten führten, in den Medien ausführlich berichtet, aber nach Ansicht des BGH kann auf die Berichterstattung trotzdem nicht verzichtet werden, da im Bericht auch über ihre Behandlung zu informieren ist.[35] Des Weiteren entfällt die Anfechtbarkeit auch nicht dann, wenn der Interessenkonflikt zwar in der Aussprache während der Hauptversammlung erörtert wird und die damit einhergehende Unrichtigkeit der Entsprechenserklärung offenkundig wird, da zum einen nur die anwesenden Aktionäre diese Information bei ihrer Entscheidung über die Entlastung einfließen lassen können und zum anderen der Gesetzesverstoß gegen § 161 AktG bestehen bleibt und damit eine nicht zu billigende Verletzung von Organpflichten.[36]

Der BGH hat in seiner Entscheidung „Umschreibungsstopp"[37] seine Ansicht bestätigt, dass eine Entsprechenserklärung, die in einem nicht unwesentlichen Punkt unrichtig ist, einen eindeutigen und schwerwiegenden Gesetzesverstoß der Organe darstellt. Gleichzeitig hat der BGH aber auch seine vorherige Auffassung einschränkend präzisiert, in dem er das Relevanzkriterium aus § 243 Abs. 4 Satz 1 AktG zur Wertung heranzieht. Wenn die Fehlerhaftigkeit der Entsprechenserklärung auf eine Informationspflichtverletzung zurück-

---

33   BGH vom 07.12.2009 – II ZR 63/08, NZG 2010, 618 (619 Rn. 9).
34   BGH vom 16.02.2009 – II ZR 185/07, NZG 2009, 342 (345 Rn. 19).
35   BGH vom 16.02.2009 – II ZR 185/07, NZG 2009, 342 (345 Rn. 22).
36   BGH vom 16.02.2009 – II ZR 185/07, NZG 2009, 342 (346 Rn. 28).
37   BGH vom 21.09.2009 – II ZR 174/08, BB 2009, 2725 (2727).

zuführen ist, „muss die unterbliebene Information für einen objektiv urteilenden Aktionär für die sachgerechte Wahrnehmung seiner Teilnahme- und Mitgliedschaftsrechte darüber hinaus relevant sein, um die schwere Folge der Anfechtbarkeit auszulösen"[38]. Die Informationspflichtverletzung muss also von Bedeutung sein, d.h. ein reiner Formalverstoß ist nicht ausreichend. Es mangelt daher an der Relevanz, „wenn der Interessenkonflikt und seine Behandlung bereits aus allgemeinen Quellen bekannt sind [...] oder beides – wegen Geringfügigkeit – nicht geeignet ist, die Entscheidungen eines objektiv urteilenden Aktionärs zu beeinflussen"[39]. In der Entscheidung „Umschreibungsstopp" ging es erneut um eine Verletzung von Nr. 5.5.3 Satz 1 DCGK, in dem über einen Interessenkonflikt und seine Behandlung nicht im Aufsichtsratsbericht informiert wurde. Diese fehlende Information wurde als für den Aktionär relevant eingestuft, da der Interessenkonflikt selbst weder geringfügig, noch allgemein bekannt war, wie im Aufsichtsrat das Problem gelöst wurde.[40]

Da der Aufsichtsrat die Empfehlung nicht umgesetzt hat, könnte man meinen, dass die Unrichtigkeit der Entsprechenserklärung nur den Entlastungsbeschluss für den Aufsichtsrat betrifft. Dem ist der BGH aber entgegen getreten, da § 161 AktG beide Organe verpflichtet, sich über die Befolgung der Kodex-Empfehlungen zu erklären und daher „eine Unrichtigkeit der Entsprechenserklärung jedem der erklärungspflichtigen Organe zur Last fällt, soweit ihre Mitglieder die anfängliche oder später eintretende Unrichtigkeit der Erklärung kannten oder kennen mussten und sie gleichwohl nicht für eine Richtigstellung gesorgt haben"[41].

Der schwerwiegende Pflichtverstoß ist bei anfänglicher Unrichtigkeit der Entsprechens-erklärung folglich gegeben, wenn die Unternehmenspraxis in einem für die Organentlastung wesentlichen Punkt von dem Erklärungsinhalt abweicht. Sofern eine Informations-pflichtverletzung zur Unrichtigkeit der Entsprechenserklärung führt, muss darüber hinaus die fehlende Information für die sachgerechte Wahrnehmung der Teilnahme- und Mitglied-schaftsrechte des Aktionärs relevant sein. Dies wird bei einer Verletzung der Offenlegungs-pflicht von Interessenkonflikten und deren Behandlung nach Nr. 5.5.3 Satz 1 DCGK in der Regel der Fall sein, da zwar in den Medien gelegentlich über Konflikte berichtet wird, aber kaum Informationen zu deren Behandlung an die Öffentlichkeit gelangen.[42]

Im Ergebnis findet sich diese Abstufung zwischen wesentlichen und unwesentlichen Abweichungen bereits in der Regierungsbegründung zum TransPuG, nach der nur „ins Gewicht fallende Abweichungen" von den Kodex-Empfehlungen in der Entsprechens-erklärung offen zu legen sind.[43] Geringfügige Abweichungen sollen daher nicht der Offen-legung unterliegen.[44]

---

38 BGH vom 21.09.2009 – II ZR 174/08, BB 2009, 2725 (2727 Rn. 18); a.A. *Goslar/v. d. Linden*, § 161 AktG und die Anfechtbarkeit von Entlastungsbeschlüssen, NZG 2009, 1337 (1338).
39 BGH vom 21.09.2009 – II ZR 174/08, BB 2009, 2725 (2727 Rn. 18).
40 Ablehnend gegenüber einer Differenzierung „wesentliche/unwesentliche Empfehlung": *Arens/Petersen*, Über (Irr-) Wege zur Anfechtbarkeit eines Entlastungsbeschlusses wegen fehlerhafter Entsprechenserklärung, Der Konzern 2011, 197 (205); *Goslar/v. d. Linden*, NZG 2009, 1337 (1338); *Spindler*, NZG 2011, 1007 (1011).
41 BGH vom 16.02.2009 – II ZR 185/07, NZG 2009, 342 (346 Rn. 27); a.A. *Lutter*, in: Kölner Kommentar zum Aktiengesetz, Band 3, 1. Teillieferung § 161 AktG, 3. Aufl. 2006, § 161 Rn. 41, 67; *Marhewka*, Kommentar zur Entscheidung des BGH vom 16.02.2009 – II ZR 185/07, BB 2009, 799.
42 So auch *Schulz*, Kommentar zur Entscheidung des BGH vom 21.09.2009 – II ZR 174/08, BB 2009, 2728 (2729).
43 RegBegr TransPuG, BT-Drucks. 14/8769, S. 21 re.Sp.
44 *Ettinger/Grützediek*, AG 2003, 353 (354).

c.)   Nachträgliche fehlerhafte Entsprechenserklärung

Die wohl wichtigste und strittigste Fallgruppe der fehlerhaften Entsprechenserklärung ist die Entsprechenserklärung, die zum Zeitpunkt ihrer Abgabe in Bezug auf die Einhaltung oder Nichteinhaltung der Kodex-Empfehlungen richtig war, dann aber vor Ablauf der turnus-mäßigen jährlichen Aktualisierung fehlerhaft wurde.

Nach herrschender Meinung in Rechtsprechung[45] und Schrifttum[46] ergibt sich aus dem Wortlaut des § 161 Abs. 1 Satz 1 AktG „wurde und wird", dass sich die Erklärung von Vorstand und Aufsichtsrat sowohl auf das Verhalten in der Vergangenheit als Wissens-erklärung[47] als auch auf das Verhalten in der Gegenwart bzw. Zukunft bezieht, wobei es auch herrschende Meinung ist, dass es sich bei der zukunftsbezogenen Aussage nur um eine Absichtserklärung handeln kann, die für die Organe nicht bis in alle Ewigkeit oder auch nur bis zur nächsten jährlichen Aktualisierung verbindlich ist. Sie haben jederzeit die Möglichkeit, die Unternehmenspraxis zu ändern.[48] Dies ergibt sich aus der gesetzlichen Unverbindlichkeit der DCGK-Empfehlungen selbst.[49]

Der Fall der nachträglichen fehlerhaften Entsprechenserklärung kann sich dabei nur auf die zukunftsgerichtete Aussage, die Absichtserklärung, beziehen. Sofern der vergangenheits-bezogene Teil der Erklärung fehlerhaft ist, fällt dies bereits unter die Variante b.) als anfängliche fehlerhafte Erklärung, da die Erklärung bereits am Tag der Abgabe unrichtig war.

Bei Eintritt einer nachträglichen Fehlerhaftigkeit sind zwei Ursachen zu differenzieren. Dies kann zum einen der Fall sein, wenn der DCGK von der Regierungskommission nach Abgabe der Entsprechenserklärung geändert wurde, z.B. durch Einführung neuer Empfehlungen, die im Rahmen der Unternehmensführung noch nicht umgesetzt und berücksichtigt worden sind und damit auch in der Entsprechenserklärung der Verwaltungs-organe noch nicht reflektiert sind. Zum anderen kann es sein, dass die Verwaltungsorgane sich entscheiden, bestimmte Empfehlungen des DCGK nicht mehr oder nicht mehr voll-umfänglich umzusetzen in Abweichung von ihrer ursprünglich abgegebenen Erklärung.[50]

aa.)   Änderung der Kodex-Empfehlungen

Die Regierungskommission ist nach der Präambel des Kodex gehalten, jährlich zu überprüfen, ob ein Anpassungsbedarf bei den Kodexbestimmungen im Hinblick auf

45   BGH vom 16.02.2009 – II ZR 185/07, NZG 2009, 342 (345 Rn. 19); OLG München vom 06.08.2008 – 7 U 5628/07, NZG 2009, 508 (509).
46   *Hüffer*, (o. Fn. 6), § 161 Rn. 14, 20 m.w.N.; *Goslar/v. d. Linden*, NZG 2009, 1337 (1338).
47   *Hüffer*, (o. Fn. 6), § 161 Rn. 14; *Spindler*, (o. Fn. 23), § 161 Rn. 28; *Borges*, ZGR 2003, 508 (528); *Semler/Wagner*, NZG 2003, 553 (554).
48   *Hüffer*, (o. Fn. 6), § 161 Rn. 20; *Marsch-Barner*, in: Marsch-Barner/Schäfer (Hrsg.), Handbuch börsennotierte AG, 2. Aufl. 2009, § 2 Rn. 65; *Spindler*, (o. Fn. 23), § 161 Rn. 14, 29; *Goslar/v. d. Linden*, DB 2009, 1691 (1694); *Heckelmann*, Drum prüfe, wer sich ewig bindet – Zeitliche Grenzen der Entsprechenserklärung nach § 161 AktG und des Deutschen Corporate Governance Kodex, WM 2008, 2146 (2149); *Seibert*, BB 2002, 581 (583); so auch RegBegr TranspuG, BT-Drucks. 14/8769, S. 22 li.Sp.
49   *Marsch-Barner*, (o. Fn. 48), § 2 Rn. 45, 76.
50   *Heckelmann*, WM 2008, 2146 (2148 f.).

nationale und internationale Entwicklungen der Corporate Governance besteht.[51] Seit
Bekanntmachung der ersten Fassung des DCGK am 20.08.2002 wurde der Kodex insgesamt
neunmal geändert. Am 15.05.2012 hat die Regierungskommission ihre neuen Kodex-
anpassungen vorgestellt, erstmals nach Abschluss eines Konsultationsverfahrens mit
betroffenen und interessierten Kreisen aus Wirtschaft und Wissenschaft.[52] Die Änderungen
sind mit Bekanntmachung im Bundesanzeiger am 15.06.2012 in Kraft getreten. Folglich
stellt sich die Frage, ob Vorstand und Aufsichtsrat der nach § 161 Abs. 1 AktG
verpflichteten Gesellschaften womöglich umgehend eine Aussage zu den neu eingeführten
Empfehlungen treffen müssen, da ihre bisherige Entsprechenserklärung, sofern sie vor dem
15.06.2012 abgegeben wurde, diese Anpassungen naturgemäß noch nicht berücksichtigen
kann. Dies würde eine unterjährige Aktualisierungspflicht für die Entsprechenserklärung
voraussetzen. Die herrschende Meinung geht davon aus, dass in diesen Fällen keine
sofortige Aktualisierungspflicht besteht, da das Auseinanderfallen der veröffentlichten
Entsprechenserklärung mit den neuen oder geänderten Kodex-Empfehlungen nicht in die
Sphäre der Gesellschaft fällt und damit auch nicht von ihren Organen zu verantworten und
als Pflichtverstoß zu ahnden ist. Für die Aktionäre und den Kapitalmarkt ist es danach
hinreichend transparent, dass für neu eingeführte Empfehlungen durch die Regierungskommission noch keine Aussage oder Abweichungsaussage mit entsprechender
Begründung in einer bereits abgegebenen Entsprechenserklärung der Verwaltungsorgane
enthalten ist. Die Entsprechenserklärung ist stichtagsbezogen und kann sich bei Abgabe
natürlich nur auf die zu diesem Zeitpunkt gültige Fassung des Kodex beziehen.[53]

Dieser Argumentation ist zu folgen. Die neuen oder modifizierten Empfehlungen sind
letztendlich Vorschläge, die zu einer Verbesserung der Unternehmensführung und
-überwachung führen sollen, für die aber jede Gesellschaft durch ihre Organe einen eigenen
Willensbildungsprozess durchlaufen muss, ob und, wenn ja, wie solche Empfehlungen in
der Gesellschaft umgesetzt werden sollen. Ein solcher Prozess braucht in der Regel Zeit und
lässt sich nicht umgehend umsetzen. Den Organen einen schwerwiegenden Pflichtverstoß
wegen Unterlassung der umgehenden Aktualisierung der Entsprechenserklärung vorzu-
werfen, wäre daher unbillig. Die Kodex-Änderungen sind bei der nächsten turnusmäßigen
Abgabe zu berücksichtigen.

In der Praxis stellen alle DAX-Unternehmen in ihrer Entsprechenserklärung klar, auf
welche Kodex-Fassung sich ihre Erklärung bezieht, einen dynamischen Verweis auf die
jeweils gültige Fassung des Kodex findet man bei den DAX-Unternehmen nicht. Somit ist
hier eine Irreführung des Kapitalmarktes bereits ausgeschlossen.

---

51 DCGK Nr. 1 Präambel.
52 Pressemitteilung der Regierungskommission Deutsche Corporate Governance Kodex vom 16.05.2012, abrufbar
    unter http://www.corporate-governance-code.de/ger/download/kodex_2012/Pressemitteilung_Kodexanpassungen
    _16_05_2012_de.pdf (Abruf vom 09.01.2013).
53 *Hüffer*, (o. Fn. 6), § 161 Rn. 15, 21; *Lutter*, (o. Fn. 41), § 161 Rn. 55 f.; *Spindler*, (o. Fn. 23), § 161 Rn. 40;
    Gelhausen/Hönsch, Folgen der Änderung des Deutschen Corporate Governance Kodex für die
    Entsprechenserklärung, AG 2003, 367 (368 f.); *Goslar/v. d. Linden*, DB 2009, 1691 (1694 f.); *Heckelmann*, WM
    2008, 2146 (2148); *Ihrig/Wagner*, Reaktion börsennotierter Unternehmen auf die Änderung des „Deutschen
    Corporate Governance Kodex", BB 2003, 1625 (1629); *Kirschbaum/Wittmann*, JuS 2005, 1062 (1066);
    Rosengarten/Schneider, Die „jährliche" Abgabe der Entsprechenserklärung nach § 161 AktG, ZIP 2009, 1837
    (1844); *Seibt*, Deutscher Corporate Governance Kodex: Antworten auf Zweifelsfragen der Praxis, AG 2003, 465
    (477); *Theusinger/Liese*, Rechtliche Risiken der Corporate Governance-Erklärung, DB 2008, 1419 (1422).

bb.) Änderung der Unternehmenspraxis

Während bei Änderung des DCGK durch die Regierungskommission die herrschende Ansicht keine unterjährige Aktualisierung der Entsprechenserklärung bis zur nächsten regulären jährlichen Erneuerung der Entsprechenserklärung verlangt, ist die Rechtsauffassung zur unterjährigen Aktualisierungspflicht bei Änderung des tatsächlichen Handelns in der Unternehmensführung und -kontrolle entgegen der ursprünglich gemachten Aussage in der Entsprechenserklärung gespalten.

Relevant sind hier insbesondere die Fälle, in denen Vorstand und Aufsichtsrat bei Abgabe der Entsprechenserklärung ihre Absicht erklärt haben, den Empfehlungen auch in Zukunft entsprechen zu wollen, dann aber im Laufe des Jahres ihre Haltung ändern und eine oder mehrere Empfehlungen bei der Leitung der Gesellschaft nicht mehr einhalten bzw. berücksichtigen.

Ein solches Verhalten kann nur dann einen Pflichtverstoß gegen die gesetzlich in § 161 AktG verankerte Erklärungspflicht darstellen, wenn § 161 Abs. 1 und Abs. 2 AktG eine Pflicht für Vorstand und Aufsichtsrat begründen, dass die veröffentlichte Entsprechenserklärung täglich den aktuellen Stand der gelebten Corporate Governance widerspiegeln muss, mit der Folge, dass bei Änderung des Verhaltens die nunmehr eingetretene Diskrepanz zwischen erklärtem und tatsächlichem Verhalten durch Korrektur der Entsprechenserklärung sofort offenzulegen ist.

Der BGH hat in seiner Entscheidung „Kirch/Deutsche Bank" vom 16.02.2009 eine solche unterjährige Aktualisierungspflicht des Vorstandes und Aufsichtsrates in Bezug auf die Entsprechenserklärung angenommen[54] und in der nachfolgenden Entscheidung „Umschreibungstopp" vom 21.09.2009 seine Auffassung nochmals bestätigt und präzisiert.[55] Im Schrifttum wurde diese Ansicht bereits vor dieser Rechtsprechung vertreten.[56]

Als Begründung führen Rechtsprechung und Schrifttum an, dass nach § 161 Abs. 2 AktG die Entsprechenserklärung dauerhaft öffentlich zugänglich zu machen ist. Aus dem Wort „dauerhaft" lässt sich nach dieser herrschenden Meinung ableiten, dass es sich bei der Entsprechenserklärung um eine „Dauererklärung" handelt, die quasi täglich abgegeben wird und daher zu jeder Zeit richtig sein muss. Soll unterjährig von der Entsprechenserklärung abgewichen werden, begründe dies eine umgehende Berichtigungspflicht.[57] Diese Auffassung verweist dabei auch auf die Begründung zum Regierungsentwurf zum TransPuG, die ausdrücklich von der Möglichkeit einer unterjährigen Änderung der Entsprechens-

---

54 BGH vom 16.02.2009 – II ZR 185/07, NZG 2009, 342 (345 Rn. 19).
55 BGH vom 21.09.2009 – II ZR 174/08, BB 2009, 2725 (2727 Rn. 16, 17).
56 *Hüffer*, (o. Fn. 6), § 161 Rn. 20; *Marsch-Barner*, (o. Fn. 48), § 2 Rn. 68; *Ringleb*, (o. Fn. 12), Rn. 1579; *Berg/Stöcker*, WM 2002, 1569 (1573); *Ihrig/Wagner*, BB 2002, 789 (791); *Kirschbaum*, Anmerkung zur Entscheidung des LG München I vom 22.11.2007 – 5 HK O 10614/07, ZIP 2007, 2362 (2363); *Kirschbaum/Wittmann*, JuS 2005, 1062 (1066); *Seibert*, BB 2002, 581 (583); *Semler/Wagner*, NZG 2003, 553 (556); *Ulmer*, ZHR 166, 150 (170 f.); *E.Vetter*, NZG 2008, 121 (122 f.).
57 BGH vom 16.02.2009 – II ZR 185/07, NZG 2009, 342 (345 Rn. 19); BGH vom 21.09.2009 – II ZR 174/08, BB 2009, 2725 (2727 Rn. 16); *Hüffer*, (o. Fn. 6), § 161 Rn. 20; *Berg/Stöcker*, WM 2002, 1569 (1572 f.); *Litzenberger*, Verstoß gegen Berichtspflichten bei der Ausnutzung genehmigten Kapitals unter Bezugsrechtsausschluss und fehlerhafte Entsprechenserklärungen zum DCGK – Die Deutsche Bank Hauptversammlung 2009, NZG 2011, 1019 (1021); *Rosengarten/Schneider*, ZIP 2009, 1837 (1843); *Seibert*, BB 2002, 581 (583); *E.Vetter*, NZG 2009, 561 (564).

erklärung ausgeht.[58] Des Weiteren wird argumentiert, dass die Kapitalmarktteilnehmer einschließlich der Aktionäre durch die permanente Zugriffsmöglichkeit auf die Entsprechenserklärung darauf vertrauten, dass den Empfehlungen für eine verantwortungsvolle Unternehmensführung entsprechend der abgegebenen Erklärung auch durchgängig gefolgt wird und die Erklärung damit fortwährend gültig ist.[59] Sobald die Gesellschaftsorgane ihr Verhalten ändern und die Empfehlungen entgegen ihrer eigenen Erklärung bei der Ausübung der Leitungs- und Kontrollfunktionen nicht mehr eingehalten werden, sei die Entsprechenserklärung zu korrigieren.[60]

Diese Argumentation ist nicht überzeugend.[61]

Zum einen verlangt der ausdrückliche Wortlaut des § 161 Abs. 1 Satz 1 AktG nur eine jährliche Erklärung. Eine Pflicht, diese Erklärung umgehend zu korrigieren, sollte sich die Unternehmenspraxis innerhalb der Jahresfrist nach Abgabe der ursprünglichen Entsprechenserklärung ändern, wird gerade nicht gefordert.[62] Dies bestätigt letztendlich auch die Gesetzesbegründung zum Regierungsentwurf, nach der der Gesetzgeber mit der jährlichen Erklärungspflicht das Ziel verfolgt, dass sich Vorstand und Aufsichtsrat einmal jährlich mit den Prinzipien und Leitlinien einer guten Corporate Governance inhaltlich beschäftigen.[63] Umgekehrt hätte der Gesetzgeber die Erklärungspflicht auch als einmalige Abgabe der Entsprechenserklärung mit umgehender Anpassungspflicht bei Änderung des DCGK selbst oder bei Abweichung von der Erklärungsaussage durch Änderung der Unternehmenspraxis festlegen können. Dann würde die Entsprechenserklärung täglich den aktuellen Stand der umgesetzten Corporate Governance Empfehlungen widerspiegeln und einer jährlichen Abgabe der Entsprechenserklärung bedürfte es dann überhaupt nicht mehr.[64] Dies ist aber in § 161 AktG gerade nicht geregelt. Hätte der Gesetzgeber also nicht nur eine jährliche Erklärung zum DCGK gewollt, sondern auch eine sofortige Korrektur der Entsprechenserklärung bei Änderung des Verhaltens, hätte er dies ausdrücklich vorgesehen, wie dies schließlich auch in anderen Fällen geschehen ist. Als Beispiel dienen hier §§ 15 und 21 WpHG, die unverzügliche Veröffentlichungs- und Mitteilungspflichten bei Eintritt bestimmter Ereignisse statuieren.

Im Übrigen hatte der Gesetzgeber seit der Einführung des § 161 AktG im Jahr 2002 mehrfach Gelegenheit, nicht zuletzt durch das BilMoG, in dessen Rahmen der § 161 AktG sowieso ergänzt und geändert wurde, den § 161 AktG um eine sofortige Pflicht zur Anpassung der Entsprechenserklärung bei unterjähriger Änderung der Unternehmenspraxis

---

58   RegBegr TransPuG, BT-Drucks. 14/8769, S. 22 li.Sp.
59   OLG München vom 06.08.2008 – 7 U 5628/07, NZG 2009, 508 (510); *Goslar/v. d. Linden*, NZG 2009, 1337 (1338 f.); *Kirschbaum*, ZIP 2007, 2362 (2363 f.).
60   *Ringleb*, (o. Fn. 12), Rn. 1579; *Lutter*, (o. Fn. 41), § 161 Rn. 53; *Kirschbaum*, ZIP 2007, 2362 (2363).
61   Siehe zu den diesbezüglichen Gegenargumenten im Einzelnen: *Ederle*, NZG 2010, 655 (658); *Heckelmann*, WM 2008, 2146 (2148 f.); *Kocher/Bedkowski*, Anmerkung zur Entscheidung des OLG München vom 06.08.2008 – 7 U 5628/07, BB 2009, 234; *Schüppen*, To comply or not to comply – that's the question! „Existenzfragen" des Transparenz- und Publizitätsgesetzes im magischen Dreieck kapitalmarktorientierter Unternehmensführung, ZIP 2002, 1269 (1273); *Seibt*, AG 2002, 249 (254); *Seibt*, AG 2003, 465 (467); *Theusinger/Liese*, DB 2008, 1419 (1421 f.).
62   *Kocher/Bedkowski*, BB 2009, 234; *Seibt*, AG 2002, 249 (254); *Seibt*, AG 2003, 465 (467).
63   RegBegr TransPuG, BT-Drucks. 14/8769, S. 21; *Theusinger/Liese*, DB 2008, 1419 (1421 f.).
64   *Heckelmann*, WM 2008, 2146 (2149).

zu erweitern. Auch in der laufenden Aktienrechtsnovelle 2013 ist dies nicht vorgesehen.[65] Dies deutet darauf hin, dass der Gesetzgeber eine unterjährige Aktualisierung auf freiwilliger Basis gegenüber einer gesetzlich vorgeschriebenen Pflicht zur sofortigen Korrektur bei Abweichungen bevorzugt, mit der Konsequenz, dass das Unterlassen einer Anpassung nicht zur Anfechtung der Entlastungsbeschlüsse berechtigen sollte.

Des Weiteren ist die Erklärung nach § 161 AktG als eine Erklärung über die Verhältnisse der Gesellschaft in Bezug auf die Unternehmensführung und -kontrolle an bzw. zu einem bestimmten Stichtag konzipiert.[66] Fast zwei Drittel der Entsprechenserklärungen der 30 DAX-Unternehmen zeigen dies deutlich, indem die Erklärung zu einem bestimmten Datum abgegeben wird. Auch die allgemein anerkannte Ansicht[67], dass die Entsprechenserklärung in § 161 Abs. 1 Satz 1 AktG trotz der Präsensformulierung „entsprochen [...] wird", auch eine in die Zukunft gerichtete Absichtserklärung enthält, bedeutet nur, dass zum Zeitpunkt der Abgabe eine solche erklärte Absicht bestand.[68] Wie auch von der Rechtsprechung und den Vertretern der Literatur, die eine unterjährige Aktualisierungspflicht befürworten, zutreffend angenommen wird, handelt es sich dabei nur um eine unverbindliche Erklärung und nicht um eine verpflichtende Erklärung, an die der Vorstand und Aufsichtsrat – einmal abgegeben – auch dauerhaft gebunden wären.[69] In dem Entwurf zur Gesetzesbegründung heißt es in diesem Zusammenhang interessanterweise auch: „Dies gibt ihr [der Gesellschaft] dann auch die Möglichkeit im Falle einer Änderung der Verhältnisse oder der Entscheidungsträger, die Entsprechenserklärung auch unterjährig abzuändern."[70] Gerade wenn in der Begründung von der „Möglichkeit" gesprochen wird, spricht dies eindeutig für eine freiwillige Aktualisierung bei Abweichung von der ursprünglich abgegebenen Erklärung und nicht für eine zwingende Anpassung mit Sanktionierungsfolgen bei Nichtbeachtung.[71] Dass sich in der Praxis Vorstand und Aufsichtsrat freiwillig für eine unterjährige Anpassung der Entsprechenserklärung im Einzelfall entscheiden, wie z.B. MAN, die im Februar 2010 nach ihrer jährlichen Entsprechenserklärung im Dezember 2009 und im Mai und Juli 2011 nach ihrer jährlichen Entsprechenserklärung im Dezember 2010 jeweils Aktualisierungen[72] veröffentlichten, erfolgt in der Regel aus eigenem Interesse, insbesondere natürlich, weil man sich durch Schaffung von Transparenz für die Gesellschaft eine positive Resonanz am Kapitalmarkt erhofft. Eine Abweichungserklärung mit nachvollziehbarer Begründung kann durchaus ein positives Signal sein, zeigt es doch, dass sich Vorstand und Aufsichtsrat kritisch mit der entsprechenden Empfehlung auseinandergesetzt haben.[73]

Wie bei anderen regelmäßigen Veröffentlichungen, insbesondere im Zusammenhang mit den Rechnungslegungsvorschriften nach §§ 242 ff., 264 ff., 290 ff., 316 ff. und 325 ff.

---

65 Gesetz zur Änderung des Aktiengesetzes (Aktienrechtsnovelle 2013) in der Fassung des Regierungsentwurfes vom 14.03.2012 (BT-Drucks. 17/8989).
66 *Heckelmann*, WM 2008, 2146 (2148 f.); *Kocher/Bedkowski*, BB 2009, 234; *Theusinger/Liese*, DB 2008, 1419 (1421 f.).
67 A.A. nur Gegenwartsbezug: *Ederle*, NZG 2010, 655 (657); *Schüppen*, ZIP 2002, 1269 (1273); *Seibt*, AG 2002, 249 (251).
68 *Ederle*, NZG 2010, 655 (658); *Heckelmann*, WM 2008, 2146 (2148 f.); *Schüppen*, ZIP 2002, 1269 (1273).
69 *Hüffer*, (o. Fn. 6), § 161 Rn. 20 m.w.N.
70 RegBegr TransPuG, BT-Drucks. 14/8769, S. 22 li.Sp.
71 *Ederle*, NZG 2010, 655 (658 Fn. 40); *Theusinger/Liese*, DB 2008, 1419 (1421 f.).
72 http://www.man.eu/de/investor_relations/corporate_governance/corporate_governance_bei_man/entsprechens-erklaerungen/Entsprechenserklaerungen.html (Abruf vom 09.01.2013).
73 DCGK Nr. 1 Präambel.

HGB, die zu bestimmten Stichtagen erfolgen, bezieht sich auch der Inhalt der Erklärung nach § 161 AktG auf die Umstände, wie sie an diesem bestimmten Stichtag vorliegen, und zu diesem Tag dürfen die Kapitalmarktteilnehmer darauf vertrauen, dass die abgegebene Erklärung richtig ist.[74]

Eines Vertrauensschutzes zugunsten des Kapitalmarktes über diesen Stichtag hinaus bedarf es nicht, da den Kapitalmarktteilnehmer die Unverbindlichkeit der Kodex-Empfehlungen selbst, aber auch der unverbindliche Charakter der Absichtserklärung sowie der Umstand, dass die Verwaltung ihre Haltung ändern kann und darf, bekannt sind. Sollte eine Änderung der Unternehmenspraxis einen solchen Einfluss auf den Wert des Unternehmens haben, dass dies kursrelevant wird, sind die Kapitalmarktteilnehmer einschließlich der Aktionäre ausreichend über die Ad-hoc-Publizitätspflicht des § 15 Abs. 1 i.V.m. § 13 Abs. 1 WpHG geschützt.[75]

Es ist auch nicht nachvollziehbar, warum bei einer unterjährigen Änderung der Unternehmenspraxis andere Maßstäbe gelten sollten, als bei einer unterjährigen Änderung des Kodex, für die keine Aktualisierungspflicht angenommen wird, insbesondere mit dem Argument, dass „die Entsprechenserklärung stichtagsbezogen sei"[76] und sich daher nur auf den DCGK in der am Stichtag geltenden Fassung beziehen könne.[77] Zwar liegt hier der Grund für die Abweichung zwischen ursprünglich veröffentlichter Entsprechenserklärung und später geänderter Praxis in der Sphäre der Gesellschaft selbst und unterliegt natürlich ihrem Einfluss. Aber das Ergebnis bleibt gleich: die Entsprechenserklärung zu den Kodex-Empfehlungen und deren tatsächliche Umsetzung in der Unternehmensleitung fallen auseinander. Eine Selbstbindung der Verwaltung an ihre Absichtserklärung widerspricht gerade dem Charakter einer unverbindlichen zukunftsgerichteten Erklärung.[78]

Darüber hinaus spricht gegen eine unterjährige Aktualisierungspflicht, dass die in § 161 Abs. 1 Satz 1 AktG nun einmal eindeutig vorgesehene Pflicht, sich bei Abgabe der Erklärung zur Einhaltung der Empfehlungen in dem zurückliegenden Zeitraum zu äußern, völlig obsolet wäre.[79] Die vergangenheitsbezogene Erklärung müsste dann immer der jeweils vorherigen zukunftsbezogenen Erklärung entsprechen. Sinn und Zweck der vergangenheitsbezogenen Entsprechenserklärung kann es aber doch nur sein, die im zurück-liegenden Erklärungszeitraum aufgetretenen Abweichungen von der ursprünglichen Absichtserklärung offenzulegen.[80] Ansonsten liefert eine solche vergangenheitsbezogene Erklärung keinen Mehrwert für die Aktionäre und andere Kapitalmarktteilnehmer.

Zu guter Letzt ist der Rückschluss, dass die Verpflichtung in § 161 Abs. 2 AktG, die Entsprechenserklärung dauerhaft auf der Homepage der Gesellschaft zugänglich zu machen,

---

74 *Heckelmann*, WM 2008, 2146 (2149); *Kocher/Bedkowski*, BB 2009, 234; *Seibt*, AG 2002, 249 (254); *Theusinger/Liese*, DB 2008, 1419 (1421 f.).
75 *Heckelmann*, WM 2008, 2146 (2149); *Kocher/Bedkowski*, BB 2009, 234; *Seibt*, AG 2002, 249 (254); *Theusinger/Liese*, DB 2008, 1419 (1421 f.).
76 S. Punkt B. I. 2. c.) aa.).
77 *Ederle*, NZG 2010, 655 (658); *Heckelmann*, WM 2008, 2146 (2149); *Theusinger/Liese*, DB 2008, 1419 (1421).
78 A.A. OLG München vom 06.08.2008 – 7 U 5628/07, NZG 2009, 508 (510); *Ihrig/Wagner*, Corporate Governance: Kodex-Erklärung und ihre unterjährige Korrektur, BB 2002, 2509; *Kirschbaum*, ZIP 2007, 2362 (2363).
79 *Heckelmann*, WM 2008, 2146 (2152); *Thümmel*, Kommentar zur Entscheidung des LG München vom 22.11.2007 – 5 HK O 10614/07, BB 2008, 11 (12); a.A. *Ringleb*, (o. Fn. 12), Rn. 1581; *Gelhausen/Hönsch*, AG 2003, 367 (369).
80 *Thümmel*, BB 2008, 11 (12); *Thümmel*, CCZ 2008, 141 (142) (bei Abweichung im Einzelfall).

die Absichtserklärung zu einer „sich stets repetierenden Dauererklärung"[81] macht, nicht einleuchtend. Mit dieser Regelung stellt der Gesetzgeber lediglich sicher, dass die Aktionäre und die Kapitalmarktöffentlichkeit jederzeit Zugriff auf die abgegebene Erklärung haben, ohne aber den Anspruch darauf, dass die Absichtserklärung zu jedem Zeitpunkt des Zugriffs dann auch der aktuell gelebten Unternehmenspraxis entspricht.

Aus diesen Gründen wird eine unterjährige Aktualisierungspflicht abgelehnt. Da aber die herrschende Meinung von einer unterjährigen Aktualisierungspflicht ausgeht, ist es zur Vermeidung von Anfechtungsrisiken ratsam, dass Vorstand und Aufsichtsrat die fortlaufende Überwachung der Einhaltung der Empfehlungen organisatorisch sicherstellen.[82]

Denkbar ist natürlich auch die Fallkonstellation, dass die Verwaltungsorgane unterjährig trotz begründeter Abweichung bei Abgabe der Entsprechenserklärung eine Empfehlung im Laufe des Jahres umsetzen. Grundsätzlich stimmen dann die Entsprechenserklärung und die gelebte Unternehmenspraxis auch nicht mehr überein, aber auch den Befürwortern einer unterjährigen Aktualisierungspflicht dürfte es in diesem Fall schwer fallen, darin einen Verstoß zu sehen. Den Vertrauensschutz der Aktionäre und des Kapitalmarktes wird es wohl kaum negativ beeinträchtigen, wenn Empfehlungen, die für eine gute und verantwortungsvolle Unternehmensleitung stehen, trotz Abweichungserklärung unterjährig umgesetzt worden sind.

Bezüglich der weiteren vom BGH aufgestellten Kriterien für die Anfechtbarkeit eines Entlastungsbeschlusses, insbesondere dem Wesentlichkeitskriterium, wird auf die Ausführungen zu b.) verwiesen.

d.)   Fehlerhafte Entsprechenserklärung durch unzureichende Umsetzung einer DCGK-Empfehlung

Das OLG Frankfurt/Main hat in seinem Urteil vom 05.07.2011[83] die Anfechtbarkeit der Entlastungsbeschlüsse für Vorstand und Aufsichtsrat bejaht, weil eine Kodex-Empfehlung aus Sicht des Gerichts nur unzureichend umgesetzt wurde und daher eine uneingeschränkte Entsprechenserklärung in Bezug auf diese Empfehlung nicht hätte abgegeben werden dürfen. Die veröffentlichte Entsprechenserklärung war damit nach Ansicht des Gerichts fehlerhaft.

Im vorliegenden Fall ging es wieder um die Offenlegung von Interessenkonflikten und deren Behandlung im Aufsichtsratsbericht nach Nr. 5.5.3 Satz 1 DCGK. Nr. 5.5.3 Satz 1 DCGK erweitert damit den gemäß § 171 Abs. 2 AktG gesetzlich vorgeschriebenen Berichtsumfang. Der Bericht des Aufsichtsrates enthielt knappe Angaben zu Interessenkonflikten. Das OLG Frankfurt/Main rügte aber, dass diese Aussagen zu den Interessenkonflikten nicht den Anforderungen dieser Empfehlung genügen würden. Es fehle die genaue Bezeichnung der Beschlussthemen, die Ursache für den Interessenkonflikt sowie die genaue Benennung der betroffenen Mitglieder. Das OLG Frankfurt/Main leitet diese

---

81 So aber *Ihrig/Wagner*, BB 2003, 1625 (1627); *Ihrig/Wagner*, BB 2002, 2509 f.; *Seibert*, BB 2002, 581 (583).
82 *Goslar/v. d. Linden*, DB 2009, 1691 (1694); *Mutter*, Anmerkung zur Entscheidung des BGH vom 16.02.2009 – II ZR 185/07, ZIP 2009, 470 (471).
83 OLG Frankfurt/Main vom 05.07.2011 – 5 U 104/10, ZIP 2011, 1613 (1615 f.).

Erfordernisse aus der BGH-Entscheidung „Kirch/Deutsche Bank" vom 16.02.2009 ab, wonach der bestehende Interessenkonflikt zu benennen ist. Des Weiteren sei eine umfassende Darstellung der Interessenkonflikte auch geboten, um den Aktionären eine ausreichende Informationsgrundlage für ihre Wahlentscheidung bei den nächsten Wahlen zum Aufsichtsrat zu geben. Schließlich sei dies gerade Sinn und Zweck dieser Kodex-Empfehlung.[84]

Diese Auffassung des OLG Frankfurt/Main zum Umfang der Offenlegung von Interessenkonflikten ist abzulehnen.[85]

In Nr. 5.5.3 Satz 1 DCGK werden keine Vorgaben gemacht, mit welchem Detaillierungsgrad über die aufgetretenen Interessenkonflikte und deren Behandlung zu informieren ist. Eine zusammenfassende Darstellung der wesentlichen Konflikte wird als ausreichend angesehen.[86] Im Vergleich dazu sind die Vorgaben in Nr. 5.5.2 DCGK zur Offenlegung von Interessenkonflikten innerhalb des Aufsichtsrates viel spezifischer, da hier beispielhaft schon potentielle Konfliktsituationen aufgeführt werden. Nr. 5.5.2 DCGK verlangt aber von den einzelnen Aufsichtsratsmitgliedern die Offenlegung einzelfallbezogener oder dauerhafter Interessenkonflikte nur gegenüber dem Aufsichtsrat, dessen Mitglieder wiederum zur Verschwiegenheit gemäß § 116 Satz 2 AktG verpflichtet sind.[87] Für eine vertrauensvolle Zusammenarbeit ist eine solche Offenlegungspflicht innerhalb des Aufsichtsrates sicherlich geboten, eine vergleichbar umfassende Offenlegungspflicht gegenüber der Hauptversammlung und der Öffentlichkeit kann hieraus aber nicht abgeleitet werden und wirkt eher kontraproduktiv.[88] Die Pflicht zur Verschwiegenheit ist für den Aufsichtsrat in § 116 Satz 1 i.V.m. § 93 Abs. 1 Satz 3 AktG und § 116 Satz 2 AktG gesetzlich verankert und in Nr. 3.5 DCGK wird ausdrücklich betont, dass die Wahrung der Vertraulichkeit für die offene Zusammenarbeit zwischen Vorstand und Aufsichtsrat und in den jeweiligen Gremien von entscheidender Bedeutung ist. Das OLG Frankfurt/Main verkennt daher in seiner Forderung, jeden Interessenkonflikt detailliert unter Benennung des betroffenen Mitglieds offenzulegen, das Spannungsfeld zwischen erforderlicher Transparenz einerseits und Wahrung der Vertraulichkeit im Aufsichtsrat über interne Vorgänge andererseits, insbesondere im Hinblick auf Beratungs- und Abstimmungsvorgänge.[89] Gegen die Argumentation des OLG Frankfurt/Main spricht auch, dass Nr. 5.5.3 Satz 1 DCGK als unverbindliche Kodex-Empfehlung nicht geltendes Gesetzesrecht wie die aktienrechtliche Verschwiegenheitspflicht in § 116 Satz 1 i.V.m. § 93 Abs. 1 Satz 3 AktG und § 116 Satz 2 AktG aushebeln kann.[90]

---

84 OLG Frankfurt/Main vom 05.07.2011 – 5 U 104/10, ZIP 2011, 1613 (1616); *Kremer*, in: Ringleb/Kremer/ Lutter/v. Werder, Kommentar zum Deutschen Corporate Governance Kodex, 4. Aufl. 2010, Rn. 1138.

85 So auch: *v. d. Linden*, Darstellung von Interessenkonflikten im Bericht des Aufsichtsrats an die Hauptversammlung, GWR 2011, 407 (408 ff.); *Knapp*, Die Entwicklung des Rechts des Aufsichtsrats im Jahr 2011 – Aktuelles für die Praxis aus Gesetzgebung und Rechtsprechung, DStR 2012, 364 (369); *Priester*, Interessenkonflikte im Aufsichtsratsbericht – Offenlegung versus Vertraulichkeit, ZIP 2011, 2081 (2084 f.); a.A. *Litzenberger*, NZG 2011, 1019 (1020 f.).

86 *Kremer*, (o. Fn. 84), Rn. 1137; *E.Vetter*, NZG 2009, 561 (565).

87 *Priester*, ZIP 2011, 2081 (2082).

88 *E.Vetter*, in: Marsch-Barner/Schäfer (Hrsg.), Handbuch börsennotierte AG, 2. Aufl. 2009, § 26 Rn. 58.

89 *V. d. Linden*, GWR 2011, 407 (409 f.); *Priester*, ZIP 2011, 2081 (2083 f.).

90 *V. d. Linden*, GWR 2011, 407 (410); *Priester*, ZIP 2011, 2081 (2084).

Unter Abwägung der Interessen der Gesellschaft an Geheimhaltung und dem Interesse des Aktionärs an Offenlegung muss es dem Aufsichtsrat erlaubt sein, über den Detaillierungsgrad bei der Berichterstattung zu entscheiden. Eine konkrete Bezeichnung des Beschlussthemas könnte für die Gesellschaft schon nachteilig sein und das Informationsinteresse des Aktionärs an der Nennung der betroffenen Aufsichtsratsmitglieder ist insbesondere im Hinblick auf die Arbeitnehmervertreter im Aufsichtsrat auch nicht nachvollziehbar, da hier keine Wahlentscheidung zu treffen ist. Wichtiger vom Informationsgehalt ist für den Aktionär vielmehr die Aussage im Bericht, wie der Interessenkonflikt gelöst wurde. In der Regel wird hier der Hinweis erfolgen, dass das betreffende Mitglied an der Sitzung bzw. Beratung und Beschlussfassung nicht mitgewirkt hat.[91]

Auch der Verweis auf das BGH Urteil vom 16.02.2009 und das Urteil des OLG Frankfurt/Main vom 20.10.2010[92] kann nicht überzeugen, da – anders als in diesem Fall – in den beiden dort entschiedenen Fällen überhaupt keine Interessenkonflikte geschweige denn deren Behandlung im Bericht erwähnt wurden. Aussagen zum erforderlichen Umfang der Berichterstattung hat der BGH daher gerade nicht getroffen.[93]

Es ist zu hoffen, dass der BGH hier eine Klarstellung dahingehend herbeiführen wird, dass es im pflichtgemäßen Ermessen des Aufsichtsrats selbst steht, den Umfang der Darstellung der Interessenkonflikte und deren Behandlung im Bericht festzulegen. Sollte ein Aktionär die Darstellung als nicht ausreichend empfinden, hat er immer noch die Möglichkeit, sein Auskunftsrecht im Rahmen des § 131 Abs. 1 Satz 1 AktG auf der Hauptversammlung auszuüben und den Kapitalmarktteilnehmern bleibt es unbenommen, aus der Darstellung ihre eigenen Konsequenzen zu ziehen. Bis hier aber eine Entscheidung des BGH vorliegt, ist in jedem Falle Vorsicht bei der Darstellung geboten oder präventiv eine Abweichung von Nr. 5.5.3 Satz 1 DCGK zu erklären, sofern die Organe nicht die Anfechtbarkeit der Entlastungsbeschlüsse wegen einer Verletzung von § 161 AktG riskieren wollen.

e.) Fehlende oder nicht ausreichende Begründung bei Abweichung

Abweichungen von den Kodex-Empfehlungen sind gemäß § 161 Abs. 1 Satz 1 AktG seit Inkrafttreten des BilMoG zu begründen. Zum Umfang und Detaillierungsgrad einer solchen Begründung macht das Gesetz keine Vorgabe, auch nicht dazu, ob die Begründung plausibel sein muss. Sie darf aber selbstredend nicht falsch sein.[94]

Sofern eine Begründung für die Abweichung von Kodex-Empfehlungen gänzlich fehlt, stellt dies zweifelsohne einen eindeutigen und schwerwiegenden Verstoß gegen die Verpflichtung nach § 161 Abs. 1 Satz 1 AktG dar, der die Entlastungsbeschlüsse anfechtbar macht.[95]

---

91 *E.Vetter*, (o. Fn. 88), § 26 Rn. 58; *v. d. Linden*, GWR 2011, 407 (408); *Priester*, ZIP 2011, 2081 (2083 f.); *E.Vetter*, NZG 2009, 561 (565).
92 OLG Frankfurt/Main vom 20.10.2010 – 23 U 121/08, WM 2011, 221 (237).
93 *V. d. Linden*, GWR 2011, 407 (408); *Priester*, ZIP 2011, 2081.
94 *Bachmann*, Die Erklärung zur Unternehmensführung (Corporate Governance Statement), ZIP 2010, 1517 (1518).
95 *Sester*, (o. Fn. 17), § 161 Rn. 63; *Goslar/v. d. Linden*, DB 2009, 1691 (1695); *Kiefner*, NZG 2011, 201 (206).

Fraglich ist aber, ob auch die Qualität der Begründung zu einer Anfechtbarkeit führen kann, z.B. wenn ein Aktionär den Informationsgehalt der Begründung als unzureichend empfindet. Bislang ist dies wenig erörtert worden und der Nutzen einer Begründung wird auch eher in Frage gestellt.[96] Aber allzu große Anforderungen dürfen an den Umfang und die inhaltliche Qualität der Begründung sicherlich nicht gestellt werden, zumal es hier auch an sinnvollen und nachvollziehbaren Kriterien fehlt, die als Maßstab dienen könnten. Manchmal werden sich sogar pauschale Begründungen abhängig von der Kodex-Empfehlung gar nicht vermeiden lassen, z.B. wenn Vorstand und Aufsichtsrat die Umsetzung einer Empfehlung für ihre Gesellschaft als zu teuer erachten.[97] Als Kapitalmarktteilnehmer oder Aktionär kann man diese Auffassung teilen oder nicht. Maßstab für eine als ausreichend eingestufte Begründung kann jedenfalls nicht sein, ob die Adressaten der Erklärung überzeugt werden konnten.[98] Zu Recht wird darauf verwiesen, dass die Empfehlungen unverbindlich sind und daher eine Abweichung von den Empfehlungen im Ermessen von Vorstand und Aufsichtsrat liegt.[99] Zutreffend wird daher vertreten, dass die Qualität der Begründung nicht justiziabel sein sollte, sondern vom Kapitalmarkt beurteilt werden sollte.[100] Sollten die Aktionäre mit einer Begründung nicht zufrieden sein, haben sie immer noch die Gelegenheit, über ihr Auskunftsrecht nach § 131 Abs. 1 AktG auf der Hauptversammlung mehr Informationen zu verlangen.

f.)   Fehlende Veröffentlichung

Mit Verabschiedung des BilMoG wurde in dem neu eingeführten § 161 Abs. 2 AktG auch klargestellt, dass die Entsprechenserklärung auf der Internetseite der Gesellschaft dauerhaft öffentlich zugänglich zu machen ist, im Gegensatz zur früheren bloßen Aktionärs-öffentlichkeit. Eine andere Form der Veröffentlichung oder eine Veröffentlichung über andere Medien genügt diesen Anforderungen nicht.[101] Anderweitige Hinweise auf die Entsprechenserklärung im Anhang zum Einzelabschluss bzw. Konzernabschluss gemäß §§ 285 Nr. 16, 314 Abs. 1 Nr. 8 HGB oder Einreichung beim Bundesanzeiger mit anschließender Bekanntmachung gemäß § 325 Abs. 1 und Abs. 2 HGB sind nicht ausreichend.[102] Die Publizitätsanforderungen des § 161 Abs. 2 AktG sind aber dann erfüllt, wenn die Erklärung zur Unternehmensführung gemäß § 289a Abs. 1 Satz 2 HGB und damit auch die Entsprechenserklärung als Bestandteil dieser Erklärung gemäß § 289a Abs. 2 Nr. 1 HGB auf der Internetseite der Gesellschaft veröffentlicht wird, und nicht nur im Lagebericht.[103]

Sofern also ein dauerhafter öffentlicher Zugang auf der Internetseite der Gesellschaft nicht gegeben ist, stellt diese Pflichtverletzung der Unternehmensleitung einen eindeutigen und schwerwiegenden Gesetzesverstoß dar, der die Entlastungsbeschlüsse anfechtbar macht.

---

96   *Ederle*, NZG 2010, 655 (659); *Goslar/v. d. Linden*, DB 2009, 1691 (1695).
97   *Bachmann*, ZIP 2010, 1517 (1518).
98   *Hüffer*, (o. Fn. 6), § 161 Rn. 17a; a.A. *Ringleb*, (o. Fn. 12), Rn. 547.
99   *Goslar/v. d. Linden*, DB 2009, 1691 (1695).
100 *Goslar/v. d. Linden*, DB 2009, 1691 (1695).
101 *Hüffer*, (o. Fn. 6), § 161 Rn. 23.
102 *Hüffer*, (o. Fn. 6), § 161 Rn. 24.
103 *Hüffer*, (o. Fn. 6), § 161 Rn. 24a.

II. Anfechtbarkeit der Wahl der Aufsichtsratsmitglieder

Für die Anfechtung der Wahl von Aufsichtsratsmitgliedern geht § 251 AktG als speziellere Norm dem § 243 AktG vor. Die Voraussetzungen für die Anfechtbarkeit nach § 251 Abs. 1 Satz 1 AktG sind aber die gleichen wie in § 243 Abs. 1 AktG, die Wahl durch die Hauptversammlung ist anfechtbar wegen Verletzung des Gesetzes oder der Satzung.

Die Hauptversammlung beschließt gemäß §§ 119 Abs. 1 Nr. 1, 101 Abs. 1 AktG über die Bestellung der Mitglieder des Aufsichtsrates, sofern diese nicht entsendet oder nach dem Mitbestimmungsgesetzen von den Arbeitnehmern als deren Vertreter gewählt werden. Der Aufsichtsrat unterbreitet für die von der Hauptversammlung zu wählenden Aufsichtsrats-mitglieder einen Wahlvorschlag gemäß § 124 Abs. 3 AktG, der zum Tagesordnungspunkt „Wahl des Aufsichtsrates" bekanntgemacht wird. Die Meinungsbildung und Entscheidung über den Wahlvorschlag erfolgt im Aufsichtsrat durch einen entsprechenden Beschluss des Gremiums gemäß § 108 Abs. 1 AktG, der Ausdruck bzw. Ergebnis des Organwillens ist.[104]

Die Anfechtbarkeit des Beschlusses zur Wahl der Aufsichtsratsmitglieder könnte sich aus einem Bekanntmachungsfehler nach § 124 Abs. 4 Satz 1 AktG ergeben, d.h. wenn der Wahlvorschlag des Aufsichtsrats nicht nach § 124 Abs. 3 Satz 1 AktG in der Tagesordnung ordnungsgemäß bekannt gemacht worden ist, kann dies zur Anfechtung des Wahlbeschlusses der Hauptversammlung nach § 124 Abs. 4 Satz 1 AktG berechtigen. Es liegt dann eine Gesetzesverletzung im Sinne des §§ 243 Abs. 1, 251 Abs. 1 Satz 1 AktG vor.[105] Ein Bekanntmachungsfehler wird z.B. angenommen, wenn der vom Aufsichtsrat beschlossene Wahlvorschlag fehlerhaft ist.[106] Nach herrschender Meinung führen Inhalts-fehler und wesentliche Verfahrensfehler zur Nichtigkeit eines Aufsichtsratsbeschlusses.[107]

Dies ist auch der Anknüpfungspunkt der Instanzgerichte[108], die sich mit der Frage auseinandersetzen mussten, ob eine Verletzung der Erklärungspflicht aus § 161 AktG letztendlich zur Nichtigkeit des Aufsichtsratsbeschlusses zum Wahlvorschlag führt und damit am Ende zur Anfechtung der Wahl von Aufsichtsratsmitgliedern berechtigt.

Im Fall des OLG München[109] ging es bei der Wahl zum Aufsichtsrat in Bezug auf einen Kandidaten um die Einhaltung der Kodex-Empfehlungen Nr. 5.4.1 Satz 2 DCGK, wonach der Aufsichtsrat eine selbst festgesetzte Altersgrenze für seine Mitglieder und potentielle Interessenkonflikte bei seiner Zusammensetzung beachten soll, sowie Nr. 5.4.2 Satz 4 DCGK, nach der ein Aufsichtsratsmitglied keine Organfunktion oder Beratungsaufgabe bei

---

104 *Hüffer*, (o. Fn. 6), § 108 Rn. 3; *Hüffer*, (o. Fn. 6), § 124 Rn. 13; *Drygala*, in: K. Schmidt/Lutter (Hrsg.), Aktiengesetz Kommentar, I. Band, 2. Aufl. 2010, § 108 Rn. 2; *Ziemons*, in: K. Schmidt/Lutter (Hrsg.), Aktiengesetz Kommentar, I. Band, 2. Aufl. 2010, § 124 Rn. 21; *Spindler*, in: Spindler/Stilz (Hrsg.), Kommentar zum Aktiengesetz, Band 1, 2. Aufl. 2010, § 108 Rn. 5; *Rieckers*, in: Spindler/Stilz (Hrsg.), Kommentar zum Aktiengesetz, Band 1, 2. Aufl. 2010, § 124 Rn. 31.

105 *Hüffer*, (o. Fn. 6), § 124 Rn. 18; *Kubis*, in: Münchener Kommentar zum Aktiengesetz, Band 4 §§ 118 – 147, 2. Aufl. 2004, § 124 Rn. 67; *Ziemons*, (o. Fn. 104), § 124 Rn. 71; *Goslar/v. d. Linden*, DB 2009, 1691 (1695 f.).

106 *Kubis*, (o. Fn. 105), § 124 Rn. 67.

107 BGH vom 21.04.1997 – II ZR 175/95, NJW 1997, 1926; *Hüffer*, (o. Fn. 6), § 108 Rn. 18; *Drygala*, (o. Fn. 104), § 108 Rn. 33; *Spindler*, (o. Fn. 104), § 108 Rn. 64, 68; *Hüffer*, Zur Wahl von Beratern des Großaktionärs in den Aufsichtsrat der Gesellschaft, ZIP 2010, 1979 (1980).

108 OLG München vom 06.08.2008 – 7 U 5628/07, NZG 2009, 508 (509 ff.); LG München I vom 22.11.2007 – 5 HK O 10614/07, NZG 2008, 150 (151 ff.); LG Hannover vom 17.03.2010 – 23 O 124/09, NZG 2010, 744 (745 ff.).

109 OLG München vom 06.08.2008 – 7 U 5628/07, NZG 2009, 508 (509 ff.).

einem wesentlichen Wettbewerber ausüben soll. In der maßgeblichen Entsprechenserklärung der Organe der Beklagten wurde keine Abweichung zu diesen Empfehlungen
erklärt. Nach Ansicht des OLG München fehlt es an einem ordnungsgemäßen Beschlussvorschlag an die Hauptversammlung, wenn der Aufsichtsrat bei seinem Wahlvorschlag
Kodex-Empfehlungen zur Zusammensetzung des Aufsichtsrates außer Acht lässt, diese
Abweichung von den Kodex-Empfehlungen aber in der letzten abgegebenen Entsprechenserklärung noch nicht publiziert wurde und dies auch nicht zeitgleich mit der
Beschlussfassung nachgeholt wird. Das OLG München sieht darin eine Verletzung der
gesetzlichen Erklärungspflicht aus § 161 AktG. Das Gericht geht folglich von einer
unterjährigen Aktualisierungspflicht der Entsprechenserklärung nach § 161 AktG aus.
Sofern Vorstand und Aufsichtsrat also nicht zumindest gleichzeitig mit dem Beschlussvorschlag auch ihre Absichtserklärung als Teil der Entsprechenserklärung anpassen und dies
veröffentlichen, ist der Aufsichtsratsbeschluss zum Wahlvorschlag an die Hauptversammlung wegen eines inhaltlichen Mangels, nämlich wegen Verstoßes gegen § 161
AktG, nichtig. Dies wiederum führt zur Anfechtbarkeit des Beschlusses der Hauptversammlung gemäß §§ 243, 251 AktG.[110] Das OLG entschied dies als obiter dictum, da im
vorliegenden Fall letztendlich keine Nichteinhaltung der Kodex-Empfehlungen festgestellt
wurde.

Das LG Hannover ist in seiner Entscheidung vom 17.03.2010 der Auffassung des OLG
München gefolgt und hat die Anfechtbarkeit des Beschlusses zur Wahl des Aufsichtsrates
aufgrund einer fehlerhaft gewordenen Entsprechenserklärung bejaht.[111] In diesem Fall ging
es um die Beachtung der Kodex-Empfehlungen Nr. 5.4.1 Satz 2 DCGK, wonach der
Aufsichtsrat u.a. potentielle Interessenkonflikte bei seiner Zusammensetzung beachten soll,
sowie um Nr. 5.5.3 Satz 1 DCGK (Offenlegung aufgetretener Interessenkonflikte und deren
Behandlung). In der maßgeblichen Entsprechenserklärung wurde keine Abweichung von
diesen Kodex-Empfehlungen offengelegt, das LG Hannover hat aber eine Nichteinhaltung
dieser Empfehlungen angenommen.[112] Des Weiteren hätte nach Ansicht des LG Hannover
eine umfassende Darstellung der Interessenkonflikte und ihrer Behandlung in der zu
aktualisierenden Entsprechenserklärung selbst erfolgen sollen.[113]

Diese Entscheidungen sind zu Recht abzulehnen[114], wie dies auch im Ergebnis bereits das
LG München I getan hat.[115]

---

110 OLG München vom 06.08.2008 – 7 U 5628/07, NZG 2009, 508 (510 f.); *E. Vetter*, NZG 2008, 121 (123 f.); im
     Ergebnis auch *Kirschbaum*, ZIP 2007, 2362 (2364) (der Anfechtbarkeit aufgrund eines Verfahrensfehlers
     annimmt).
111 LG Hannover vom 17.03.2010 – 23 O 124/09, NZG 2010, 744 (745 ff.); zustimmend: *Bröcker*, Anmerkung zur
     Entscheidung des LG Hannover vom 17.03.2010 – 23 O 124/09, GWR 2010, 275; *Lutter*, Kommentar zur
     Entscheidung des LG Hannover vom 17.03.2010 – 23 O 124/09, BB 2010, 2267 (2268).
112 A.A. kein Verstoß gegen § 161 AktG: *Hüffer*, ZIP 2010, 1979 (1982); *Wind/Klie*, Beziehungen zum Mehrheitsaktionär
     als unabhängigkeitsgefährdender Interessenkonflikt von Aufsichtsratsmitgliedern, NZG 2010, 1413 (1414).
113 LG Hannover vom 17.03.2010 – 23 O 124/09, NZG 2010, 744 (748).
114 *Hüffer*, (o. Fn. 6), § 161 Rn. 32; *Goslar/v. d. Linden*, DB 2009, 1691 (1695 f.); *Hoffmann-Becking*, ZIP 2011,
     1173 (1175); *Hüffer*, ZIP 2010, 1979 (1980); *Rieder*, Hauptversammlungsprotokoll, Entsprechenserklärung und
     vieles andere mehr – Grundsätzliches zur HV-Praxis im BGH-Fall Kirch/Deutsche Bank, GWR 2009, 25 (28);
     Rieder, Anfechtbarkeit von Aufsichtsratswahlen bei unrichtiger Entsprechenserklärung?, NZG 2010, 737 (738);
     Tröger, Aktionärsklagen bei nicht-publizierter Kodexabweichung, ZHR 175 (2011), 746 (772 ff.); *Wind/Klie*,
     NZG 2010, 1413 (1414).
115 LG München I vom 22.11.2007 – 5 HK O 10614/07, NZG 2008, 150 (151 ff.).

Selbst wenn Vorstand und Aufsichtsrat ihre Verpflichtung aus § 161 AktG dadurch verletzt hätten, dass der Aufsichtsrat entgegen der ursprünglichen Entsprechenserklärung nunmehr einen Beschluss fasst, der mit der Erklärung nicht mehr im Einklang steht und diese Abweichung nicht gleichzeitig durch Änderung der Entsprechenserklärung bekannt gemacht wurde, kann dies nicht zur Nichtigkeit des Aufsichtsratsbeschlusses führen. Die Nichteinhaltung unverbindlicher Empfehlungen kann einen Aufsichtsratsbeschluss nicht nichtig machen. Die vom BGH in seinem Urteil vom 16.02.2009 angenommene unterjährige Aktualisierungspflicht kann im zeitlichen Ablauf erst entstehen, nachdem eine Abweichung von den Kodex-Empfehlungen von den Organen beschlossen wurde, sei es durch Änderung der Absichtserklärung oder durch tatsächliches Handeln. Folglich kann eine unterlassene Aktualisierung der Entsprechenserklärung, so man darin eine Verletzung der Erklärungspflicht aus § 161 AktG sieht, weder zu einem inhaltlichen Mangel noch zu einem wesentlichen Verfahrensfehler des Aufsichtsratsbeschlusses führen, da dieser erst die Aktualisierungspflicht begründet bzw. begründen würde.[116] Selbst der BGH geht nur von einer umgehenden Berichtigungspflicht nach Änderung der Unternehmenspraxis aus[117], also nicht vorher oder zeitgleich.[118]

Entgegen der Ansicht des LG Hannover hat der BGH gerade keine Aussage zur Anfechtbarkeit von anderen Hauptversammlungsbeschlüssen als von Entlastungsbeschlüssen getroffen. Die Ausführungen des BGH beziehen sich ausdrücklich auf die Pflichtverletzung der Organe durch die unterlassene Anpassung der Entsprechenserklärung mit der Folge der Anfechtbarkeit der Entlastung. Dies steht aber nicht im Zusammenhang mit den Beschlüssen zur Wahl des Aufsichtsrates und wird vom BGH auch nicht weiter erläutert.[119]

Die Anfechtbarkeit der Wahlbeschlüsse ist auch nicht zum Schutz der Aktionäre geboten. Der Aktionär erhält mit der Bekanntmachung der Tagesordnung und den Wahlvorschlägen alle erforderlichen Informationen zu den Kandidaten, u.a. auch über deren Alter, um sich seine eigene Meinung zu bilden.[120]

Mit seiner Forderung, die Interessenkonflikte und ihre Behandlung umfassend in der zu aktualisierenden Entsprechenserklärung selbst darzustellen, sprengt das LG Hannover die gesetzlichen Anforderungen des § 161 AktG. In der Erklärung nach § 161 Abs. 1 AktG ist nur anzugeben, welche Empfehlung nicht angewendet wurde oder wird und warum nicht.[121] Der richtige Platz für die Offenlegung von Interessenkonflikten ist der Bericht des Aufsichtsrates an die Hauptversammlung, wie sich aus Nr. 5.5.3 Satz 1 DCGK ergibt.

---

116 *Hüffer*, (o. Fn. 6), § 161 Rn. 32; *Goslar/v. d. Linden*, DB 2009, 1691 (1696); *Rieder*, GWR 2009, 25 (28); *Rieder*, NZG 2010, 737 (738).
117 BGH vom 16.02.2009 – II ZR 185/07, NZG 2009, 342 (345 Rn. 19).
118 *Rieder*, GWR 2009, 25 (28).
119 BGH vom 16.02.2009 – II ZR 185/07, NZG 2009, 342 (345 Rn. 19); *Hüffer*, ZIP 2010, 1979 (1980); *Rieder*, NZG 2010, 737 (738).
120 *Mutter*, Überlegungen zur Justiziabilität von Entsprechenserklärungen nach § 161 AktG, ZGR 2009, 788 (793).
121 *Wind/Klie*, NZG 2010, 1413 (1416).

Im Ergebnis ist daher die Anfechtbarkeit des Hauptversammlungsbeschlusses zur Wahl des Aufsichtsrates wegen Verletzung der Erklärungspflicht aus § 161 AktG abzulehnen, auch wenn in der fehlerhaften Entsprechenserklärung Kodex-Empfehlungen betroffen sind, die die Zusammensetzung und Verhaltensregeln für den Aufsichtsrat enthalten.[122]

III. Anfechtbarkeit der Bestellung des Abschlussprüfers

Nach § 119 Abs. 1 Nr. 4 AktG i.V.m. § 318 Abs. 1 HGB wird der Abschlussprüfer durch Beschluss der Hauptversammlung bestellt. Der Prüfungsauftrag an den Abschlussprüfer wird vom Aufsichtsrat erteilt gemäß § 111 Abs. 2 Satz 3 AktG. Der Aufsichtsrat unterbreitet der Hauptversammlung gemäß § 124 Abs. 3 Satz 1 AktG einen Vorschlag zur Wahl des Abschlussprüfers.

Die Frage ist, ob eine Verletzung der Erklärungspflicht aus § 161 AktG auch zur Anfechtbarkeit der Wahl des Abschlussprüfers führen kann. Für die Vorbereitung zur Wahl des Abschlussprüfers ist die Empfehlung in Nr. 7.2.1 Satz 1 DCGK zu beachten, nach der der Aufsichtsrat sich Klarheit über den Umfang der geschäftlichen Beziehungen zwischen dem Prüfer und seinen Organen und Prüfungsleitern einerseits und der Gesellschaft und ihren Organen andererseits schaffen soll, um die Unabhängigkeit des Prüfers sicherzustellen. Die Aufgabe des Prüfers ist es schließlich, den Aufsichtsrat bei der Überwachung des Vorstandes zu unterstützen.[123] Dies wird auch aus den Empfehlungen in Nr. 7.2.3 DCGK deutlich, nach denen der Abschlussprüfer verpflichtet werden soll, dem Aufsichtsrat sofort über besondere Vorkommnisse und Feststellungen im Rahmen der Abschlussprüfung zu berichten und ihn über Tatsachen zu informieren, die eine Unrichtigkeit der abgegebenen Entsprechenserklärung ergeben. In diesem Zusammenhang sei darauf hingewiesen, dass die Entsprechenserklärung und ihr öffentlicher Zugang zwar Teil der handelsrechtlichen Publizitätspflichten nach § 285 Nr. 16 HGB sind und damit auch Teil der Abschlussprüfung. Der Abschlussprüfer stellt aber nur fest, ob die Entsprechenserklärung vorliegt und eine entsprechende Veröffentlichung erfolgt ist, nimmt aber keine inhaltliche Bewertung oder Prüfung der Erklärung selbst vor.[124]

Sollte der Aufsichtsrat es nun unterlassen, diese Unabhängigkeitserklärung des potentiellen Abschlussprüfers vor Unterbreitung des Wahlvorschlages einzuholen, verletzt diese Abweichung von der Empfehlung Nr. 7.2.1 Satz 1 DCGK weder ein Gesetz noch die Satzung. Selbst wenn Vorstand und Aufsichtsrat ihre Verpflichtung aus § 161 AktG durch fehlende Offenlegung dieser Abweichung verletzt hätten, kann dies nicht zur Anfechtbarkeit des Beschlusses zur Wahl des Abschlussprüfers führen.

Wie bereits dargestellt, kann die Nichteinhaltung unverbindlicher Empfehlungen nicht die Nichtigkeit eines Aufsichtsratsbeschlusses begründen und somit auch nicht zur Anfechtbarkeit des Hauptversammlungsbeschlusses zur Wahl des Abschlussprüfers führen.

---

122 LG München I vom 22.11.2007 – 5 HK O 10614/07, NZG 2008, 150 (151 ff.); *Hüffer*, (o. Fn. 6), § 161 Rn. 32; *Goslar/v. d. Linden*, DB 2009, 1691 (1695 f.); *Hoffmann-Becking*, ZIP 2011, 1173 (1175); *Hüffer*, ZIP 2010, 1979 (1980); *Rieder*, GWR 2009, 25 (28); *Rieder*, NZG 2010, 737 (738); *Wind/Klie*, NZG 2010, 1413 (1414).
123 *Hüffer*, (o. Fn. 6), § 111 Rn. 12a.
124 *Hüffer*, (o. Fn. 6), § 161 Rn. 33.

IV.   Anfechtbarkeit sonstiger Hauptversammlungsbeschlüsse

Die Empfehlungen des DCGK befassen sich schwerpunktmäßig mit der Tätigkeit des Vorstandes und des Aufsichtsrates, machen Vorgaben für eine Zusammenarbeit und Zusammensetzung der beiden Organe. Diese Regelungsansätze haben wenig Bezug zu den sonstigen geschriebenen und ungeschriebenen Kompetenzen der Hauptversammlung, wie Verwendung des Bilanzgewinnes, Satzungsänderungen, Strukturmaßnahmen, Kapital- maßnahmen. Daher wird das Anfechtungsrisiko für solche Beschlüsse auch zu Recht als gering eingeschätzt und – soweit ersichtlich – hat sich die Rechtsprechung bislang auch noch nicht mit einer solchen Anfechtungsklage auseinandersetzen müssen.[125]

C.   Kodex-Empfehlungen mit Anfechtungspotenzial

Neben der Empfehlung Nr. 5.5.3 Satz 1 DCGK kommen insbesondere Empfehlungen mit Informationscharakter in Frage, die bei unrichtiger Darstellung in der Entsprechens- erklärung zur Anfechtbarkeit der Entlastungsbeschlüsse führen können, sofern ein nicht unwesentlicher Punkt in der Erklärung betroffen ist, die fehlende Information für die Entscheidungsfindung des Aktionärs von Relevanz ist und die Organmitglieder die Unrichtigkeit der Erklärung kannten oder kennen mussten. Wesentliche Bedeutung kommt dabei den Empfehlungen in den Abschnitten 4 und 5 des DCGK zu, die sich auf die Tätigkeit von Vorstand und Aufsichtsrat beziehen.

In Betracht kommt hier z.B. Nr. 4.3.4 Satz 1 DCGK. Danach hat jedes Vorstandsmitglied Interessenkonflikte gegenüber dem Aufsichtsrat und den anderen Vorstandsmitgliedern offenzulegen. Aufgrund der Bedeutung des transparenten Umgangs mit Interessenkonflikten ist hier Anfechtungspotenzial gegeben, ähnlich wie bei Nr. 5.5.3 Satz 1 DCGK, auch wenn der Adressat nicht die Hauptversammlung ist.[126] Auch die Empfehlung Nr. 4.3.5 DCGK, wonach Nebentätigkeiten von Vorstandsmitgliedern, insbesondere Aufsichtsratsmandate außerhalb des Unternehmens, der Zustimmung des Aufsichtsrates bedürfen, bietet Angriffs- fläche. Ziel ist es auch hier, potentielle Interessenkonflikte vorab auszuschließen und die Arbeitskraft des Vorstandes für die Gesellschaft zu erhalten.[127]

Bei den Empfehlungen, die den Aufsichtsrat und seine Arbeit betreffen, könnte insbesondere eine unrichtige Entsprechenserklärung in Bezug auf Nr. 5.4.1 Satz 2 DCGK zur Anfechtung führen. Danach soll sich der Aufsichtsrat für seine Zusammensetzung konkrete Ziele geben unter Berücksichtigung u.a. von Vielfalt (Diversity – im Sinne einer internationalen Besetzung) und einer angemessenen Beteiligung von Frauen. Der Vorwurf könnte lauten, dass die Ziele nicht hinreichend konkret seien oder dass die Ziele bei den Wahlvorschlägen zum Aufsichtsrat nicht beachtet worden seien. Hier wird sich der Aufsichtsrat an seinen eigenen Zielen messen lassen müssen. Je spezifischer die Zielsetzung, desto mehr muss der Aufsichtsrat darauf achten, dass eine Verfehlung der Ziele bei der Entsprechenserklärung entsprechend berücksichtigt wird. Dies gilt auch für die Empfehlung Nr. 5.4.2 DCGK, wonach der Aufsichtsrat eine ausreichende Anzahl an von der Gesellschaft und deren Vorstand unabhängigen Mitgliedern haben soll und Aufsichts-

---

125 *Rieder*, GWR 2009, 25 (29); *Waclawik*, ZIP 2011, 885 (888).
126 So auch *Mutter*, ZGR 2009, 788 (799 f.).
127 *Ringleb*, (o. Fn. 12), Rn. 838.

ratsmitglieder auch keine Organ- oder Beratungsfunktion bei wesentlichen Wettbewerbern ausüben sollen. Auch diese Empfehlung dient der Vermeidung von Interessenkonflikten als wichtige Voraussetzung für eine effektive Überwachungstätigkeit durch den Aufsichtsrat. Im Rahmen der letzten Überarbeitung des DCGK wurde das Kriterium der Unabhängigkeit erweitert um Beziehungen zu kontrollierenden Aktionären oder mit diesen verbundenen Unternehmen, gleichzeitig wurde aber auch klargestellt, dass nur bei wesentlichen und nicht nur vorübergehenden Interessenkonflikten die Unabhängigkeit nicht mehr gegeben ist.[128] Eine unrichtige Entsprechenserklärung in Bezug auf diese Empfehlung kann daher zur Anfechtbarkeit der Entlastungsbeschlüsse führen.[129]

Nach Nr. 5.4.1 Satz 6 DCGK hat der Aufsichtsrat bei seinem Wahlvorschlag an die Hauptversammlung Beziehungen der Kandidaten zur Gesellschaft, ihren Organen und ihren Großaktionären offen zu legen, wobei es im Ermessen des Aufsichtsrats steht zu entscheiden, ob diese Information für die Wahlentscheidung eines objektiv urteilenden Aktionärs wesentlich sein würde. Auch diese neue Empfehlung bietet Anfechtungspotenzial bei unzureichender Offenlegung, allerdings ist hier bereits eine Relevanzschwelle vorgesehen, die erst einmal überschritten werden muss.

Darüber hinaus ist zu beachten, dass viele dieser Empfehlungen auch Anlass bzw. Anreiz für einen Aktionär bieten, deren genaue Umsetzung auf der Hauptversammlung im Rahmen des Auskunftsrechts nach § 131 Abs. 1 Satz 1 AktG zu hinterfragen. Einen Bezug zu Tagesordnungspunkten wird man in diesen Fällen nicht verneinen können. Hier gilt dann aber auch die Relevanzschwelle des § 243 Abs. 4 Satz 1 AktG.

D. Fazit

Spätestens seit dem Urteil des BGH vom 16.02.2009 ist höchstrichterlich entschieden, dass eine unrichtige oder unrichtig werdende Entsprechenserklärung zur Einhaltung der Kodex-Empfehlungen nach § 161 Abs. 1 AktG zur Anfechtbarkeit der Entlastungsbeschlüsse von Vorstand und Aufsichtsrat führen kann. Nicht überzeugend ist das Argument des BGH, dass ansonsten „Verstöße gegen § 161 AktG folgenlos [blieben]".[130] Zu Recht wird hier hinterfragt: „Wäre dies so schlimm?"[131]

Erste Konsequenzen aus der Rechtsprechung haben auch Deutsche Bank AG und VW AG gezogen, die nunmehr in ihrer Entsprechenserklärung eine Abweichung von der Kodex-Empfehlung Nr. 5.5.3 erklären mit der Begründung, dass sie den vom OLG Frankfurt/Main im Urteil vom 05.07.2011 geforderten Detaillierungsgrad bei der Darstellung von Interessenkonflikten nicht im Einklang mit ihrer aktienrechtlichen Verschwiegenheitspflicht sehen. Dieses kann als verständliche Reaktion auf die Rechtsprechung nicht gewollt sein.

Die Anfechtbarkeit von Beschlüssen zur Wahl des Aufsichtsrates ist bislang noch nicht höchstrichterlich entschieden. Es bleibt zu hoffen, dass der BGH klarstellt, dass eine fehlerhafte Entsprechenserklärung nicht zur Anfechtbarkeit der Wahlbeschlüsse führt.

---

128 DCGK Nr. 5.4.2 Satz 2.
129 So auch *Mutter*, ZGR 2009, 788 (801).
130 BGH vom 16.02.2009 – II ZR 185/07, NZG 2009, 342 (346 Rn. 28).
131 *Timm*, Corporate Governance Kodex und Finanzkrise, ZIP 2010, 2125 (2129).

Für börsennotierte Gesellschaften bedeutet die Rechtsprechung, dass sie organisatorisch sicherstellen müssen, dass jederzeit die Empfehlungen entsprechend der abgegebenen Entsprechenserklärung eingehalten werden. Das waren bei der Bekanntgabe des ersten DCGK rund 50 Empfehlungen, nunmehr sind es über 90 Empfehlungen. Dies bedeutet eine große organisatorische Herausforderung für die Gesellschaften, zwar sicherlich nicht für die großen DAX-Unternehmen, aber kleinere börsennotierte Gesellschaften könnte dies vor Kapazitätsprobleme stellen.

Um insbesondere den professionellen Anfechtungsklägern Einhalt zu gebieten, sollte der Gesetzgeber die jetzige Aktienrechtsnovelle nutzen und klarstellen, dass Verstöße gegen unverbindliche Kodex-Empfehlungen, die zu einer unrichtigen Entsprechenserklärung führen, trotz Verletzung von § 161 Abs. 1 Satz 1 AktG nicht zur Anfechtung von Hauptversammlungsbeschlüssen berechtigen, etwa in Anlehnung an die Regelungen § 30g WpHG[132] oder § 120 Abs. 4 Satz 3 AktG durch Einführung eines Anfechtungsausschlusses.[133]

---

132 Für analoge Anwendung des § 30g WpHG, da Entsprechenserklärung kapitalmarktrechtliche Publizitätspflicht: *Leuering*, Keine Anfechtung wegen Mängeln der Entsprechenserklärung – Nachlese zu den BGH-Urteilen „Kirch/Deutsche Bank" und „Umschreibungsstopp", DStR 2010, 2255 (2256 f.); a.A. *Arens/Petersen*, Der Konzern 2011, 197 (201).

133 *Kremer*, Der Deutsche Corporate Governance Kodex auf dem Prüfstand: bewährte Selbst- oder freiwillige Überregulierung?, ZIP 2011, 1177 (1180); *Waclawik*, ZIP 2011, 885 (891); *Handelsrechtsausschuss des Deutschen Anwaltsvereins*, Stellungnahme zum Regierungsentwurf der Aktienrechtsnovelle 2012, NZG 2012, 380 (383 Rn. 28).

Der umwandlungsrechtliche Squeeze-Out und seine Einsatzmöglichkeiten

Von Tobias Karrenbrock, LL.M.

A. Einleitung

I. Problemstellung

Große Aufmerksamkeit widmet die rechtspolitische Diskussion im Bereich des Gesellschafts- und Kapitalmarktrechtes seit geraumer Zeit jeglicher Möglichkeit des sog. „Squeeze-Out". Hinter diesem Begriff verbirgt sich nicht weniger als die rechtliche Möglichkeit eines enteignungsgleichen Eingriffs in das Eigentum anderer – dies bei Vorliegen durch Gesetz bestimmter und ggf. gerichtlich überprüfbarer Voraussetzungen.

Allen gesetzlichen Möglichkeiten des Squeeze-Out ist gemein, dass ein mehrheitlich an einer Kapitalgesellschaft beteiligter Anteilsinhaber einen oder mehrere nur mit geringer Quote beteiligte Anteilsinhaber gegen Zahlung einer Entschädigung aus dem Kreis der Anteilsinhaber verdrängt und die entsprechenden Beteiligungen seinem eigenen Vermögen zuführt. Vor dem Hintergrund der im Grundgesetz verankerten Eigentumsgarantie werden solche Eingriffsmöglichkeiten seit jeher kritisch betrachtet. Sowohl die gesetzlichen Regelungen selbst als auch die Anwendung im Einzelfall beschäftigen die Gerichte.

Seit dem 15.07.2011 ist das deutsche Recht um eine Möglichkeit des Squeeze-Out reicher. In der durch das „Dritte Gesetz zur Änderung des Umwandlungsgesetzes" geschaffenen Fassung des Umwandlungsgesetzes wird nunmehr in § 62 Abs. 5 einem zu mindestens 90% am Grundkapital einer Aktiengesellschaft beteiligten Aktionär die Möglichkeit eröffnet, die übrigen Minderheitsgesellschafter im Rahmen eines Upstream-Merger zwangsweise aus der Gesellschaft auszuschließen.

Zwar sind nach Kenntnis des Verfassers bisher keine dieser nachfolgend als „umwandlungsrechtlicher Squeeze-Out"[1] bezeichneten Maßnahmen, geschweige denn deren erfolgreiche Durchführung, öffentlich bekannt geworden.[2] Es dürfte aber nur eine Frage der Zeit sein, bis ein auf diese Weise ausgeschlossener Minderheitsaktionär im Zusammenhang mit diesem neuen Instrument auftauchende Fragen gerichtlich prüfen lassen wird.

Aufgrund der Tatsache, dass die geschaffene gesetzliche Regelung an zentralen Punkten der Interpretation bedarf, die Möglichkeit eines Squeeze-Out bei 90% Beteiligungsquote aus Sicht eines Hauptaktionärs aber attraktiv erscheint, gilt es, mögliche Probleme zu identifizieren, Risiken bei der Umsetzung zu minimieren und ggf. Lösungsmöglichkeiten zu entwickeln.

II. Gang der Darstellung

Nachfolgende Ausarbeitung stellt den umwandlungsrechtlichen Squeeze-Out gemäß § 62 Abs. 5 UmwG im Kontext weiterer Möglichkeiten des Squeeze-Out im deutschen

---

1   Zur Begrifflichkeit siehe Überblick bei *Mayer*, Praxisfragen des verschmelzungsrechtlichen Squeeze-out-Verfahrens, NZG 2012, 561.
2   Nach Einreichung dieser Ausarbeitung wurde die Entscheidung des OLG Hamburg vom 14.06.2012, 11 AktG 1/12 bekannt; vgl. mit Entscheidungsbesprechung *von der Linden*, OLG Hamburg: Verfassungsmäßigkeit des verschmelzungsrechtlichen Squeeze Out, GWR 2012, 324.

Recht dar. Anhand der gesetzlichen Konzeption werden die Einzelheiten des Verfahrens genauer betrachtet. Durch die gesetzliche Regelung im Vergleich zu vorhergehenden Entwürfen entstandene Unklarheiten werden aufgezeigt. Es wird der Versuch unternommen, identifizierte Regelungslücken durch Auslegung zu schließen und die Ergebnisse in praktische Empfehlungen umzusetzen. Abschließend werden theoretische Einsatzmöglichkeiten des umwandlungsrechtlichen Squeeze-Out in der Transaktions- und Konzernpraxis dargestellt und diese auf Machbarkeit und mit der Durchführung einhergehende Risiken untersucht.

B.   Der Squeeze-Out im deutschen Recht

Der Gesetzgeber hat den umwandlungsrechtlichen Squeeze-Out nicht als komplett eigenständiges und in sich geschlossenes Regelungsgefüge konzipiert. Vielmehr ist durch Verweisung in § 62 Abs. 5 UmwG auf das bereits etablierte Verfahren des aktienrechtlichen Squeeze-Out (§§ 327a ff AktG) eine gesetzliche Verknüpfung entstanden, die ein Verständnis eben jenes aktienrechtlichen Squeeze-Out erforderlich macht, um auch das neue Instrument des umwandlungsrechtlichen Squeeze-Out bewerten und begutachten zu können.

Zudem geben die Rechtsliteratur sowie höchstrichterliche Entscheidungen zu bereits seit längerer Zeit bestehenden Möglichkeiten des Squeeze-Out wertvolle Aufschlüsse auf zu erwartende Gestaltungen und eine potentielle Qualifizierung solcher Gestaltungen als missbräuchlich. Die vor Änderung des Umwandlungsgesetzes bestehenden Möglichkeiten des Squeeze-Out seien nachfolgend daher kurz dargestellt.

I.   Aktienrechtlicher Squeeze-Out

Diese in den §§ 327a ff. AktG geregelte Möglichkeit des Ausschlusses von Minderheitsaktionären ist seit ihrer Kodifizierung häufig genutzt worden. Aufgrund der Tatsache, dass überwiegend bei börsennotierten Unternehmen zu diesem Mittel gegriffen wurde und die damit verbundenen Maßnahmen in einer Vielzahl von Gerichtsverfahren unter öffentlicher Beobachtung mehr oder weniger erfolgreich angegriffen wurden, ist dem Rechtsanwender eine vergleichsweise rechtssichere Durchführung dieses Verfahrens mittlerweile durchaus möglich.[3]

§ 327a Abs. 1 AktG ermöglicht es der Hauptversammlung einer AG oder einer KGaA auf Verlangen eines Aktionärs, dem Aktien der Gesellschaft in Höhe von 95% des Grundkapitals gehören (der „Hauptaktionär"), die Übertragung der Aktien der übrigen Aktionäre (die „Minderheitsaktionäre") auf den Hauptaktionär gegen Gewährung einer angemessenen Barabfindung zu beschließen. Im Einzelnen läuft ein solches Verfahren nach Erlangung der vorausgesetzten Beteiligungsquote in Höhe von 95% typischerweise in folgenden Schritten ab:

---

3   *Austmann*, Der verschmelzungsrechtliche Squeeze-out nach dem 3. UmwÄndG. 2011, NZG 2011, 684.

1. Verlangen des Hauptaktionärs, § 327a Abs. 1 AktG

Hierbei handelt es sich um ein kooperationsrechtliches Rechtsgeschäft gegenüber der durch den Vorstand vertretenen Gesellschaft.[4] Nach Zugang des keine besondere Form voraussetzenden Verlangens ist der Vorstand verpflichtet, dem Hauptaktionär die für die Ermittlung der angemessenen Barabfindung – und damit faktisch eine Unternehmensbewertung – erforderlichen Unterlagen zur Verfügung zu stellen, vgl. § 327b AktG.[5]

In der Praxis wird überwiegend zunächst ein vorläufiges Verlangen übermittelt, aufgrund dessen die Gesellschaft die erforderlichen Unterlagen zusammenstellt und übermittelt. In einem zweiten Schritt folgt dann das förmliche Verlangen, welches das konkretisierte Übertragungsverlangen inklusive ermittelter Höhe der Barabfindung enthält.[6] Anders wäre praktisch keine den Anforderungen genügende Formulierung des Übertragungsverlangens möglich.[7] Denn nach wohl herrschender Auffassung muss im Übertragungsverlangen die Barabfindung benannt sein.[8]

Entgegen des Grundsatzes der Weisungsfreiheit des Vorstandes gegenüber den Aktionären (vgl. § 76 AktG) hat der Vorstand die ordentliche oder außerordentliche Hauptversammlung einzuberufen.[9] Dabei ist das Verlangen des Hauptaktionärs auf die Tagesordnung zu setzen und der Inhalt des Übernahmeangebotes mitzuteilen.[10] Vorstand und Aufsichtsrat haben zu diesem Tagesordnungspunkt einen Beschlussvorschlag zu unterbreiten.[11] Vor Einberufung der Hauptversammlung hat der Hauptaktionär dem Vorstand eine Erklärung eines Bankinstitutes zu übermitteln, durch die eine Gewährleistung für die Erfüllung der Barabfindungsverpflichtung übernommen wird, § 327b Abs. 3 AktG. Bezugsgröße ist dabei die vom Hauptaktionär ermittelte, angemessene Barabfindung.[12]

2. Vorbereitung der Hauptversammlung, § 327c AktG

Nach Einberufung der Hauptversammlung sind den Aktionären gemäß § 327c Abs. 3 AktG der Entwurf des Übertragungsbeschlusses und Jahresabschlüsse und Lageberichte der letzten drei Geschäftsjahre zur Einsicht zugänglich zu machen. Ebenfalls vorzulegen ist ein Bericht des Hauptaktionärs, in dem dieser die Hintergründe des Squeeze-Out erläutert und Angemessenheit der von ihm ermittelten Barabfindung begründet, § 327c Abs. 2 S. 1 AktG. In der Praxis greift der Hauptaktionär regelmäßig auf ein nach IDW S 1 erstelltes Bewertungsgutachten einer Wirtschaftsprüfungsgesellschaft zurück. Die Angemessenheit der so ermittelten Barabfindung ist ferner durch einen unabhängigen, gerichtlich zu bestellenden Prüfer zu verifizieren, § 327c Abs. 2 S. 2 AktG. Das Ergebnis dieser unabhängigen Prüfung ist den Aktionären ebenfalls zugänglich zu machen, § 327c Abs. 3 Nr. 4 AktG.

---

4 *Hüffer,* in: Aktiengesetz, 10. Auflage 2012, § 327a, Rn. 8 m.w.N.
5 Vgl. Darstellung zum auslösenden Charakter *Müller-Michaels* in: Hölters, Aktiengesetz, 2011, § 327a, Rn. 15.
6 *Mayer,* NZG 2012, 561 (564).
7 *Heidel/Lochner,* Aktienrecht und Kapitalmarktrecht, 3. Auflage, 2011 § 327a, Rn. 11.
8 *Grunewald,* in: Münchener Kommentar zum Aktiengesetz, Band V, 3. Auflage 2010, § 327a, Rn. 11 m.w.N.
9 *Hüffer,* (o. Fn. 4), §327a, Rn. 8.
10 *Hüffer,* a.a.O.
11 *Müller-Michaels* (o. Fn 5), § 327a, Rn. 15.
12 *Grunewald, (o. Fn. 8),* § 327b, Rn. 21.

3. Übertragungsbeschluss, § 327a Abs. 1 AktG

Alsdann erfolgt in der Hauptversammlung die Beschlussfassung über den Squeeze-Out. Üblich ist die Erläuterung der Motivation für diese Maßnahme durch den Hauptaktionär.[13] Zwar bedarf nach herrschender Auffassung der Squeeze-Out keiner sachlichen Rechtfertigung, dennoch sind häufig Squeeze-Out-Maßnahmen als rechtsmissbräuchlich und damit der Beschluss als jedenfalls anfechtbar diskutiert worden.[14]

4. Eintragung des Beschlusses, § 327e AktG

Der Vorstand hat die erfolgte Beschlussfassung zur Eintragung in das Handelsregister anzumelden, § 327e Abs. 1 AktG. Die Eintragung entfaltet konstitutive Wirkung, d.h. mit Eintragung gehen sämtliche Aktien der Minderheitsaktionäre auf den Hauptaktionär über, § 327e Abs. 3 AktG. Mit Eintragung wird auch die Barabfindung zur Zahlung fällig.[15]

5. Rechtsschutz der Minderheitsaktionäre

Die Überprüfung der Rechte der ausgeschlossenen bzw. noch auszuschließenden Minderheitsaktionäre geschieht im Regelfall im Rahmen von Anfechtungsklagen, die sich gegen den Übertragungsbeschluss richten. Es ist hier jedoch zu unterscheiden: Eine die Eintragung der Übertragung in das Handelsregister verhindernde, zu einer Registersperre führende Anfechtungsklage kann nicht darauf gestützt werden, dass die Angemessenheit der Barabfindung zweifelhaft erscheint. Fragen der Angemessenheit der Barabfindung sind im sog. Spruchverfahren zu klären, § 327f AktG. Ist der Beschluss der Hauptversammlung aus anderen Gründen angefochten und kann der Vorstand bei Antrag auf Eintragung der Übertragung daher keine sog. Negativerklärung abgeben, entsteht eine Registersperre. Diese kann mithilfe des sog. Freigabeverfahrens durch Entscheidung des zuständigen Oberlandesgerichtes überwunden werden.[16] Durch die Möglichkeit, die lediglich wirtschaftliche Frage der Angemessenheit der Barabfindung außerhalb des herkömmlichen Anfechtungsverfahrens klären zu lassen sowie klassischen querulatorischen Klagen von Minderheitsaktionären im Wege des Freigabeverfahrens zu begegnen, kann ein aktienrechtlicher Squeeze-Out damit bei Einhaltung der entsprechenden Regularien im Ergebnis im Zeitraum von ca. vier bis fünf Monaten durchgeführt werden.[17]

II. Übernahmerechtlicher Squeeze-Out

Gibt ein Aktionär entsprechend den Vorschriften des WpÜG ein Übernahme- bzw. Pflichtangebot ab, und erreicht er im Zuge dieses Angebotes die Schwelle von 95% Beteiligungsquote, kann er das Ausschlussverfahren nach §§ 39a bis 39c WpÜG anstreben. In Unterscheidung zum aktienrechtlichen Squeeze-Out erfolgt der Ausschluss der Minderheitsaktionäre dabei nicht durch Hauptversammlungsbeschluss, sondern durch gerichtliche

---

13   *Schüppen/Schaub*, Münchener Anwaltshandbuch Aktienrecht, 2. Auflage 2010, § 44, Rn. 33.
14   *Hüffer*, (o. Fn 4), § 327a Rn. 11 m.w.N.; ausführlich *Heidel/Lochner*, (o. Fn. 7), § 327a, Rn. 13-15.
15   Rückschluss aus § 327b Abs. 3 AktG; vgl. auch *Heidel/Lochner*, (o. Fn. 7), § 327b Rn. 11.
16   *Hüffer*, (o. Fn 4), § 327e AktG, Rn. 3.
17   *Schüppen/Schaub*, (o. Fn. 13), § 44, Rn. 3.

Entscheidung, § 39a Abs. 1 WpÜG. Der Antrag ist dabei innerhalb von drei Monaten ab Ende der mit dem Übernahmeangebot gesetzten Annahmefrist zu stellen, § 39a Abs. 3 WpÜG.

Die grundsätzliche Konzeption des übernahmerechtlichen Squeeze-Out macht diesen im Vergleich zum aktienrechtlichen Squeeze-Out eigentlich zu einem einfacheren und schnelleren Instrument: Zum einen ist keine Hauptversammlung inklusive möglicher sich anschließender Anfechtungsverfahren durchzuführen. Zum anderen entfällt unter bestimmten Voraussetzungen die Notwendigkeit zur Durchführung einer zusätzlichen Unternehmensbewertung. Der übernahmerechtliche Squeeze-Out erfolgt zu den Konditionen des vorangegangenen Übernahme- bzw. Pflichtangebotes, § 39a Abs. 3 Satz 1 WpÜG. Haben 90% des vom Angebot adressierten Kapitals das Angebot zu diesen Konditionen akzeptiert, gilt die Vermutung der Angemessenheit für die Höhe der Barabfindung beim Squeeze-Out, § 39a Abs. 3 Satz 3 WpÜG. Derzeit besteht zwischen den Oberlandesgerichten Uneinigkeit, ob diese Vermutung im gerichtlichen Squeeze-Out-Verfahren widerleglich ist. Bis zur anstehenden Klärung durch das Bundesverfassungs-gericht und möglicherweise den EuGH besteht insoweit Unsicherheit.[18]

Festzuhalten ist jedenfalls, dass der übernahmerechtliche Squeeze-Out angesichts der Anknüpfung an kapitalmarktrechtliche Übernahmen und die damit einhergehenden hohe Anforderungen bisher eher eine Nischendasein führt und sich hieran auch in Zukunft vermutlich wenig ändern wird.[19]

III.   Squeeze-Out nach dem FMStBG

Der Vollständigkeit halber sei an dieser Stelle auch der Squeeze-Out nach § 12 FMStBG erwähnt. Zwar handelt es sich hierbei um keine Norm mit hoher Praxisrelevanz – sie ist bisher nur im Zusammenhang mit der Verstaatlichung der HRE in das Bewusstsein der Öffentlichkeit gelangt. Da jedoch – im Gegensatz zum aktien- und übernahmerechtlichen Squeeze-Out – bei § 12 FMStBG das Erreichen einer Beteiligungshöhe von 90% ausreicht und damit der gleiche Schwellenwert wie beim umwandlungsrechtlichen Squeeze-Out zugrunde zu legen ist, können aus der hierzu ergangenen Rechtsprechung[20] möglicherweise Rückschlüsse auf zukünftige Verfahren zu § 62 Abs. 5 UmwG gezogen werden.

C.   Der umwandlungsrechtliche Squeeze-Out in § 62 Abs. 5 UmwG

I.   Europarechtlicher Hintergrund

Der umwandlungsrechtliche Squeeze-Out ist in § 62 Abs. 5 UmwG kodifiziert worden, und zwar, wie eingangs erwähnt, durch das Dritte Gesetz zur Änderung des Umwandlungs-gesetzes. Hintergrund der Änderung sind die Vorgaben des europäischen Rechtes:

---

18   Vgl. *Süßmann*, Die Unwiderleglichkeit der Abfindungshöhe beim übernahmerechtlichen Squeeze-out, NZG 2009, 980.
19   Zusammenfassende Bewertung bei *Austmann*, NZG 2011, 684, (685).
20   OLG München, Schlussurteil v. 28. 09. 2011 – 7 U 711/11 = WM 2011, 2048; NZG 2011, 1227.

Die Verschmelzungsrichtlinie von 1978 schuf erstmals für die Mitgliedsstaaten die Möglichkeit, Erleichterungen des Verschmelzungsprozederes in Konzernkonstellationen gesetzlich vorzusehen. Insbesondere die „Verkürzung" konzerninterner Beteiligungsketten durch Verschmelzung einer zu mindestens 90% im Besitz einer Mutter-AG befindlichen Tochter-AG auf eben diese Mutter-AG sollte erleichtert werden. Grundsätzlich durften daher laut Art. 28 der Richtlinie bei solchen Konzernverschmelzungen der Verschmelzungsbericht, eine gesonderte Verschmelzungsprüfung und die umfassende Information der Minderheitsaktionäre des übertragenden Rechtsträgers jedenfalls dann entfallen, wenn den Minderheitsaktionären die Möglichkeit eröffnet ist, ihre Aktien dem übernehmenden Rechtsträger gegen eine angemessene Barabfindung anzudienen. Da unter anderem die Bundesrepublik Deutschland nur teilweise von der damit europarechtlich eingeräumten Möglichkeit der vereinfachten Konzernverschmelzung durch Umsetzung in nationales Recht Gebrauch machte und die EU-Kommission (zutreffend) eine Verringerung konzerninternen Verwaltungsaufwandes als der Wettbewerbsfähigkeit der in den Mitgliedsstaaten ansässigen Unternehmen zuträglich erachtete, wurde die bestehende Verschmelzungsrichtlinie geändert.[21] Nach wohl herrschender Meinung sind die Mitgliedsstaaten nunmehr verpflichtet, die bisher optionalen Vereinfachungsmöglichkeiten bei der Konzernverschmelzung in nationales Recht zu transformieren.

Tatsache ist jedenfalls, dass sich der deutsche Gesetzgeber mit einem Andienungsrecht nicht anfreunden konnte. Ein solches ist in Deutschland nur im Übernahmerecht, sprich im WpÜG, vorgesehen – und auch dort nur aufgrund der insoweit zwingenden Vorgaben der Übernahmerichtlinie. Als Kompromiss ist letztendlich neben dem Andienungsrecht der Minderheitsaktionäre alternativ eine Möglichkeit für den Mehrheitsgesellschafter geworden, Minderheitsaktionäre gegen angemessene Barabfindung bei Konzernverschmelzungen auszuschließen. Für die Umsetzung letzterer Alternative hat sich der deutsche Gesetzgeber entschieden.[22]

II.   Ablauf des umwandlungsrechtlichen Squeeze-Out

Aufgrund der untrennbaren Verknüpfung vom Ausschluss der Minderheitsaktionäre und der tatsächlichen Durchführung des Upstream-Mergers stellt sich der Ablauf dieses neuen Instrumentes als Kombination einer ohnehin vereinfachten Konzernverschmelzung und eines modifizierten aktienrechtlichen Squeeze-Out dar. Im Detail ist bisher nicht geklärt, welche der Verfahrensschritte des aktienrechtlichen Squeeze-Out aufgrund der Regelungen des § 62 Absatz 5 UmwG und unter besonderer Berücksichtigung der seitens des Gesetzgebers intendierten Verfahrensvereinfachung entbehrlich sind. Hierzu soll im Einzelnen im Anschluss an die – bewusst kurze und überblickartige – Darstellung des Ablaufs eingegangen werden.

Grundsätzlich läuft der umwandlungsrechtliche Squeeze-Out wie folgt ab:

---

21   *Austmann*, NZG 2011, 694, (686).

22   Vgl. auch Darstellung von *Diekmann*, in: Semler/Stengel, Umwandlungsgesetz, 3. Auflage 2010, § 62, Rn. 3a.

Schon aus Praktikabilitätsgründen wird der Hauptaktionär zunächst in Zusammenarbeit mit der Tochtergesellschaft die Höhe der Barabfindung ermitteln. Soweit möglich, kann die Angemessenheit der Abfindung bereits durch einen gerichtlich zu bestellenden Prüfer geprüft werden.

In einem nächsten Schritt ist der Verschmelzungsvertrag abzuschließen.

Innerhalb eines Zeitraumes von drei Monaten ab Unterzeichnung des Verschmelzungsvertrags ist sodann der Übertragungsbeschluss – also der eigentliche Squeeze-Out-Beschluss – der Hauptversammlung der übertragenden Gesellschaft zu fassen. Innerhalb dieser drei Monate erstattet der Hauptaktionär entsprechend den Regelungen des aktienrechtlichen Squeeze-Out seinen Übertragungsbericht, sowie der gerichtlich bestellte Abfindungsprüfer seinen Prüfungsbericht. Der Hauptaktionär bringt die zur Sicherung der Barabfindung erforderliche Bankgarantie bei.

Die Hauptversammlung wird einberufen. Zur Vorbereitung dieser Hauptversammlung sind den Aktionären der übertragenden Gesellschaft die Unterlagen zum Squeeze-Out sowie der Verschmelzungsvertrag zugänglich zu machen.

Nach Abschluss des Verschmelzungsvertrags sind die Aktionäre des übernehmenden Rechtsträgers, der Muttergesellschaft, über die bevorstehende Verschmelzungsmaßnahme durch Auslegung der entsprechenden Unterlagen zu informieren. Entsprechend den Regelungen der Konzernverschmelzung sind im Übrigen auch die Betriebsräte der beteiligten Rechtsträger über die beabsichtigte Verschmelzung zu informieren.

Ggf. folgt nach entsprechendem Einberufungsverlangen von Aktionären der übernehmenden Gesellschaft zudem die Einberufung einer Hauptversammlung bei der Muttergesellschaft.

Es folgt die Hauptversammlung der übertragenden Gesellschaft, in der der Übertragungsbeschluss gefasst wird. Entsprechend dem aus dem aktienrechtlichen Verfahren bekannten Ablauf schließen sich hieran Anfechtungs- und/oder Nichtigkeitsklagen sowie das Freigabeverfahren an.

Als nächstes erfolgen Anmeldung und Eintragung des Squeeze-Out in das Handelsregister, letztere unter Hinweis auf den Wirksamkeitsvorbehalt hinsichtlich der Eintragung der zeitlich nachfolgenden Verschmelzung.

Es folgt – ggf. nach Fassung eines Verschmelzungsbeschlusses der übernehmenden Gesellschaft im Falle des Einberufungsverlangens von Minderheitsaktionären – die Anmeldung und Eintragung der Verschmelzung.

Am Ende ist damit die ehemalige Tochtergesellschaft infolge der Verschmelzung auf die Muttergesellschaft erloschen und ihre ehemaligen Minderheitsaktionäre durch Squeeze-Out gegen Barabfindung ausgeschlossen.

III.   Problem: Wirksamkeitsvorbehalt beim Übertragungsbeschluss

1. Problemdarstellung

Durch die Rechtsverweisungen des § 62 Abs. 5 UmwG auf die Regelungen des Aktienrechtes ist Raum für Interpretationen geblieben, wie weit der vereinfachende Charakter des umwandlungsrechtlichen Squeeze-Out auf das den aktienrechtliche Vorschriften unterfallende Verfahren ausstrahlt.

In der Literatur ist kontrovers diskutiert worden, ob und welche der vom UmwG für die Fälle der Konzernverschmelzungen vorgesehenen Erleichterungen (§§ 5 Abs. 2, 8 Abs. 3, 9 Abs. 2, 12 Abs. 3, 122c Abs. 3 UmwG) auch im Falle des umwandlungsrechtlichen Squeeze-Out gelten.[23]

Hintergrund dieser Frage ist die zeitliche Systematik, die der Gesetzgeber in § 62 Abs. 5 UmwG vorgesehen hat. Demnach wird ein erfolgter Squeeze-Out Beschluss nur mit einem sog. Wirksamkeitsvermerk im Handelsregister der übertragenden Gesellschaft eingetragen. Der Wirksamkeitsvermerk beinhaltet die Aussage, dass der Übertragungsbeschluss und damit der Ausschluss der Minderheitsaktionäre erst mit Eintragung der Verschmelzung im Handelsregister des übernehmenden Rechtsträgers wirksam wird, vgl. § 62 Abs. 5 Satz 7 UmwG.

Diese Regelung war in den ursprünglichen Entwürfen zur Neuregelung des UmwG nicht enthalten und ist erst quasi in letzter Sekunde auf Empfehlung des Rechtsausschusses aufgenommen worden.[24] Die Aufnahme dieses Wirksamkeitsvorbehaltes trägt der Befürchtung Rechnung, ein Hauptaktionär könnte versucht sein, zunächst den Squeeze-Out der Minderheitsaktionäre durchzuführen, und dann von der vorgesehenen, nachfolgenden Verschmelzung Abstand nehmen. Die Intention des Gesetzgebers, ein Vereinfachung der Konzernstruktur zu erleichtern, indem die für einen Squeeze-Out erforderliche Beteiligungsschwelle auf 90% gesenkt wird, wenn ein solcher Ausschluss im Zusammenhang mit der umwandlungsrechtlichen Konzernvereinfachungsmaßnahme der Verschmelzung erfolgt, hätte so schlicht umgangen werden können.[25]

An prominenter Stelle wurden folgerichtig potentielle Argumente für eine nach erfolgreichem Squeeze-Out beschlossene Abstandnahme von der Durchführung des Verschmelzungsvorhabens diskutiert.[26] Es sei nur der Vollständigkeit halber darauf hingewiesen, dass der aktienrechtliche Squeeze-Out angesichts der so eröffneten Umgehungsmöglichkeit des intendierten Verschmelzungszusammenhanges höchst unattraktiv erschienen wäre.

Dieser Gefahr der Umgehung hat der Gesetzgeber zwar durch die Einfügung des Wirksamkeitsvorbehaltes einen Riegel vorgeschoben. Unglücklicherweise ist jedoch durch den Bedingungszusammenhang ein Zirkelschluss entstanden:

---

23   Gegen Anwendung der Erleichterungen: *Neye/Kraft*, Neuigkeiten beim Umwandlungsrecht, NZG 2011, 681 (683).
24   Vgl. zum Gesetzgebungsverfahren: *Austmann*, NZG 2011, 684 (686).
25   Vgl. Stellungnahme des DAV-Handelsrechtsausschuss, NZG 2010, 614.
26   *Bungert/Wettich*, Der verschmelzungsspezifische Squeeze-Out: Neue Gestaltungsmöglichkeiten für die Praxis, DB 2010, 2545 (2550).

Anknüpfungspunkt der allgemeinen umwandlungsgesetzlichen Erleichterungsregelungen zur Konzernverschmelzung ist stets der 100%-ige Anteilsbesitz des übernehmenden Rechtsträgers. Nach dem ursprünglichen Gesetzesentwurf wäre der Hauptaktionär zweifellos in den uneingeschränkten Genuss dieser Privilegien gekommen. Zunächst wäre die Minderheitsaktionäre ausgeschlossen worden, sodass die nachfolgende Verschmelzung eine solche der 100%-igen Tochter auf die Muttergesellschaft gewesen wäre. Nimmt man den Wirksamkeitsvorbehalt ernst, entsteht die paradoxe Situation, dass im Zeitpunkt der Prüfung des Verschmelzungsvorhabens durch das Registergericht eben noch keine 100%-ige Anteilsinhaberschaft gegeben ist – diese entsteht erst mit Eintragung der Verschmelzung, über deren Vornahme das Register ja gerade zu entscheiden hat.[27]

Unstreitig dürfte aufgrund der nicht zuletzt in der Kodifizierung des Ausschlusses der Minderheitsaktionäre zum Ausdruck kommenden Intention des Gesetzgebers sein, dass am Ende des umwandlungsrechtlichen Squeeze-Out keine Beteiligung der Minderheitsaktionäre des übertragenden Rechtsträgers am übernehmenden Rechtsträgers stehen soll. Davon losgelöst stellt sich jedoch die Frage, ob die eigentliche Verschmelzung zu den Bedingungen einer vereinfachten Konzernverschmelzung erfolgt, die den bevorstehenden Ausschluss der Minderheitsaktionäre unterstellt und dann die sich aus dem 100%-igen Anteilsbesitz ergebenden zwingenden Konsequenzen zieht und ggf. die fakultativen Erleichterungen in Anspruch nimmt und dies auch im Verschmelzungsprozess und der damit verbundenen Dokumentation entsprechend Niederschlag findet. Bei strenger Wortlautauslegung des Wirksamkeitsgefüges müsste man eigentlich im Zeitpunkt der Prüfung des Eintragungsbegehrens betreffend die Verschmelzung zu dem Ergebnis kommen, dass eben noch keine 100-ige Beteiligung vorliegt; die Dokumentation müsste sich also an dieser Situation messen lassen.

Ungeklärt ist in diesem Zusammenhang auch das dingliche Schicksal der Anteile, also ob die Aktien der Minderheitsaktionäre bei Durchführung des umwandlungsrechtlichen Squeeze-Out zunächst auf den Hauptaktionär übergehen und dann nach einer juristischen Sekunde sämtliche Anteile durch Verschmelzung untergehen, oder die Anteile noch direkt, so zu sagen in der Hand der Minderheitsaktionäre untergehen. Dies ist keineswegs ein rein akademisches Problem, dürfte doch die Anteilsvereinigung in der Hand des Hauptaktionärs einerseits (§ 1 Abs. 3 GrEStG) und wegen des Vermögensübergangs durch Verschmelzung (§ 1 Abs. 1 Nr. 3 GrEStG) andererseits unerwünschte grunderwerbssteuerliche Konsequenzen nach sich ziehen.[28]

Der Gesetzgeber hat noch zusätzlich zur Unklarheit beigetragen, in dem er § 62 Abs. 4 Satz 2 eingefügt hat. Dieser sagt aus, dass bei der übertragenden Gesellschaft kein Verschmelzungsbeschluss gefasst werden braucht, wenn ein Übertragungsbeschluss nach § 62 Abs. 5 gefasst und mit dem bereits angesprochenen Wirksamkeitsvorbehalt in das Handelsregister eingetragen worden ist.

Dieser Satz kann im Gesamtkontext der Regelung unterschiedlich interpretiert werden. Einerseits kann es sich um eine bloße Klarstellung handeln, dass der Gesetzgeber die

---

27 *Heckschen*, Die Novelle des Umwandlungsgesetzes – Erleichterungen für Verschmelzungen und Squeeze-out, NJW 2011, 2390 (2392).
28 *Austmann*, NZG 2011, 684 (688).

Verschmelzungssituation beim umwandlungsrechtlichen Squeeze-Out nach Eintragung des Squeeze-Outs bereits so behandelt, als läge eine Alleinbeteiligung des Hauptaktionärs vor, sodass der Verschmelzungsbeschluss wie nach § 62 Abs. 4 Satz 1 entbehrlich ist.

Andererseits kann man sich natürlich fragen, ob der Gesetzgeber durch diesen Satz nicht gerade zum Ausdruck bringt, dass eben keine 100%-ige Beteiligung vorliegt und die allgemeinen Regelungen der Konzernverschmelzung damit unanwendbar sind. Nach dieser Leseart wäre also aus dem Vereinfachungsregime der Konzernverschmelzung nur die Entbehrlichkeit des Verschmelzungsbeschlusses des übertragenden Rechtsträgers für den umwandlungsrechtlichen Squeeze-Out übernommen, wohingegen im Übrigen die Grundsätze zum normalen Upstream-Merger Anwendung finden müssten.

2. Stellungnahme

Die Systematik des umwandlungsrechtlichen Squeeze-Out erschließt sich nicht allein aus dem Gesetzeswortlaut, sondern ist vor dem Hintergrund der Intention des Gesetzgebers und der Entwicklungsgeschichte der Norm durch Auslegung zu ermitteln.

Es war und ist Intention des Gesetzgebers, auf der einen Seite das vereinfachte Verfahren der Konzernverschmelzung zu erhalten und auf der anderen Seite eine Möglichkeit zum Ausschluss von Minderheitsaktionären zu eröffnen, wenn dieser im Zusammenhang mit der Vereinfachung der Konzernstruktur erfolgt. Dies war auch in den ursprünglichen Entwürfen deutlich zu erkennen. Unklarheit hat erst die kurzfristige Änderung in letzter Minute gebracht. Berücksichtigt man aber, dass die Aufnahme des Wirksamkeitsvorbehaltes in § 62 Abs. 5 UmwG ausschließlich der Missbrauchsvermeidung dienen sollte, gelangt man zu einer schlüssigen Auslegung des Gesamtvorganges, die geeignet ist, Unklarheiten im Zusammenhang mit dem umwandlungsrechtlichen Squeeze-Out zu beseitigen.

Dabei ist zunächst von der ursprünglichen Konzeption auszugehen, die als erstes einen Ausschluss der Minderheitsaktionäre vorsieht, und in einem zweiten Schritt die Verschmelzung der Tochtergesellschaft auf die Alleingesellschafterin im vereinfachten Konzernverschmelzungsverfahren. Das aufgezeigte Zirkelschlussproblem lässt sich lösen, in dem unter Berücksichtigung von Sinn und Zweck des Gesetzes hinsichtlich der Wirksamkeit des Übertragungsbeschlusses nicht auf die tatsächliche Eintragung der Verschmelzung abgezielt wird, sondern auf einen Zeitpunkt unmittelbar zuvor, an dem der übernehmende Rechtsträger eine nach den Regeln der vereinfachten Konzernverschmelzung unmittelbar eintragungsfähige Verschmelzung unwiderruflich zur Eintragung angemeldet hat.

Dies fordert vom Registergericht zwar eine jedenfalls dem exakten Gesetzeswortlaut – und damit wohl auch dem Wortlaut des eingetragenen Wirksamkeitsvorbehaltes – widersprechende Unterstellung. Es ist jedoch keinesfalls so, dass dies nicht auch in anderen Konstellationen der Fall wäre. Exemplarisch sei auf den registerrechtlich für zulässig erachteten Fall[29] hingewiesen, dass ein GmbH-Geschäftsführer seine eigene Abberufung aus der Organposition des Geschäftsführers zum Handelsregister anmeldet und dabei einen

---

29   Vgl. *Zoellner/Noack,* in: Baumbach/Hueck, GmbHG, 19. Auflage 2012, § 39 Rn 9 m.w.N.

Beschluss der Gesellschafterversammlung vorlegt, der die Abberufung unter die aufschiebenden Bedingung der Eintragung eben dieser Abberufung stellt. Auch hier ist der einzutragende Sachverhalt streng genommen im Moment der Prüfung durch das Registergericht gerade noch nicht eingetreten. Vielmehr wird insoweit eine Rückwirkung fingiert, um den hier ebenfalls bestehenden Zirkelschluss zu durchbrechen. Die zum Verständnis des umwandlungsrechtlichen Squeeze-Out erforderliche Denkweise ist den Registerrichtern also keinesfalls fremd.

Zum gleichen Ergebnis kommt die Ansicht[30], die dem Gesetzgeber eine falsche Vorstellung darüber unterstellt, wann ein 100%-iger Anteilsbesitz vorliegen müsse, um zur Anwendung der Konzernverschmelzungsprivilegien zu kommen. Diese Ansicht stellt darauf ab, dass zum Zeitpunkt der Eintragungsentscheidung über die Verschmelzung der alleinige Anteilsbesitz des Hauptaktionärs aufgrund der mit Wirksamkeitsvorbehaltsvermerk versehenen Eintragung des Squeeze-Out bereits feststehe.

Im Ergebnis ist daher beim umwandlungsrechtlichen Squeeze-Out zu unterstellen, dass es sich beim verschmelzenden Teil der Maßnahme um eine Verschmelzung einer Tochtergesellschaft auf ihre Alleingesellschafterin handelt.[31]

D.   Einzelheiten zum umwandlungsrechtlichen Squeeze-Out

I.   Beteiligte Rechtsträger

Die gesetzliche Konzeption des § 62 UmwG beschränkt den Anwendungsbereich des umwandlungsrechtlichen Squeeze-Out zunächst auf reine AG-Konzerne. § 62 Abs. 5 Satz 1 UmwG sieht den Beschluss der „Hauptversammlung einer übertragenden Aktiengesellschaft" vor. Anwendbar ist die Regelung ohnehin nur „in Fällen des Abs. 1", welcher wiederum von einer Beteiligung einer „übernehmenden Aktiengesellschaft" ausgeht. Abweichend vom sonstigen Anwendungsbereich des § 62 UmwG, dem als übertragender Rechtsträger grundsätzlich auch eine GmbH unterfallen kann, kommen somit für den umwandlungsrechtlichen Squeeze-Out auf Mutter- und Tochter-Ebene dem Wortlaut nach nur Aktiengesellschaften, und über die Verweisungen in § 78 Satz 1 UmwG respektive Art 9I lit. c ii SE-VO noch die insoweit gleichgestellten KGaA und die inländische SE als taugliche Rechtsträger in Betracht. Im Vergleich zum aktienrechtlichen Squeeze-Out ist der Anwendungsbereich damit nicht unwesentlich eingeschränkt – nach § 327a Abs. 1 Satz 1 AktG sind an die Person des Hauptaktionärs mit Ausnahme der Beteiligungshöhe keine Anforderungen gestellt, so dass neben der GmbH sogar natürliche Personen oder Personengesellschaften taugliche Aktionäre im Sinne der Norm sind.

---

30   *Mayer*, NZG 2012, 561 (567).
31   Im Ergebnis wohl auch *Klie/Windt/Rödter*, Praxisfragen des umwandlungsrechtlichen Squeeze-Out, DStR 2011, 1668 (1670).

II. Beteiligungshöhe und Anteilszurechnung

§ 62 Abs. 1 UmwG fordert neun Zehntel des Stammkapitals oder des Grundkapitals einer übertragenden Kapitalgesellschaft „in der Hand" einer übernehmenden Aktiengesellschaft. Offenkundig wird hiermit die bereits hinreichend erwähnte Beteiligungsschwelle von 90% des Grund- oder Stammkapitals festgelegt. Aus der Formulierung „in der Hand" lässt sich jedoch ebenfalls schließen, dass bei der Ermittlung der Beteiligungshöhe – anders als beim aktienrechtlichen Squeeze-Out – keinerlei Zurechnung eines Anteilsbesitzes von Dritten – und sei es von abhängigen Unternehmen – zulässig ist. § 327a Abs. 2 AktG verweist zur Definition des dort verwendeten Begriffes „gehören" auf § 16 Abs. 2 und 4 AktG. Eine solche Ausweitung hat der Gesetzgeber beim § 62 UmwG bewusst nicht vorgenommen und dies auch durch sprachliche Unterscheidung zur aktienrechtlichen Regelung deutlich gemacht. Auch durch diese Maßnahme ist der Anwendungsbereich gegenüber dem aktienrechtlichen Squeeze-Out zusätzlich eingeschränkt.

Die Beteiligungsquote von 90% muss spätestens in der Hauptversammlung des übertragenden Rechtsträgers, die über den Squeeze-Out beschließt, vorliegen.

III. Beschränkung auf Verschmelzung

Gemäß § 125 Satz 1 UmwG ist die Anwendung von § 62 Abs. 5 UmwG im Falle der Abspaltung ausdrücklich ausgeschlossen. Der Anwendungsbereich ist somit auf die einfache Verschmelzung beschränkt.

IV. Einleitungszeitpunkt, Ad-hoc Mitteilung

Die Vermengung der zwei grundsätzlich unterschiedlichen Institute Verschmelzung und Ausschluss führt zu der Frage, mit welchem Schritt dieses kombinierte Verfahren überhaupt eingeleitet wird. Es liegt dabei auf der Hand, dass es sich im Anwendungsbereich des WpHG betreffend die Tatsache der Verfahrenseinleitung um eine Insiderinformation i.S.d. § 13 WpHG handelt. Eine Verschmelzung wird durch Entwurf bzw. Abschluss des Verschmelzungsvertrages eingeleitet. Ein aktienrechtlicher Squeeze-Out wird demgegenüber durch das (vorläufige) Übertragungsverlangen begonnen. Es stellt sich damit nicht nur die Frage, ob die Tatsache, dass sich die beteiligten Rechtsträger ja bereits durch einen Verschmelzungsvertrag über die Absicht zum Squeeze-Out informiert haben, ein Übertragungsverlangen i. S. d. AktG entbehrlich macht. Vielmehr ist im Anwendungsbereich des WpHG von erheblicher Bedeutung, an welchen Vorgang die Pflicht zur Ad-hoc Mitteilung nach § 15 WpHG anzuknüpfen hat. Nicht zuletzt hat dieser Zeitpunkt nach der Stollwerk-Rechtsprechung des BGH erheblichen Einfluss auf die Höhe der Barabfindung.[32]

Nach hier vertretener Auffassung kann der Abschluss des Verschmelzungsvertrages nicht das förmliche Übertragungsverlangen des AktG ersetzen. Ein explizites Übertragungsverlangen ist also auch beim umwandlungsrechtlichen Squeeze-Out erforderlich. Dies hängt zum einen mit dem zwingenden Charakter des Übertragungsverlangens zusammen:

---

32   BGH, Beschluss v. 19.07.2010 – II ZB 18/09; mit Besprechung: *Müller Michaels*, BGH: Barabfindung nach Squeeze out – Stollwerk – Rechtsprechungsänderung, BB 2010, 1941.

Hierdurch wird der Vorstand der übertragenden Gesellschaft zur Einberufung der Hauptversammlung und zur Aufnahme der Abstimmung über die Übertragung auf die Tagesordnung verpflichtet. Zudem wird durch das Einberufungsverlangen der Rechtsbindungswille des Hauptaktionärs zur Durchführung des Squeeze-Out dokumentiert. Hinzu kommt, dass der Verschmelzungsvertrag beim umwandlungsrechtlichen Squeeze-Out anders als in Fällen des § 29 UmwG seiner Natur nach keinerlei Regelungen zur Barabfindung enthält (zum Inhalt des Vertrages nachfolgend unter Ziffer V.2.).

Es erscheint zwar möglich, die Höhe der Barabfindung sowie den Rechtsbindungswillen des Hauptaktionärs zum Squeeze-Out im Verschmelzungsvertrag zu erfassen. Gesetzlich vorgesehen ist jedoch nur, einen Hinweis in den Vertrag aufzunehmen, demnach ein Squeeze-Out erfolgen soll. Dies spricht dafür, den Verschmelzungsvertrag nicht mit diesem Vertragswerk eher fremden Elementen zu überfrachten. Zudem bringt es wenig Vorteile, vom bewährten Konzept des aktienrechtlichen Squeeze-Out bzw. dessen Verfahren an dieser Stelle unnötig abzuweichen.

Hinsichtlich der Pflicht zur Ad-hoc-Meldung folgt daher die Erkenntnis, dass auf den Zeitpunkt abzustellen ist, an dem sich die beteiligten Rechtsträger hinsichtlich der Durchführung eines umwandlungsrechtlichen Squeeze-Out einig sind.[33] Wegen der Parallelität der vorbereitenden Maßnahmen, insbesondere Entwurf und Abschluss des Verschmelzungsvertrages sowie Übermittlung des Übertragungsverlangens - sollte dabei nicht auf den Zeitpunkt einer bestimmten Einzelmaßnahme abgestellt werden, sondern auf den frühesten Zeitpunkt – unabhängig von der Maßnahme –, an dessen Eintritt das öffentliche Bekanntwerden des Vorhabens geeignet ist, den Börsen- oder Marktpreis erheblich zu beeinflussen.

V.   Verschmelzungsvertrag

1. Abkehr vom Entwurfsprinzip

Grundsätzlich ist im Bereich der Konzernverschmelzung die Information der Beteiligten auf Basis eines Entwurfes des Verschmelzungsvertrages zulässig. Zwar lässt auch § 62 Abs. 5 UmwG in Teilen das Vorliegen eines Entwurfes ausreichen. Von erheblicher Relevanz ist jedoch, dass die Fristenkonzeption des Squeeze-Out bezogenen Teiles der Regelung an den Abschluss des Verschmelzungsvertrages und damit das ausdrückliche Ende der Entwurfsphase anknüpft. So ist der Übertragungsbeschluss innerhalb von drei Monaten nach Abschluss des Verschmelzungsbeschlusses zu fassen, vgl. § 62 Abs. 5 Satz 1 UmwG. Zudem sind sich aus § 62 Absatz 3 UmwG ergebende Pflichten der beteiligten Rechtsträger gemäß der Verweisungen in § 62 Abs. 4 Satz 3 und Abs. 5 Satz 3 UmwG im Falles des Squeeze-Out nicht auf Basis eines Entwurfes erfüllbar.

§ 62 Abs. 5 Satz 6 UmwG erlaubt zwar dem Wortlaut nach die Beifügung eines bloßen Entwurfes des Verschmelzungsvertrages bei Anmeldung des Übertragungsbeschlusses zum Handelsregister. Hierbei dürfte es sich jedoch um ein Redaktionsversehen des Gesetzgebers

---

33   Wohl mit gleichem Ergebnis: *Austmann*, NZG 2011, 684 (690).

handeln. Zum einen muss aufgrund der Fristenkonzeption zu diesem Zeitpunkt bereits ein abgeschlossener Vertrag vorliegen, da sonst die Möglichkeit zum Übertragungsbeschluss nach eindeutigem Wortlaut des Satz 1 gar nicht gegeben wäre. Ein Grund, nicht den unterzeichneten Vertrag sondern einen Entwurf der Anmeldung beizufügen, ist nicht erkennbar. Zudem ist es dem Registergericht aufgrund eines Entwurfes gerade nicht möglich, die Einhaltung der dreimonatigen Frist zu überprüfen.

Faktisch dürfte damit einem Entwurf nur bei einem engen zeitlichen Konzept Bedeutung zukommen, etwa, um die rechtzeitige Zuleitung an den Betriebsrat gemäß § 5 Abs. 3 UmwG sicherzustellen oder die Aufstellung einer Zwischenbilanz nach § 63 Abs. 1 Nr. 3 UmwG zu vermeiden[34].

2. Inhalt des Verschmelzungsvertrags

a.) Hinweis auf Squeeze-Out

Bereits erwähnt wurde, dass § 62 Abs. 5 Satz 2 UmwG zwingend die Aufnahme eines Hinweises auf den beabsichtigten Squeeze-Out in den Verschmelzungsvertrag vorsieht. Insofern wird der in § 5 UmwG geregelte Mindestregelungsumfang des Vertrages erweitert.

b.) Barabfindung

Wie bereits erläutert scheint denkbar, die Höhe der Barabfindung für den Squeeze-Out in den Verschmelzungsvertrag aufzunehmen, falls in dem Vertrag gleichzeitig das Übertragungsverlangen nach § 327a Abs. 1 AktG gesehen werden soll. Aus den ebenfalls dargelegten Gründen sollte weiterhin auf das förmliche Übertragungsverlangen des AktG zurückgegriffen werden, sodass insoweit keine Regelungsnotwendigkeit im Verschmelzungsvertrag besteht.

Die Notwendigkeit der Aufnahme von Angaben zur Barabfindung ergibt sich vor dem Hintergrund von Sinn und Zweck des umwandlungsrechtlichen Squeeze-Out auch nicht aus § 29 UmwG. Die Ausgangssituation, die dem § 29 UmwG zugrunde liegt, ist eine vollständig andere. Im Normalfall der Verschmelzung zur Aufnahme werden den Aktionären des übertragenden Rechtsträgers – die durch Untergang dieses Rechtsträgers ihre Beteiligung einbüßen – als Gegenleistung Anteile am übernehmenden Rechtsträger gewährt. § 29 UmwG sieht vor, dass Anteilsinhabern, die einem entsprechenden Verschmelzungsbeschluss widersprechen, bereits im Verschmelzungsvertrag ein Angebot zum Erwerb ihrer Anteile gegen Zahlung einer Barabfindung zu machen ist. Eine solche Situation liegt jedoch beim umwandlungsrechtlichen Squeeze-Out nicht vor: Zum einen soll den Minderheitsaktionäre ja gerade keine Beteiligung am übernehmenden Rechtsträger eingeräumt werden, sondern die Beteiligung der Minderheitsaktionäre zur Vereinfachung des Konzerns beendet werden. Zum anderen gibt es nach der gesetzlichen Konzeption in § 62 Abs. 4 UmwG beim übertragenden Rechtsträger keinen Verschmelzungsbeschluss, gegen den i.S.d. § 29 UmwG Widerspruch erhoben werden könnte. Letztendlich liefe es

---

34   *Mayer*, NZG 2012, 561 (565).

zudem auf eine unzulässige Rechtsfindung contra legem hinaus, entgegen dem Wortlaut von § 62 Abs. 5 Satz 8 UmwG Regelungen des UmwG hinsichtlich einer Barabfindung der insoweit ausdrücklich für anwendbar erklärten Barabfindungsregelung des aktienrechtlichen Squeeze-Out vorzuziehen. Insoweit liegt der Schwerpunkt des zu regelnden Verfahrens eindeutig beim (aktienrechtlichen) Squeeze-Out-Teil des gemischten Institutes. Gründe für eine Abweichung hiervon sind schlicht nicht ersichtlich.

c.) Verzicht auf Angaben zum Anteilsumtausch

Entbehrlich sind nach dem hier vertretenen Normverständnis entsprechend die Angaben über den Umtausch der Anteile nach § 5 Ab. 1 Nr. 2 - 5 UmwG. § 5 Abs. 2 UmwG ordnet diese Entbehrlichkeit für den Fall des 100%-igen Anteilsbesitzes ausdrücklich an. Ein solcher ist zum Zeitpunkt der Eintragung der Verschmelzung für Zwecke der Prüfung des Eintragungsbegehrens bereits zu unterstellen, um Widersprüche zu vermeiden – auf die diesbezüglichen Ausführungen darf an dieser Stelle verwiesen werden.

d.) Aufschiebende Bedingung

Sinnvoll erscheint es, die Wirksamkeit des Verschmelzungsvertrages unter die aufschiebende Bedingung der Eintragung des Übertragungsbeschlusses in das Handels-register der übertragenden Gesellschaft zu stellen.[35] Durch Aufnahme einer entsprechenden Regelung in den Verschmelzungsvertrag stellen die Parteien zum einen klar, dass sie die Verschmelzung nicht ohne den Squeeze-Out durchführen wollen und grenzen den Vorgang zur herkömmlichen Verschmelzung ab. Zum anderen wird so verdeutlicht, dass die Parteien von einer Konzernverschmelzung ausgehen und auf die damit verbundenen Privilegien zurückgreifen.

VI. Übertragungsbeschluss, Barabfindung

Der Hauptaktionär hat entsprechend der Verweisung in § 62 Abs. 5 Satz 8 UmwG auf § 327b Abs. 1 AktG die Höhe der Barabfindung festzulegen. Nach hier vertretener Auffassung ist die Höhe der Barabfindung in einem förmlichen Übertragungsverlangen dem übertragenden Rechtsträger mitzuteilen, s.o. Dieser hat dann die Barabfindung zum Gegenstand der entsprechenden Beschlussfassung der Hauptversammlung zu machen.

Zur Höhe der Barabfindung gelten die gleichen Grundsätze wie beim aktienrechtlichen Squeeze-Out. Die Barabfindung muss also angemessen sein. Unter Berücksichtigung der Rechtsprechung des BVerfG und des BGH dürfte der Börsenwert als Untergrenze der Barabfindung heranzuziehen sein, wobei sich dieser auf Basis eines nach Umsatz gewichteten Durchschnittskurses innerhalb des dreimonatigen Referenzzeitraumes vor Bekanntmachung der Strukturmaßnahme errechnet.[36] Nach hier vertretener Auffassung ist also auf den Zeitraum vor – ggf. hypothetischer – Ad-hoc Mitteilung abzustellen.

---

35 *Austmann*, NZG 2011, 684 (687); *Mayer*, NZG 2012, 561 (567).
36 *Müller Michaels*, BB 2010, 1941.

Die Höhe der angemessenen Barabfindung ist im Übrigen entsprechend der Regelungen des Aktienrechtes anhand einer Unternehmensbewertung festzulegen. Die Angemessenheit wird durch den gerichtlich bestellten Prüfer überprüft.

Bisher ungeklärt ist, ob eine Verzinsung der Barabfindung ab dem Zeitpunkt der Bekanntmachung der Eintragung des (mit dem nach § 62 Abs. 5 UmwG erforderlichen Vorbehaltsvermerk versehenen) Übertragungsbeschlusses gemäß § 327b Abs. 2 AktG erfolgt, oder erst ab Wirksamwerden der Übertragung im Zeitpunkt der Verschmelzung. Zwar bringt es das Bedingungsgefüge des umwandlungsrechtlichen Squeeze-Out mit sich, dass die Minderheitsaktionäre bis zur Verschmelzung nicht ausscheiden und die entschädigende Barabfindung dem Grundgedanken nach ja als Kompensation für das Ausscheiden fällig wird – so jedenfalls die Konstellation beim aktienrechtlichen Squeeze-Out. Es gibt also durchaus Gründe, im Rahmen der Auslegung zu einer Verzinsung ab Ausscheidenszeitpunkt auch im Falle des umwandlungsrechtlichen Squeeze-Out zu kommen. Demgegenüber sollte nicht verkannt werden, dass die Minderheitsaktionäre ab dem Zeitpunkt der mit Wirksamkeitsvorbehaltsvermerk versehen Eintragung des Übertragungsbeschlusses keinerlei Einfluss mehr auf den Fortgang der Angelegenheit haben und es in der Hand des Mehrheitsaktionärs liegt, durch Vorantreiben der Verschmelzung diesen Schwebezustand zu beenden. Es erscheint nicht unbillig, den Minderheitsaktionären eine Zinskompensation bereits für den Übergangszeitraum vor Verschmelzung zu gewähren.

Fällig ist die Zahlung der Barabfindung jedoch jedenfalls erst bei endgültigem Wirksamwerden des Squeeze-Out bei Eintritt der Verschmelzung.

VII. Garantieerklärung für Barabfindung

Wie beim aktienrechtlichen Squeeze-Out ist vor Einberufung der Hauptversammlung beim übertragenden Rechtsträger die Garantieerklärung eines Kreditinstitutes vorzulegen. Diese dürfte nach zutreffender Auffassung[37] im Vergleich zur Erklärung im Rahmen des aktienrechtlichen Squeeze-Out dergestalt zu modifizieren sein, dass sich die Verpflichtungserklärung auf den Zeitpunkt der Verschmelzung und damit das tatsächliche Ausscheiden bezieht.

VIII. Informationspflichten, Zuleitung an Betriebsrat

Zeitlicher Anknüpfungspunkt für die sich aus § 63 UmwG ergebenden Informationspflichten ist im Falle des umwandlungsrechtlichen Squeeze-Out der Abschluss des Verschmelzungsvertrages, § 62 Abs. 5 Satz 3 i.V.m. Abs. 3 UmwG.[38]

Aus dem Wortlaut der Norm folgt, dass spätestens bei Abschluss des Verschmelzungsvertrages die Pflicht zur Zuleitung an den Betriebsrat aus § 5 Abs. 3 UmwG besteht. Der Gesetzgeber dürfte schlicht nicht bedacht haben, dass dies nur möglich ist, wenn der

---

37   *Mayer*, NZG 2012, 561 (568).
38   Ausführlich zu Fragen des zeitlichen Ablaufes: *Ising*, Wegfall des Umwandlungsbeschlusses im Konzern – Probleme in der Praxis, NZG 2011, 1368 (1370ff).

Betriebsrat an der Beurkundung des Verschmelzungsvertrages teilnimmt. Man wird daher wohl davon ausgehen können, dass die Information des Betriebsrates auch – wie bei einer herkömmlichen Verschmelzung – auf Basis eines Entwurfes des Verschmelzungsvertrages möglich ist.[39]

IX. Verschmelzungsbericht, Verschmelzungsprüfung, Prüfungsbericht

Nach hier vertretener Auffassung sind die Erstellung des Verschmelzungsberichtes, die Durchführung der Verschmelzungsprüfung und der Prüfungsbericht entbehrlich. Diese Maßnahmen sind bei 100%-igem Anteilsbesitz als Erleichterungen der Konzern-verschmelzung gemäß § 8 Abs. 3 Satz 1, § 60 i. V. m. § 9 Abs. 2, § 12 Abs. 3 UmwG nicht notwendig.

Zwar wäre eine ausdrückliche Klarstellung im Gesetz zur Frage der Notwendigkeit dieser Maßnahmen wünschenswert gewesen. Betrachtet man jedoch Sinn und Zweck dieser Prüf- und Berichtsinstrumente, wird klar, dass diese hauptsächlich der Information der Aktionäre des übertragenden Rechtsträgers dienen. Diese können auf Basis der Berichte die ihnen zu gewährende Gegenleistung in Form einer Beteiligung am übernehmenden Rechtsträger ermitteln. Eine solche soll aber ja beim umwandlungsrechtlichen Squeeze-Out nicht gewährt werden.

X. Entbehrlichkeit von Verschmelzungsbeschlüssen

Verschmelzungsbeschlüsse der beteiligten Rechtsträger sind in der Situation des umwandlungsrechtlichen Squeeze-Out entbehrlich. Dies ergibt sich bereits unmittelbar aus § 62 Abs.1 Satz 1 UmwG, und § 62 Abs. 4 Satz 1 und 2 UmwG.

In der Literatur wird vor dem Hintergrund der bestehenden Unsicherheiten hinsichtlich des umwandlungsrechtlichen Squeeze-Out diskutiert, ob zur Vermeidung von Haftungsrisiken für Vorstand und Aufsichtsrat nicht trotzdem ein Verschmelzungsbeschluss beim übertragenden Rechtsträger gefasst werden sollte.[40] Zwar läge es nahe, einen solchen Beschluss mit geringem Aufwand in der gleichen Hauptversammlung, die über den übertragenden Squeeze-Out beschließt, zu fassen. Dem ist jedoch entgegen zu halten, dass durch eine entsprechende Beschlussfassung zu dem bereits bestehenden Anfechtungsrisiko bezüglich des Übertragungsbeschlusses unnötig ein weiteres Risiko hinzukommt. Hier dürfte es letztendlich der Überzeugungskraft des Hauptaktionärs überlassen bleiben, die Organe des übertragenden Rechtsträgers von der Überflüssigkeit einer Beschlussfassung und der Nichtexistenz eines Haftungsrisikos in diesem Zusammenhang zu überzeugen.

---

39   *Mayer*, NZG 2012, 561 (573).
40   *Klie/Windt/Rödter*, DStR 2011, 1668 (1671).

XI. Rechtsschutz der Minderheitsaktionäre

Hinsichtlich des Rechtsschutzes der Minderheitsaktionäre gegen ihren im Zuge des umwandlungsrechtlichen Squeeze-Out erfolgenden Ausschluss gilt grundsätzlich nichts anderes als beim aktienrechtlichen Squeeze-Out. Da im Normalfall keine Verschmelzungsbeschlüsse gefasst werden, dürften sich die Anfechtungsklagen der Aktionäre gegen den Übertragungsbeschluss richten. Hierzu sei allgemein darauf hingewiesen, dass es sich bei den Regelungen zum umwandlungsrechtlichen Squeeze-Out um die Umsetzung einer europäischen Richtlinie handelt, sodass für Bedenken hinsichtlich der Verfassungsmäßigkeit der Norm kaum Raum bestehen dürfte. Zudem dürfte angesichts der zum FMStBG ergangenen Rechtsprechung[41] auch die reduzierte Mindestbeteiligungsquote von 90% nicht zum Erfolg von Anfechtungsklagen führen.[42]

E. Einsatzmöglichkeiten in der Transaktions- und Konzernpraxis

Angesichts der Einführung des umwandlungsrechtlichen Squeeze-Out drängt sich die Frage nach den Gestaltungsmöglichkeiten in der Transaktionspraxis auf. Dabei können insbesondere die zum aktienrechtlichen Squeeze-Out ergangenen gerichtlichen Entscheidungen und die diesbezügliche Diskussion in der Literatur als Indiz für die Zulässigkeit herangezogen werden.

I. Formwechsel als vorbereitende Maßnahme

Der umwandlungsrechtliche Squeeze-Out steht nur dann zur Verfügung, wenn es sich bei den beteiligten Rechtsträgern um Aktiengesellschaften oder um eine dieser gleichgestellte KGaA oder SE handelt. Man wird im Übrigen unter Berücksichtigung der SEVIC-Entscheidung des EuGH davon auszugehen haben, dass auch die grenzüberschreitende Hinausverschmelzung einer deutschen AG, KGaA oder SE auf eine ausländische (EU)-Gesellschaft, die mit der deutschen AG vergleichbar ist, als umwandlungsrechtlicher Squeeze-Out deutschen Rechts gestaltbar wäre.

Vor diesem Hintergrund liegt es nahe, durch Formwechsel des übernehmenden und/oder übertragenden Rechtsträgers den tatbestandlichen Anforderungen des § 62 Abs. 5 UmwG zu entsprechen, soweit diese noch nicht vorliegen.

Praktikabel erscheint dabei vor allem der Formwechsel des übernehmenden Rechtsträgers, insbesondere wenn hier keine Minderheitsaktionäre existieren, die einem solchen Formwechsel im Wege stehen könnten. Beim übertragenden Rechtsträger dürfte die Ankündigung eines Formwechsels als offensichtlich einen Squeeze-Out vorbereitende Maßnahme bereits erheblichen Gegenwind hervorrufen. Anfechtungsklagen gegen diesbezügliche Beschlüsse der Hauptversammlung dürften vorprogrammiert sein.

Unabhängig davon stellt sich die Frage, ob sich ein Formwechsel möglicherweise als rechtsmissbräuchlich darstellen kann. Dies ist zum aktienrechtlichen Squeeze-Out

---

41   OLG München, Schlussurteil v. 28. 09. 2011 – 7 U 711/11 = WM 2011, 2048; NZG 2011, 1227.
42   Nunmehr bestätigend: OLG Hamburg, Beschluss vom 14.06.2012, 11 AktG 1/12.

hinreichend diskutiert worden. Im Ergebnis dürfte der Auffassung, dass sowohl der Ausschluss der Minderheitsaktionäre an sich als auch ein Formwechsel ihre Rechtfertigung in sich selbst tragen, zuzustimmen sein.[43] Ein Formwechsel zur Vorbereitung eines umwandlungsrechtlichen Squeeze-Out dürfte daher nicht als rechtsmissbräuchlich zu qualifizieren sein.[44]

II.   Erreichung der Beteiligungsschwelle, Wertpapierleihe

Der Anwendungsbereich der Regelungen zum umwandlungsrechtlichen Squeeze-Out ist ab einer Beteiligungsquote des Hauptaktionärs von 90% eröffnet. Wie bereits ausgeführt, haben die Anteile dabei „in der Hand" des Hauptaktionärs zu liegen – eine Zurechnung von Anteilen Dritter findet nicht statt.

Im Rahmen einer Wertpapierleihe leiht sich der an der Durchführung des Squeeze-Out interessierte Hauptaktionär die ihm noch zum Erreichen der Beteiligungsschwelle fehlenden Aktien von weiteren Aktionären. Nach Ausschluss der Minderheitsaktionäre werden die Aktien dann an den Entleiher zurückgegeben. Im Ergebnis ist damit die Aktionärsstruktur bereinigt. Aufgrund der Tatsache, dass damit im Ergebnis weiterhin jedenfalls zwei Aktionäre Beteiligungen an der betroffenen AG halten, dient das Wertpapierleihe-Modell hauptsächlich dem Ausschluss des Streubesitzes durch Großaktionäre. Beim aktien-rechtlichen Squeeze-Out hat der BGH das Gestaltungsmodell der Wertpapierleihe als nicht missbräuchlich eingestuft.[45]

Dieses Modell lässt sich jedoch nicht ohne weiteres auf den umwandlungsrechtlichen Squeeze-Out übertragen. Nach Durchführung des umwandlungsrechtlichen Squeeze-Out existiert der übertragende Rechtsträger nicht mehr, die entliehenen Aktien wären also untergegangen und könnten nicht mehr zurückgegeben werden. Zu vereinbaren wäre also anstelle der Leihe ein Anteilskauf – hinsichtlich der zu gewährenden Gegenleistung könnten Anteile am übernehmenden Rechtsträger oder eine Gegenleistung aus dem Vermögen des übernehmenden Rechtsträger vereinbart werden.

III.   Zwischen- oder Schwesterholding

Nachteilig am umwandlungsrechtlichen Squeeze-Out ist aus Sicht des Hauptaktionärs unter Umständen die Tatsache, dass der übertragende Rechtsträger mit allen Rechten und Risiken auf den Hauptaktionär verschmolzen wird. Dies führt zur Beendigung der haftungs-rechtlichen Trennung, die vorher zwischen den beiden juristischen Personen und damit eigenständigen Haftungssubjekten bestand.

Naheliegend ist daher die Idee, die Anteile des Hauptaktionärs in eine im Übrigen weitestgehend vermögenslose Mantel- oder Vorratsgesellschaft einzubringen, um dann in einem zweiten Schritt durch diese Zwischenholding den Squeeze-Out und die

---

43   *Bungert/Wettich*, DB 2010, 2545 (2550); *Wagner*, Der Regierungsentwurf für ein Drittes Gesetz zur Änderung des Umwandlungsgesetzes, DStR 2010, 1629 (1634).

44   Nunmehr bestätigend: OLG Hamburg, Beschluss vom 14.06.2012, 11 AktG 1/12.

45   BGH, Urteil v. 16. 03. 2009 – II ZR 302/06 = NJW-RR 2009, 828.

Verschmelzung durchführen zu lassen. Als Abwandlung kann man sogar an die Bündelung der Anteile einer Mehrzahl von Aktionären in einer solchen Holding denken, um dann quasi gemeinschaftlich den Squeeze-Out durchführen zu können.

Gegen dieses Konzept wird eingewendet, dass damit dem Willen des Gesetzgebers zuwider gehandelt wird. Denn dieser habe den umwandlungsrechtlichen Squeeze-Out vor dem Hintergrund der europarechtlichen Vorgaben zur Vereinfachung der Konzernstruktur kodifiziert. Der Vorteil der verringerten Ausschluss-Beteiligungsschwelle von 90% solle nur gewährt werden, wenn mit einem solchen Ausschluss eine vertikale Verkürzung der konzerninternen Beteiligungskette einhergehe. Beim Zwischenholding-Modell komme es aber faktisch nicht zu einer solchen privilegierenden Verkürzung, da im unmittelbaren Zusammenhang zunächst eine – isoliert betrachtet – sinnlose Verlängerung der Beteiligungskette durch Einbringung der Anteile in eine Mantelgesellschaft vorgenommen werde, bevor dann durch Verschmelzung die ursprüngliche Anzahl der Rechtsträger wieder hergestellt werde.[46]

Hierzu wird vertreten, dass eine solche Konstruktion eine rechtsmissbräuchliche Umgehung darstelle.[47] Schließlich habe der Gesetzgeber für den bloßen Ausschluss von Minderheits-aktionären den aktienrechtlichen Squeeze-Out und eine Mindestbeteiligungs-quote des Hauptaktionärs von 95% vorgesehen. Beim Zwischenholding-Modell „erschleicht" sich der Hauptaktionär also nach dieser Ansicht quasi den erleichterten Ausschluss der Minderheitsaktionäre durch vorheriges, künstliches Verkomplizieren der Konzernstruktur.

Gegen die Einstufung des Zwischenholding-Modells als rechtsmissbräuchlich wird eingewendet, der Gesetzgeber habe die Voraussetzungen für einen umwandlungsrechtlichen Squeeze-Out in § 62 UmwG abschließend kodifiziert. Von der grundsätzlich bestehenden Möglichkeit, das Zwischenholding-Modell etwa durch Einführung von Haltefristen für den Hauptaktionär unanwendbar zu machen, habe der Gesetzgeber abgesehen. Zudem müsse auch hier der Grundsatz gelten, dass die Durchführung zulässiger Maßnahmen grundsätzlich die Rechtfertigung in sich selbst trage.[48]

Der letztgenannten Ansicht ist grundsätzlich zuzustimmen. Betrachtet man das Zwischenholding-Modell als potentiell rechtsmissbräuchlich, so führt dies zu einer Fülle von Folgeproblemen, bei denen nicht davon ausgegangen werden kann, dass der Gesetzgeber diese „Büchse der Pandora" tatsächlich öffnen wollte.

Zum einen wäre die Frage zu stellen, ob die erforderlichen 90% der Anteile komplett durch Erwerb von Dritten in die Hand des übernehmenden Rechtsträgers gelangt sein müssen. Vorstellbar wäre – ohne die steuerrechtliche (Un-)Attraktivität der Alternativen näher zu untersuchen – etwa, einen Teil der Aktien durch Einbringung auf die Zwischenholding zu übertragen, einen Teil durch Erwerb „at arms' length" zu erlangen, und am Ende z.B. eine symbolische Aktie am Markt hinzu zu erwerben. Selbst unterstellt, die denkbar einfachste Zwischenholding-Methode, also die Einbringung sämtlicher Anteile durch eine Mutter-

---

46   *Wagner*, DStR 2010, 1629 (1634).
47   *Wagner* a.a.O.
48   *Hekschen*, NJW 2011, 2391 (2393); *Klie/Wind/Rödter*, DStR 2011, 1668 (1671); *Bungert/Wettich*, 2545 (2549); *Austmann*, NZG 2011, 684 (690).

gesellschaft, wäre als rechtsmissbräuchlich zu qualifizieren, wäre völlig offen, wo in der Spanne zwischen Kompletterwerb eines 90%-igen Anteilspaketes und einer Kombination aus Einbringung und dem Eigenerwerb eines symbolischen Anteils durch die Zwischenholding selbst die Grenze zu ziehen wäre.

Ebenfalls nicht zu beantworten ist die Frage, welche Zeitspanne zwischen Einbringung von Aktien in eine Zwischenholding und Durchführung eines umwandlungsrechtlichen Squeeze-Out als hinsichtlich der Annahme einer nicht rechtsmissbräuchlichen Maßnahme als sicher gelten könnte.

Zudem mag es gute und schwerlich als vorgeschoben zu qualifizierende Gründe für eine Einbringung von Anteilen geben – die Abwägung zwischen berechtigten unternehmerischen Interessen einerseits und Missbrauchsschutz der Minderheitsaktionäre andererseits erscheint jedenfalls derart facettenreich, dass das Instrument des umwandlungsrechtlichen Squeeze-Out schlicht nicht rechtssicher zu handhaben wäre.

Im Ergebnis dürfte daher die Einhaltung der gesetzlichen Anforderungen – also das Vorliegen von 90%-igem Anteilsbesitz „in der Hand" des Hauptaktionärs – den Anforderungen des Gesetzes genügen. Zusätzliche Anforderungen – wie eine Haltefrist – sind schon vor dem Hintergrund der verfassungsmäßig gebotenen Normklarheit nicht in die Konzeption des umwandlungsrechtlichen Squeeze-Out hineinzulesen.

In der Praxis dürfte jedoch anzuraten sein, angesichts der häufig politisch geprägten, emotional und irrational geführten Debatte um die Tätigkeit von Investoren in Deutschland – Stichwort „Heuschrecken" – bei Nutzung des Zwischenholding-Modells Maßnahmen zu ergreifen, die im Falle der Anfechtungsklage geeignet sind, dem Einwand des Rechtsmissbrauches zu begegnen. Hinsichtlich der Einlegung von Anteilen in eine Tochtergesellschaft dürften Argumenten wie Trennung von operativem Geschäft und reiner Holdingtätigkeit, Verteilung von Holdingaktivitäten auf verschiedene Tochtergesellschaften und die Schaffung einer eine Durchgriffshaftungsrisiken minimierenden Zwischenholding schwerlich als lediglich vorgeschoben zu entkräften sein.

Nicht diskutiert ist bisher das Modell, Aktien auf eine Schwesterholding zu übertragen. Jedenfalls eine unter dem Gesichtspunkt der zunächst erfolgenden Verlängerung der Konzernstruktur ggf. als problematisch zu bewertende Zwischenholding kann so vermieden werden. Der Vorteil, auf eine Mantelgesellschaft verschmelzen zu können, bliebe erhalten.

IV. AcquiCo

Als unproblematisch dürfte sich die Durchführung des umwandlungsrechtlichen Squeeze-Out durch einen Rechtsträger darstellen, der sämtliche gehaltenen Anteile selbst von Dritten erworben hat und diese im Konzern hält. Eine solche „AcquiCo" kann angesichts der bereits dargestellten Unbedenklichkeit eines Formwechsels jeder Rechtsträger sein, der in einen im Rahmen des § 62 Abs. 5 UmwG geeigneten Hauptaktionär umgewandelt werden kann. Soll auch diese Unwägbarkeit ausgeschlossen sein, bietet sich der Beteiligungserwerb von vornherein durch eine AG, KGaA oder SE an.

F.   Fazit und Ausblick

Es ist zunächst festzuhalten, dass der umwandlungsrechtliche Squeeze-Out nach der hier vertretenen Auffassung einem Hauptaktionär die grundsätzlich zu begrüßende Möglichkeit bietet, seine Konzernstruktur durch vereinfachte Konzernverschmelzung und einen Ausschluss von Minderheitsaktionären zu bereinigen.

Der Squeeze-Out-Teil der gesetzlichen Konzeption scheint bei Berücksichtigung der vorstehend unter dem Stichwort Gestaltungsmöglichkeiten diskutierten Überlegungen beherrschbar. Insoweit dürfte zudem die zum aktienrechtlichen Squeeze-Out ergangene Rechtsprechung dem Rechtsanwender genügend Anhaltspunkte für eine rechtssichere Handhabung geben. Wird zudem darauf verzichtet, gewagten Ansichten wie etwa zur Entbehrlichkeit des Übertragungsverlangen zu folgen, steht der Eintragung des mit Wirksamkeitsvermerk versehenen Übertragungsbeschlusses – ggf. nach Durchführung eines Freigabeverfahrens – nichts im Wege.

Etwas undurchsichtig hat der Gesetzgeber die Regelungen zur Durchführung des verschmelzungsrechtlichen Teils des Konzeptes gestaltet. Folgt man der hier vertretenen Auffassung, kann auf zahlreiche Vereinfachungen der Konzernverschmelzung zurückgegriffen werden, obwohl die alleinige Anteilsinhaberschaft des Hauptaktionärs streng genommen erst mit Eintragung der Verschmelzung vorliegt. Bis insoweit Klarheit durch den Gesetzgeber oder die Rechtsprechung herbeigeführt wurde, ist jedenfalls anzuraten, nur auf solche Vereinfachungen zurückzugreifen, deren Versagung dem Registergericht auf den ersten Blick widersinnig erscheinen muss. Dies sind insbesondere die Vereinfachungen, die ausdrücklich und offensichtlich nicht zu Lasten der Minderheitsaktionäre gehen, denen ja gerade keine Gegenleistung durch Anteilsgewährung am übernehmenden Rechtsträger zufließen soll.

In Fällen, in denen ein Erwerber absehen kann, dass nach Abschluss des eigentlichen Unternehmenskaufes eine Minderheit im Bereich von 5% bis 10% Beteiligungsquote verbleiben wird, sollten Akquisitionsstruktur und -ablauf bereits frühzeitig auf einen späteren umwandlungsrechtlichen Squeeze-Out ausgerichtet werden, um Transaktionsrisiken zu minimieren und die Vorteile der neuen Regelung auszuschöpfen.

.

Unternehmenskooperation als Alternative zum Unternehmenskauf – Eine Handlungsanweisung für ein erfolgreiches Management von Unternehmenskooperationen

Von Dr. Andreas Klauze, EMBA

A. Einleitung

I. Ausgangsfrage

Gegenstand der nachfolgenden Arbeit soll die vergleichende Betrachtung von Unternehmenskooperationen und Unternehmenskäufen vor dem spezifischen Hintergrund der Organisationswahl sein. Das mit dem Titel ebenfalls in Bezug genommene Thema des erfolgreichen Managements von Kooperationen hat zwar grundsätzlich mehrere Facetten, die neben der Organisationswahl auch die effektive Gestaltung der Organisationsstruktur von Kooperationen nach getroffener Organisationswahl mit umfassen.[1] Dieser Bereich des Managements von Kooperationen soll hier allerdings bewusst ausgeklammert und der Schwerpunkt auf die Organisationswahl zwischen Kooperation und vollständiger Integration durch Akquisition oder Fusion gelegt werden. Dabei sollen die relevantesten Entscheidungsdeterminanten vor dem Hintergrund der gängigsten theoretischen Ansätze eingeordnet und im Hinblick auf ihre Auswirkung auf die konkrete Organisationswahlentscheidung in unterschiedlichen situativen Kontexten betrachtet werden. Die Arbeit greift dabei auf die wesentlichen in der Literatur verbreiteten Theorieansätze zurück und verwertet die für einzelne Kriterien und Kontexte durchgeführten empirischen Studien. Eine eigene empirische Unterlegung der Ergebnisse muss aufgrund des Rahmens dieser Arbeit unterbleiben.[2]

II. Gang der Darstellung

Um den notwendigen theoretischen Hintergrund zu erläutern wird die Darstellung zunächst auf die wesentlichen theoretischen Ansätze bei der Organisationswahl eingehen (unten A. III.). Im Rahmen des Hauptteils soll die Organisationswahl zwischen Unternehmenskooperation und Unternehmenskauf genauer untersucht werden (unten B.). Dabei sollen im Wesentlichen die einzelnen Determinanten der Organisationswahl auf ihre Auswirkung auf die konkrete Organisationswahl hin analysiert werden (unten B.I.) um anschließend kurz auf den Sonderfall der sequentiellen Organisationswahl einzugehen (unten B.II.). Im Schlussteil sollen die wesentlichen Ergebnisse zusammengefasst (unten C.I.) und im Rahmen einer kurzen Checkliste auch als Handlungsanweisung zugänglich gemacht werden (unten C.II.). Zum Abschluss erfolgt eine kurze Erörterung möglicher weiterer Analysegegenstände, die im Rahmen künftiger Arbeiten betrachtet werden könnten (unten C.III.).

III. Theoretischer Hintergrund

Um solide und nachvollziehbare Kriterien für die Organisationswahl herausarbeiten zu können, ist ein theoretisches Fundament erforderlich. Da diese Arbeit zum Ziel hat, eine für die Praxis verwertbare Handlungsanweisung für eine effiziente und erfolgreiche Organisationswahl zu erarbeiten, soll hier nicht der Versuch unternommen werden, die existierenden Theorien zur Organisationswahl gegeneinander abzuwägen, um nach kritischer Diskussion einem Ansatz den Vorzug zu geben. Vielmehr sollen die vorhandenen Ansätze allesamt herangezogen werden, um für die Praxis brauchbare Abgrenzungskriterien zu entwickeln[3]. Dabei soll ein besonderer Schwerpunkt auf die im Folgenden kurz dargestellte Transaktionskosten-Theorie und die Ressourcenbasierte Theorie gelegt werden. Andere theoretische Ansätze werden jedoch bei der Diskussion der konkreten Abgrenzungskriterien herangezogen, wo dies sinnvoll erscheint.

---

1   Vgl. *Theurl,* Die Kooperation von Unternehmen: Facetten der Dynamik, in: Ahlert, Dieter (Hrsg.), Handbuch Franchising und Cooperation – Das Management kooperativer Unternehmensnetzwerke, 2010, S. 325 f.
2   Vgl. hierzu auch den Ausblick unten unter C.
3   Mit einem ähnlichen Ansatz auch *Villalonga/McGahan,* The Choice among Acquisitions, Alliances and Divestitures, in: Strategic Management Journal 26 (2005), S. 1183 (S. 1185); *Hoffmann/Schaper-Rinkel,* Acquire or Ally? – A Strategy Framework for Deciding between Acquisitions and Cooperation, Management International Review, Vol. 41,2 (2001), S. 131 (S. 133 ff); *Wang/Zajac,* Alliance or Acquisition? A dyadic Perspective on interfirm Resource Combinations, Strategic Management Journal 28 (2007), S. 1291 (S. 1293).

1.   Transaktionskostenökonomik

Die Transaktionskostenökonomik[4] geht in ihrer Grundannahme davon aus, dass Teilnehmer am Wirtschaftsverkehr sich immer derjenigen organisatorischen Form der Zusammenarbeit bedienen werden, die ihre transaktionsspezifischen Investitionen zu den jeweils geringsten Kosten absichert.[5] Jede Organisationswahl wird danach ausschließlich durch eine angestrebte Minimierung der Transaktionskosten geprägt.[6] Im Rahmen des Modells wird üblicherweise davon ausgegangen, dass Transaktionen entweder über den Markt[7], im Wege einer Kooperation zwischen den Transaktionspartnern[8] oder durch vollständige Eingliederung eines Kooperationspartners in das Unternehmen des anderen Partners (Hierarchie)[9] erfolgen können. Jede dieser Organisationsformen verursacht Transaktionskosten, die sich zunächst über alle Organisationsformen hinweg unterteilen lassen zum Einen in Einmalkosten zur Errichtung der gewählten Organisationsform (im Folgenden: „Einmalkosten") und den dauerhaften Kosten, die zur Aufrechterhaltung und zum Betrieb der jeweiligen Organisationsform erforderlich sind (im Folgenden: „Dauerkosten"). Daneben können für jede Organisationsform spezifische Transaktionskosten unterschieden werden.[10] Bei Markttransaktionen sind zunächst Such- und Informationskosten zu nennen, d.h. alle Kosten, die mit der Suche nach einem Vertragspartner in Zusammenhang stehen. Zudem fallen hier Verhandlungs- und Entscheidungskosten an, d.h. alle Kosten, die für das Aushandeln und abfassen von Verträgen und die Vorbereitung der Entscheidungsfindung zum konkreten Vertragsschluss anfallen. Weiterhin sind Kosten der Übertragung von Verfügungs- oder Vertragsrechten zu nennen, d.h. Kosten, die etwa bei der rechtlichen Übertragung von dinglichen Rechten oder vertraglichen Nutzungsrechten im Rahmen einer Markttransaktion anfallen.[11] Des Weiteren entstehen bei Markttransaktionen auch häufig Überwachungs- und Durchsetzungskosten, d.h. alle Kosten, die für die laufende

---

4   Vgl. im Wesentlichen *Coase,* The Nature of the Firm, in: Economica 4 (1937), 16, S. 386, sowie die grundlegenden Werke von *Williamson,* Markets and Hierachies: Analysis and Antitrust Implications, New York 1975; ders. The Economic Institutions of Capitalism: Firms, Markets, Relational Contracting, New York 1985; ders., Comparative Economic Organization: The Analysis of Discrete Structural Alternatives, Administrative Science Quaterly, Vol 36, No 2 (1991), S. 269 und *Picot,* Transaktionskostenansatz in der Organisationstheorie, Die Betriebswirtschaft, Vol.42 (1982), Nr. 2, S. 267 ff.; eine Auswertung der empirischen Untersuchungen zum Thema findet sich bei *Shelanski/ Klein,* Empirical Research in Transaction Cost Economics: A Review and Assesment, Journal of Law, Economics and Organization, Vol.11, No 2 (1995), S. 335 ff.; instruktiv auch *Williamson,* Transaction Cost Economics: How it works; where it is headed, The Economist, 146, No. 1 (1998), S. 23.

5   *Shelanski/Klein,* Journal of Law, Economics and Organization, Vol.11, No 2 (1995), S. 337; vgl. auch *Richter/Furubotn,* Neue Institutionenökonomik, 4. Auflage, Tübingen 2010, S.79 f.; *Eekhoff,* Zur Wahl der optimalen Organisatinosform betrieblicher Zusammenarbeit – eine gesamtwirtschaftliche Prognose, Arbeitspapiere des Instituts für Genossenschaftswesen der Westfälischen Wilhelms-Universität Münster, Nr. 51 (2005), S. 7.

6   *Theurl,* (o. Fn. 1), S. 319; *Hoffmann/Schaper-Rinkel,* Management International Review, Vol. 41,2 (2001), S. 133; etwas einschränkend *Hennart,* A Transaction Cost Theory of Equity Joint Ventures, Strategic Management Journal 9 (1988), S. 361.

7   Gemeint ist der einfache Austausch von Waren oder Leistungen, z.B. über den Spot-Markt oder im Rahmen einfacher nicht auf längere Dauer ausgerichteter Austauschverträge.

8   Hier werden üblicherweise sämtliche Formen der längerfristigen Zusammenarbeit wie Lizenz- und Franchiseverträge, F&E Kooperationen, Non-Equity und Equity Joint-Ventures, Minderheitsbeteiligungen etc. eingeordnet. Diese Organisationsform wird auch als Hybrid bezeichnet, da sie aufgrund ihrer Eigenschaften zwischen Markt und Hierarchie einzuordnen ist, vgl. *Williamson,* Administrative Science Quaterly, Vol 36, No 2 (1991), S. 271 ff.; *Richter/Furubotn,* (o.Fn. 5), S. 80.

9   Zusammenschluss oder Akquisition (Mergers and Acquisitions – M&A).

10 Vgl. etwa *Richter/Furubotn* (o. Fn. 5), S. 59 ff.

11 *Richter/Furubotn* (o. Fn. 5), S. 13 f.

Überwachung und Durchsetzung der zwischen den Transaktionsparteien getroffenen vertraglichen Vereinbarungen aufgewandt werden. Zudem sind zu nennen die Investitionen in Sozialkapital, d.h. Kosten, die im Zusammenhang mit der Begründung, Vertiefung und Erhaltung sozialer Beziehungen im Geschäftsleben entstehen.[12] Bei Such- und Informationskosten, Verhandlungs- und Entscheidungskosten sowie den Kosten für die Übertragung von Verfügungs- oder Vertragsrechten handelt es sich in der Regel um Einmalkosten[13] während die Überwachungs- und Durchsetzungskosten sowie die Investitionen in das Sozialkapital Dauerkosten darstellen. Die vollständige Eingliederung durch Akquisition oder Fusion verursacht zunächst Kosten für Einrichtung, Erhalt und Änderung der Organisationsstruktur. Hier handelt es sich regelmäßig um einen der größeren Kostenblocks bei Akquisitionen/Fusionen, der durch das vergleichsweise ressourcen- intensive Aufsetzen einer neuen Organisationsstruktur verursacht wird. Auch Ressourcen, die für die Anpassung der gewählten Organisationsstruktur an veränderte äußere Umstände oder die Beendigung durch Einstellen bzw. Veräußerung des Geschäftes aufgewandt werden, sind hier einzuordnen. Zudem sind die Kosten des Betriebes einer Organisation zu nennen, d.h. alle Kosten, die durch die erforderliche Koordination in der Hierarchie aufgewandt werden müssen. Hierzu zählen im Wesentlichen Kosten für die Überwachung des Management durch die Eigentümer (Vertretungskosten), Kosten der laufenden Informationsbeschaffung durch das Management sowie Kosten für die Überwachung und Anleitung der Arbeitnehmer.[14] Bei den Einrichtungs- und Anpassungskosten handelt es sich strukturell um Einmalkosten während die Kosten des Betriebes der Organisation Dauerkosten sind. Bei Kooperationen handelt es sich nach den Überlegungen der Transaktionskostenökonomik um eine hybride Form der Transaktionsabwicklung, die strukturell zwischen denen des Marktes auf der einen und denen der Hierarchie auf der anderen Seite liegt. Insoweit enthält die Kooperation Kostenelemente aus beiden vorangegangenen Kategorien in jeweils abgeschwächter Form. So entstehen auch beim Eingehen einer Kooperation Such-, Informations- und Verhandlungskosten. Allerdings muss bei einer langlaufenden Kooperation dieser Aufwand nur relativ selten betrieben werden. Andererseits fallen für den Betrieb einer Kooperation aufgrund der höheren Komplexität regelmäßig auch Koordinations- und Durchsetzungskosten an, die eher an die Kostenstruktur von Akquisitionen/Fusionen erinnern. Umgekehrt ist die Beendigung von Kooperationen aufgrund der größeren Flexibilität (meist vereinbarte Exit-Regelungen) regelmäßig mit geringeren Kosten als bei Unternehmensstrukturen möglich.

Die Existenz von Transaktionskosten wird mit der Möglichkeit des Opportunismus und der begrenzten Rationalität der Transaktionspartner begründet.[15] Opportunismus lässt sich in diesem Zusammenhang wie folgt definieren: „[...] *die Verfolgung des Eigeninteresses unter Zuhilfenahme von List. Das schließt krassere Formen ein, wie Lügen, Stehlen und Betrügen, beschränkt sich aber keineswegs auf diese. Häufiger bedient sich der Opportunismus raffinierterer Formen der Täuschung. [...] Allgemeiner gesagt, bezieht sich Opportunismus*

---

12 Hierzu *Granovetter*, Economic Action and Social Structure: The Problem of Embeddedness, American Journal of Sociology, 91, No. 3 (1985), S. 481 ff.; *Podolny, A Status-based Model of Market Competition*, American Journal of Sociology. 98, No. 4 (1993), S. 829.

13 Diese Kosten entstehen bei jeder Transaktion allerdings wieder von neuem, so dass diese Kosten bei auf Kurzfristigkeit angelegten Markttransaktionen oft den größten Kostenblock bilden.

14 *Richter/Furubotn* (o. Fn. 5), S. 61.

15 Vgl. etwa *Williamson,* The Economist 146, No. 1 (1998), S. 30 f.; ders., The New Institutional Economics: Taking Stock, Looking Ahead, Journal of Economic Literature, Vol. 38, No. 1 (2000), S. 595 (S.600 f.).

auf die unvollständige oder verzerrte Weitergabe von Informationen, insbesondere auf vorsätzliche Versuche irrezuführen, zu verzerren, verbergen, verschleiern oder sonstwie zu verwirren. Er ist für Zustände echter oder künstlich herbeigeführter Informations-asymmetrie verantwortlich. [...]"[16]Unter begrenzter Rationalität ist die Annahme zu verstehen, dass die Transaktionsbeteiligten nur im Rahmen des ihnen individuell Möglichen rational handeln. Diese Möglichkeiten des Individuums sind allerdings dadurch begrenzt, dass Informationsgewinnung als Voraussetzung rationalen Handelns sowohl zeit- als auch ressourcenintensiv ist und daher der Informationsstand der Transaktionsparteien immer unvollständig und vor allem unterschiedlich (asymmetrischer Informationsstand) sein wird. Zudem sind bestimmte Tatsachen auch objektiv nicht vorhersehbar und führen schon aus diesem Grund zu einem unvollständigen Informationsstand.[17] Transaktionskosten entstehen dabei nicht durch Opportunismus oder begrenzte Rationalität selbst, sondern durch die Mittel und Vorkehrungen, die die Transaktionsbeteiligten gegen Opportunismus und die Folgen eingeschränkter Rationalität aufwenden.[18]

2. Ressourcenbasierte Theorien

Die Vertreter[19] der ressourcenbasierten Unternehmensbetrachtung sehen das Unternehmen als eine Zusammenfassung oder Bündelung von Ressourcen. D.h. die Stärke oder Schwäche eines Unternehmens definiert sich als Summe seiner Vermögensgegenstände und Fähig-keiten. Erfasst werden grundsätzlich alle Unternehmensressourcen unabhängig davon, ob es sich um gegenständliche (Produktionseinrichtungen, Geschäftsgebäude, Maschinen etc.) oder immaterielle Ressourcen (Gewerbliche Schutzrechte, Urheberrechte, sonstiges betriebliches Know-How) handelt.[20]

Als Konkretisierung und Weiterentwicklung dieser Sichtweise hat sich auch eine wissens-basierte Theorie des Unternehmens etabliert.[21] Hiernach werden Stärken und Schwächen des Unternehmens zuvörderst durch die immateriellen Ressourcen, d.h. durch die Gesamtheit seiner Fähigkeiten, Kenntnisse und Know-How, kurz durch sein Betriebswissen definiert. Diese Sichtweise negiert nicht die Existenz und Werthaltigkeit der sonstigen Unternehmensressourcen, geht aber davon aus, dass das kumulierte Unternehmenswissen in der modernen Wissensgesellschaft den höchsten Stellenwert hat und letztlich über Wettbewerbsfähigkeit und Erfolg eines Unternehmens entscheidet. Beiden Ansätzen ist gemein, dass sie den Schwerpunkt ihrer Betrachtungsweise, anders als die Transaktions-

---

16   *Williamson,* The Economic Institutions of Capitalism: Firms, Markets, Relational Contracting, New York 1985, S. 54 zitiert nach *Richter/Furubotn* (o. Fn. 5), S. 155.

17   Vgl. etwa *Richter/Furubotn* (o. Fn. 5), S. 192 f.

18   *Richter/Furubotn* (o. Fn. 5), S. 155.

19   Insbesondere *Penrose,* The Theory of the Growth of the Firm, 4th edition, Oxford 1995; *Wernerfelt,* A Resourcebased view of the Firm, Strategic Management Journal, Vol. 5 (1984), S. 171 ff.; *Wernerfelt,* The Resourced-based view of the Firm: Ten Years after, Strategic Management Journal, Vol. 16 (1995), S. 171 ff.; *Barney/Wright/Ketchen,* The Resource-based view of the Firm: ten years after 1991, Journal of Management, Vol. 27 (2001), S. 625 ff.

20   *Hoffmann/Schaper-Rinkel,* Management International Review, Vol. 41,2 (2001), S. 134.

21   *Grant,* Toward a knowledge-based theory of the firm, Strategic Management Journal, Vol. 17 (1996), S. 109 ff.; *Kogut/ Zander,* Knowledge of the firm, combinative capabilities and the replication of thechnology, Organization Science, Vol. 3, No. 3 (1992), S. 383 ff.; *Conner/Prahalad,* A Resource-based theory of the firm: Knowledge versus opportunism, Organization Science, Vol. 7, No. 5 (1996), S. 477 ff.; in diese Richtung tendiert auch *Folta,* Governance and Uncertainty: the trade-off between administrative Control and Commitment, Strategic Management Journal 19 (1998), S. 1007 ff.

kostentheorie, nicht auf die durch eine Organisationswahlentscheidung generierten Kosten sondern auf die durch die Wahl der Organisationsform geschaffenen Werte legt. Ein Unternehmen wird danach über Kooperationen oder Akquisitionen immer dann nachdenken, wenn es neue Ressourcen benötigt und diese weder im Wege eigener Herstellung oder Entwicklung noch über den Markt in einem angemessenen Kosten-Risiko-Verhältnis und in einem akzeptablen Zeitrahmen erwerben kann.[22] Maximale Wertschöpfung wird nach dieser Auffassung dann erreicht, wenn Ressourcen durch die Wahl der optimalen Organisationsform in einer Weise miteinander kombiniert werden, dass die durch die Verbindung möglichen Synergien möglichst weitgehend gehoben und für das Unternehmen nutzbar gemacht werden können.[23] Oder anders formuliert: Nach den ressourcen- oder wissensbasierten Betrachtungsweisen des Unternehmens hat sich die Wahl der optimalen Organisationsform für Transaktionen danach zu richten, wie das größte Maß an Synergien aus der Kombination verschiedener Ressourcen generiert werden kann. Dabei kommt es im Ergebnis nicht darauf an, ob herkömmliche Ressourcen mit dem Ziel der Schaffung von Synergien kombiniert werden oder ob das Ziel darin besteht, durch die gemeinsame Nutzung der Wissensbasis zweier Unternehmen und durch gemeinsame Lernprozesse neue Fähigkeiten und eine Vergrößerung der Wissensbasis zu generieren.[24]

3.   Sonstige Ansätze

Des Weiteren existiert eine Vielzahl theoretischer Ansätze, die sich auch mit der Wahl der optimalen Organisationsform befassen. Aus dem Bereich der Neuen Institutionenökonomik seien hier die Verfügungsrechtsanalyse oder die ökonomische Vertragstheorie mit der Unterform der Vertretungstheorie genannt.[25] Auf die ausführliche Darstellung dieser Ansätze wird hier verzichtet, allerdings werden die von diesen Theorien behandelten Phänomene in den folgenden Ausführungen Berücksichtigung finden, wenn und soweit sie Auswirkungen haben auf die Transaktionskosten und damit auf die hierdurch maßgeblich bestimmte Organisationswahl. So wirkt sich etwa die Ausgestaltung der von der ökonomischen Vertragstheorie thematisierten Überwachungs- und Anreizsysteme oder das im Rahmen der Verfügungsrechteanalyse behandelte Problem der Übernutzung bei der Verdünnung von Verfügungsrechten unmittelbar auf die Höhe der Transaktionskosten und damit auf die Wahl der effizientesten Organisationsform aus. Auch einschlägige Theorien aus dem Grenzbereich zur Soziologie, die in der englischsprachigen Literatur unter den Schlagworten „Social Embededness", „Organizational Learning" oder „Institutionali-zation" diskutiert werden[26], sollen hier nicht näher dargestellt, sondern – soweit einschlägig – bei der Diskussion der konkreten Abgrenzungskriterien behandelt werden.

---

22 *Hoffmann/Schaper-Rinkel*, Management International Review, Vol. 41,2 (2001), S. 134.
23 *Hoffmann/Schaper-Rinkel*, Management International Review, Vol. 41,2 (2001), S. 134.
24 *Hagedoorn/Duysters*, External Sources of innovative Capabilities: the Preference for Strategic Alliances or Mergers and Acquisitions, Journal of Management Studies, Vol. 39,2 (2002), S. 167 (S.168) mit Verweis auf *Madhok/Tallmann*, Resources, Transactions and Rents: Managing Value through interfirm collaborative Relationships, Organization Science, Vol. 9, No. 3 (1998), S. 326 ff.
25 Zu diesen Ansätzen ausführlich *Richter/Furubotn* (o. Fn. 5), S. 299 ff.
26 Eine Aufzählung dieser Ansätze mit der Nennung von Nachweisen findet sich bei *Villalonga/McGahan*, Strategic Management Journal 26 (2005), S. 1185; *Hoffmann/Schaper-Rinkel*, Management International Review, Vol. 41,2 (2001), S. 134 f.

B.   Organisationswahl – „Ally or Acquire"[27]

Zunächst sei vorausgeschickt, dass Organisationswahl zwischen Kooperation und Akquisition nicht als digitale Entweder-Oder-Entscheidung zu verstehen sein kann. Vielmehr existiert ein im Wesentlichen stufenloser Übergang[28] von Transaktionen, die klassisch über den Markt abgewickelt werden über hybride Transaktionsformen, wie Kooperationen, Joint-Ventures, Genossenschaften etc., hin zu der eher hierarchisch strukturierten Transaktion durch Integration (Mergers and Acquisitions – M&A). Je nach Ausgestaltung der Corporate oder Cooperative Governance[29] mag der Unterschied zwischen sehr institutionalisiert organisierten Equity Joint Venture Strukturen oder der Minderheitsbeteiligung an einem anderen Unternehmen[30] und der vollständigen Fusion zweier Unternehmen geringer sein als zwischen besagtem Joint-Venture bzw. besagter Minderheitsbeteiligung und einer relativ lose organisierten informellen (non-equity) Kooperation zwischen zwei Marktteilnehmern. Ohne das vorher Gesagte einzuschränken, lassen sich gleichwohl Charakteristika herausarbeiten, die entweder der Organisationsform Kooperation oder der Organisationsform Fusion/Akquisition (Hierarchie) zuzuordnen sind. So ist es ein ausschließliches Charakteristikum von Kooperationen, dass die Beteiligten Unternehmen im Rahmen der Transaktion als rechtlich unabhängige Legaleinheiten erhalten bleiben und regelmäßig außerhalb des Kooperationsgegenstandes nicht nur rechtlich sondern auch ökonomisch unabhängig bleiben. Die zweite charakteristische Eigenschaft für Kooperationen ist deren Reversibilität, d.h. die Tatsache, dass sich die Kooperationspartner in der Regel einseitig aus der Kooperationsbindung zurückziehen und ihre ökonomische Selbständigkeit ohne größeren Aufwand wieder herstellen können. Im Gegensatz hierzu bedeuten Akquisitionen[31] immer den Verlust der rechtlichen und ökonomischen Selbständigkeit eines Transaktionspartners und die Übernahme der Kontrolle durch den jeweils anderen Partner (Hierarchie). Durch die vollständige Integration des einen Transaktionspartners in die Organisation des anderen Partners tritt eine strukturelle Verfestigung ein, die einer jederzeitigen Reversibilität der Transaktion entgegensteht.[32] Müsste man den jeweiligen Organisationsformen Schlagworte zuweisen, so käme man der Sache mit dem Begriffspaar Flexibilität (Kooperationen) und Stabilität (Akquisitionen und Fusionen) vermutlich am nächsten.[33]

---

27   Vgl. Titel bei *Roberts/Liu,* Ally or Acquire? How Technology Leaders decide, MIT Sloan Management Review, Vol. 43,1 (2001), S. 26.

28   *Villalonga/McGahan,* Strategic Management Journal 26 (2005), S. 1184 sprechen von einem Kontinuum von Governance-Alternativen („[...] *a continuum of governance modes."*); zur stufenlosen Wahl zwischen Organisationsformen vgl. auch *Hoffmann/Schaper-Rinkel,* Management International Review, Vol. 41,2 (2001), S. 145.

29   Vgl. zu diesem Begriff *Theurl,* Kooperative Governancestrukturen, Arbeitspapiere des Instituts für Genossenschaftswesen der Westfälischen Wilhelms-Universität Münster, Nr. 48 (2005), S. 5 f., 8 ff.; der Begriff „Cooperative Governance" ist letztlich als Gegenstück zur im Rahmen hierarchischer Strukturen verwendeten Corporate Governance zu verstehen und soll diejenigen Normen und Vereinbarungen bezeichnen, die sich die Kooperationspartner gegeben haben, um ihr Zusammenwirken im Rahmen der Kooperation zu regeln.

30   Diese Transaktionsform wird in der Literatur ebenfalls den Kooperationen, d.h. den hybriden Transaktionsformen zugerechnet, vgl. etwa *Folta,* Strategic Management Journal 19 (1998), S. 1012; *Dyer/Kale/Singh,* When to ally and When to Acquire, Harvard Business Review, July-August 2004, S. 109 (S. 113); *Shelanski/Klein,* Journal of Law, Economics and Organization, Vol.11, No 2 (1995), S. 337.

31   Fusionen sind der Organisationsform der Hierarchie zuzuordnen. Hier verlieren i.d.R. beide Transaktionspartner ihre rechtliche und ökonomische Selbständigkeit, um eine neue gemeinsam Organisationsstruktur zu begründen.

32   *Hoffmann/Schaper-Rinkel,* Management International Review, Vol. 41,2 (2001), S. 132.

33   Hierzu eingehend *Theurl,* (o. Fn. 1), S. 326 ff.; ders. Arbeitspapiere des Instituts für Genossenschaftswesen der Westfälischen Wilhelms-Universität, Nr. 48 (2005), S. 10 ff.; auch *Schweinsberg,* Organisatorische Flexibilität als Antwort auf die Globalisierung, Arbeitspapiere des Instituts für Genossenschaftswesen der Westfälischen Wilhelms-Universität Münster, Nr. 46 (2004).

I.   Determinanten für die Organisationswahl

Um die Vielzahl der möglichen Determinanten für die Organisationswahl greifbarer und auch theoretisch nachvollziehbarer zu machen, versucht die Literatur[34] zum Teil, diese Kriterien verschiedenen Einflusssphären zuzuordnen. In der einfachsten Kategorisierung[35] lassen sich sämtliche Entscheidungsdeterminanten in die folgenden Kategorien einordnen: (i) äußere Umstände/Umwelteinflüsse, (ii) Eigenschaften des die Transaktion betreibenden Unternehmens selbst (handelndes Unternehmen) und (iii) Eigenschaften der angestrebten Transaktion bzw. Verhältnis zum Zielobjekt der Transaktion. Bei der weiteren Herausarbeitung der Entscheidungsdeterminanten soll dieser Einteilung gefolgt werden, da sie sich aufgrund ihrer Klarheit und Nachvollziehbarkeit gut für die hier angestrebte Handlungsanweisung eignet, die für die praktische Verwendung tauglich sein soll. Dementsprechend sollen im Folgenden zunächst die Umstände und Einflüsse beleuchtet werden, die die Organisationswahl außerhalb der Sphäre der Transaktion und der Transaktionsbeteiligten beeinflussen (unten 1.). Danach soll der Einfluss der Eigenschaften herausgearbeitet werden, die dem handelnden Unternehmen selbst anhaften (unten 2.). Im nächsten Schritt soll die Betrachtung um diejenigen Kriterien erweitert werden, die der Transaktion zwischen den Beteiligten und damit der Beziehung zwischen den Transaktionspartnern zuzuordnen sind (unten 3.). Der Sonderfall der sequentiellen Organisationswahl, der in Teilen auf die vorher erörterten Kriterien zurückgreift, soll dann im folgenden Kapitel (unten II.) betrachtet werden.

1.   Äußeres Umfeld der Transaktion

Mit dem äußeren Umfeld der Transaktion sind all diejenigen Faktoren gemeint, die Einfluss auf die Organisationsentscheidung haben können aber weder in dem handelnden Unternehmen selbst noch im Verhältnis der Transaktionspartner zueinander begründet sind. Im Wesentlichen handelt es sich hier um das industrie- bzw. technologiespezifische Marktumfeld, in dem eine Transaktion stattfindet.[36] Je nach Ort, Art der Industrie sowie Anzahl und Eigenschaft der übrigen Marktteilnehmer kann dieses Umfeld vielgestaltig sein und dementsprechend eine sehr unterschiedliche Rolle im Rahmen der Organisationswahl spielen. Im Folgenden sollen zunächst die Auswirkungen betrachtet werden, die aus der ungewissen Entwicklung von Märkten resultieren (unten a.), um die Betrachtung dann um die Komponente der Wettbewerbsintensität (unten b.) und der politischen Risiken (unten c.) zu erweitern.

a.)   Strategische Ungewissheit

In einem globalisierten und sich immer dynamischer verändernden Marktumfeld wird es für Unternehmen immer schwieriger, künftige Marktentwicklungen abzusehen. Das gilt sowohl für die Entwicklung neuer Technologien oder Produkte als auch für die nachgelagerte

---

34   Vgl. vor allem *Hoffmann/Schaper-Rinkel*, Management International Review, Vol. 41,2 (2001) 137 ff. und *Villalonga/McGahan*, Strategic Management Journal 26 (2005), S. 1185 ff.

35   *Hoffmann/Schaper-Rinkel*, Management International Review, Vol. 41,2 (2001), S. 137 ff.; *Villalonga/McGahan*, Strategic Management Journal 26 (2005), S. 1185 ff. entwickeln weitere Kategorien, die sich jedoch alle auf die drei von *Hoffmann/Schaper-Rinkel* entwickelten Grundkategorien zurückführen lassen.

36   Vgl. *Hagedoorn/Duysters*, Journal of Management Studies, Vol. 39,2 (2002), S. 180.

Vermarktbarkeit[37]. Unternehmen müssen also zunehmend damit rechnen, dass ihre Investitionen durch eine unvorhergesehene Marktentwicklung entwertet werden[38]. Vor dem Hintergrund strategischer Unsicherheit ist damit diejenige Organisationsform optimal, die im Falle unvorhergesehener Marktentwicklungen den ökonomisch sinnvollsten Umgang mit der Situation ermöglicht. Die Betrachtung erfolgt hier also vor dem Hintergrund der Transaktionskostentheorie. Strategische Ungewissheit bedeutet insbesondere, die unvorhergesehene Notwendigkeit eine Investition vorzeitig zu beenden oder anders als geplant anzupassen. Betroffen sind also insbesondere die Einmalkosten in Form der Einrichtungs- und Anpassungskosten sowie der Beendigungskosten. Diese Kosten sind indes bei Fusionen und Akquisitionen regelmäßig höher als im Rahmen von Kooperationen. Die volle Integration eines Unternehmens in die Hierarchie eines anderen Unternehmens erfordert mehr Mittel und Ressourcen als die losere Verbindung im Rahmen einer Kooperation, bei der beide Partner rechtlich und teilweise auch ökonomisch selbständig bleiben. Neben den höheren Einrichtungskosten sind auch die Anpassungs- und Beendigungskosten in hierarchischen Organisationsformen grundsätzlich höher. Ist das Zielunternehmen einmal in die Organisationsstruktur des handelnden Unternehmens eingegliedert, generiert eine Anpassung und insbesondere die Rückabwicklung deutlich höhere Kosten als dies im Rahmen von Kooperationen der Fall ist. Die Kooperation ist in ihrer Organisationsstruktur von Beginn an auf Veränderung und letztlich Auflösung angelegt. In Fällen unvorhergesehener Entwicklungen ermöglichen diese Strukturmerkmale der Kooperation eine kostengünstige und flexible Anpassung oder Rückabwicklung der Organisationsstruktur. Als Zwischenergebnis kann also festgehalten werden, dass Kooperationen aufgrund ihrer niedrigeren Einrichtungs-, Anpassungs- und Beendigungskosten besser für Situationen hoher strategischer Unsicherheit geeignet sind.[39] D.h. steigende strategische Ungewissheit führt zu einer Verstärkung derjenigen Faktoren, die für die Organisationswahl zugunsten einer Kooperation sprechen.

Dieses Ergebnis steht auch nur scheinbar im Gegensatz zum klassischen Postulat der Transaktionskosten-Theorie, dass sich mit steigender Investitionsspezifität und steigender Unsicherheit auch die Organisationswahl hin zu mehr Hierarchie verschiebt.[40] Zutreffend geht diese Aussage davon aus, dass durch zunehmende Investitionsspezifität und durch zunehmende Unsicherheit hinsichtlich des Verhaltens des Transaktionspartners das Risiko opportunistischen Verhaltens dieses Partners steigt. Weiterhin trifft zu, dass die strin-

---

37 *Dyer/Kale/Singh,* Harvard Business Review, July-August 2004, S. 113.
38 Es soll hier von spezifischen Investitionen im Sinne der Transaktionskosten-Theorie ausgegangen werden. Nur in diesem Fall lässt sich eine Fehlinvestition nicht ohne Verursachung von Kosten in eine Alternativverwendung überführen; vgl. hierzu *Folta,* Strategic Management Journal 19 (1998), S. 1014; *Villalonga/McGahan,* Strategic Management Journal 26 (2005), 1190; *Eekhoff,* Arbeitspapiere des Instituts für Genossenschaftswesen der Westfälischen Wilhelms-Universität Münster, Nr. 51 (2005), S. 17 f.
39 Vgl. *Dyer/Kale/Singh,* Harvard Business Review, July-August 2004, S. 113; *Hoffmann/Schaper-Rinkel,* Management International Review, Vol. 41,2 (2001), S. 152; *Hagedoorn/Duysters,* Journal of Management Studies, Vol. 39,2 (2002), S. 180 f.; *Folta,* Strategic Management Journal 19 (1998), S. 1013 f.; *Roberts/Liu,* MIT Sloan Management Review, Vol. 43,1 (2001), S. 30; *Woltering-Lamers,* Die sequenzielle Organisationswahl – Kooperationen als Vorstufe von Akquisitionen, Arbeitspapiere des Instituts für Genossenschaftswesen der Westfälischen Wilhelms-Universität Münster, Nr. 122 (2012), S. 9 f.
40 Vgl. *Williamson,* Administrative Science Quarterly, Vol. 36, No. 2 (1991), S. 291f.; *Shelanski/Klein,* Journal of Law, Economics and Organization, Vol.11, No 2 (1995), S. 337; *Villalonga/McGahan,* Strategic Management Journal 26 (2005), S. 1190 f.; auch *Eekhoff,* Arbeitspapiere des Instituts für Genossenschaftswesen der Westfälischen Wilhelms-Universität Münster, Nr. 51 (2005), S. 19 f.; vgl. zu diesem vermeintlichen Widerspruch auch *Folta,* Strategic Management Journal 19 (1998), S. 1024 f.

genteren Governance-Strukturen der Hierarchie besser geeignet sind, den Opportunismus des Transaktionspartners zu unterbinden. In unserem Fall handelt es sich jedoch nicht um eine das Opportunismusrisiko erhöhende Verhaltensunsicherheit, sondern um strategische Unsicherheit, die sich auf das Marktumfeld jenseits der Transaktion und ihrer Partner bezieht. Diejenigen Aspekte der Corporate-Governance, die eine besonders effektive Kontrolle des Transaktionspartners ermöglichen, haben hier keine Auswirkungen und entfalten somit keinen maßgeblichen Einfluss auf die Organisationswahl vor dem Hintergrund steigender oder hoher strategischer Unsicherheit.[41]

Ein weiterer Gesichtspunkt, der bei steigender strategischer Unsicherheit eine zunehmende Rolle spielt, ist die Möglichkeit der Risikodiversifizierung. In dynamischen, von ständigen technologischen Innovationen geprägten Märkten, wo die strategische Unsicherheit regelmäßig besonders hoch ist, sind Unternehmen gezwungen, in eine Vielzahl unterschiedlicher Richtungen zu investieren, um mit der technologischen Entwicklung mitzuhalten. Regelmäßig werden davon einige Investitionen nicht erfolgreich sein und somit beendet werden müssen. Müsste das handelnde Unternehmen alle Investitionen entweder im Wege der Eigenentwicklung oder durch Akquisitionen vollständig auf eigenes Risiko tätigen, so würde es über kurz oder lang an die Grenzen der eigenen Ressourcen stoßen. Vor diesem Hintergrund können Kooperationen mit anderen Marktteilnehmern eine Teilung des Investitionsrisikos und damit auch eine Teilung der Verluste gescheiterter Investitionen ermöglichen. Da im Rahmen von Kooperationen beide Partner juristisch und weitgehend auch ökonomisch selbstständig bleiben, verteilen sich die Investitionsrisiken auf zwei unabhängige Marktteilnehmer. Dies ist bei Akquisitionen und Fusionen naturgemäß nicht der Fall. Auch die Möglichkeit der Risikodiversifizierung in Kooperationen spricht bei hoher strategischer Ungewissheit daher für eine Organisationsentscheidung zugunsten der Kooperation und gegen die volle Integration[42] durch Akquisition oder Fusion.[43]

Für die Organisationswahl lässt sich daher festhalten: In einem Marktumfeld, das von hoher strategischer Unsicherheit geprägt ist, erlauben die durch Reversibilität und Anpassungsfähigkeit geprägten Strukturmerkmale der Kooperation eine flexiblere und damit (transaktions-)kostengünstigere Reaktion auf unvorhergesehene Marktentwicklungen als hierarchische Organisationsformen. Zudem ermöglichen Kooperationen eine Risikodiversifizierung, die bei Akquisitionen mangels Unabhängigkeit der Transaktionspartner nicht zur Verfügung steht. Nimmt die strategische Unsicherheit ab, so tritt die Relevanz dieser Abgrenzungskriterien zurück und lässt andere Kriterien, die ggf. für eine Akquisition oder Fusion sprechen mehr in den Vordergrund treten.

---

41 So im Ergebnis auch *Woltering-Lamers,* Arbeitspapiere des Instituts für Genossenschaftswesen der Westfälischen Wilhelms-Universität Münster, Nr. 122 (2012), S. 10.
42 Zur sequentiellen Organisationswahl vgl. unten B. II.
43 *Folta,* Strategic Management Journal 19 (1998), S. 1013; *Hoffmann/Schaper-Rinkel*, Management International Review, Vol. 41,2 (2001), S. 143; *Dyer/Kale/Singh,* Harvard Business Review, July-August 2004, S. 113; *Garette/Dussauge,* Alliances versus Acquisitions: Choosing the right Option, European Management Journal, Vol. 18, No. 1 (2000), S. 63 (S. 68).

b.)   Wettbewerb

Als ein solcher gegenläufiger Effekt kommt in Betracht das Maß an Wettbewerb in dem jeweiligen Industrie- oder Technologiefeld, das Gegenstand der angestrebten Transaktion ist. Ist der Wettbewerbsdruck hier hoch, d.h. streben viele Wettbewerber den Erwerb der gegenständlichen Technologie bzw. Ressource an, besteht die Gefahr, letztlich überhaupt keinen Zugriff hierauf zu bekommen. Im Wege einer Kooperation mit dem Zielunternehmen lässt sich dieser Gefahr nur eingeschränkt begegnen. Zwar bieten insbesondere Equity-Strukturen, wie etwa Equity Joint-Ventures oder Minderheitsbeteiligungen bereits mehr Schutz gegen den Zugriff von Wettbewerbern als es losere Kooperationsformen ohne Eigenkapitalbeteiligung leisten können.[44] Aufgrund der weiter bestehenden rechtlichen Selbstständigkeit der Kooperationspartner wird jedoch auch durch Eigenkapitalelemente in einer Kooperation eine Akquisition durch einen Dritten nicht ausgeschlossen. Sie wird erschwert, bleibt aber möglich.[45] Das Equity Joint Venture selbst hindert nicht die rechtliche Übernahme des Zielunternehmens und kann nach dessen Übernahme regelmäßig zügig beendet werden. Die Minderheitsbeteiligung hindert in den meisten Fällen ebenfalls nicht die Übernahme der Mehrheit an dem Zielunternehmen durch einen Dritten. Um das Zielunternehmen dem Zugriff der Wettbewerber vollständig zu entziehen, verbleibt als Organisationsform letztlich nur die vollständige Integration durch Akquisition oder Fusion. Nur auf diese Weise verliert das Zielunternehmen und somit auch die erstrebte Ressource seine rechtliche Selbstständigkeit und ist damit dem Zugriff Dritter entzogen.[46]

Als Ergebnis für die Organisationswahl lässt sich mithin formulieren: Eine Verschiebung der Organisationsform von loseren Kooperationsmodellen ohne Eigenkapitalelemente über verstärkte Zugriffsmöglichkeiten im Rahmen von Equity Joint-Ventures oder Minderheitsbeteiligungen hin zu einer vollständigen Integration bei Akquisitionen und Fusionen wird verhältnismäßig attraktiver, wenn der Wettbewerb um die mit der Transaktion erstrebte Ressource größer wird. Bei sehr hohem Wettbewerbsdruck kann die vollständige Integration durch Fusion oder Akquisition die einzige Organisationsform sein, die verhindert, dass der Zugriff auf die erstrebte Ressource komplett verloren geht.

c.)   Reduzierung politischer Risiken

Ein ebenfalls häufig genannter Grund für grenzüberschreitende Kooperationen, insbesondere mit Unternehmen in Entwicklungs- und Schwellenländern, ist das Bestreben, durch die Kooperation mit dem im Zielland bereits ansässigen Partner Abwehrreaktionen gegen das Eindringen ausländischen Wettbewerbs abzumildern.[47] Dort wo die Pflicht zur Kooperation mit einem inländischen Unternehmen nicht sogar als Voraussetzung gesetzlich

---

44   Hierzu und zur sequentiellen Organisationswahl *Dyer/Kale/Singh,* Harvard Business Review, July-August 2004, S. 113 und unten B II.

45   Vgl. *Folta,* Strategic Management Journal 19 (1998), S. 1014; *Dyer/Kale/Singh,* Harvard Business Review, July-August 2004, S. 113.

46   So im Ergebnis *Folta,* Strategic Management Journal 19 (1998), S. 1014; *Dyer/Kale/Singh,* Harvard Business Review, July-August 2004, S. 113.

47   *Hennart,* A Transaction Cost Theory of Equity Joint Ventures, Strategic Management Journal, Vol. 9 (1988), S. 361 (S. 364); vgl. auch *Hennart/Reddy,* The Choice between Mergers/Acquisitions and Joint Ventures: The case of Japanese Investors in the United States, Strategic Management Journal, Vol. 18 (1997), S. 1 (S. 3); *Woltering-Lamers,* Arbeitspapiere des Instituts für Genossenschaftswesen der Westfälischen Wilhelms-Universität Münster, Nr. 122 (2012), S. 7 f.

vorgeschrieben ist[48], soll sie insbesondere die Visibilität als ausländischer Wettbewerber verringern, der in Konkurrenz zu den im Zielland ansässigen Unternehmen tritt. Dieser Effekt lässt sich naturgemäß nur im Rahmen einer Kooperation und nicht durch vollständige Integration durch Akquisition oder Fusion erreichen, da im letzteren Fall das inländische Unternehmen seine Selbständigkeit und damit als Tochtergesellschaft eines ausländischen Konzerns auch die Vorteile eines als lokal und inländisch wahrgenommenen Unternehmens verlieren würde.

Für die Organisationswahl lässt sich in diesem Zusammenhang festhalten: Überall dort wo das Tätig werden eines selbständigen inländischen Unternehmens entweder gesetzlich erforderlich oder der wirtschaftlichen Aktivität förderlich ist, ist die Kooperation mit einem inländischen Partner der Integration durch Akquisition oder Fusion vorzuziehen.

2.   Eigenschaften des handelnden Unternehmens

a.)   Ressourcen-/Finanzstärke

Betrachtet man bei der Bestimmung der Determinanten für die Organisationwahl nur die Eigenschaften des handelnden Unternehmens, so fällt zunächst die Ausstattung mit den für Transaktionen erforderlichen Ressourcen ins Auge. Die Frage der Organisationwahl zwischen Kooperation und Akquisition kann sich schlicht bereits an den zur Verfügung stehenden finanziellen- und Management-Ressourcen entscheiden.[49] Zumindest auf kurze bis mittelfristige Sicht wird der mit dem Aufsetzen der neuen Unternehmensstruktur bei einer Akquisition und der Post-Merger Integration verbundene Kostenblock deutlich höher sein als die mit einer Kooperation verbundenen Kosten. Das gilt insbesondere auch für die Bindung von Management-Kapazität und sonstiger für den Integrationsprozess erforderlicher personeller Ressourcen.

Für die Organisationswahl gilt daher:
Vor einer intensiveren Abwägung der Determinanten für die Organisationswahl sollten die Kosten der alternativen Organisationsformen so genau wie möglich ermittelt und mit den zur Verfügung stehenden Ressourcen abgeglichen werden. Nur wenn die finanziellen und sonstigen Ressourcen des handelnden Unternehmens alle zur Wahl stehenden Orga-nisationsformen zulassen, sollte eine nähere Abwägung erfolgen.

b.)   Technologie und sonstige immaterielle Ressourcen

Für die meisten Unternehmen sind technologische oder sonstige immaterielle Ressourcen ein entscheidender Teil des Unternehmenswertes, der maßgeblich zu Erfolg oder Misserfolg der wirtschaftlichen Tätigkeit beiträgt. Hierunter fällt neben klassisch technologischem Wissen z.B. auch das Know-How über Vertriebsstrategien. Im Rahmen von Transaktionen,

---

48   Traditionelles Beispiel hierfür ist China, wo bis heute in den von der politischen Führung als strategisch wichtig eingestuften Industrien ausländische Unternehmen nur im Wege einer Kooperation mit einem chinesischen Partner im Land tätig werden dürfen.
49   *Hoffmann/Schaper-Rinkel*, Management International Review, Vol. 41,2 (2001), S. 140, 150 f.

die über den Markt oder im Rahmen von (temporären) Unternehmenskooperationen abgewickelt werden, sind diese Vermögensgegenstände verstärkt dem ungewollten Zugriff durch den Transaktionspartner ausgesetzt. Eine Organisationswahl, die diese Faktoren berücksichtigt, wird zu stärker hierarchisch strukturierten Organisationmodellen (M&A) tendieren, je wertvoller und unverzichtbarer die technologischen Ressourcen für das Unternehmen sind.[50] In die Betrachtung einzubeziehen sind jedoch auch die Möglichkeiten, die jeweiligen Ressourcen vor dem Zugriff des anderen Partners zu schützen. Hier rücken insbesondere gewerbliche Schutzrechte (Patente, Geschmacks- und Gebrauchsmuster) sowie Urheberrechte ins Blickfeld. Ist also der Schutz der jeweiligen (technologischen) Ressourcen im Wege des gewerblichen Rechtsschutzes oder Urheberechtes möglich, kann auch eine Kooperation unter Einbringung wertvoller Ressourcen vertretbar sein. Allerdings ist zu beachten, dass diese Art von Ressourcenschutz nicht kostenlos zu haben ist. Die Beantragung und Aufrechterhaltung gewerblicher Schutzrechte kann kostenintensiv sein. Solange es sich hier nicht um Sowieso-Kosten handelt, weil das Unternehmen seine (technologischen) Ressourcen ohnehin schützen lässt, sind die für den Schutz im Rahmen einer Kooperation aufzuwendenden (ggf. laufenden) Kosten und die (einmaligen) Kosten einer vollständigen Integration (M&A) im Sinne des Ansatzes der Transaktionskosten-ökonomik gegeneinander abzuwägen.[51] Für Unternehmensressourcen, die dem rechtlichen Schutz nicht ohne weiteres zugänglich sind, wie z.B. einfaches Vertriebs- oder Marketing Know-How, stellt sich diese Abwägungsentscheidung von vornherein nicht.

Für die Kooperationswahl lässt sich somit zusammenfassen: Je wertvoller die involvierten Unternehmensressourcen und je uneffektiver oder teurer der (rechtliche) Schutz dieser Ressourcen ist, desto mehr wird die Organisationwahl in Richtung volle Integration (M&A) tendieren. Bei weniger sensiblen Ressourcen und/oder der Verfügbarkeit effektiver und kostengünstiger Schutzmöglichkeiten kommen kooperative Organisationsformen in Betracht.

c.)   *Eigentümerstruktur*

Vor dem Hintergrund des Vertretungskostenansatzes (Agency-Theorie) spielt auch die Eigentümerstruktur des Unternehmens eine nicht unwesentliche Rolle. Hiernach tendieren angestellte Manager regelmäßig dazu, die Grenzen des Unternehmens zu erweitern auch wenn dies aus Sicht des Unternehmenswertes (Shareholder Value) nicht angezeigt ist.[52] Vollständige Integrationen im Wege von M&A werden Kooperationen tendenziell vorge-zogen, weil nur im ersteren Fall vollständige Kontrolle und die Erweiterung der eigenen Einflussmöglichkeiten des angestellten Managements zu erreichen sind. Ohne organisa-torische Gegenmaßnahmen besteht somit die Gefahr einer uneffektiven und damit für das Unternehmen nachteiligen Organisationswahl durch das angestellte Management. Eine solche ungewollte Verfälschung der Organisationwahlentscheidung wird nach einer in der

---

50   *Villalonga/McGahan,* Strategic Management Journal 26 (2005), S. 1185, 1196; *Woltering-Lamers,* Arbeitspapiere des Instituts für Genossenschaftswesen der Westfälischen Wilhelms-Universität Münster, Nr. 122 (2012), S. 6 f.

51   *Hoffmann/Schaper-Rinkel,* Management International Review, Vol. 41,2 (2001), S. 140, 150; *Woltering-Lamers,* Arbeitspapiere des Instituts für Genossenschaftswesen der Westfälischen Wilhelms-Universität Münster, Nr. 122 (2012), S. 6f.

52   *Villalonga/McGahan,* Strategic Management Journal 26 (2005), S. 1186 mwN.

Literatur vertretenen These[53] vermieden oder zumindest abgeschwächt, wenn das angestellte Management bei seinen Entscheidungen von größeren Aktionärsgruppen, insbesondere institutionellen Investoren, organisiert und regelmäßig überwacht wird. Zudem soll auch die stärkere Beteiligung des Managements am Kapital des Unternehmens Anreize schaffen, uneffektive Organisationswahl-Entscheidungen zu unterlassen.

Für die Kooperationswahl gilt hiernach: Eine spürbare Beteiligung des Managements am (langfristigen) Erfolg des Unternehmens und eine effektive Überwachung durch einflussreiche Aktionärsgruppen mildert die Tendenz des angestellten Managements, Organisationsentscheidungen zu treffen, die nicht vorrangig im Sinne des Unternehmens sind.

d.)   Erfahrung mit M&A und/oder Kooperationen

Auch die vorherige Erfahrung mit bestimmten Organisationformen hat ohne Frage Einfluss auf die jeweilige Organisationswahl. Ein Unternehmen, das gute Erfahrung mit Kooperationen in der Vergangenheit gemacht hat, wird auch in Zukunft zu dieser Organisationsform tendieren. Dabei spielen grundsätzlich auch die Häufigkeit der Vorerfahrung und der zeitliche Abstand zwischen der zuletzt gemachten Entscheidung und der anstehenden Organisationswahl eine Rolle.[54] Entsprechendes gilt grundsätzlich für Vorerfahrung mit M&A-Transaktionen. Diese Überlegung geht auf eine Strömung in der Literatur zurück, die auch als Theorie der lernenden Organisation[55] bekannt ist. Im Hinblick auf eine effiziente und erfolgreiche Organisationwahl sind allerdings zwei Auswirkungen des bestehenden Erfahrungswissens auf die Organisationswahl-Entscheidung zu trennen. Zum einen werden Unternehmen, die wiederholt Erfahrung mit einer Organisationsform gesammelt haben, in diesem Bereich bestimmte Fähigkeiten und Know-How aufbauen, die in künftigen Transaktionen der gleichen Organisationform zu einer effizienteren und reibungsloseren Abwicklung beitragen werden. Die Transaktionskosten für diesen Typ der Transaktion sinken im Verhältnis zu den Transaktionskosten der alternativen Organisationsform mit der keine oder nur geringe Vorerfahrungen bestehen. Aus Sicht der Transaktionskosten-Ökonomik führt Routine und Häufigkeit der Durchführung im Hinblick auf bestimmte Organisationformen zu niedrigeren Transaktionskosten. Hiervon zu trennen ist die ebenfalls mit erworbenen Erfahrungen verbundene Tendenz, ohne weitere Analyse sonstiger Determinanten diejenige Organisationform zu wählen, mit der Vorerfahrungen bestehen.[56] Bestehende Erfahrung mit bestimmten Organisationformen sollte daher immer nur als bewusst analysierter Entscheidungsbaustein einbezogen werden. Das Management sollte die im Rahmen der vorherigen Transaktionen erworbenen Fähigkeiten objektiv analysieren und bewerten und als Abwägungsfaktor in die Gesamtentscheidung mit

---

53 *Villalonga/McGahan,* Strategic Management Journal 26 (2005), S. 1186, 1196, 1201 f., wobei hiernach der Effekt von Managementbeteiligungen auf die grundsätzliche Entscheidung, den Einfluss des Unternehmens zu erhöhen, sei es durch M&A oder durch Kooperationen, nicht empirisch belegt werden kann.

54 *Villalonga/McGahan,* Strategic Management Journal 26 (2005), S. 1189 f.; zum unterschiedlichen Grad der Relevanz der Vorerfahrung zwischen den einzelnen Organisationformen vgl. die Auswertung der empirischen Daten bei *Villalonga/McGahan,* Strategic Management Journal 26 (2005), S. 1200, 1203.

55 Der sog. „*Organizational Learning Approach*" geht u.a. zurück auf Kale/Dyer/Singh (2002) *Kale/Dyer/Singh, Alliance Capability, Stock Market Response and long term Alliance Success: the Role of the Alliance Function, Strategic Management Journal, Vol. 23 (2002),* S. 747 ff.; *Anand/Khanna,* Do Firms learn to create Value? The Case of Alliances, Strategic Management Journal, Vol. 91 (2000), S. 295 ff.

56 Vgl. *Dyer/Kale/Singh,* Harvard Business Review, July-August 2004, S. 114: *"However specialization poses a problem because companies with hammers tend to see everything as nails".*

einbeziehen. Vorerfahrung und die damit ggf. verbundenen niedrigeren Transaktionskosten sollten nur dann den Ausschlag zu Gunsten der bekannten Organisationform geben, wenn alle übrigen Faktoren zu einem einigermaßen ausgeglichenen Bild führen. Idealerweise sollte ein erfolgreiches Management darauf hinwirken Fähigkeiten und Erfahrungswissen für verschiedene Organisationsformen zu erwerben, um in der jeweiligen Situation die Organisationswahl-Entscheidung flexibler und ohne Abhängigkeit von einer bestimmten Organisationsform treffen zu können.[57]

Für die Kooperationswahl gilt daher: Erworbene Erfahrungen und Fähigkeiten mit einer Organisationsform können für die Wahl einer bestimmten Organisationform sprechen, wenn sie durch das Management objektiv analysiert und im Rahmen einer Gesamtabwägung gegen andere Determinanten der Organisationwahl abgewogen werden.

3.   Transaktionsbezogene und relationale Kriterien

Wurden bislang lediglich externe Einflüsse sowie Determinanten, die dem handelnden Unternehmen selbst innewohnen, betrachtet, soll im Folgenden das Augenmerk auf die transaktionsspezifischen Beziehungen des handelnden Unternehmens gelegt werden. D.h. betrachtet werden sollen das Verhältnis des handelnden Unternehmens zu dem Zielunternehmen und die Frage, wie sich dieses Verhältnis auf die Organisationswahl auswirkt. Dabei soll der Fokus im Folgenden gelegt werden auf die Auswirkungen des Zusammenwirkens von Spezifität und Verhaltensunsicherheit (unten a.)), auf die Relevanz von Gleichartigkeit bzw. Verschiedenheit der beteiligten Unternehmen (unten b.)), auf die Bedeutung der Größe der beteiligten Unternehmen (unten c.)) sowie auf die Existenz und Intensität vorheriger Transaktionsbeziehungen zwischen den beteiligten Unternehmen (unten d.)) und auf die Bedeutung der Eigenständigkeit und Abtrennbarkeit der Zielressource (unten e.)).

a.)   Spezifität und Verhaltensunsicherheit

Der Einfluss von Spezifität und Verhaltensunsicherheit auf die Organisationswahl ist eines der zentralen Themen der klassischen Transaktionskostenökonomik.[58] Unter Spezifität ist hier die Investition von Ressourcen für einen bestimmten Gebrauch zu verstehen. Der Grad der Spezifität ergibt sich dabei aus dem Wertverlust, den die investierte Ressource dadurch erleidet, dass sie nicht in der optimalen, ihr ursprünglich zugedachten Verwendung genutzt werden kann, sondern einer alternativen, zweitbesten Nutzung zugeführt werden muss. Die Differenz zwischen der optimalen und der zweitbesten Nutzung wird auch als Quasirente bezeichnet. Die Höhe der verlorenen Quasirente bei nicht optimaler Nutzung der Ressource bestimmt den Grad der Spezifität. Spezifische Investitionen treten dabei in unterschiedlichen Zusammenhängen auf. Vorrangig seien hier genannt die Sachkapital-Spezifität, d.h. die spezifische Abstimmung der investierten Ressource auf andere Bestandteile der Wertschöpfungskette. Des Weiteren sind zu nennen die Standortspezifität, d.h. die Abstimmung einer Investition auf einen bestimmten Standort um bestimmte Kosten

---

57 *Dyer/Kale/Singh,* Harvard Business Review, July-August 2004, S. 115.
58 *Williamson,* Administrative Science Quarterly, Vol. 36, No. 2 (1991), S. 281 f.; *Shelanski/Klein,* Journal of Law, Economics and Organization, Vol.11, No 2 (1995), S. 337; vgl. auch *Theurl,* (o. Fn. 1), S. 319 f.

(Transport-, Lager-, Logistikkosten) zu sparen[59] und die Partnerspezifität, d.h. die Abstimmung der investierten Ressource auf die besonderen Bedürfnisse eines bestimmten Abnehmers.[60] Wie bereits oben (A III 1) erörtert geht die Transaktionskostenökonomik von der Möglichkeit des Opportunismus der Transaktionsbeteiligten aus. Derjenige, der die spezifische Investition tätigt, muss also davon ausgehen, dass sein Transaktionspartner diese Festlegung ausnutzt und versucht die Transaktionsbedingungen zu seinen Gunsten zu ändern. Bis zur Höhe der Quasirente wird er damit in der Regel Erfolg haben, da dies für denjenigen, der die Investition getätigt hat wirtschaftlich immer noch vorteilhafter ist, als ein Umschwenken auf die zweitbeste Nutzungsmöglichkeit.[61] Um dies zu verhindern, wird er versuchen, sich gegen das opportunistische Verhalten seines Partners abzusichern. Er wird mehr Energie und Sorgfalt auf die Auswahl seines Transaktionspartners verwenden und aufwendigere vertragliche Gestaltungen verhandeln, die eine bessere Kontrolle des Partners ermöglichen. Mit zunehmender Spezifität der Investitionen steigen deshalb grundsätzlich auch die Transaktionskosten und zwar auf den ersten Blick bei einer vollständigen Integration durch Akquisition oder Fusion stärker als bei einer Kooperation. Das hat zunächst damit zu tun, dass die vollständige Integration in eine Hierarchie das vergleichsweise ressourcenintensive Aufsetzen einer neuen Organisationsstruktur notwendig macht. Auch Erhalt und Änderung dieser Organisationsstruktur, d.h. die Koordinationskosten innerhalb der Hierarchie, sind in der Regel höher als die „Betriebskosten" einer Kooperation. Allerdings existiert hier auch ein gegenläufiger Effekt. Während die Organisationsform der Kooperation trotz sorgfältiger Partnerauswahl und eines verstärkten vertraglichen Kontrollregimes nicht in der Lage ist, den Opportunismus des Partners völlig zu unterbinden, ist dies bei Fusionen und Akquisitionen aufgrund der vollständigen Integration in die Hierarchie möglich. Bei den Transaktionskosten der Kooperation müssen demnach noch diejenigen Kosten hinzugerechnet werden, die aus dem nicht unterbundenen Opportunismus des Transaktionspartners resultieren. Solange diese Kostenposition kleiner ist als der Betrag, um den die Einrichtungs- und Koordinationskosten der Hierarchie diejenigen der Kooperation überschreiten, ist die Kooperation die transaktionskostengünstigere Organisationsform und deshalb der vollständigen Integration vorzuziehen. Mit zunehmender Spezifität steigt jedoch auch das Missbrauchspotential des Transaktionspartners und daher im Rahmen einer Kooperation auch die Kosten, die aus nichtunterbundenem Opportunismus resultieren. Ab einem bestimmten Grad der Spezifität gleichen die Einsparungen aus der vollständigen Unterbindung des Opportunismus die höheren Einrichtungs- und Koordinationskosten der Hierarchie aus.

---

59 Vgl. *Eekhoff*, Arbeitspapiere des Instituts für Genossenschaftswesen der Westfälischen Wilhelms-Universität Münster, Nr. 51 (2005), S.9; ein Beispiel ist hier die Errichtung eines Braunkohlekraftwerkes in unmittelbarer Nähe zum Tagebau, um die Transport und Lagerkosten für die zum Betrieb des Kraftwerkes erforderlichen großen Kohlemengen so gering wie möglich zu halten.

60 Ein Beispiel wäre die spezifische Abstimmung der investierten Ressourcen eines Automobilzulieferers auf die Bedürfnisse eines bestimmten Automobilherstellers; vgl. zu den weiteren Arten von Spezifität ausführlicher *Williamson* (1991), S. 281 f.; *Eekhoff*, Arbeitspapiere des Instituts für Genossenschaftswesen der Westfälischen Wilhelms-Universität Münster, Nr. 51 (2005), S. 9 f.

61 Vgl. *Eekhoff*, Arbeitspapiere des Instituts für Genossenschaftswesen der Westfälischen Wilhelms-Universität Münster, Nr. 51 (2005), S. 8 f.

Mit zunehmender Spezifität der Investitionen wird die Organisationsform der Hierarchie gegenüber der Kooperation daher vergleichsweise attraktiver.[62] Allerdings hat Spezifität nur dann Auswirkungen auf die Höhe der Transaktionskosten und damit auf die Organisationswahl, wenn derjenige der die spezifische Investition tätigt im Unklaren darüber ist, ob und in welchem Maße sein Transaktionspartner die durch die spezifische Investition begründete Abhängigkeit in opportunistischer Weise ausnützen wird.[63] Bestünde nämlich vollkommene Klarheit über das zu erwartende Verhalten des Transaktionspartners, so könnte derjenige, der die Investition zu tätigen beabsichtigt, sein Verhalten abstimmen, ohne sich wegen seiner spezifischen Investition in Abhängigkeit zu bringen. Ist von vornherein klar, dass sich der Transaktionspartner nicht opportunistisch verhalten wird, so besteht die Gefahr des Verlustes der Quasi-Rente nicht und zwar unabhängig davon, welchen Grad der Spezifität die zu tätigende Investition haben soll. Ist umgekehrt klar, dass der Transaktionspartner sich opportunistisch verhalten wird und die Abhängigkeit aufgrund der spezifischen Investition ausnützen wird, so kann der investierende Partner sich darauf einstellen und die Investition von Anfang an unterlassen. Auch in diesem Fall spielt der Grad der Spezifität keine Rolle. Nach der oben (A III. 1.) erörterten Annahme der begrenzten Rationalität der Transaktionspartner erfordert die Erlangung von Informationen über den Transaktionspartner und dessen potentielles Verhalten allerdings den Einsatz von Ressourcen (Zeit, Geld) und ist in einigen Fällen überhaupt nicht vollständig möglich. Derjenige Partner, der spezifische Investitionen beabsichtigt, wird sich daher in der Regel einer mehr oder weniger großen Verhaltensunsicherheit im Hinblick auf ein mögliches opportunistisches Verhalten seines Transaktionspartners gegenüber sehen.

Für die Kooperationswahl lässt sich daher festhalten: Aufgrund der effektiveren Möglichkeiten, opportunistisches Verhalten des Transaktionspartners zu unterbinden, ist die vollständige Integration durch Akquisition oder Fusion immer dann vorzuziehen, wenn der Grad der Spezifität der beabsichtigten Investitionen hoch und ein potentielles opportunistisches Verhalten des Transaktionspartners nur schwer zu kalkulieren ist.

b.) Gleichartigkeit/Verschiedenheit der beteiligten Unternehmen

Vergleichsweise häufig befasst sich die Literatur mit den Auswirkungen, die Ähnlichkeit bzw. Verschiedenheit der an der Transaktion beteiligten Unternehmen auf die Organisationswahl haben.[64]

---

62 *Williamson,* Administrative Science Quarterly, Vol. 36, No. 2 (1991), S. 291 f.; *Shelanski/Klein,* Journal of Law, Economics and Organization, Vol.11, No 2 (1995), S. 337; *Villalonga/McGahan,* Strategic Management Journal 26 (2005), S. 1190 f., 1200; *Hoffmann/Schaper-Rinkel,* Management International Review, Vol. 41,2 (2001), S. 139 f., 145 f.; *Eekhoff,* Arbeitspapiere des Instituts für Genossenschaftswesen der Westfälischen Wilhelms-Universität Münster, Nr. 51 (2005), S. 12; *Woltering-Lamers,* Arbeitspapiere des Instituts für Genossenschaftswesen der Westfälischen Wilhelms-Universität Münster, Nr. 122 (2012), S. 9; differenzierend für den Bereich der Hochtechnologie *Folta,* Strategic Management Journal 19 (1998), S. 1024.

63 Zur gegenseitigen Abhängigkeit von Spezifität und Unsicherheit *Shelanski/Klein,* Journal of Law, Economics and Organization, Vol.11, No 2 (1995), S. 339 f.; *Villalonga/McGahan,* Strategic Management Journal 26 (2005), S. 1190 f.; *Eekhoff,* Arbeitspapiere des Instituts für Genossenschaftswesen der Westfälischen Wilhelms-Universität Münster, Nr. 51 (2005), S. 15.

64 *Villalonga/McGahan,* Strategic Management Journal 26 (2005), S. 1188, 1200; *Folta,* Strategic Management Journal 19 (1998), S. 1012 f., 1023; *Balakrishnan/Koza,* Information asymmetry, adverse selection and joint-ventures – Theory and evidence, Journal of Economic Behaviour and Organization, Vol. 20 (1993), S. 99 ff.; *Hagedoorn/Duysters,* Journal of Management Studies, Vol. 39,2 (2002), S. 171, 181; *Wang/Zajac,* Strategic Management Journal 28 (2007), S. 1293 ff.; *Woltering-Lamers,* Arbeitspapiere des Instituts für Genossenschaftswesen der Westfälischen Wilhelms-Universität Münster, Nr. 122 (2012), S. 11.

Ähnlichkeit bzw. Verschiedenheit von Unternehmen im wirtschaftlichen Kontext kann dabei als Grad der Ähnlichkeit von Produkten, Märkten oder und/oder Technologien verstanden werden.[65] Ansatzpunkt der Betrachtung sind hier zunächst wieder die Transaktionskosten. Es ist also die Frage zu stellen, welche spezifischen Transaktionskosten das Differenzierungskriterium Ähnlichkeit bzw. Verschiedenheit der an der Transaktion beteiligten Unternehmen auslöst. Betrachtet man die Organisationsform der vollständigen Integration durch Akquisition oder Fusion, so sind zuerst die Integrationskosten, d.h. die Kosten für Einrichtung, Erhalt und Änderung der Organisationsstruktur zu nennen. Bei Unternehmen mit vergleichbaren Geschäftsfeldern und ähnlichem technologischen Hinter-grund ist davon auszugehen, dass bereits Organisationstrukturen existieren, die für die Aufnahme der zu integrierenden Geschäftsfelder des Zielunternehmens geeignet sind oder die mit vergleichsweise geringem Aufwand für eine solche Integration angepasst werden können. Umgekehrt ist bei größerer Verschiedenheit der beteiligten Unternehmen davon auszugehen, dass Strukturen völlig neu geschaffen und Prozessabläufe neu aufgesetzt werden müssen, um eine Integration zu ermöglichen. Bei einer Kooperation hingegen können die etablierten Strukturen und Prozesse beider Transaktionspartner in einem größeren Maße übernommen und somit transaktionskostensparend weiter genutzt werden. Zwar darf dabei nicht übersehen werden, dass auch jede Kooperation der Etablierung einer Governance Struktur (Cooperative Governance) bedarf, die regelmäßig ebenfalls einfacher und reibungsloser zu vereinbaren ist, wenn die Kooperationspartner einen ähnlichen wirtschaftlichen Hintergrund haben und auf ein ähnliches Erfahrungswissen zurückgreifen können. Aufgrund der loseren Struktur und der der Tatsache, dass bei Kooperationen regelmäßig nur einzelne Geschäftsfelder in ein Governance-Konzept eingepasst werden müssen, sind die für das Aufsetzen der Struktur erforderlichen Kosten und Ressourcen vergleichsweise geringer. Aus diesem Grund geht ein großer Teil der Literatur davon aus, dass aus transaktionskostenökonomischer und auch aus ressourcenbasierter Perspektive eine vollständige Integration durch Akquisition oder Fusion vorteilhafter ist, wenn die Geschäftsfelder der an der Transaktion beteiligten Unternehmen vergleichsweise ähnlich sind und die Organisationsform der Kooperation vergleichsweise kostengünstigere Transaktionen ermöglicht, je unterschiedlicher die an der Transaktion beteiligten Unternehmen aufgestellt sind.[66]

Ein zum gleichen Ergebnis kommender spezifischerer Ansatz[67] stellt auf das im Rahmen der Transaktionsökonomik vielfach diskutierte Phänomen der adversen Selektion[68] ab. Der Grundgedanke ist hier, dass aufgrund existierender Kosten für die Informationsbeschaffung und begrenzter Rationalität der Transaktionsbeteiligten regelmäßig Informationsasymmetrie zwischen den Parteien der Transaktion vorliegen wird. D.h. das Zielunternehmen bzw. der Verkäufer des Zielunternehmens wird in der Regel mehr Informationen über sein Geschäft haben als das handelnde Unternehmen (der Käufer). Vor Vertragsschluss, d.h. vor Einigung über die Durchführung der Transaktion bietet diese Informationsasymmetrie dem Verkäufer

---

65 *Wang/Zajac*, Strategic Management Journal 28 (2007), S. 1293.
66 *Villalonga/McGahan*, Strategic Management Journal 26 (2005), S. 1188, 1200; *Folta*, Strategic Management Journal 19 (1998), S. 1012 f., 1023; *Wang/Zajac*, Strategic Management Journal 28 (2007), S. 1293 ff.; *Woltering-Lamers*, Arbeitspapiere des Instituts für Genossenschaftswesen der Westfälischen Wilhelms-Universität Münster, Nr. 122 (2012), S. 11.
67 *Balakrishnan/Koza*, Journal of Economic Behaviour and Organization, Vol. 20 (1993), S. 99 ff.
68 Insb. *Akerlof*, The Market for „Lemons": Quality Uncertainty and the Market Mechanism, The Quaterly Journal of Econonomics, Vol. 84, No. 3 (1970), S. 488 ff.

die Möglichkeit des opportunistischen Verhaltens. Er kann dem Käufer falsche, unvollständige oder missverständliche Informationen über wertbildende Eigenschaften des Zielunternehmens zur Verfügung stellen. Ob der Verkäufer dies tatsächlich tut oder nicht ist für den Käufer regelmäßig nur schwer einzuschätzen. Er wird die Möglichkeit dieses Verhaltens daher von vornherein im Rahmen seiner Preiskalkulation berücksichtigen und entsprechende Abzüge von seinem Kaufpreisangebot auch dann vornehmen, wenn der Verkäufer nicht opportunistisch handelt. Für den nicht opportunistisch handelnden Verkäufer hat das indes zur Folge, dass er ein Kaufpreisangebot bekommt, dass nicht seiner eigenen Bewertung entsprechen wird. Die Transaktion wird daher in diesen Fällen oftmals an den unterschiedlichen Preisvorstellungen der Parteien scheitern. Informationsasymmetrie zwischen den Parteien und die damit verbundene Möglichkeit zum Opportunismus erhöht also die Chance, dass Akquisitionen an unterschiedlichen Preisvorstellungen der Parteien scheitern und kann in extremen Fällen zu Marktversagen führen.[69] Verständlicherweise steigt dieses Risiko, je größer die Informationsasymmetrie zwischen den Parteien ist. Geht man nun davon aus, dass im Rahmen von Transaktionen zwischen Unternehmen mit ähnlichen Geschäftsfeldern der Grad an Informationsasymmetrie niedriger ist als bei Unternehmen mit sehr verschiedenen Geschäftsfeldern, so folgt nach der oben erläuterten Theorie daraus, dass es den Parteien einer Transaktion, an der Unternehmen mit sehr unterschiedlichen Geschäftsfeldern beteiligt sind, seltener gelingen wird, sich auf einen Kaufpreis zu einigen.[70] Eine Kooperation kann in diesen Fällen das Problem handhabbar machen, da es die Zusammenarbeit in kooperativen Strukturen ermöglicht, dass die Partner sukzessive Informationen austauschen und so etwaige Informationsasymmetrien abbauen.[71]

Zusammenfassend lässt sich festhalten, dass auch eine Betrachtung vor dem Hintergrund des Phänomens der adversen Selektion zu dem Ergebnis kommt, dass eine vollständige Integration durch Akquisition oder Fusion nur dann eine effiziente Organisationswahl ist, wenn die an der Transaktion beteiligten Unternehmen bzw. deren Geschäftsfelder möglichst ähnlich sind und daher der Grad an Informationsasymmetrie zwischen den Beteiligten möglichst gering ist.

Eher aus strategischer Sicht betrachtet eine weitere Auffassung[72] die Ähnlichkeit bzw. Verschiedenheit der beteiligten Unternehmen. Eine vollständige Integration durch Akquisition oder Fusion soll immer dann die optimale Organisationsform sein, wenn die Geschäftstätigkeit des Zielunternehmens im Bereich des Kerngeschäfts des handelnden Unternehmens zu verorten ist. Nur die vollständige Integration kann in diesem Fall verhindern, dass das Zielunternehmen die Transaktion nutzt, um dem handelnden Unternehmen mittel- oder langfristig in dessen Kerngeschäft zu schaden oder es gar aus diesem Bereich zu verdrängen. Dort wo die Geschäftstätigkeit der Beteiligten verschiedenartig ist besteht diese Möglichkeit regelmäßig nicht und das handelnde Unternehmen kann gefahrlos die Organisationsform der Kooperation wählen.[73] Insgesamt spricht demnach vieles dafür, dass die vollständige Integration durch Akquisition oder Fusion aus

---

69 Diese Beobachtung, die vor allem auf *Akerlof,* The Quaterly Journal of Economomics, Vol. 84, No. 3 (1970), S. 488 ff. zurückzuführen ist, hat unter dem Stichwort „*Market for Lemons*" einige Bekanntheit erlangt.

70 *Balakrishnan/Koza,* Journal of Economic Behaviour and Organization, Vol. 20 (1993), S. 104 f., 115.

71 *Balakrishnan/Koza,* Journal of Economic Behaviour and Organization, Vol. 20 (1993), S. 103 f., 115; zur Bedeutung dieser Eigenschaft von Kooperationen auf die sequentielle Kooperationswahl siehe unten 2.2.; auch *Woltering-Lamers,* Arbeitspapiere des Instituts für Genossenschaftswesen der Westfälischen Wilhelms-Universität Münster, Nr. 122 (2012), S. 12 ff.

72 *Hagedoorn/Duysters,* Journal of Management Studies, Vol. 39,2 (2002), S. 171, 181.

73 *Hagedoorn/Duysters,* Journal of Management Studies, Vol. 39,2 (2002), S. 171, 181.

Transaktionskostensicht eine vergleichsweise ineffiziente Organisationswahl darstellt, wenn handelndes Unternehmen und Zielunternehmen sehr verschieden sind, d.h. auf völlig unterschiedlichen Geschäftsfeldern tätig sind. Dieser Aussage steht auch nicht entgegen, dass Unternehmen aus Gründen der Diversifikation und des schnelleren Markteintritts dennoch häufig Akquisitionen in fremden Geschäftsfeldern tätigen.[74] Vielmehr wird die aus Transaktionskostensicht regelmäßig teure und damit wenig effiziente Organisationswahl aus strategischen Gründen in Kauf genommen.

Insgesamt bleibt für die Organisationswahl festzuhalten: Je weniger die Geschäftsfelder der an der Transaktion beteiligten Unternehmen gemein haben, desto mehr spricht für die Zusammenarbeit in Form einer Kooperation und desto weniger besteht die Gefahr, dass die Kooperation zu Wettbewerbszwecken gegen das handelnde Unternehmen genutzt wird. Eine vollständige Integration durch Akquisition oder Fusion ist nur dann eine effiziente Organisationsform, wenn die Kosten der Integration oder die aus dem Vorliegen von Informationsasymmetrien resultierenden Kosten aufgrund der Ähnlichkeit und Vergleichbarkeit der involvierten Geschäftsfelder niedrig sind.

c.)   Abtrennbarkeit der Zielressource

Insbesondere dann, wenn Ziel einer Transaktion lediglich der gezielte Erwerb einzelner Ressourcen ist, stellt sich die Frage nach der hierfür geeigneten Organisationsform. Das handelnde Unternehmen wird regelmäßig kein Interesse haben, den bisherigen Eigentümer der Zielressource vollständig durch Akquisition oder Fusion in seine Organisation einzugliedern. Die Kosten für das Aufsetzen und Aufrechterhalten einer neuen Organisationsstruktur wären in den meisten Fällen zu hoch. Eine Akquisition kommt aus transaktionskostenökonomischer Sicht daher nur in Betracht, wenn sich die Zielressource ohne Wertverlust aus dem Unternehmen des bisherigen Eigentümers herauslösen und auf das handelnde Unternehmen übertragen lässt. Das ist indes nur dann der Fall, wenn die Zielressource ihren Wert nicht gerade aus der Einbettung in die Organisation des bisherigen Eigentümers zieht[75]. In diesem Zusammenhang wird auch von unternehmensspezifischen Ressourcen gesprochen[76]. So ist der Vertrieb eines Unternehmens oftmals so mit der Produktion verzahnt, dass er nicht sinnvoll ohne diese erworben werden kann. Gleiches gilt oftmals für Produktions- oder Marketing Know-How, das häufig seinen Wert aus dem über eine lange Zeit eingespielten Zusammenwirken mit dem Rest der Organisation zieht.[77] In diesen Fällen lässt sich ein aus Transaktionskostensicht effizienter Erwerb der Ressource nur im Wege einer Kooperation darstellen. Die Kooperation ermöglicht den Zugriff auf die Ressource, ohne Sie aus ihrem bisherigen (wertbildenden) Zusammenhang lösen zu müssen. Gleichzeitig können die Integrationskosten hier niedrig gehalten werden, da ein zielgenauer Zugriff auf die Ressource möglich ist, ohne dass weitere, eigentlich nicht angestrebte Unternehmensteile mit erworben werden müssen.[78]

---

74 So aber *Hennart/Reddy*, Strategic Management Journal, Vol. 18 (1997), S. 9 f.; hierzu kritisch *Villalonga/ McGahan*, Strategic Management Journal 26 (2005), S. 1188.

75 *Hennart*, Strategic Management Journal, Vol. 9 (1988), S. 371 f.; vgl. auch *Hennart/Reddy*, Strategic Management Journal, Vol. 18 (1997), S. 2; DE MAN/DUYSTERS (2005), S. 1379; *Hoffmann/Schaper-Rinkel*, Management International Review, Vol. 41,2 (2001), S. 147.

76 *Hennart*, Strategic Management Journal, Vol. 9 (1988), S. 371.

77 *Hennart*, Strategic Management Journal, Vol. 9 (1988), S. 371 f.

78 *Hennart*, Strategic Management Journal, Vol. 9 (1988), S. 372.

Für die Organisationswahl kann in diesem Kontext festgehalten werden: Der zielgenaue Erwerb einzelner Ressourcen im Wege der vollständigen Integration durch Akquisition oder Fusion verursacht hohe Integrationskosten, wenn die Ressource unternehmensspezifisch ist und daher nur gemeinsam mit dem Restunternehmen erworben werden kann. In diesem Fall ist die Kooperation regelmäßig die optimale Organisationsform. Dort wo Ressourcen ohne Wertverlust zielgenau aus ihrer bisherigen Organisationstruktur herausgelöst werden können, kann die Integration durch Akquisition vergleichsweise kostengünstig erfolgen und daher die optimale Organisationsform sein.

d.)   Erzielung von Synergien

Einer der Hauptgründe für die Zusammenarbeit zwischen Unternehmen, sei es im Wege der Kooperation oder durch M&A-Aktivitäten, ist das Schaffen von zusätzlichen Werten durch das (teilweise) Zusammenlegen ihrer Ressourcen. Man spricht von Synergien, wenn das Zusammenlegen dieser Ressourcen wirtschaftlich effizienter ist als deren getrennte Verwendung.[79] Der durch die Zusammenlegung generierte Ressourcenzuwachs kann dabei in zweierlei Weise genutzt werden.

Zum einen können die hinzugewonnenen Ressourcen genutzt werden, um Größenvorteile zu erzielen (Economies of Scale). Dabei ist die Überlegung, dass für jede wirtschaftliche Tätigkeit eine optimale Größenordnung existiert, unterhalb derer die Durchführung der jeweiligen Tätigkeit unwirtschaftlich ist. Ein Unternehmen kann seine Tätigkeit über verschiedene Wertschöpfungsstufen hinweg nur dann in wirtschaftlicher Weise und ohne Zuhilfenahme anderer Marktteilnehmer (Transaktionen) durchführen, wenn diese Mindesteffiziensgröße[80] auf allen Wertschöpfungsstufen, auf denen das Unternehmen tätig ist, annähernd gleich ist. Ändern sich diese Mindesteffiziensgrößen auf einzelnen Wertschöpfungsstufen während sie auf anderen gleich bleiben, so wird das Unternehmen, wenn es weiter wirtschaftlich produzieren will, gezwungen sein, auf der Wertschöpfungsstufe mit der gestiegenen Mindesteffiziensgröße mit einem anderen Marktteilnehmer zu kooperieren.

Zum anderen kann der Ressourcenzuwachs zur Kosteneinsparung genutzt werden, indem überflüssig gewordene Ressourcen abgebaut werden, so dass im Ergebnis eine schlankere Kostenstruktur entsteht. So können im idealen Fall die Produkte beider Partner künftig nur noch von einer Produktionseinheit hergestellt werden, so dass die Produktionseinheit des anderen Partners und die damit verbundenen Kosten abgebaut werden können. Auf diese Weise können Verbundeffekte (Economies of Scale) generiert werden.[81] Grundsätzlich lassen sich beide Synergieeffekte sowohl durch Kooperationen als auch durch M&A-Aktivitäten erreichen. So wird etwa die Rohstoffindustrie als ein Beispiel genannt, wo die Mindesteffiziensgröße im Upstream-Bereich (Minen, Förderung etc.) oft deutlich höher liegt als im Bereich der Weiterverarbeitung und sich zur Herstellung der erforderlichen Economies of Scale regelmäßig Konsortien im Upstream Bereich bilden.[82]

---

79   *Wang/Zajac,* Strategic Management Journal 28 (2007), S. 1294.

80   *Hennart,* Strategic Management Journal, Vol. 9 (1988), S. 363 spricht von *"Minimum Efficient Scale (MES)".*

81   Vgl. zu den alternativen Synergien auch *Dyer/Kale/Singh,* Harvard Business Review, July-August 2004, S. 112.

82   *Hennart,* Strategic Management Journal, Vol. 9 (1988), S. 363 nennt die Aluminium- und die Zinnindustrie. Als weiteres Beispiel lässt sich auch die Förderung und Weiterverarbeitung von Erdöl und Erdgas durch Mineralölunternehmen nennen. Hier wird die Förderung (Upstream) üblicherweise von Konsortien mit zwei oder mehr beteiligten Unternehmen durchgeführt, während die Weiterverarbeitung und der Vertrieb (Downstream, z.B. Tankstellen) fast ausschließlich von den beteiligten Mineralölunternehmen alleine durchgeführt wird; vgl. auch die Beispiele bei *Garette/Dussauge,* European Management Journal, Vol. 18, No. 1 (2000); S. 64.

Es stellt sich dann allerdings die Frage, in welcher Situation welche Organisationsform zur Gewinnung von Synergien geeignet ist. Hierbei sind zunächst zwei Charakteristika zu beachten, die Kooperationen von einer vollständigen Integration durch M&A-Aktivitäten unterscheiden. Zum einen sind die Entscheidungsprozesse in Kooperationen dadurch geprägt, dass beide Kooperationspartner mitentscheiden und die Entscheidungsfindung somit regelmäßig deutlich mehr Zeit in Anspruch nimmt und kontroverser ist als es bei einer vollständigen Integration etwa nach einer Akquisition der Fall ist. Zum anderen sind Kooperationen im Gegensatz zu Akquisitionen grundsätzlich als nur vorübergehende Verbindung und damit auf möglichst unkomplizierte Auflösung angelegt.[83] Beide Charakteristika sprechen zunächst dafür, dass Synergien gleich welcher Art besser durch vollständige Integration der Partnerfirma als durch Kooperation gehoben werden können. So wird ein für Kooperationen typischer gleichberechtigter Entscheidungsprozess potentiell zu langen und kontroversen Entscheidungsprozessen führen, insbesondere wenn es um sensible Themen wie Rationalisierung und Kostenkürzungen geht. Die Transaktionskosten die durch die laufend erforderliche Koordination zwischen den Kooperationspartnern entstehen sind vergleichsweise hoch. Umgekehrt kann und muss das Management nach erfolgter Akquisition Meinungsverschiedenheiten über den Umgang mit Synergien schnell und effizient mit den im Rahmen der Hierarchie zur Verfügung stehenden Mitteln lösen. Die hierdurch entstehenden Transaktionskosten sind aufgrund der einseitigen Durchgriffs- und Entscheidungsmöglichkeiten vergleichsweise gering.[84] Auch die übliche Ausrichtung von Kooperationen auf den Ausstieg der Partner und die Auflösung erschweren das Heben von Synergien. Insbesondere der Abbau von Überkapazitäten nach dem Zusammenlagen von Ressourcen erfordert häufig die endgültige Stilllegung von Kapazitäten eines Kooperationspartners. Da aber die potentielle Auflösbarkeit der Kooperation voraussetzt, dass jeder Partner nach der Auflösung seine Ressourcen wieder uneingeschränkt nutzen kann, werden sich die Kooperationspartner schwer tun einem endgültigen Abbau ihrer Kapazitäten zuzustimmen.[85] Als Zwischenergebnis kann also festgehalten werden, dass ein effizientes und die Transaktionskosten schonendes Heben von Synergien regelmäßig nur im Wege der Vollintegration, d.h. durch Akquisition oder Zusammenschluss, möglich ist.[86] Teilweise wird in der Literatur[87] allerdings versucht, dieses Ergebnis noch zu differenzieren. So soll etwa bei Synergien, die nicht durch das physische Zusammenlegen von Ressourcen entstehen, eher eine Organisationswahl zugunsten von Kooperationen vorteilhaft sein. Beispielhaft werden hier Konstellationen genannt, in denen die Partner ihre Ressourcen selbständig verwalten und nutzen und nur die Ergebnisse effizienzsteigernd teilen.[88] Auch

---

83 *Garette/Dussauge,* European Management Journal, Vol. 18, No. 1 (2000); S. 65.
84 *Garette/Dussauge,* European Management Journal, Vol. 18, No. 1 (2000); S. 65; *Wang/Zajac,* Strategic Management Journal 28 (2007), S.1294.
85 *Garette/Dussauge,* European Management Journal, Vol. 18, No. 1 (2000); S. 66; *Woltering-Lamers,* Arbeitspapiere des Instituts für Genossenschaftswesen der Westfälischen Wilhelms-Universität Münster, Nr. 122 (2012), S. 4 f.
86 So auch *Hoffmann/Schaper-Rinkel,* Management International Review, Vol. 41,2 (2001), S. 140; *Garette/ Dussauge,* European Management Journal, Vol. 18, No. 1 (2000); S. 66 f.; *Wang/Zajac,* Strategic Management Journal 28 (2007), S.1294; *Woltering-Lamers,* Arbeitspapiere des Instituts für Genossenschaftswesen der Westfälischen Wilhelms-Universität Münster, Nr. 122 (2012), S. 5.
87 Vgl. *Dyer/Kale/Singh,* Harvard Business Review, July-August 2004, S.111 f.; *Woltering-Lamers,* Arbeitspapiere des Instituts für Genossenschaftswesen der Westfälischen Wilhelms-Universität Münster, Nr. 122 (2012), S. 5.
88 *Dyer/Kale/Singh,* Harvard Business Review, July-August 2004, S.111 nennen diese Synergien „*modular synergies*" und „*sequential synergies*" je nachdem, ob die Synergien durch zwei voneinander völlig unabhängige Ressourcen zur gleichen Zeit generiert werden oder ob sie zwar auch durch eigenstandige Ressourcen aber in nacheinander gelagerten und aufeinander aufbauenden Wertschöpfungsstufen generiert werden.

Transaktionen, die Synergien vorrangig durch das Zusammenlegen von Personal – im Gegensatz zu „harten" Ressourcen wie Produktionsstätten etc. – generieren sollen, werden nach dieser differenzierenden Auffassung effizienter im Wege einer Kooperation abgewickelt. Das gilt zumindest dann, wenn die angestrebte Synergie mit dem Verbleib des Schlüsselpersonals des Transaktionspartners verknüpft ist. Als Begründung wird darauf verwiesen, dass nach Akquisitionen insbesondere das Schlüsselpersonal der Zielgesellschaft entweder das Unternehmen verlässt oder unmotivierter und damit unproduktiver arbeitet als zuvor. Gründe hierfür mögen insbesondere die fehlende Identifikation des Personals der Zielgesellschaft mit dem Erwerber und die fehlende Berücksichtigung von kulturellen Unterschieden im Rahmen des Integrationsprozesses sein.[89] Allerdings wird auch nach dieser Auffassung eingeräumt, dass unabhängig von der Art der eingebrachten Ressourcen eine vollständige Integration (M&A) immer dann vorzuziehen ist, wenn die Synergien durch den Abbau von überschüssigen Ressourcen in größerem Umfang generiert werden sollen. In diesem Fall gewährleisten nur die stringenten Durchsetzungsmechanismen der hierarchischen Integration eine effiziente und damit Transaktionskosten schonende Synergie-Gewinnung.[90]

Für die Organisationwahl lässt sich daher festhalten: Aufgrund der stringenteren Durchsetzungsmechanismen der hierarchischen Organisationsform eignen sich Akquisitionen und Zusammenschlüsse grundsätzlich besser zur Hebung von Synergien (Skaleneffekte, Verbundeffekte, Abbau von Redundanzen). Das gilt uneingeschränkt zumindest dann, wenn die Partner zur Herstellung der Synergie ihre Ressourcen zusammenlegen müssen oder die Synergien nur durch den Abbau von umfangreichen Überkapazitäten erreicht werden können. Immer dann, wenn Synergien entweder ohne das physische Zusammenlegen von Ressourcen oder vorrangig durch Kombination weicher Ressourcen, wie Personal, erreicht werden sollen, sollte verstärkt auch über Kooperation als alternative Transaktionsform nachgedacht werden.

II.   Sequentielle Organisationswahl

Wie gezeigt hängt die Organisationswahl auf jeder Stufe von den äußeren Umständen und den konkreten Kooperationszielen ab. Bei Veränderungen dieser Determinanten kann und muss die Organisationswahl neu entweder aufwärts im Sinne von mehr Hierarchie oder abwärts im Sinne von mehr Markt getroffen werden.[91] So kann etwa die Wahl einer kooperativen Organisationsform, wie der eines Joint-Ventures, zu einem späteren Zeitpunkt in einen Unternehmenskauf münden.[92] Die Sequenz der Organisationsentscheidungen ist dabei nicht zwingend auf zwei Stufen begrenzt. So ist es denkbar, dass die Transaktionspartner mit einer relativ losen Kooperation ohne Equity-Beteiligung beginnen. In einem

---

89   *Dyer/Kale/Singh,* Harvard Business Review, July-August 2004, S.112; *Hennart,* Strategic Management Journal, Vol. 9 (1988), S. 372.

90   *Dyer/Kale/Singh,* Harvard Business Review, July-August 2004, S.112; so im Ergebnis auch *Deman/Duysters* (2005), S. 1384; *Woltering-Lamers,* Arbeitspapiere des Instituts für Genossenschaftswesen der Westfälischen Wilhelms-Universität Münster, Nr. 122 (2012), S. 5.

91   In diesem Sinne auch THEURL (2005), S. 6.

92   Zur sequentiellen Organisationswahl ausführlich *Woltering-Lamers,* Arbeitspapiere des Instituts für Genossenschaftswesen der Westfälischen Wilhelms-Universität Münster, Nr. 122 (2012); zur „unfreiwilligen" sequentiellen Organisationswahl vgl. *Bleeke/Ernst,* Is your Strategic Alliance Really a Sale, Harvard Business Review, January-February 1995, S. 97 ff.

zweiten Schritt kann sich das handelnde Unternehmen entscheiden, eine Minderheits-beteiligung an dem Zielunternehmen zu erwerben, um diese Minderheitsbeteiligung im letzten Schritt zu einer Mehrheitsbeteiligung aufzustocken und das Zielunternehmen zu diesem Zeitpunkt vollständig zu integrieren.[93] Diese Form der dynamischen oder sequentiellen Organisationswahl wird vor allem dort relevant, wo die Organisationsform der Kooperation ursprünglich gewählt wurde, um flexibel auf Umstände reagieren zu können, die das handelnde Unternehmen zum Zeitpunkt der ursprünglichen Organisationswahl nicht oder nicht vollständig abschätzen konnte. Bezogen auf die oben erörterten Determinanten der Organisationswahl liegt die sequentielle Organisationswahl von der Kooperation hin zu einer Akquisition insbesondere nahe in den Fällen Strategische Ungewissheit (B I. 1. a)), Reduzierung politischer Risiken (B I. 1. c)), Erfahrung mit M&A oder Kooperationen (B I. 2. d)) und Gleichartigkeit bzw. Verschiedenheit der beteiligten Unternehmen (B I. 3. b)).[94] Wie bereits ausführlich erörtert (B I. 1. a)) ist insbesondere in Märkten und auf Geschäfts-feldern, die einem raschen Wandel unterliegen, ein hohes Maß an strategischer Ungewiss-heit für die Beteiligten anzutreffen. Um für den Fall einer unvorhergesehenen Entwicklung flexibel reagieren zu können und um die aus der Ungewissheit resultierenden Risiken möglichst auf mehrere Partner verteilen zu können (Risikodiversifizierung), stellt die Kooperation mit ihren flexiblen Strukturen und der in ihr angelegten Reversibilität in Fällen hoher strategischer Unsicherheit die optimale Organisationsform dar.[95] Gleichzeitig bietet die Kooperation, ist sie einmal eingegangen, auch die Möglichkeit, eine Abnahme der strategischen Ungewissheit abzuwarten oder die zur strategischen Ungewissheit führenden Umstände aktiv abzubauen. So kann das handelnde Unternehmen im Rahmen der Kooperation die weitere Marktentwicklung beobachten und dann über eine Neuausrichtung der Organisationswahl hin zu einer vollständigen Integration durch Akquisition oder Fusion nachdenken, wenn sich der Geschäftsgegenstand der Kooperation positiv entwickelt hat.[96] Gleichzeitig kann das handelnde Unternehmen die Möglichkeiten der Kooperation auch aktiv nutzen, um beispielsweise das neue Marktumfeld oder Geschäftsmodell der Kooperation und/oder des Kooperationspartners kennenzulernen und so durch Informations-gewinnung die eigene strategische Ungewissheit abzubauen.[97]

Einen ähnlichen Effekt auf die Organisationswahl hat – wie oben gezeigt[98] – das Vorliegen politischer Verbote oder Abwehrreaktionen gegen den Eintritt in ausländische Märkte durch Akquisitionen oder Fusionen. Um die Akzeptanz zu steigern, wird in diesen Fällen regelmäßig die Kooperation mit einem inländischen Partner die effizienteste Organisations-wahl sein. Gleichwohl kann sich die Akzeptanz des ausländischen Kooperationspartners durch langjähriges und verlässliches Tätig werden im Zielland soweit steigern, dass eine vollständige Integration des Kooperationspartners durch Akquisition oder Fusion zu einem späteren Zeitpunkt nicht mehr auf Abwehrreaktionen im Zielland stößt.[99] Gleichfalls können

---

93   Vgl. *Hoffmann/Schaper-Rinkel*, Management International Review, Vol. 41,2 (2001), S. 146.
94   Vgl. auch die Determinanten der sequentiellen Organisationswahl bei *Woltering-Lamers,* Arbeitspapiere des Instituts für Genossenschaftswesen der Westfälischen Wilhelms-Universität Münster, Nr. 122 (2012), S. 13 ff.
95   Vgl. oben 2.1.1.1.
96   *Folta,* Strategic Management Journal 19 (1998), S. 1012; *Woltering-Lamers,* Arbeitspapiere des Instituts für Genossenschaftswesen der Westfälischen Wilhelms-Universität Münster, Nr. 122 (2012), S. 20 ff.
97   *Hoffmann/Schaper-Rinkel*, Management International Review, Vol. 41,2 (2001), S. 144; *Wang/Zajac*, Strategic Management Journal 28 (2007), S. 1295, 1298, 1314.
98   Vgl. B I. 1. c).
99   Vgl. *Woltering-Lamers,* Arbeitspapiere des Instituts für Genossenschaftswesen der Westfälischen Wilhelms-Universität Münster, Nr. 122 (2012), S. 21.

gesetzliche Verbote, die eine direkte Akquisition ursprünglich untersagten, im Laufe der Zeit gelockert oder vollständig aufgehoben werden und eine Vollintegration im zweiten Schritt ermöglichen. Auch in den Fällen, wo aufgrund der großen Verschiedenheit der Transaktionspartner Informationsasymmetrien oder hohe Integrationskosten eine direkte Akquisition verhindern[100], liegt eine sequentielle Organisationswahl nahe. Aufgrund der Möglichkeit des Informationsaustauschs und des Kenntniserwerbs im Rahmen der Kooperation lassen sich auch Informationsasymmetrien zwischen den Kooperationspartnern abbauen und Integrationsprozesse durch besseres Kennenlernen der gegenseitigen Strukturen effizienter und damit kostengünstiger gestalten.[101]

Für die Organisationswahl lässt sich demnach festhalten: Eine sequentielle Organisationswahl von der Kooperation hin zur vollständigen Integration durch Akquisition oder Fusion, liegt in den Fällen nahe, wo eine direkte Akquisition an mangelnden Informationen oder Kenntnissen des handelnden Unternehmens über das Marktumfeld des Zielunternehmens oder das Zielunternehmen selbst gescheitert ist. Das ist regelmäßig der Fall bei Kooperationen, die vorrangig aus Gründen der strategischen Unsicherheit, der politischen Risiken oder der Verschiedenartigkeit der Transaktionsbeteiligten eingegangen wurden.

C.   Fazit und zugleich Handlungsanweisung

I.   Fazit

Wesentliches Fazit der vorangegangenen Betrachtung zu den wichtigsten Determinanten der Organisationswahl ist zunächst die Erkenntnis, dass es sich bei Organisationswahlentscheidungen regelmäßig um komplexe und multikausale Entscheidungsprozesse handelt, die sich selten auf nur einen beherrschenden Entscheidungsdeterminanten werden zurückführen lassen. Gleichzeitig lässt sich eine Vielzahl von einzelnen Determinanten herausarbeiten, die in unterschiedlichen Kontexten unterschiedlich viel oder wenig Einfluss auf die Organisationswahlentscheidung von Unternehmen haben. Die meisten dieser Entscheidungsdeterminanten sind in der Literatur mehr oder weniger ausführlich behandelt worden. Die Wirkungsweise der wesentlichen Entscheidungskriterien ist auch empirisch nachgewiesen worden. Der theoretische Ausgangspunkt für die Erklärung der Wirkungsweise dieser Kriterien ist in der Literatur zur Organisationswahl oftmals recht unterschiedlich. Allerdings fällt trotz aller Unterschiede zwischen den theoretischen Denkansätzen auf, dass die verwandten Kriterien in den meisten Fällen direkt oder indirekt kostensensitiv sind und die Organisationswahlentscheidung in vielen Fällen auch dort von Transaktionskosten beeinflusst wird, wo eigentlich andere Kriterien, wie z.B. Ressourcen oder die soziale Vernetzung des Handelnden oder des Zielunternehmens im Vordergrund stehen. Es kann also festgehalten werden, dass im Ergebnis wohl jede Organisationswahlentscheidung maßgeblich von Transaktionskostenerwägungen, sei es bewusst oder unbewusst, sei es direkt oder indirekt, beeinflusst und gesteuert wird.

---

100 Siehe B I. 3. b).

101 *Hoffmann/Schaper-Rinkel*, Management International Review, Vol. 41,2 (2001), S. 136; ausführlich *Woltering-Lamers*, Arbeitspapiere des Instituts für Genossenschaftswesen der Westfälischen Wilhelms-Universität Münster, Nr. 122 (2012), S. 15 ff.

II. Handlungsanweisung

Da es Titel und Ziel dieser Arbeit ist, eine Handlungsanweisung für ein erfolgreiches Kooperationenmanagement zu erstellen, soll im Folgenden eine kurze, in tabellarischer Form gehaltene Zusammenfassung der wesentlichen in dieser Arbeit erörterten Organisationswahlkriterien und ihrer Auswirkung auf die Wahl zwischen Kooperation und vollständiger Integration erfolgen. So soll dem Praktiker in Form einer Checkliste ermöglicht werden, sich in kurzer Zeit die wesentlichen Entscheidungsdeterminanten und ihre Auswirkung auf die Organisationswahl vor Augen zu führen. In diesem Zusammenhang sei nochmals betont, dass in den wenigsten Fällen ein einzelnes Kriterium ursächlich für die Entscheidung sein wird. Vielmehr wird regelmäßig eine Vielzahl der im Folgenden zusammengefasst dargestellten Kriterien – in unterschiedlicher Form und Ausprägung, je nach Entscheidungskontext – für die Organisationswahl (mit-)ursächlich sein.

Entscheidungsparameter	Kooperation, wenn...	Integration, wenn...
Strategische Ungewissheit	...die Ungewissheit über die künftige Markt- oder Produktentwicklung hoch ist, wie z.B. in dynamischen von raschem technologischem Wandel geprägten Märkten, und somit eine auf Anpassung und ggf. Auflösung angelegte Governance sowie die Möglichkeit der Risikodiversifizierung eine flexible Reaktion auf sich verändernde Umstände ermöglichen.	...die Ungewissheit über die künftige Markt- oder Produktentwicklung vergleichsweise niedrig ist, wie z.B. in weniger vom technologischen Wandel geprägten Industrien, und Flexibilität und Risikodiversifizierung daher weniger im Vordergrund stehen.
Wettbewerb	...der Wettbewerb um die erstrebte Ressource gering bis mittelmäßig ist und die Gefahr der Übernahme durch einen Dritten entweder nicht besteht oder Strukturen wie Equity-Joint-Venture oder Minderheitsbeteiligungen an der Zielgesellschaft bereits ausreichend Schutz vor Wettbewerbern bieten.	...der Wettbewerb um die erstrebte Ressource stark ist und die Gefahr einer Übernahme weder durch Equity-Joint-Venture Strukturen noch durch Minderheitsbeteiligung, sondern lediglich durch vollständige Integration abgewandt werden kann.

Entscheidungsparameter	Kooperation, wenn…	Integration, wenn…
Politische Risiken	…das gemeinsame Tätig werden mit einem Partner im Zielland gesetzlich oder regulatorisch vorgeschrieben oder empfehlenswert ist, um Abwehrreaktionen gegen das Tätig werden eines ausländischen Unternehmens abzumildern.	…die vollständige Integration des Partners im Zielland durch Akquisition oder Fusion rechtlich zulässig ist und gegen das Auftreten eines neuen, erkennbar ausländischen Marktteilnehmers keine oder nur geringfügige Abwehrreaktionen zu erwarten sind.
Ressourcen-/Finanzstärke	…Zugriff auf die Ressourcen des Zielunternehmens aus strategisch/ wirtschaftlicher Sicht in jedem Fall erfolgen soll, die finanzielle Ausstattung und/oder Management Kapazität des handelnden Unternehmens indes für eine vollständige Integration nicht ausreicht.	…sonstige strategische/wirtschaftliche Erwägungen für eine vollständige Integration sprechen und ausreichende finanzielle Ressourcen bzw. Management Kapazität beim handelnden Unternehmen vorhanden sind.
Technologie/Immaterielle Ressourcen	…die involvierten (technologischen) Ressourcen weniger sensibel oder werthaltig sind und/oder effektive und kostengünstige Möglichkeit des Technologieschutzes vorhanden sind.	…die involvierten (technologischen) Ressourcen besonders werthaltig und/oder sensibel sind und ein effektiver Technologieschutz nicht oder nur mit unverhältnis- mäßigem Kostenaufwand möglich ist.
Transaktionserfahrung	…das handelnde Unternehmen einschlägige Erfahrungen mit Kooperationen hat.	…das handelnde Unternehmen einschlägige Erfahrung mit der voll- ständigen Integration von Zielunternehmen durch Akquisition oder Fusion hat.

Entscheidungsparameter	Kooperation, wenn...	Integration, wenn...
Spezifität und Verhaltensunsicherheit	...Spezifität der Investitionen und Unsicherheit über das Verhalten des Transaktionspartners gering bis mittelmäßig sind und deshalb der grundsätzliche Kostenvorteil von Kooperationen gegenüber der vollständigen Integration nicht durch verbleibende aus opportunistischem Verhalten des Kooperationspartners resultierende Kosten neutralisiert wird.	...Spezifität und Verhaltensunsicherheit hoch sind und deshalb der komparative Kostennachteil der vollständigen Integration durch die vollständige Eliminierung von opportunistischem Verhalten des Kooperationspartners mindestens ausgeglichen wird.
Gleichartigkeit/Verschiedenheit der beteiligten Unternehmen	...die Geschäftsfelder der an der Transaktion beteiligten Unternehmen wenig gemeinsam haben und damit die Kosten für eine vollständige Integration auch vor dem Hintergrund zu hoch wären, dass bei Verschiedenartigkeit der Geschäftsfelder nur eine geringe Gefahr besteht, dass die Kooperation von dem anderen Partner zu Wettbewerbszwecken missbraucht wird.	...die Geschäftsfelder der beteiligten Unternehmen ähnlich sind und daher die Kosten der vollständigen Integration vergleichsweise niedrig sind und zudem die in diesen Fällen vergleichsweise hohe Gefahr des Missbrauchs der Kooperation zu Wettbewerbszwecken durch vollständige Integration wirksam unterbunden werden kann.
Abtrennbarkeit der Zielressource	...die Zielressource unternehmensspezifisch ist, d.h. ihren Wert gerade aus der Einbettung in ihre bisherige Organisation zieht, so dass eine vollständige Integration nicht ohne den Erwerb der vollständigen Organisation möglich wäre.	...die Zielressource nicht unternehmensspezifisch ist, so dass eine vollständige Integration der Zielressource auch ohne vollständigen Erwerb der bisherigen Organisation möglich ist.

Entscheidungsparameter	Kooperation, wenn...	Integration, wenn...
Synergien	...Synergien auch ohne das physische Zusammenlegen von Ressourcen oder vorrangig durch die Kombination weicher Ressourcen (Personal etc.) erreicht werden können, da in diesem Fall der stringentere Durchsetzungsmechanismus der hierarchischen Organisationsform im Vergleich weniger Vorteile hat.	...Synergien durch das physische Zusammenlegen von Ressourcen oder durch den Abbau erheblicher Überkapazitäten geschaffen werden sollen, da hier der stringentere Durchsetzungsmechanismus der hierarchischen Organisationsform unverzichtbar zur effizienten und zügigen Erreichung der Synergieziele ist.

III. Ausblick

Die Auswertung und Darstellung der verschiedenen Entscheidungsdeterminanten für die Organisationswahl im Rahmen dieser Arbeit hat gezeigt, dass es sich bei Organisationswahlentscheidungen um komplexe, multikausale Entscheidungsvorgänge handelt, denen oftmals eine Vielzahl von Entscheidungsdeterminanten zu Grunde liegt, die die jeweiligen Entscheidungsträger ihrer Organisationswahl teilweise bewusst, teilweise aber auch unbewusst zu Grunde legen. Ziel weiterer Untersuchungen – die vor dem Hintergrund der konkreten Fragestellung im Rahmen dieser Arbeit nicht zu leisten waren – könnte die empirische Untersuchung konkreter Organisationswahlentscheidung im Hinblick auf Multikausalität und Multifaktorialität der für die jeweilige Entscheidung konkret ursächlichen Entscheidungsdeterminanten sein. Hierbei wäre durch die Analyse konkreter Entscheidungsvorgänge, etwa im Wege des Gesprächs mit den jeweiligen Entscheidungsträgern[102] oder durch die Auswertung der entsprechenden Entscheidungsdokumentation[103], das Zusammenwirken und die Interdependenz der verschiedenen Entscheidungskriterien in unterschiedlichen situativen Kontexten herauszuarbeiten.

---

102 Vgl. diese Methode bei *Hoffmann/Schaper-Rinkel*, Management International Review, Vol. 41,2 (2001) zu jeweils einzelnen, isoliert betrachteten Entscheidungskriterien.
103 Soweit hier aufgrund der meist auch im Nachhinein noch vertraulichen Natur aufschlussreiche Einblicke zu erhalten sind.

Bilanzielle und steuerliche Behandlung eines negativen Kaufpreises beim Unternehmenskauf

Von Christopher Krois, EMBA

A. Einführung

I. Grundproblematik: „Im Leben gibt es nichts geschenkt"...

...sagt der Volksmund trefflich. Mit diesem Sprichwort scheint es indes schwer vereinbar, wenn werthaltige Unternehmen – oftmals in Zeiten allgemeiner konjunktureller Krise – zum symbolischen Euro[1] oder gar noch gegen Zuzahlung des Veräußerers gleichsam „verscherbelt" werden. Teilweise[2] werden Unternehmenstransaktionen gegen Zahlung eines sog. negativen Kaufpreises durch den Veräußerer daher als „rational nicht erklärbar"[3] eingestuft. Sie seien einzig durch die stärkere Verhandlungsposition des Käufers begründet, der ein günstiges Geschäft gemacht habe (sog. *lucky buy*). Diese Sichtweise deckt sich mit der ausdrücklichen Regelung zur Behandlung negativer Kaufpreise in IFRS 3.56 (b) und IFRS 3.57 (c).

Die Rechtsprechung des BFH und die wohl überwiegende Auffassung in der Literatur sehen das für die Handels- und Steuerbilanz, wo es an einer ausdrücklichen gesetzlichen Regelung zu negativen Kaufpreisen fehlt, jedoch anders. Sie bemühen einen recht einfachen Gedanken, der schon *Hieronymus* im 4. Jahrhundert nach Christus geläufig war: *Merx ultronea putet* – geschenkte Ware stinkt.[4] Oder anders formuliert: Weil sich rational handelnde Marktteilnehmer in der Tat nichts schenken, muss der Zuzahlung des Veräußerers ein (hiermit vergüteter) Nachteil auf Seiten des Erwerbers korrespondieren.

---

1   Im angloamerikanischen Sprachrauch ist dann die Rede von sog. One-Dollar-Deals.
2   Vgl. hierzu ausführlich unter B. II.
3   *Siegel/Bareis*, Der „negative Geschäftswert" – eine Schimäre als Steuersparmodell?, DB 1993, 1477 (1479).
4   *Hieronymus*, Epistula 26, 5: „Tritum quippe est proverbium: Ultroneas putere merces." („Es ist nämlich ein geläufiges Sprichwort, dass geschenkte Waren stinken.")

Nach dieser Sichtweise ist die Zahlung eines negativen Kaufpreises für ein Unternehmen typischerweise darin begründet, dass dessen Fortführung nach Einschätzung der Parteien mit künftigen Verlusten oder Mindereinnahmen verbunden ist, die der Veräußerer dem Erwerber durch Barzahlung ausgleicht.

II. Gang der Untersuchung sowie Stand von Rechtsprechung und Wissenschaft

Zwischen diesen beiden Polen bewegt sich das unterschiedliche Verständnis zur Zahlung eines negativen Kaufpreises. Es ist wichtig, sich im Folgenden diese Grundproblematik stets vor Augen zu halten, da sie sich bei genauerem Hinsehen wie ein roter Faden durch sämtliche diskutierten Streitfragen um die bilanzielle und steuerliche Behandlung eines negativen Kaufpreises beim Unternehmenskauf zieht. Aus diesem Grund soll zunächst dargelegt werden, welche Konstellationen mit dem – häufig recht unspezifisch verwendeten – Begriff „negativer Kaufpreis" im Einzelnen gemeint sind, welche ökonomischen Überlegungen ihnen zugrunde liegen und inwiefern sie sich von Vergütungen für sonstige Leistungen des Erwerbers abheben (dazu B.). Erst auf dieser Grundlage lässt sich sodann die bilanzielle und steuerliche Behandlung eines negativen Kaufpreises im Einzelnen fundiert diskutieren (dazu C.). Entsprechend dem zeitlichen Ablauf einer Transaktion wird dabei zunächst die Erfassung beim Veräußerer (dazu I.) sowie beim Erwerber im laufenden Geschäftsjahr (dazu II.) und schließlich in den Folgeperioden dargestellt (dazu III.). Während sich für den Veräußerer v.a. die Frage nach der ertragsteuerlichen Behandlung und dabei der Abgrenzung zu Zahlungen für sonstige Leistungen stellt, erweist sich aus Erwerbersicht bereits die Bilanzierung als problematisch, da es – anders als für die Konsolidierung nach HGB und IFRS (dazu IV.) – sowohl in den handelsrechtlichen Regelungen zum Einzelabschluss als auch im EStG an einer gesetzlichen Regelung bezüglich negativer Kaufpreise fehlt.

Literatur und Rechtsprechung haben diese Problematik gleichsam etappenweise aufgearbeitet: Nachdem bereits in den 70er Jahren die Bilanzierung als negativer Geschäftswert diskutiert[5] und vom BFH[6] 1981 verworfen wurde, entzündete sich erst Anfang der 90er Jahre anlässlich eines gegenläufigen Urteils des FG Niedersachsen[7] zum Erwerb eines Mitunternehmeranteils gegen Zuzahlung des Veräußerers erneut eine (teils hitzige) Diskussion.[8] Ihren Abschluss fand sie darin, dass der BFH[9] in der Revision die

---

5   Vgl. *Sauer*, Negativer Geschäftswert in der Steuerbilanz?, FR 1974, 125 ff.; *Heinze/Roolf*, Die Behandlung des derivativen negativen Geschäftswerts in der Handels- und Steuerbilanz sowie bei der Einheitsbewertung, DB 1976, 214 ff.; *Maas*, Zur Existenzberechtigung des „negativen Geschäftswerts", DB 1976, 553 ff.

6   BFH vom 19.02.1981, DStR 1981, 627 f.

7   Vgl. FG Niedersachsen vom 24.10.1991, DB 1993, 68 ff.

8   Ausgehend von *Bachem*, Berücksichtigung negativer Geschäftswerte in Handels-, Steuer- und Ergänzungsbilanz, BB 1993, 967 ff. mit mehrfachen kontroversen Erwiderungen und Repliken im BB: *Siegel/Bareis*, BB 1993, 1477 ff.; *Bachem*, Der „negative Geschäftswert" – eine Schimäre als Steuersparmodell – Replik auf Siegel/Bareis, BB 1993, 1976 ff.; *Ott*, Negativer Firmenwert bei Abfindung eines Mitunternehmers unterhalb des Buchwerts?, BB 1993, 2191 ff.; *Siegel/Bareis*, Zum „negativen Geschäftswert" in Realität und Bilanz, BB 1994, 317 ff.; *Ossadnik*, Zur Diskussion um den „negativen Geschäftswert", BB 1994, 747 ff.; *Bachem*, Zur Diskussion um den negativen Geschäftswert – Überlegungen zum Beitrag von Ossadnik, BB 1995, 350 ff.; *Ossadnik*, Zur Diskussion um den „negativen Geschäftswert" – Stellungnahme zum Beitrag von Bachem, BB 1995, 1527 ff. Vgl. ferner *Moxter*, Bilanzrechtliche Probleme beim Geschäftswert oder Firmenwert, in: Bierich, Markus/Hommelhoff, Peter / Kropff, Bruno (Hrsg.), Festschrift für Johannes Semler zum 70. Geburtstag, 1993, S. 853 (855 ff.) sowie *Siegel*, Zum Geheimnis des „negativen Geschäftswerts", StuW 1995, 390 ff.

9   BFH vom 21.04.1994, BB 1994, 1602 ff. – bermerkenswerterweise wird dort mit keinem Wort auf die in Fn. 8 nachgewiesene Diskussion eingegangen.

Bilanzierung als negativen Geschäftswert wiederum ablehnte und in Fällen mangelnden Abstockungspotenzials für den Ausweis eines passiven Ausgleichspostens plädierte, was er 2006 zuletzt auf den Erwerb von Anteilen an einer Kapitalgesellschaft übertrug.[10] In jüngster Zeit und anknüpfend an das Urteil von 2006 hat sich die wissenschaftliche Diskussion v.a. auf die – höchstrichterlich[11] noch nicht geklärte – Frage fokussiert, wann und ggf. inwiefern dieser passive Ausgleichsposten in der Zukunft aufzulösen ist.[12] Aufbauend auf einer kritischen Analyse der bisherigen BFH-Rechtsprechung zur Bildung eines passiven Ausgleichspostens soll daher versucht werden, ein stimmiges Konzept zu entwickeln, das auch eine Antwort auf diese Frage erlaubt.

B.   Grundlagen

Zunächst gilt es somit zu klären, welche Konstellationen mit dem – bei genauerer Betrachtung recht undifferenziert verwendeten – Begriff „negativer Kaufpreis" gemeint sind (dazu I.). Hiervon ausgehend soll der bereits angedeutete, umstrittene ökonomische Hintergrund negativer Kaufpreiszahlungen erörtert werden (dazu II.). Abschließend wird der negative Kaufpreis von Vergütungen für sonstige Leistungen des Erwerbers abgegrenzt, was sich im Folgenden v.a. für die ertragsteuerliche Behandlung als relevant erweisen wird (dazu III.).

I.   Begriffsdefinition – warum Barzahlung nicht gleich Barzahlung ist

Anders als man auf den ersten Blick vermuten mag, ist eine bloße Barzahlung des Verkäufers an den Käufer gerade nicht gleichbedeutend mit der hier interessierenden Problematik des sog. negativen Kaufpreises. Man sollte die Begriffe „negativer Kaufpreis" und „Bar- oder Zuzahlung" des Veräußerers daher nicht ohne weiteres gleich setzen.[13] Das zeigt sich schon daran, dass unter dem Stichwort „negativer Kaufpreis" (zu Recht) auch die eingangs erwähnten sog. One-Dollar-Deals diskutiert werden, bei denen der Verkäufer gerade keine Barzahlung erbringt.

Im Folgenden soll daher zunächst eine praktikable Definition des negativen Kaufpreises unter Herausbildung bestimmter Fallgruppen erfolgen. Auszugehen ist dabei von der Vorgabe, dass wissenschaftliche Begriffe keinen Selbstzweck erfüllen, sondern der „Klärung und Abgrenzung bestimmter sachlicher Probleme [dienen]; erst aus dem

---

10 BFH vom 26.04.2006, BB 2006, 1957 ff.
11 Vgl. aber jüngst FG Düsseldorf vom 15.12.2010, BB 2011, 433 f.
12 Vgl. etwa *Schulze-Osterloh*, Passiver Ausgleichsposten beim Erwerb von Anteilen an einer Kapitalgesellschaft gegen Zuzahlung des Verkäufers, BB 2006, 1955 f.; *Roser/Haupt*, Negative Kaufpreise – der BFH lässt viele Fragen offen, GmbHR 2007, 78 ff.; *Ernsting*, Bilanzierung eines negativen Kaufpreises im Rahmen eines Unternehmenserwerbs, GmbHR 2007, 135 ff.; *Meier/Geberth*, Behandlung des passiven Ausgleichspostens („negativer Geschäftswert") in der Steuerbilanz, DStR 2011, 733 ff.; *Preißer/Bressler*, Bilanzierungsfragen beim negativen Geschäftswert im Falle des Share Deal, BB 2011, 427 ff.; *Preißer/Preißer*, Negativer Geschäftswert beim Asset Deal – Handelsrechtliche Überlegungen unter Einbeziehung der Steuersituation der Beteiligten, DStR 2011, 133 ff.; *Prinz*, Negativer Kaufpreis: Ein steuerbilanzielles Sonderphänomen, FR 2011, 373 f.; *Scheunemann/von Mandelsloh/Preuß*, Negativer Kaufpreis beim Unternehmenskauf – Bilanzielle und steuerliche Behandlung, DB 2011, 201 ff. sowie *Scheunemann/Preuß*, Auflösung passiver Ausgleichsposten nach Erwerb von Mitunternehmeranteilen mit negativem Kaufpreis, DB 2011, 674 ff.
13 So aber bspw. *Kreidl/Schreiber*, BB-Kommentar zu BFH vom 26.04.2006 – Bildung eines passiven Ausgleichspostens bei Beteiligungserwerb gegen Zuzahlung des Veräußerers (negativer Kaufpreis), BB 2007, 87.

besonderen Funktionszusammenhang, in dem sie gebraucht werden, erhalten sie daher [...] ihren genauen Umfang."[14] Entscheidend ist also die bereits eingangs geschilderte Grundproblematik, die mit dem Begriff „negativer Kaufpreis" umschrieben werden soll. Sie kann – in einer ersten Näherung – grob mit der Frage umrissen werden, wie der Erwerb eines Unternehmens weit unterhalb seines „eigentlichen Wertes" bilanz- und steuerrechtlich einzuordnen ist – als Anschaffungsertrag des verhandlungsstärkeren Erwerbers (*lucky buy*) oder aber als neutraler Anschaffungsvorgang, der auf der Erwartung künftiger Verluste gründet. Für eine genauere Untersuchung bietet es sich an, im Folgenden zwischen dem Erwerb von Wirtschaftsgütern (Asset Deal; dazu 1.) und dem Beteiligungserwerb bei *Kapital*gesellschaften[15] (Share Deal; dazu 2.) zu differenzieren.

1. Negativer Kaufpreis beim Asset Deal

Im Rahmen eines Asset Deals kann die Vereinbarung einer Barzahlung des Verkäufers dann unproblematisch sein, wenn nicht nur Aktiva, sondern auch Passiva – *ipso iure*[16] oder im Wege freiwilliger Schuldübernahme – auf den Erwerber übergehen: Entspricht die Barzahlung des Verkäufers der negativen Differenz zwischen dem Zeitwert der erworbenen Aktiva und übergegangenen Passiva, ergeben sich bilanziell und steuerlich keinerlei Besonderheiten. Diese Konstellation mag man als verdeckten positiven Kaufpreis bezeichnen.

Nur wenn die Barzahlung des Verkäufers den Betrag des *negativen* Zeitwerts des Unternehmens übersteigt (Konstellation 1 in Abb. 1), kommt es zur eingangs geschilderten Problematik. In der Literatur wird die Differenz zwischen Barzahlung des Verkäufers und Betrag des negativen Zeitwerts vereinzelt als sog. Aufgeld[17] bezeichnet, wodurch an den Sprachgebrauch bei der Überpariemission[18] angespielt wird. Hier wird dagegen vorge-schlagen, sie als offenen negativen Kaufpreis zu bezeichnen. Zu dieser Konstellation rechnen darüber hinaus Barzahlungen des Verkäufers trotz *positivem* Zeitwert des Unternehmens; hier umfasst der negative Kaufpreis nicht nur die Barzahlung des Verkäufers, sondern zusätzlich den nicht vergüteten positiven Zeitwert (Konstellation 2 in Abb. 1).

---

14 *Canaris*, Die Feststellung von Lücken im Gesetz, 2. Aufl. 1983, § 2 = S. 15.

15 Für die Beteiligung an einer *Personen*gesellschaft ist dagegen zu differenzieren: Handelsrechtlich wird sie als einheitlicher Vermögensgegenstand in der Bilanz des Erwerbers angesetzt (vgl. BFH vom 23.07.1975, WM 1976, 391 f.; *Dietel*, Bilanzierung von Anteilen an Personengesellschaften in Handels- und Steuerbilanz, DStR 2002, 2140 (2140 f.); *Grottel/Gadek*, in: Beck'scher Bilanzkommentar, 8. Aufl., 2012, § 255 HGB Rn. 141 m.w.N.); insoweit gelten die Ausführungen zum Share Deal. Steuerrechtlich werden dagegen ideelle Anteile an den Aktiva und Passiva erworben und Wertkorrekturen aus dem Anschaffungsvorgang im Rahmen der Ermittlung des Gewinnanteils nach § 15 Abs. 1 Satz 1 Nr. 2 EStG über eine Ergänzungsbilanz des Gesellschafters erfasst, vgl. BFH vom 20.06.1985, BB 1985, 2024; *Altendorf*, in: Breithaupt/Ottersbach, Kompendium Gesellschaftsrecht, 2010, § 1 Rn. 93; *Gschwendtner*, Veräußerung eines Kommanditanteils und negatives Kapitalkonto in der Gesamtbilanz der Mitunternehmerschaft, DStR 1995, 914 (915) m.w.N.; für die Ergänzungsbilanz gelten daher die Ausführungen zum Asset Deal.

16 So bspw. im Fall der Firmenfortführung nach § 25 Abs. 1 Satz 1 HGB oder infolge Betriebsübergangs gemäß § 613a Abs. 1 Satz 1 BGB.

17 So etwa *Preißer/Bressler*, BB 2011, 417; *Preißer/Preißer*, DStR 2011, 133; *Scheunemann/von Mandelsloh/Preuß*, DB 2011, 201 („Draufgeld").

18 Treffender wäre der Anklang an das sog. Abgeld (Disagio), also die Emission *unterhalb* des Nennbetrags.

Umgekehrt kann auch bei einer Barzahlung des Käufers ein negativer Kaufpreis vorliegen – nämlich dann, wenn dieser hinter dem positiven[19] Zeitwert des Unternehmens zurückbleibt, wie etwa im Extremfall der sog. One-Dollar-Deals. Diese Konstellation lässt sich als verdeckter negativer Kaufpreis bezeichnen; er umfasst die Differenz zwischen positivem Zeitwert des Unternehmens und Barzahlung des Käufers.

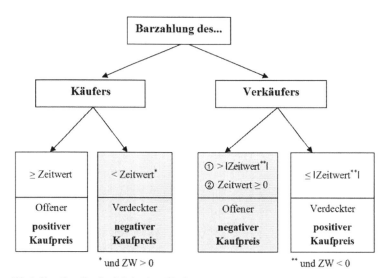

Abb. 1: Negativer Kaufpreis beim Asset Deal

Wie in der vorstehen Grafik zusammenfassend veranschaulicht, liegt beim Asset Deal somit ein negativer Kaufpreis dann vor, wenn der Zeitwert der Leistung des Käufers (Übernahme von Passiva und ggf. Barzahlung) hinter dem Zeitwert der Leistung des Verkäufers (Übertragung von Aktiva und ggf. Barzahlung) zurückbleibt.[20] Diese Definition entspricht der Sache nach derjenigen des von Teilen der Literatur für bilanzierungsfähig erachteten negativen (derivativen) Geschäftswerts[21] – was die enge Verknüpfung der Diskussion um negative Kaufpreiszahlungen mit dem negativen Geschäftswert erklärt.

2.   Negativer Kaufpreis beim Share Deal

Zunächst liegt auch beim Share Deal ein verdeckter negativer Kaufpreis vor, wenn der *Käufer* eine Barzahlung leistet und diese hinter dem positiven Zeitwert des Anteils zurückbleibt. Anders als beim Asset Deal ist eine Barzahlung des *Verkäufers* jedoch *stets*

---

19   Ist der Zeitwert negativ, ist die Barzahlung des Käufers stets ein positiver Kaufpreis.
20   Der Sache nach ebenso *Adler/Düring/Schmalz*, Rechnungslegung und Prüfung der Unternehmen, Teilband 1, 6. Aufl. 1995, § 255 HGB Rn. 294; *Prinz*, FR 2011, 373; *Scheunemann/von Mandelsloh/Preuß*, DB 2011, 201 (202).
21   Bspw. nennt *Gießler*, Der negative Geschäftswert in Handels-, Steuer- und Ergänzungsbilanz, Frankfurt 1982, S. 29 die Gegenleistung des Käufers „Minderkaufpreis", bezeichnet die Differenz zwischen Zeitwert des Unternehmens und Minderkaufpreis jedoch als negativen Geschäftswert.

problematisch,[22] da die Beteiligung an einer Kapitalgesellschaft ein eigenständiges Wirtschaftsgut darstellt, das beim Erwerber selbst bei Überschuldung der gehaltenen Gesellschaft nicht mit einem negativen Wert bilanziert werden kann.[23]

Beim Share Deal liegt ein negativer Kaufpreis folglich selbst dann vor, wenn die Barzahlung des Verkäufers allein darauf gründet, dass das erworbene Unternehmen überschuldet ist, also keine Differenz zwischen negativem Zeitwert des Anteils am überschuldeten Unternehmen und Barzahlung des Veräußerers besteht.[24] Auch in diesem Fall stellt sich die eingangs angesprochene Grundproblematik, wie die Barzahlung des Veräußerers bilanziell und steuerlich zu erfassen ist. Ohne den Streit um die Erfassung des negativen Kaufpreises beim Erwerber in der Sache vorwegnehmen zu wollen, sei bereits hier[25] der Hinweis gestattet, dass die Problematik des negativen Kaufpreises schon mit Blick auf den Share Deal ganz offensichtlich nicht deckungsgleich mit der Diskussion über die Bilanzierungsfähigkeit des negativen Geschäftswerts sein kann.[26]

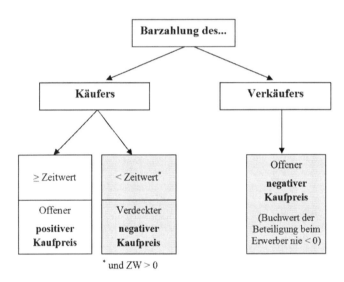

Abb. 2: Negativer Kaufpreis beim Share Deal

22   Gleiches gilt, wenn der Käufer mehrere Konzerngesellschaften zu einem Gesamtkaufpreis erwirbt und im Rahmen der Allokation nur auf einzelne Gesellschaften ein negativer Wert entfällt, vgl. *Kreidl/Schreiber*, BB 2007, 87 (88).

23   Vgl. statt vieler *Schulze-Osterloh*, BB 2006, 1955; *Preißer/Bressler*, BB 2011, 417 und dort bei und in Fn. 7 sowie in Fn. 11.

24   Vgl. auch *Scheunemann/von Mandelsloh/Preuß*, DB 2011, 201 (202), die darlegen, dass sich ein negativer Kaufpreis auch erst *ex post* ergeben kann, wenn bspw. Gewährleistungs- oder Garantieansprüche des Erwerbers per Saldo zu einer Barzahlung des Veräußerers führen.

25   Zu diesem Aspekt noch unter C. II. 2.

26   So aber z.B. *Gießler*, Der „passive Ausgleichsposten" in der Bilanz – nichts anderes als ein negativer Geschäftswert?, DStR 1995, 699 (700 f.): „Ein passiver Ausgleichsposten ist ein negativer Geschäftswert. [...] Der Verfasser kann [Unterschiede] nicht entdecken."

3. Fazit zum Begriff des negativen Kaufpreises

Dass eine Barzahlung des *Verkäufers* stets zur Problematik des sog. negativen Kaufpreises führt, gilt zusammenfassend also nur für den Share Deal. Hieraus erklärt sich auch das verbreitete Missverständnis, Barzahlung des Veräußerers und negativer Kaufpreis seien gleichbedeutend.[27] Mit Blick auf die Konstellation des verdeckten negativen Kaufpreises bei Barzahlung des Käufers (bei Asset und Share Deal) sowie des verdeckten positiven Kaufpreises bei Barzahlung des Verkäufers (nur beim Asset Deal) erweist sich diese Gleichsetzung – wie gesehen – als nicht haltbar.

Auch wenn die hier erarbeiteten Fallgruppen des negativen Kaufpreises an die allgemein mit dem Begriff bezeichnete Grundproblematik anknüpfen und sich auch im Einzelnen mit dem Begriffsverständnis anderer Autoren decken,[28] mag man für die Zukunft doch darüber nachdenken, zur Vermeidung irreführender Missverständnisse[29] eher von einem (offenen oder verdeckten) negativen *Unterschiedsbetrag* zu sprechen.[30]

II. Ökonomischer Hintergrund

Wie eingangs bereits angeklungen, wird die Zahlung eines negativen Kaufpreises ökonomisch unterschiedlich gedeutet. Das ist deshalb von Bedeutung, weil ausgehend von dem jeweils für „richtig" erachteten Realmodell Rückschlüsse gezogen werden auf die bilanz- und steuerrechtliche Behandlung negativer Kaufpreise.[31] Blendet man Bewertungsfehler und die soeben dargelegte Problematik um die Bilanzierung des Anteils an einer überschuldeten Kapitalgesellschaft (als streng genommen rechtliche Ursachen) aus, so lassen sich aus ökonomischer Sicht zwei unterschiedliche Erklärungsansätze für negative Kaufpreise identifizieren:[32] Zum einen kann – etwa bei dringendem Liquiditätsbedarf des Veräußerers – die stärkere Verhandlungsposition des Käufers schlichtweg dazu führen, dass er einen günstigen Kauf (*lucky buy*) tätigt; zum anderen ist denkbar, dass die Parteien im Kaufpreis zukünftig erwartete Verluste oder Mindereinnahmen – bspw. wegen nicht marktgerechter Produkte, veralteter Anlagen oder unqualifizierter Mitarbeiter – bereits berücksichtigt haben.

Gegen letztere Interpretation wenden sich v.a. *Siegel/Bareis*: Sie argumentieren, dass ein rational handelnder Unternehmer einer Veräußerung unter dem Zeitwert stets die

---

27 Dagegen bspw. auch *Scheunemann/von Mandelsloh/Preuß*, DB 2011, 201 (202): „Nicht jede Zuzahlung des Verkäufers ist jedoch auch ein „negativer" Kaufpreis und nicht in jedem Fall einer Barzahlung des Käufers an den Verkäufer liegt ein „positiver" Kaufpreis vor."

28 Ähnliche Grundkonzeption bspw. bei *Gießler*, (o. Fn. 21), S. 29; *Prinz*, FR 2011, 373; *Scheunemann/von Mandelsloh/Preuß*, DB 2011, 201 (202).

29 Paradigmatisch ist etwa das Missverständnis um den Begriff „Minderkaufpreis" zwischen *Gießler*, DStR 1995, 699 und *Pusecker/Schruff*, BB 1996, 735, dort Fn. 2 – was *Gießler*, Der negative Geschäftswert – Bilanzielle Anerkennung und Behandlung, BB 1996, 1759, dort Fn. 4 zu einer Klarstellung veranlasst.

30 Vgl. *Möhrle*, Ökonomische Interpretation und bilanzielle Behandlung eines negativen derivativen Geschäftswertes, DStR 1999, 1414, der an die Legaldefinition des positiven Geschäftswerts in § 246 Abs. 1 Satz 4 HGB anknüpft. Wie soeben dargelegt, handelt es sich allerdings nur um einen sprachlichen Anklang.

31 Vgl. zu diesem Zusammenhang *Ossadnik*, BB 1995, 1527 (1527 u. 1530).

32 Statt vieler *Geiger*, Interpretation des negativen Geschäftswerts im Rahmen einer ökonomischen Analyse, DB 1996, 1533 (1533 f.); *Winnefeld*, Bilanz-Handbuch, 4. Aufl. 2006, Kapitel M Rn. 480.

Liquidation vorziehen werde.[33] Vordergründig scheint es tatsächlich so, dass der Inhaber eines Unternehmens für den Fall der Entrichtung eines Kaufpreises unterhalb des Zeitwerts in der Tat besser stünde, wenn er das Unternehmen nicht als Ganzes, sondern vielmehr die Vermögensgegenstände einzeln veräußerte.[34] Und selbst wenn er sein Unternehmen unter Vereinbarung eines negativen Kaufpreises veräußerte, müsste der Erwerber – so argumentieren *Siegel/Bareis* weiter – unter diesen Vorzeichen, wenn er also feststellt, dass der Ertragswert des Unternehmens hinter dem Substanzwert zurückbleibt und damit ein Kapitalisierungsminderwert vorliegt,[35] seinerseits unverzüglich zur Liquidation schreiten und hierdurch „den Zeitwert des Eigenkapitals realisieren.“[36]

Diese Argumentation ist nur auf den ersten Blick stimmig und zeigt, dass es in der Tat Situationen geben kann, in welchen der Käufer aufgrund einer besseren Verhandlungssituation schlichtweg einen *lucky buy* getätigt hat. Das Erklärungsmodell, das auf der Antizipation künftiger Verluste fußt, vermag sie indes nicht zu widerlegen. Dieses lässt sich ökonomisch nämlich dadurch begründen, dass auch eine Liquidation mit erheblichen Kosten verbunden sein kann – so bspw., wenn im Rahmen eines Personalabbaus Abfindungs- und Sozialplankosten anfallen[37] oder wenn aufgrund von Haftungsregeln im Umweltbereich erhebliche Stilllegungskosten entstünden.[38] Mindern diese Kosten den Liquidationswert, so wird auch ein rational handelnder Veräußerer einer Vergütung künftiger Verluste zustimmen, wenn er hierdurch noch einen Wert oberhalb des dergestalt belasteten Liquidationswerts erzielt. Und auch der Erwerber wird das Unternehmen nicht liquidieren, wenn die damit einhergehenden Kosten dazu führen, dass der Liquidationswert (ggf. zuzüglich der Barzahlung des Veräußerers) unterhalb des von ihm ermittelten Ertragswerts bei Fortführung unter Tragung bspw. von Sanierungsaufwendungen[39] liegen. Denkbar ist schließlich auch der (seltenere Fall), dass eine Liquidation deshalb ausscheidet, weil der Erwerber eine Pflicht zur Fortführung übernommen hat.[40] Zusammenfassend lässt sich somit festhalten, dass beide Realmodelle für negative Kaufpreise ihre Berechtigung haben: Hinter einem negativen Kaufpreis kann nicht nur ein günstiger Kauf des Erwerbers (*lucky buy*) stehen, sondern auch die Kompensation zukünftig erwarteter Verluste oder Mindereinnahmen durch den Veräußerer.

---

33 *Siegel/Bareis*, BB 1993, 1477 (1479); *dies.*, BB 1994, 317 (318 f.). Zuvor bereits ganz ähnlich *Maas*, DB 1976, 553 (553 f.); *Maassen*, Die neuen Thesen des BFH zur Berechnung des Teilwerts des Geschäftswerts, FR 1977, 465 (467); *Sieben*, Zur Wertfindung bei der Privatisierung von Unternehmen in den neuen Bundesländern durch die Treuhandanstalt, DB 1992, 2041 (2044).

34 Deshalb greift die Erklärung von *Hoffmann*, Negativer Unternehmenskaufpreis, StuB 2011, 121 etwas „Wertloses kauf[e] niemand“, zu kurz.

35 Vgl. *Wöhe*, Zur Bilanzierung und Bewertung des Firmenwertes, StuW 1980, 89 (92); *Gießler*, BB 1996, 1759 (1759 f.).

36 *Siegel/Bareis*, BB 1993, 1477 (1479).

37 So bereits *Heinze/Roolf*, DB 1976, 214. Ebenso *Bachem*, BB 1993, 1976; *Beck/Oser/Pfitzer/Wollmert*, Aktuelle Fragen der Rückstellungsbilanzierung, DB 1994, 2557 (2565): bei *Siegel/Bareis* sei wohl „zuvörderst der Wunsch der Vater des Gedankens“; *Gießler*, (o. Fn. 21), S. 42 ff.; *Mujkanovic*, Der negative Geschäftswert in der Steuerbilanz des Erwerbers eines Betriebs oder Mitunternehmeranteils, WPg 1994, 522 (524).

38 Dazu *Geiger*, DB 1996, 1533; *Hoffmann*, Anmerkung zu BFH vom 26.04.2006 – Beteiligungserwerb gegen Zuzahlung des Veräußerers, DStR 2006, 1315.

39 Vgl. dazu *Lubos*, Besonderheiten bei der Übernahme von Krisenunternehmen – Praxisprobleme bei Due Diligence, Risiko- und Kaufpreisermittlung, DStR 1999, 951 (955 f.).

40 Vgl. *Heinze/Roolf*, DB 1976, 214; *Hofer*, Negativer Kaufpreis beim Unternehmenskauf – Gestaltungsmöglichkeiten zur Absicherung der Verkäuferinteressen, BB 2013,972 (973); *Flies*, Gibt es einen „negativen Geschäftswert“?, DStZ 1997, 660 (662) – auch zum faktischen Fortführungszwang aufgrund politischer Notwendigkeiten.

III. Abgrenzung zu sonstigen Leistungen nach HGB/EStG und IFRS

Abzugrenzen ist der negative Kaufpreis schließlich von der Vergütung für eine sonstige Leistung des Erwerbers, die lediglich im Rahmen oder aus Anlass des Veräußerungsprozesses erfolgt. Sie ist nicht Bestandteil des eigentlichen Anschaffungsvorgangs und folglich unstreitig erfolgswirksam zu vereinnahmen.[41] Was die Bilanzierung nach HGB und EStG anbelangt, ist diese Abgrenzungsproblematik in Rechtsprechung und Literatur bislang lediglich gestreift worden. Anlass hierfür gaben erstmals Ausführungen in einem Urteil des BFH aus dem Jahr 2006 betreffend den Erwerb eines Kapitalgesellschaftsanteils: Dort äußerte der BFH die Vermutung,[42] die erfolgte Barzahlung des Veräußerers könnte auch darin begründet liegen, dass die Erwerberin bestehende Sicherheiten des Veräußerers zugunsten der veräußerten Kapitalgesellschaft ablöste, indem sie sich selbstschuldnerisch für deren Bankverbindlichkeiten verbürgte.[43]

Anders formuliert war also denkbar, dass die Barzahlung des Veräußerers (zumindest zum Teil) Gegenleistung für die Risikoübernahme durch die Erwerberin als ein vom Anschaffungsvorgang zu trennendes Leistungselement war.[44] Für Kapitalgesellschaften ist das eine durchaus nicht unübliche Konstellation:[45] Da deren Gesellschafter nicht persönlich haften, Verluste der Kapitalgesellschaft also – abgesehen von den Liquidationskosten – nicht zu tragen verpflichtet sind, müssen sie in der Praxis für die Fremdfinanzierung der Gesellschaft typischerweise Sicherheiten bestellen. Werden diese im Rahmen des Veräußerungsprozesses vom Erwerber abgelöst, hat der Veräußerer das regelmäßig zu vergüten. Diese Vergütung ist folglich nicht Bestandteil des negativen Kaufpreises, sondern isoliert zu beurteilen. Eine separate Leistung scheidet m.E. jedoch aus, wenn die Barzahlung des Veräußerers nachweislich allein darauf beruht, dass die erworbene Kapitalgesellschaft überschuldet ist.[46]

Noch wenig geklärt ist bislang allerdings, ob diese isolierende Betrachtungsweise auf andere Konstellationen auszuweiten ist, und nach welchen Kriterien dies ggf. zu erfolgen hat. In der Literatur wird bspw. vertreten, dass auch die Verpflichtung zur Schließung des übernommenen Unternehmens eine separat zu vergütende Dienstleistung darstellt; gleiches soll gelten, wenn die Veräußerung den Zweck hat, das Image des Veräußerers beim nachfolgenden Personalabbau zu schonen.[47] Dem negativen Kaufpreis sollen dagegen all jene Vergütungen des Veräußerers zuzurechnen sein, die „in einem inneren Zusammenhang mit dem negativen Zustand des zu übertragenden Kaufgegenstandes stehen und einen Wertausgleich für übernommene wirtschaftliche Nachteile darstellen."[48]

---

41   Vgl. nur BFH vom 26.04.2006, BB 2006, 1957 (1958); *Scheunemann/von Mandelsloh/Preuß*, DB 2011, 201 (202).

42   Zur weiteren Aufklärung des Sachverhalts wurde die Rechtssache an die Vorinstanz zurückverwiesen.

43   Vgl. BFH vom 26.04.2006, BB 2006, 1957 (1958).

44   Dem BFH zustimmend *Heger*, jurisPR-SteuerR 34/2006, Anm. 2; *Kreidl/Schreiber*, BB 2007, 87 (88); *Ernsting*, GmbHR 2007, 135 (136); *Hoffmann*, Negative Anschaffungskosten, PiR 2007, 118 (119); *Preißer/Bressler*, BB 2011, 427 (429); *Scheunemann/von Mandelsloh/Preuß*, DB 2011, 201 (202).

45   Vgl. *Heger*, jurisPR-SteuerR 34/2006, Anm. 2.

46   Vgl. zu diesem Aspekt bereits oben B. I. 2.

47   So *Ernsting*, GmbHR 2007, 135 (136); zustimmend *Scheunemann/von Mandelsloh/Preuß*, DB 2011, 201 (202).

48   *Roser/Haupt*, GmbHR 2007, 78 (79 f.).

Diese Vorgaben sind freilich kaum subsumtionsfähig und lassen weitgehend offen, unter welchen generellen Voraussetzungen und in welcher Höhe eine Vergütung für eine sonstige Leistung anzunehmen ist. In diesem Zusammenhang bietet sich jedoch ein Rückgriff zur weiter fortgeschrittenen Diskussion betreffend die parallele Abgrenzung nach den IFRS an:[49] Dort ist IAS 18.13 zunächst zu entnehmen, dass ein formal einheitliches Geschäft bilanzrechtlich als eine Mehrzahl von Transaktionen zu würdigen sein kann (sog. Mehrkomponentengeschäft). Konkretisierend wird über IAS 8.12 auf die US-GAAP zurückgegriffen, wonach die eigenständige bilanzrechtliche Behandlung einer Komponente erfordert, dass sie dem Grunde wie der Höhe nach trennbar ist.[50] Das ist der Fall, wenn die in Rede stehende Leistung des Erwerbers einen selbständigen Nutzen hat, also am Markt auch isoliert erhältlich ist (Trennbarkeit dem Grunde nach), und ihr Marktwert verlässlich bestimmt werden kann (Trennbarkeit der Höhe nach). Wendet man diese Grundsätze z.B. auf die Verpflichtung des Erwerbers zur Übernahme und (begrenzten) Weiterbeschäftigung von Personal an, so folgt daraus ihre isolierte Erfassung als sonstige Leistung, da sie am Markt über eine Beschäftigungsgesellschaft ebenso isoliert erhältlich ist und insoweit auch ein Marktwert für diese Leistung bestimmbar ist.[51]

C. Bilanzielle und steuerliche Behandlung im Einzelnen

Aufbauend auf der Kategorisierung negativer Kaufpreise und deren ökonomischem Hintergrund soll im Folgenden nunmehr die bilanzielle und steuerliche Erfassung beim Veräußerer (dazu I.) sowie beim Erwerber im laufenden Geschäftsjahr (dazu II.) und in den Folgeperioden (dazu III.) näher untersucht werden. Der Fokus liegt dabei auf der – gesetzlich nicht näher geregelten und daher besonders umstrittenen – Einordnung in der Handels- und Steuerbilanz sowie der ertragsteuerlichen Behandlung. Zum Abschluss wird ein kurzer Vergleich zum ausdrücklichen Regelungskonzept in den IFRS sowie zur Konsolidierung nach den Vorgaben des HGB gezogen (dazu IV.).

I. Erfassung beim Veräußerer

1. Handelsrechtliche Bilanzierung

Handelsrechtlich ist die Differenz zwischen dem Buchwert der veräußerten Wirtschaftsgüter (Asset Deal) bzw. der Beteiligung (Share Deal) und dem vereinbarten Kaufpreis beim Veräußerer zunächst aufwandswirksam als sonstiger betrieblicher Aufwand auszubuchen. Hat der Veräußerer zusätzlich eine Barzahlung erbracht, so ist auch diese handelsrechtlich als sonstiger betrieblicher Aufwand zu behandeln.[52]

---

49 Ausführlich hierzu *Lüdenbach/Völkner*, Abgrenzung des Kaufpreises von sonstigen Vergütungen bei der Erst- und Entkonsolidierung – Unternehmenskaufverträge als Mehrkomponentengeschäfte, BB 2006, 1435 ff.

50 Vgl. *Lüdenbach*, Erlösrealisierung bei Mehrkomponentengeschäften nach IFRS und HGB/EStG, DStR 2006, 153 (154 f.); *Lüdenbach/Völkner*, BB 2006, 1435 (1437) sowie *Hoffmann*, PiR 2007, 118 (120) (im Einzelnen wird auf EITF 00-21 bzw. ab 15.06.2010 EITF 08-1 zurückgegriffen).

51 Ebenso *Lüdenbach/Völkner*, BB 2006, 1435 (1439), denen zufolge die Gegenleistung für die Übernahme durch den Erwerber typischerweise noch über den Kosten einer Beschäftigungsgesellschaft anzusetzen ist, da der Einsatz Letzterer nicht in gleichem Maße imagewahrend wirke.

52 Statt vieler *Preißer/Bressler*, BB 2011, 427 (429).

2. Besonderheiten in der Steuerbilanz

Mit Blick auf die Maßgeblichkeit der Handels- für die Steuerbilanz gemäß § 5 Abs. 1 Satz 1 EStG gelten diese Ausführungen auch für die Erfassung in der Steuerbilanz des Veräußerers.

3. Ertragsteuerliche Behandlung

Für die ertragsteuerliche Behandlung beim Veräußerer ist schließlich zwischen Asset Deal (dazu a.) und Share Deal (dazu b.) zu unterscheiden.[53] Wie bereits angedeutet, ist an dieser Stelle nochmals auf die Einordnung des entstehenden Aufwands als negativer Kaufpreis oder aber Vergütung für eine sonstige Leistung zurückzukommen,[54] da diese teils unterschiedliche ertragsteuerrechtliche Folgen zeitigt.

a.) Ertragsteuern beim Asset Deal

Geht es um die Veräußerung eines Einzelunternehmens oder einer Beteiligung an einer Personengesellschaft, so erleidet der Verkäufer – zunächst unabhängig von der Einordnung als negativer Kaufpreis oder Vergütung für eine sonstige Leistung – stets einen (Veräußerungs-)verlust aus Gewerbebetrieb i.S.d. § 16 Abs. 2 EStG bzw. § 15 Abs. 1 EStG (gegebenenfalls i.V.m. § 8 Abs. 1 Satz 1 KStG).[55]

Von Relevanz ist die Qualifikation des Aufwands allerdings für Zwecke der Gewerbesteuer, wenn eine juristische Person[56] einen Mitunternehmeranteil veräußert: Vergütungen für sonstige Leistungen sind der Ebene des *Veräußerers* zuzurechnen,[57] während ein negativer Kaufpreis gemäß § 7 Satz 2 Nr. 2 GewStG auf Ebene der *Personengesellschaft*[58] als Verlust[59] zu berücksichtigen ist.

b.) Ertragsteuern beim Share Deal

Wird dagegen ein Anteil an einer Kapitalgesellschaft veräußert, ist in mehrerlei Hinsicht zu differenzieren – zunächst danach, ob der Veräußerer eine Kapitalgesellschaft (dazu aa.) oder aber eine natürliche Person bzw. Personengesellschaft ist (dazu bb.).

---

53 Zur Drittvergleichsproblematik (§ 8 Abs. 3 KStG, § 1 AStG) vgl. die Ausführungen aus Erwerbersicht unter C. II. 4.
54 Vgl. dazu unter B. III.
55 Vgl. *Preißer/Preißer*, DStR 2011, 133 (134).
56 Vgl. § 7 Abs. 1 Satz 2 Hs. 2 GewStG sowie *Drüen*, in: Blümich, EStG – KStG – GewStG, 116. Lieferung, 2012, § 7 GewStG Rn. 130.
57 Vgl. *Ernsting*, GmbHR 2007, 135 (138).
58 Führt dies zu einer Steuerersparnis, hat der Veräußerer m.E. einen Ausgleichsanspruch gegen die verbliebenen Mitunternehmer – analog zu den Überlegungen bei Steuermehrbelastungen; vgl. zu Letzteren etwa *Clausen*, Steueränderungen zum 01.01.2002 im Unternehmensbereich, DB 2002, Beilage Nr. 1, S. 1 (23).
59 Zutreffend für die Anwendbarkeit der Vorschrift auch auf Verluste *Behrens/Schmitt*, § 7 Satz 2 GewStG n.F. – Neue Gewerbesteuer-Tatbestände für Mitunternehmerschaften und KGaA, BB 2002, 860 (862 f.). Zustimmend *Neu*, Aktuelles Beratungs-Know-how Personengesellschaftsbesteuerung, DStR 2002, 1078 (1081) und *Drüen*, (o. Fn. 56), 2012, § 7 GewStG Rn. 129. A.A. – allerdings ohne nähere Begründung – *Beußer*, Veräußerung von Mitunternehmeranteilen als künftiger Gegenstand der Gewerbesteuer, FR 2001, 880 (884).

aa.) Veräußerung durch eine Kapitalgesellschaft

Ist der Verkäufer eine Kapitalgesellschaft, so ist ein negativer Kaufpreis als Veräußerungs-verlust, der sich auf die Substanz des Anteils bezieht,[60] gemäß § 8b Abs. 3 Satz 3 KStG[61] nicht steuerwirksam, d.h. außerbilanziell wieder hinzuzurechnen.[62] Das entspricht dem Rechtsgedanken der Regelungssymmetrie,[63] da entsprechende Gewinne gemäß § 8b Abs. 2, Abs. 5 KStG zur Vermeidung von Kaskadeneffekten ihrerseits (zu 95%) steuerfrei gestellt sind. Gleiches gilt für Zwecke der Gewerbesteuer, wo § 7 Satz 4 Hs. 2 GewStG auf § 8b KStG verweist. Keine Anwendung findet § 8b Abs. 3 Satz 3 KStG dagegen, wenn der Aufwand des Veräußerers als Vergütung für ein eigenständiges Leistungselement zu qualifizieren ist. Da er in diesem Fall nicht Teil des Anschaffungsvorgangs, sondern lediglich mittelbare Folge desselben ist und für eine separate Dienstleistung entsteht, ist § 8b Abs. 3 Satz 3 KStG weder seinem Wortlaut noch seinem Sinn und Zweck nach einschlägig. In diesem Fall liegt somit eine voll abzugsfähige Betriebsausgabe vor.[64] Auch Aufwendungen für den originären Geschäftswert des Verkäufers sind wegen des (eigen-ständigen) Aktivierungsverbots in § 5 Abs. 2 EStG sofort abzugsfähige Betriebsausgaben[65] – so etwa, wenn die Zuzahlung an den Erwerber für die Übernahme von Arbeitnehmern gezahlt wird, die andernfalls beim Veräußerer mit negativen Imagefolgen entlassen oder in eine Beschäftigungsgesellschaft überführt[66] werden müssten.

bb.) Veräußerung durch natürliche Person oder Personengesellschaft

Handelt es sich beim Veräußerer um eine natürliche Person oder Personengesellschaft, ist weiter zu fragen, ob der Anteil zum Betriebs- oder zum Privatvermögen rechnet.[67] Wird der Anteil im Betriebsvermögen gehalten, so liegen bei einem negativen Kaufpreis Veräußerungsverluste aus Gewerbebetrieb vor, die dem Teileinkünfteverfahren unterfallen und damit gemäß § 3c Abs. 2 EStG i.V.m. § 3 Nr. 40 Satz 1 lit. a EStG nur zu 60% Berücksichtigung finden dürfen.[68] Gleiches gilt gemäß § 7 Satz 4 Hs. 1 GewStG für Zwecke der Gewerbesteuer.

---

60 Fehlt es am Substanzbezug, greift für Veräußerungskosten der pauschalierte Ausschluss des Betriebsausgaben-abzugs nach § 8b Abs. 3 Satz 1 KStG, vgl. etwa *Gosch*, in: Gosch, Körperschaftssteuergesetz, 2. Aufl., 2009, § 8b KStG Rn. 280 f.; *Dötsch/Pung*, in: Dötsch/Jost/Pung/Witt, Die Körperschaftsteuer, § 8b KStG Rn. 100.

61 So *Rengers*, in: Blümich, EStG – KStG – GewStG, 116. Lieferung, 2012, § 8b KStG Rn. 282 m.w.N. A.A. *Gosch*, (o. Fn. 60), § 8b KStG Rn. 266 sowie *Schild/Eisele*, Die Steuerbefreiungen nach § 8b KStG – Das neue BMF-Schreiben vom 28.04.2003, DStZ 2003, 443 (450), die § 8b *Abs. 2 Satz 2* KStG auch auf Verluste anwenden wollen. Von Relevanz ist der Streit mit Blick auf die Ausnahme in § 8b Abs. 2 Satz 4 KStG.

62 So etwa FG München vom 28.09.2009, Ubg 2010, 819; *Ernsting*, GmbHR 2007, 135 (136); *Pung*, Ubg 2008, 254 (255); *Preißer/Bressler*, BB 2011, 427 (429); *Preißer/Preißer*, DStR 2011, 133 (134). A.A. *Roser/Haupt*, GmbHR 2007, 78 (85), die § 8b Abs. 3 Satz 3 KStG anwenden wollen, dabei aber den Substanzbezug des negativen Kaufpreises nicht berücksichtigen (vgl. schon Fn. 60). Zur Ausnahme für einbringungsgeborene Anteile nach § 8b Abs. 4 Satz 1 Nr. 1 KStG a.F. iV.m. § 34 Abs. 7a KStG vgl. etwa *Büsching*, in: Römermann, Münchener Anwaltshandbuch GmbH-Recht, 2. Aufl., 2009, § 1 Rn. 179 m.w.N.

63 Vgl. nur *Gosch*, (o. Fn. 60), § 8b KStG Rn. 261; *Rengers*, (o. Fn. 61), § 8b KStG Rn. 281.

64 Ebenso *Ernsting*, GmbHR 2007, 135 (136 f.). Zustimmend *Preißer/Preißer*, DStR 2011, 133 (134).

65 Vgl. *Ernsting*, GmbHR 2007, 135 (137); zustimmend *Preißer/Preißer*, DStR 2011, 133 (134).

66 Vgl. *Lüdenbach/Völkner*, BB 2006, 1435 (1439), denen zufolge die Gegenleistung für die Übernahme durch den Erwerber typischerweise noch über die Kosten einer Beschäftigungsgesellschaft anzusetzen ist, da der Einsatz Letzterer nicht in gleichem Maße imagewahrend wirke.

67 Vgl. überblicksartig etwa *Büsching*, (o. Fn. 62), § 1 Rn. 180 ff., insb. 187.

68 Vgl. etwa *Büsching*, (o. Fn. 62), § 1 Rn. 182.

Wird der Anteil im Privatvermögen gehalten, unterfällt ein negativer Kaufpreis für eine wesentliche Beteiligung (Unterfall 1 in Abb. 3) i.S.d. § 17 Abs. 1 Satz 1 EStG ebenfalls dem Teileinkünfteverfahren: Unter den Voraussetzungen des § 17 Abs. 2 Satz 6 lit. b EStG sind Verluste dann gemäß § 3c Abs. 2 EStG i.V.m. § 3 Nr. 40 Satz 1 lit. c EStG nur zu 60% zu berücksichtigen.[69] Auch für Zwecke der Gewerbesteuer dürfen von den Verlusten gemäß § 7 Satz 4 Hs. 1 GewStG nur 60% berücksichtigt werden. Steht der Aufwand des Veräußerers zwar im Zusammenhang mit der Beteiligung, ist jedoch als Vergütung für eine sonstige Leistung – wie etwa die Ablösung von Sicherheiten des Veräußerers durch den Erwerber – zu qualifizieren, so ist dieser als Betriebsausgabe in Abzug zu bringen. Geht es schließlich um eine nicht wesentliche Beteiligung im Privatvermögen (Unterfall 2 in Abb. 3), so ist ein negativer Kaufpreis nach § 20 Abs. 2 Satz 1 Nr. 1 EStG zu berücksichtigen, da das Verbot des Werbungskostenabzugs auf Veräußerungskosten keine Anwendung findet.[70] Nachdem im Zuge der Einführung der Abgeltungsbesteuerung i.H.v. 25% (vgl. §§ 43 Abs. 1, 32d Abs. 1 EStG) das zuvor auf diese Einkünfte anwendbare Halbeinkünfteverfahren abgeschafft wurde,[71] besteht keine Beschränkung mehr nach § 3c Abs. 2 EStG, so dass Verluste vollständig abzuziehen sind. Soweit der Aufwand dagegen als Vergütung für eine sonstige Leistung im Zusammenhang mit der Kapitalbeteiligung einzustufen ist, unterfällt er dem Verbot des Abzugs tatsächlich entstandener Werbungskosten, § 20 Abs. 9 Satz 1 Hs. 2 EStG.

---

69   Vgl. etwa *Erle/Berberich*, in: Müller/Winkeljohann, Beck'sches Handbuch der GmbH, 4. Aufl., 2009, § 1 Rn. 79.

70   Vgl. zur Abgrenzung BFH vom 27.06.1989, NJW 1990, 1687 (1688); a.A. *Klatt*, Nebenkosten für die Anschaffung von Wertpapieren als Werbungskosten, DB 1984, 469 (allerdings zum alten Recht und mit anderer Intention). In Bezug auf § 20 Abs. 9 EStG vgl. *Stuhrmann*, in: Blümich, EStG – KStG – GewStG, 116. Lieferung, 2012, § 20 EStG Rn. 490.

71   Dazu etwa *Stuhrmann*, (o. Fn. 70), § 20 EStG Rn. 350.

cc.) *Überblick*

Zusammenfassend lässt sich die ertragsteuerliche Erfassung beim Veräußerer damit wie folgt darstellen:

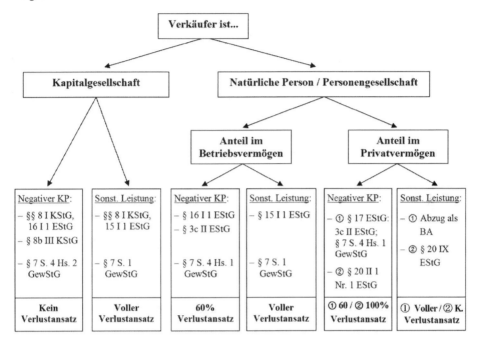

Abb. 3: Ertragsteuerliche Erfassung des Share Deals beim Veräußerer

II. Erfassung beim Erwerber im laufenden Geschäftsjahr

1. Handelsrechtliche Bilanzierung beim Asset Deal

Wie eingangs dargelegt, gestaltet sich die Erfassung eines negativen Kaufpreises in der Handelsbilanz besonders schwierig und ist daher im Einzelnen sehr umstritten. Grund hierfür ist der Umstand, dass es an einer ausdrücklichen gesetzlichen Regelung betreffend negative Kaufpreise im HGB (wie auch im EStG) mangelt. Die Behandlung negativer Kaufpreise muss folglich weitgehend aus den handelsrechtlichen GoB sowie allgemeinen Prinzipien der Bilanzierungsvorschriften entwickelt werden.[72]

---

72   Vgl. nur *Breidert*, Grundsätze ordnungsmäßiger Abschreibungen auf abnutzbare Anlagegegenstände, 1994, S. 197.

a.) Grundsatz der Erfolgsneutralität

Während nach den IFRS – wie bereits erwähnt – ein negativer Kaufpreis erfolgswirksam zu vereinnahmen ist,[73] entspricht es für Handels- und Steuerbilanz der ganz herrschenden Auffassung in Rechtsprechung und Literatur, dass der Erwerb eines Unternehmens zu einem negativen Kaufpreis im Ausgangspunkt[74] erfolgsneutral zu erfassen ist.[75]

Das ergibt sich aus § 252 Abs. 1 Nr. 4 Hs. 2 HGB, der als Ausprägung des Vorsichts-prinzips den Ausweis eines Ertrages erst gestattet, wenn er realisiert wurde, d.h. wenn ein Veräußerungsgeschäft stattgefunden hat.[76] Hinter dem Realisationsprinzip steht die Erwägung, dass erst ein Umsatzakt am Markt ausreichend Gewissheit hinsichtlich der erzielbaren Erträge bringt, so dass sich die Bilanzierung nur unter dieser Voraussetzung von den Anschaffungskosten als Wertobergrenze lösen darf.[77] Daraus folgt im Umkehrschluss aber, dass der Vorgang der bloßen Anschaffung erfolgsneutral sein muss. Oder anders formuliert: Für die Anschaffung greift gemeinhin die Vermutung, dass zwischen Kaufleuten Leistung und Gegenleistung ausgeglichen sind.[78] Das gilt auch und gerade im Fall eines negativen Kaufpreises, wenn man sich seine beiden möglichen ökonomischen Deutungs-möglichkeiten vor Augen hält: Denn sowohl beim günstigen Kauf (*lucky buy*) als auch beim Ausgleich künftiger Verluste geht es um bloße Ertragserwartungen des Erwerbers für die Zukunft.[79]

b.) Erster Schritt: Abstockung von Aktiva, Aufstockung von Passiva

Während man sich im Ausgangspunkt also darin einig ist, dass auch ein negativer Kaufpreis grundsätzlich erfolgsneutral erfasst werden muss, ist die Umsetzung dieser Vorgabe im Weiteren umstritten.

---

73 Ausführlich hierzu noch unter C. IV 1.
74 Vgl. zu in der Literatur vertretenen Ausnahmen bei mangelndem Abstockungspotenzial unter C. II. 1. c. cc.
75 Vgl. etwa *Adler/Düring/Schmalz*, (o. Fn. 20), § 255 HGB Rn. 5; *Ballwieser*, in: Schmidt, Münchener Kommentar zum HGB, 2. Aufl., 2008, § 253 HGB Rn. 9; *Grottel/Gadek*, (o. Fn. 15), 8. Aufl., 2012, § 255 HGB Rn. 20 u. 26; *Schulze-Osterloh*, BB 2006, 1955; *Winnefeld*, (o. Fn. 32), Kapitel M Rn. 481 jeweils m.w.N. A.A. und nur ausnahmsweise *Breidert*, (o. Fn. 72), S. 198 (für den schwer vorstellbaren Fall eines *lucky buy* „nach übereinstimmender Beurteilung" der Parteien); ähnlich *Siegel/Bareis*, BB 1993, 1477 (1485).
76 Statt vieler *Adler/Düring/Schmalz*, (o. Fn. 20), § 252 HGB Rn. 92.
77 Vgl. *Adler/Düring/Schmalz*, (o. Fn. 20), § 255 HGB Rn. 32; *Pusecker/Schruff*, BB 1996, 735; *Möhrle*, DStR 1999, 1414 (1418 f.).
78 Darauf weist *Prinz*, FR 2011, 373 (374) zutreffend hin.
79 Vgl. *Möhrle*, DStR 1999, 1414 (1419); *Moxter*, (o. Fn. 8), S. 853, 856; *Velte*, Negative Geschäfts- oder Firmenwerte im Handels- und Steuerrecht sowie nach IFRS, StB 2011, 396 (398).

aa.) Abstockungslösung des BFH

Nach Auffassung der Rechtsprechung und überwiegender Literaturmeinung ist die Erfolgsneutralität dadurch sicherzustellen, dass die aktiven Wirtschaftsgüter entsprechend niedriger angesetzt werden (sog. Abstockungslösung).[80] Dahinter steht die Überlegung, dass die erworbenen Vermögensgegenstände gemäß § 253 Abs. 1 Satz 1 HGB nicht über ihren Anschaffungskosten bilanziert werden dürfen. Mit anderen Worten soll der negative Kaufpreis also die Kosten für die Anschaffung einzelner Vermögensgegenstände mindern, vgl. § 255 Abs. 1 Satz 3 HGB. Im Extremfall kann die Abstockung auch so weit reichen, dass einzelne Aktiva nur noch mit dem Erinnerungswert von 1 EUR angesetzt werden. Dagegen sind Bilanzposten i.S.d. § 266 Abs. 2 B IV. HGB – wie Bargeld oder Guthaben bei Geldinstituten – von der Abstockung auszunehmen,[81] da diese Nominalwertcharakter haben, die Anschaffungskosten also denklogisch den ausgewiesenen Beträgen entsprechen.[82]

bb.) Kritik an der Abstockungslösung

In der Literatur wird dagegen teilweise dafür plädiert, den negativen Kaufpreis vollumfänglich in einem Posten „negativer Geschäftswert" zu passivieren.[83] Gegen die Abstockungslösung wird von Vertretern dieser Auffassung zunächst eingewandt, dass eine Abstockung ausschließlich zu dem Zweck zulässig sei, den überhöhten Ausweis *einzelner* Wirtschaftsgüter zu verhindern.[84] Da hinter einem negativen Kaufpreis aber auf das Unternehmen als *Ganzes* bezogene Verlusterwartungen stünden, die mit einzelnen Wirtschaftsgütern gar nicht in Zusammenhang gebracht werden könnten, verstoße die undifferenzierte Abstockung der Aktiva gegen den Grundsatz der Einzelbewertung aus

---

80 Grundlegend BFH vom 31.05.1972, WM 1972, 1467 f.; BFH vom 19.02.1981, BFHE 133, 510. Aus der Literatur *Adler/Düring/Schmalz*, (o. Fn. 20), § 255 HGB Rn. 294; *Ehmcke*, in: Blümich, EStG – KStG – GewStG, 116. Lieferung, 2012, § 6 EStG Rn. 347; *Ernsting*, GmbHR 2007, 135 (136 f.); *Groh*, Negative Geschäftswerte in der Bilanz, in: Kirchhof, Paul/Offerhaus, Klaus/Schöberle, Horst (Hrsg.), Steuerrecht – Verfassungsrecht – Finanzpolitik – Festschrift für Franz Klein, 1994, S. 815, 818; *Heurung*, Der negative Geschäftswert im Bilanzrecht, DB 1995, 385 (386); *Kempf/Obermann*, Offene Fragen zur Abstockung beim Kauf von Anteilen an Personengesellschaften, DB 1998, 545 (546); *Maas*, DB 1976, 553; *Ossadnik*, BB 1994, 747 (752); *Pickhardt*, Die Bilanzierung des negativen Geschäfts- oder Firmenwerts in Handels- und Steuerbilanz, DStR 1997, 1095 (1099); *Preißer/Preißer*, DStR 2011, 133 (135); *Prinz*, FR 2011, 373 (374); *Pusecker/Schruff*, BB 1996, 735 (739); *Scheunemann/von Mandelsloh/Preuß*, DB 2011, 201 (202); *Schmidt/Mielke*, Steuerfolgen von Sanierungsmaßnahmen, Ubg 2009, 395 (403); *Schuhmann*, Gibt es einen negativen Geschäftswert?, StBp 1997, 126 (130); *Siegel*, StuW 1995, 390 (391); *Siegel/Bareis*, BB 1993, 1477 (1479); *dies.*, BB 1994, 317 (319); *Söffing*, Der Geschäfts- oder Firmenwert, in: Knobbe-Keuk, Brigitte (Hrsg.), Handelsrecht und Steuerrecht – Festschrift für Dr. Dr. h.c. Georg Döllerer, 1988, S. 593, 596.

81 Vgl. *Scheunemann/von Mandelsloh/Preuß*, DB 2011, 201 (202).

82 Vgl. BFH vom 12.12.1996, DStR 1997, 1969 (1971). Ausführlich hierzu *Heurung*, DB 1995, 385 (387); *Schmidt/Mielke*, Ubg 2009, 395 (403). Vgl. auch *Siegel/Bareis*, BB 1993, 1477 (1480 f.), die einen Verstoß gegen das Realisationsprinzip unter Verweis auf die jederzeitige Entnahmemöglichkeit verneinen. A.A. noch BFH vom 11.12.1974, BFHE 115, 140.

83 So bereits *Heinze/Roolf*, DB 1976, 214 (215 ff.). Zustimmend *Bachem* 1993, 967 (968 ff.); *Clemm*, Zum Streit über die Bilanzierung des „derivativen negativen Geschäfts- oder Firmenwerts", in: Martens, Klaus-Peter/Westermann, Harm Peter/Zöllner, Wolfgang (Hrsg.), Festschrift für Carsten P. Claussen, 1994, S. 605, 617 ff.; *Flies*, DStZ 1997, 660 ff.; *Geiger*, DB 1996, 1533 (1535); *Gießler*, DStR 1995, 699 (700 f.); *ders.*, BB 1996, 1759 (1760 ff.); *Moxter*, (o. Fn. 8), S. 853, 856 f.; *Mujkanovic*, WPg 1994, 522 (524 ff.); *Winnefeld*, (o. Fn. 32), Kapitel M Rn. 485. Im Ergebnis ebenso *Möhrle*, DStR 1999, 1414 (1419) und *Meier/Geberth*, DStR 2011, 733 (734) (*vollständige* Passivierung unter der Bezeichnung „Ausgleichsposten"). Gegen die Abstockungslösung auch *Hoffmann*, StuB 2011, 121 (121 f.).

84 Vgl. *Moxter*, (o. Fn. 8), S. 853, 855 f.

§ 252 Abs. 1 Nr. 3 HGB.[85] Außerdem führe sie dazu, dass Verlustursachen in den Folgeperioden nicht zutreffend ausgewiesen würden, da die Verluste zum einen nicht auf eine Überbewertung sämtlicher Aktiva zurückzuführen seien,[86] zum anderen Abschreibungspotenzial für die Zukunft verloren gehe.[87]

Abzulehnen sei die Abstockungslösung auch deshalb, weil sie bei Veräußerung einzelner Wirtschaftsgüter – insbesondere der Warenvorräte – schon kurz nach dem Erwerbsvorgang zum Ausweis von „Scheingewinnen"[88] führe. Das konterkariere den zunächst erfolgsneutralen Anschaffungsvorgang.[89] Außerdem eröffne sich durch die Pauschalität der Abstockung ein gewisser Gestaltungsspielraum, indem etwa – nicht abstockungsfähiges – Bargeld oder Bankguthaben in eine Tochtergesellschaft verschoben wird.[90] Nur eine vollständige Passivierung des negativen Kaufpreises ohne vorherige Abstockung könne die genannten Zufälligkeiten verhindern und Gestaltungsspielräume schließen.[91] Außerdem sei die Abstockungslösung ungeeignet, wenn es wegen der Höhe des negativen Kaufpreises oder aufgrund nicht abstockungsfähiger Bargeldbestände an Abstockungspotenzial mangelt.[92] In einer solchen Situation trete die Notwendigkeit eines negativen Geschäftswerts gleichsam „unabweisbar in Erscheinung."[93]

cc.) Eigene Auffassung und Haltlosigkeit der Kritik

All diese Argumente lassen sich durchaus hören, wenn man denn davon überzeugt ist, dass negative Kaufpreise *ausschließlich* der Kompensation zukünftig erwarteter, auf das Gesamtunternehmen bezogener Verluste dienen. Eben diese Annahme ist jedoch der zentrale Schwachpunkt im Plädoyer für die Bilanzierung eines negativen Geschäftswerts. Wenn suggeriert wird, das Modell „Vergütung künftiger Verluste" sei das einzig „richtige" zur Erklärung negativer Kaufpreise, so ist das nämlich weder auf *tatsächlicher* Ebene zutreffend noch aus bilanz*rechtlicher* Sicht haltbar. Was die tatsächliche, ökonomische Seite anbelangt, wurde bereits dargelegt, dass nicht nur die Erwartung künftiger Verluste, sondern auch ein durch Verhandlungsgeschick oder besondere Umstände – etwa dringenden Liquiditätsbedarf des Verkäufers – erreichter günstiger Kauf (*lucky buy*) als Ursache für einen negativen Kaufpreis in Betracht kommt.[94] Um ein einfaches Beispiel zu geben: Wird eine Anlage, die üblicherweise für 100.000 EUR verkauft wird, günstig zu 70.000 EUR angeschafft, wird niemand auf den Gedanken kommen, die Differenz i.H.v. 30.000 EUR passivieren zu wollen, um so den „richtigen" Wert der Anlage bilanziell abbilden und höhere Abschreibungen auf sie vornehmen zu können.[95] Daran zeigt sich zugleich, dass tatsächliche und bilanzrechtliche Ebene nicht ohne weiteres miteinander vermengt werden

---

85 So etwa *Heinze/Roolf*, DB 1976, 214 (217); *Mujkanovic*, WPg 1994, 522 (524).
86 So bereits *Heinze/Roolf*, DB 1976, 214 (215). Ähnlich etwa *Zeitler*, Der Firmenwert und verwandte immaterielle Wirtschaftsgüter in der Bilanz, DStR 1988, 303 (308); *Bachem*, BB 1993, 967 (970).
87 So etwa *Bachem*, BB 1993, 1976 (1977).
88 *Schmidt/Mielke*, Ubg 2009, 395 (403).
89 So etwa *Winnefeld*, (o. Fn. 32), Kapitel M Rn. 482.
90 Vgl. etwa *Meier/Geberth*, DStR 2011, 733 (734).
91 So *Meier/Geberth*, DStR 2011, 733 (734).
92 So etwa *Mujkanovic*, WPg 1994, 522 (526 f.).
93 So FG Niedersachsen vom 24.10.1991, EFG 1993, 15.
94 Vgl. oben B. II.
95 So treffend *Siegel/Bareis*, BB 1994, 317 (319).

dürfen.[96] In *tatsächlicher* Hinsicht ist es – wie dargelegt – durchaus vorstellbar, dass ein negativer Kaufpreis der Kompensation künftig erwarteter Verluste dient. Bilanz*rechtlich* wird jedoch schlicht und ergreifend eine andere *Wertung* getroffen, da § 253 Abs. 1 HGB die Bilanzierung zu Anschaffungskosten als Höchstgrenze vorsieht. Insofern stellt sich der Kauf eines Unternehmens unterhalb seines Zeitwerts der Sache nach nicht anders dar als der günstige Kauf einer Maschine. M.E. zieht die Abstockungslösung ihre Legitimation somit letztlich aus dem Stellenwert des Vorsichtsprinzips für die Handelsbilanz.[97] Oder anders formuliert: Das Vorsichtsprinzip gebietet die unwiderlegliche rechtliche Vermutung, dass ein negativer Kaufpreis – der Höhe nach bis zur Abstockung der Aktiva auf den Erinnerungswert – auf einen günstigen Kauf zurückzuführen ist,[98] die erfassten Wirtschaftsgüter also nicht mit ihrem Zeitwert, sondern niedriger anzusetzen sind. Diese Vermutung mag im Einzelfall auch einmal den tatsächlichen Verhältnissen widersprechen; doch rechtfertigt sie sich aus der Notwendigkeit, Ansatz und Bewertung von Wirtschaftsgütern durch gewisse typisierende Annahmen möglichst weitgehend zu objektivieren und Manipulationen auszuschließen.[99] Dass die Abstockungslösung schließlich ihre Grenze dort findet, wo es aufgrund nicht abstockungsfähiger Aktiva oder der Höhe des negativen Kaufpreises wegen an Abstockungspotential fehlt, besagt der Sache nach nur, dass sie nur den ersten, keineswegs aber immer auch den letzten Bilanzierungsschritt darstellt, um den Grundsatz der Erfolgsneutralität von Anschaffungsvorgängen zu wahren. Hierauf wird im nächsten Abschnitt noch zurückzukommen sein.[100]

dd.) Vornahme der Abstockungen im Einzelnen

Was sodann die Aufteilung des negativen Kaufpreises anbelangt, stellt sich zunächst die Frage, welche Wirtschaftsgüter in die Abstockung mit einzubeziehen sind. Ging der RFH noch davon aus, dass eine Abstockung nur in Bezug auf das Anlagevermögen in Betracht kommt,[101] entspricht es heute der ganz überwiegenden Auffassung, Abstockungen grundsätzlich sowohl im Anlage- als auch im Umlaufvermögen vorzunehmen.[102] Die Abstockung erfolgt dabei nicht im Verhältnis der stillen Reserven der Wirtschaftsgüter,[103] da die alten Buchwerte auf Seiten des Veräußerers für den Erwerber irrelevant sind,[104] sondern im Verhältnis der Zeitwerte der einzelnen Wirtschaftsgüter.[105]

---

96   Vgl. nur *Ossadnik*, BB 1995, 1527 (1530).
97   Vgl. zu diesem ausführlich *Winnefeld*, (o. Fn. 32), Kapitel E Rn. 70 ff.
98   Bezeichnenderweise räumt *Moxter*, Bilanzrechtsprechung, 6. Aufl. 2007, § 7 II 2 b = S. 92 selbst ein, dass eine Abstockung von Wirtschaftsgütern gerechtfertigt ist, „wenn das Risiko gerade in diesen Wirtschaftsgütern [liegt]." Die hier befürwortete Vermutungslösung erübrigt es gerade, genaue Feststellungen hierzu treffen zu müssen.
99   Zur Notwendigkeit der Objektivierung vgl. *Maas*, DB 1976, 553 (554) sowie *Mathiak*, Rechtsprechung zum Bilanzsteuerrecht, StuW 1982, 81 (82).
100 Vgl. unter C. II. 1. c.
101 RFH vom 23.03.1938, RStBl. 1938, 639 (640).
102 Vgl. nur *Ossadnik*, BB 1994, 747 (752); *Groh*, (o. Fn. 80), S. 815 (820) m.w.N. sowie (in anderem Zusammenhang) BFH vom 24.05.1984, BB 1984, 1531 (1534). Vgl. auch *Schmidt/Mielke*, Ubg 2009, 395 (404), die für eine vorrangige Abstockung des Anlagevermögens zumindest eine belastbare Parteivereinbarung fordern.
103 So aber bspw. *Hörger/Stobbe*, DStR 1991, 1230 (1231 ff.).
104 Zutreffend *Meyering*, DStR 2008, 1008 (1009) m.w.N.
105 So zutreffend *Groh*, (o. Fn. 80), S. 815 (820); *Mujkanovic*, WPg 1994, 522 (528); *Pusecker/Schruff*, BB 1996, 735 (741); *Schmidt/Mielke*, Ubg 2009, 395 (404). Zur vorrangigen Abstockung eines etwaigen positiven derivativen Geschäftswerts vgl. bereits RFH vom 30.11.1938, StuW 1939, Sp. 49.

ee.) Aufstockung von Passiva

Der Vollständigkeit halber sei erwähnt, dass die Abstockungslösung auch die spiegel-bildliche Möglichkeit beinhaltet, übernommene Passiva aufzustocken.[106] Da Passiva aller-dings bereits nach dem Höchstwertprinzip zu bewerten sind, besteht in der Handelsbilanz kaum Aufstockungsspielraum. Anderes gilt für die Steuerbilanz, sofern dort spezielle Passivierungsverbote eingreifen, worauf noch einzugehen sein wird.[107]

c.) Zweiter Schritt: Kein Grundsatz ohne Ausnahme?

Wie bereits dargelegt, ist der Abstockungslösung der herrschenden Meinung dort eine immanente Grenze gezogen, wo es an ausreichend Abstockungspotential mangelt – was sowohl beim offenen als auch beim verdeckten negativen Kaufpreis vorstellbar ist. Es fragt sich daher, ob der Grundsatz der Erfolgsneutralität von Anschaffungsvorgängen in der-artigen Konstellationen eine Ausnahme erfahren muss, weil weder ein Ausweis negativer Anschaffungskosten (dazu aa.) noch gesetzliche Passivierungsmöglichkeiten (dazu bb.) in Betracht kommen. Richtigerweise ist die Problematik im Wege der Rechtsfortbildung zu lösen (dazu cc.).

aa.) Kein Ausweis negativer Anschaffungskosten

Die Erfassung des negativen Kaufpreises durch Ausweis negativer Anschaffungskosten kommt nach ganz herrschender Meinung nicht in Betracht, weil sie schon begrifflich keine Aufwendungen i.S.v. Anschaffungs*kosten* gemäß § 255 Abs. 1 HGB darstellen.[108]

bb.) Keine gesetzliche Passivierungsmöglichkeit

Nimmt man die ökonomische Deutung des negativen Kaufpreises als Kompensation künftiger Verluste in den Blick, lässt sich aber andenken, ob nicht für den *nach* Abstockung verbleibenden Anteil eine gesetzliche Passivierungsmöglichkeit besteht.

(1.) Keine Verbindlichkeit

Eine Passivierung als Verbindlichkeit scheidet allerdings aus. Unter einer Schuld i.S.d. § 246 Abs. 1 HGB versteht man eine rechtliche oder wirtschaftliche Verpflichtung zu einer Leistung, die am Abschlussstichtag eine wirtschaftliche Belastung begründet und selb-ständig bewertbar ist.[109] Die bloße Erwartung künftiger Verluste stellt noch keine hinreichend konkrete Verpflichtung gegenüber einem Dritten in diesem Sinne dar.[110]

---

106 Vgl. etwa *Pickhardt*, DStR 1997, 1095 (1097); *Pusecker/Schruff*, BB 1996, 735 (741); *Scheunemann/von Mandelsloh/Preuß*, DB 2011, 201 (202).

107 Vgl. unter C. II. 3.

108 Vgl. BFH vom 26.04.2006, BB 2006, 1957 (1958 f.). Zustimmend *Ernsting*, GmbHR 2007, 135 (136); *Preißer/Bressler*, BB 2011, 427 (429), die darauf hinweisen, dass diese Vorgehensweise auch der Behandlung außerplanmäßiger Abschreibungen von Beteiligungen entspricht, wo ein negativer Ausweis gleichfalls nicht in Betracht kommt.

109 Vgl. nur *Adler/Düring/Schmalz*, (o. Fn. 20), § 246 HGB Rn. 103 ff.; *Wiedmann*, in: Ebenroth/Bujong/Joost (Begr.), HGB-Kommentar, § 246 HGB Rn. 4; KRM-*Morck*, § 246 HGB Rn. 7.

110 Vgl. *Adler/Düring/Schmalz*, (o. Fn. 20), § 255 HGB Rn. 294; *Pusecker/Schruff*, BB 1996, 735 (738); *Pickhardt*, DStR 1997, 1095 (1097); *Siegel/Bareis*, BB 1993, 1477 (1482).

(2.) Keine Rückstellungsmöglichkeit

Gleiches gilt im Ergebnis für die Bildung einer Rückstellung für ungewisse Verbindlichkeiten oder eine Drohverlustrückstellung nach § 249 Abs. 1 Satz 1 Alt. 1 bzw. Alt. 2 HGB. Denn auch hier bedarf es einer konkreten ungewissen Verbindlichkeit bzw. eines konkreten schwebenden Geschäftes mit einem Dritten.[111] Auch der Unternehmenskaufvertrag lässt sich nicht als schwebendes Geschäft in diesem Sinne einordnen,[112] da sich aus ihm weder eine Verpflichtung gegenüber dem Veräußerer noch hinreichend konkrete Verpflichtungen gegenüber Dritten ergeben.

(3.) Keine Bildung eines passiven Rechnungsabgrenzungspostens

Schließlich kann der das Abstockungspotenzial überschreitende negative Kaufpreis auch nicht als passiver Rechnungsabgrenzungsposten nach § 250 Abs. 2 HGB bilanziert werden.[113] Es ist schon fraglich, ob er eine Einnahme für einen späteren Ertrag darstellt; jedenfalls mangelt es aber an der von § 250 Abs. 2 HGB vorausgesetzten zukünftigen Leistungspflicht des Erwerbers.

cc.) Passivierung im Wege der Rechtsfortbildung

Im Ergebnis besteht damit für einen negativen Kaufpreis insoweit, als er das vorhandene Abstockungspotenzial überschreitet, keine gesetzliche Passivierungsmöglichkeit.[114] Von einigen Autoren wird das in der Tat zum Anlass genommen, diesen Teil des negativen Kaufpreises ausnahmsweise als Ertrag zu qualifizieren.[115] Das wirft freilich die Frage auf, ob diese Lösung mit dem Prinzip der Erfolgsneutralität von Anschaffungsvorgängen, aber auch mit dem Vorsichts- und dem Imparitätsprinzip zu vereinbaren ist. Vor diesem Hintergrund hat der BFH im Jahr 1994 – wie eingangs bereits erwähnt – entschieden, dass der das Abstockungspotenzial überschreitende Teil des negativen Kaufpreises in einen passiven Ausgleichsposten einzustellen sei.[116] Mit anderen Worten hat er das Bilanzrecht insoweit also fortgebildet und um einen ungeschriebenen Bilanzposten ergänzt. Es ist bedauerlich, dass das Gericht diesen methodisch gewagten Schritt getan hat, ohne dabei auch nur ein einziges Wort zur Legitimation und Reichweite dieser richterlichen Rechtsfortbildung *praeter legem*, also neben dem Gesetzesrecht, zu verlieren.[117] Erst in seiner Entscheidung aus dem Jahr 2006 hat der BFH einige knappe Ausführungen nachgeschoben, warum der passive Ausgleichsposten – nach einer bei *Hoffmann* entlehnten Formulierung – zur „Schließung eines buchhalterischen Lochs auf der Passivseite"[118] erforderlich war.

---

111 Vgl. nur *Heurung*, DB 1995, 385; *Pickhardt*, DStR 1997, 1095 (1097); *Pusecker/Schruff*, BB 1996, 735 (738); *Winnefeld*, (o. Fn. 32), Kapitel M Rn. 481.

112 So aber *Hartung*, Negative Firmenwerte als Verlustrückstellungen, in: Budde/Moxter/Offerhaus (Hrsg.), Handelsbilanzen und Steuerbilanzen – Festschrift zum 70. Geburtstag von Heinrich Beisse, 1997, S. 235 (237) unter Verweis auch auf Art. 20 Abs. 1 RL 78/660/EWG. Ähnlich *Bachem*, BB 1993, 967 (969); *ders.*, BB 1995, 350 (351). Dagegen überzeugend *Pusecker/Schruff*, BB 1996, 735 (738).

113 Vgl. nur *Adler/Düring/Schmalz*, (o. Fn. 20), § 255 HGB Rn. 294; *Pusecker/Schruff*, BB 1996, 735 (738 f.); *Pickhardt*, DStR 1997, 1095 (1098).

114 Ebenso BFH vom 19.02.1981, BStBl. II 1981, 730 (731).

115 So etwa *Groh*, (o. Fn. 80), S. 815 (823); *Ossadnik*, BB 1995, 1527 (1527 f.); *Pickhardt*, DStR 1997, 1095 (1100); *Siegel/Bareis*, BB 1993, 1485; *dies.*, BB 1994, 319.

116 BFH vom 21.04.1994, BB 1994, 1602 (1603).

117 Ebenso wenig in BFH vom 12.12.1996, NJW-RR 1998, 323 f. Vgl. dagegen die methodisch deutlich fundiertere Aufarbeitung bei *Pusecker/Schruff*, BB 1996, 735 (739 ff.) und *Pickhardt*, DStR 1997, 1095 (1097 ff.).

118 *Hoffmann*, Zur ertragsteuerlichen Behandlung eines negativen Kaufpreises bzw. Geschäftswertes, DStR 1994, 1762 (1766).

(1.) Voraussetzungen einer Rechtsfortbildung

Vor diesem Hintergrund sollen zunächst die Voraussetzungen und Grenzen einer solchen richterlichen Rechtsfortbildung kurz aufgezeigt werden: Eine Rechtsfortbildung erfordert nach allgemeiner Ansicht das Bestehen einer Lücke. Eine Lücke wiederum ist nach verbreiteter Auffassung eine Unvollständigkeit des positiven Rechts, die sich gemessen am Maßstab der gesamten geltenden Rechtsordnung als planwidrig erweist.[119] Was die Bilanzierung eines negativen Kaufpreises anbelangt, so lässt sich dem HGB – wie soeben dargelegt – keine gesonderte Regelung für denjenigen Betrag entnehmen, der das Abstockungspotenzial übersteigt, so dass *insoweit*[120] eine Unvollständigkeit vorliegt.

Ob diese allerdings auch planwidrig ist (oder es vielmehr bei der teilweise vertretenen Erfolgswirksamkeit bleibt), muss unter Rückgriff auf die für das Bilanzrecht einschlägigen Rechtsprinzipien und Rechtswerte,[121] insbesondere die GoB beurteilt werden. Während der BFH zur Rechtsfortbildung allein auf die Erfolgsneutralität von Anschaffungsvorgängen und damit das Realisationsprinzip abstellen will (dazu 2.), wird vorliegend ein erweiterter Rückgriff auf das Vorsichtsprinzip und das Prinzip der Berücksichtigung drohender Verluste befürwortet (dazu 3.).

(2.) BFH: Erfolgsneutralität des Anschaffungsvorgangs

Wenn der BFH zur Legitimation seiner Rechtsfortbildung auf § 265 Abs. 5 Satz 2 HGB verweist,[122] so vermag das nicht zu überzeugen, da diese Vorschrift nur die Gliederung, d.h. den Ausweis, nicht aber den Ansatz von Bilanzpositionen betrifft.[123] Als tragfähiger erweist sich dagegen die weitere Begründung des BFH, der Ausweis eines passiven Ausgleichspostens erfolge „aus bilanztechnischen Gründen und nur zu dem Zweck [...], den Anschaffungsvorgang erfolgsneutral zu halten und damit dem Realisationsprinzip [...] zur Geltung zu verhelfen."[124] Das ist in der Literatur im Wesentlichen auf Zustimmung gestoßen oder zumindest ohne Widerspruch übernommen worden,[125] greift als Begründung m.E. allerdings bei genauerem Hinsehen zu kurz.

---

119 Vgl. etwa *Canaris*, (o. Fn. 14), § 29 = S. 39; *Bydlinski*, Juristische Methodenlehre und Rechtsbegriff, 2. Aufl. 1991, S. 473 ff. sowie *Kramer*, Juristische Methodenlehre, 3. Aufl. 2010, S. 181 jeweils m.w.N. Für einen engeren Anwendungsbereich des Lückenbegriffs dagegen *Larenz*, Methodenlehre der Rechtswissenschaft, 6. Aufl. 1991, S. 368 (370 ff.).

120 Da sich die Abstockungslösung den §§ 253 Abs. 1 Satz 1, 255 Abs. 1 Satz 3 HGB im Wege der Auslegung entnehmen lässt, ist insofern bereits eine Unvollständigkeit zu verneinen. Auch dieser Umstand verbietet es, den gesamten negativen Kaufpreis als (rechtsfortbildend entwickelten) Posten „negativer Geschäftswert" zu passivieren.

121 Hierzu ausführlich *Canaris*, (o. Fn. 14), §§ 84 ff. = S. 93 ff. Vgl. auch *Kramer* (o. Fn. 119), S. 176; *Larenz* (o. Fn. 119), S. 421 ff.

122 Vgl. BFH vom 26.04.2006, BB 2006, 1957 (1959).

123 Vgl. *Winkeljohann/Büssow*, in: Beck'scher Bilanzkommentar, 8. Aufl., 2012, § 265 HGB Rn. 15; *Hoffmann*, DStR 2006, 1315; *dens.*, StuB 2011, 121 (122); *Hoffmann/Lüdenbach*, Bilanzierung, § 265 HGB Rn. 36 u. § 255 HGB Rn. 66. A.A. *Schulze-Osterloh*, BB 2006, 1955.

124 BFH vom 26.04.2006, BB 2006, 1957 (1959). Vgl. bereits zuvor (allerdings in anderem Zusammenhang) BFH vom 20.04.1999, BB 1999, 1864 (1866).

125 Vgl. *Ernsting*, WPg 1998, 416 (420); *Kreidl/Schreiber*, BB 2007, 87 (88); *Möhrle*, DStR 1999, 1414 (1419); *Preißer/Bressler*, BB 2011, 427 (427 f.); *Preißer/Preißer*, DStR 2011, 133, *Prinz*, FR 2011, 373 (373 f.); *Roser/Haupt*, GmbHR 2007, 78 (79); *Scheunemann/von Mandelsloh/Preuß*, DB 2011, 201 (203).

Zur Erklärung ist an dieser Stelle ein weiteres Mal auf die beiden Realmodelle für einen negativen Kaufpreis zurückzukommen: Zur Begründung der Abstockungslösung wurde bereits ausgeführt, dass es eine bilanz*rechtliche* Entscheidung ist, ob ein negativer Kaufpreis wie ein günstiger Kauf (*lucky buy*) oder aber wie ein Ausgleich für die Erwartung künftiger Verluste behandelt wird. Die ertragswirksame Vereinnahmung des nach Abstockung verbleibenden negativen Kaufpreises, wie sie in der Literatur teilweise befürwortet wird,[126] steht nun aber durchaus nicht ohne weiteres in Widerspruch mit dem vom BFH bemühten Realisationsprinzip. Legt man nämlich das Realmodell „günstiger Kauf" zugrunde, gebietet dieses lediglich, die Anschaffungskosten bis auf den Erinnerungswert abzustocken. Der Ertragswirksamkeit des *verbleibenden* negativen Kaufpreises steht das Realisationsprinzip dagegen nur dann entgegen, wenn man *insoweit* das Realmodell „Kompensation künftiger Verluste" zugrunde legt und daraus folgert, dass dieser Bestandteil des negativen Kaufpreises (noch) keinen realisierten Ertrag darstellt. Welche Deutung rechtlich für die Bilanzierung nach HGB maßgeblich ist, stellt also eine Frage dar, die der Anwendung des Realisationsprinzips logisch vorgelagert ist.

(3.) Eigene Auffassung: Analogie zu § 249 Abs. 1 HGB

Eine Antwort auf sie gibt m.E. wiederum das Vorsichtsprinzip, das auch schon für die Auslegung und Anwendung der §§ 253 Abs. 1 Satz 1, 255 Abs. 1 Satz 3 HGB im Rahmen der Abstockungslösung entscheidend war. Dem Vorsichtsprinzip entspricht es, dass der *nach* Abstockung verbleibende Teil eines negativen Kaufpreises rechtlich wie ein Ausgleich für künftig erwartete Verluste behandelt und demnach nicht erfolgswirksam vereinnahmt wird. Auch hier gilt, dass es sich um eine typisierende, nicht widerlegbare Vermutung handelt, die sich auf den Erfahrungssatz stützt, dass zwischen Kaufleuten Leistung und Gegenleistung regelmäßig ausgeglichen sind.[127]

Zu fragen bleibt damit noch, wie die Erfolgsneutralität für denjenigen Teil des negativen Kaufpreises, der das Abstockungspotenzial überschreitet, dogmatisch genau umzusetzen ist. Der BFH hat sich in diesem Punkt wohl Entscheidungsspielraum für die in vielen Fragen noch ungeklärte Folgebilanzierung erhalten wollen, indem er in einer Art „Verlegenheitslösung" den Ausweis eines passiven Ausgleichspostens statuierte, der seinem materiellen Gehalt nach weitgehend unbestimmt ist.[128] Mit Blick auf die bilanzrechtliche Einordnung als Ausgleich für die Erwartung künftiger Verluste drängt sich freilich eine Analogie zur Regelung betreffend Drohverlustrückstellungen in § 249 Abs. 1 Alt. 2 HGB auf. Wie bereits dargelegt, scheitert eine direkte Anwendung der Vorschrift daran, dass es nicht um einen einzelnen, konkretisierbaren Verlust geht, sondern vielmehr um eine Art drohenden „Gesamtverlust" ohne Aufspaltung auf einzelne Verträge.[129] Die analoge Anwendung von § 249 Abs. 1 Alt. 2 HGB auf diese Fälle rechtfertigt sich mit Blick auf Sinn und Zweck dieser Einschränkung: Sie soll sicherstellen, dass nicht jedweder subjektiv befürchtete, sondern nur ein solcher Verlust bilanziell antizipiert wird, der bereits verursacht und

---

126 Vgl. die Nachweise in Fn. 115.
127 Vgl. *Prinz*, FR 2011, 373 (374).
128 Kritisch noch *Hoffmann*, StuB 2011, 121 (122): „Popanz".
129 So *Bachem*, BB 1993, 967 (969); *ders.*, BB 1993, 1976 (1976 f.) im Rahmen der Abgrenzung des von ihm befürworteten Ausweises eines negativen Geschäftswerts von Drohverlustrückstellungen.

hinreichend konkret in Erscheinung getreten ist.[130] Wenn nun aber im Rahmen der Veräußerung, also eines Umsatzaktes, ein negativer Kaufpreis vereinbart wird, der das Abstockungspotenzial überschreitet, dann hat die Erwartung künftiger „Gesamtverluste" auf dem Markt im Rahmen eines Veräußerungsprozesses eine Bestätigung und Objektivierung erfahren.[131] Diese Konstellation ist daher in den wesentlichen Gesichtspunkten vergleichbar mit der von § 249 Abs. 1 Alt. 2 HGB geregelten und muss ihr im Wege der Analogie folglich rechtlich gleich gestellt werden.[132]

(4.) Unterschied zum derivativen negativen Geschäftswert

Abschließend sei darauf hingewiesen, dass die Passivierung desjenigen *Teils* eines negativen Kaufpreises, der das Abstockungspotenzial überschreitet, gerade nicht mit der von Teilen der Literatur[133] vertretenen Bilanzierungsfähigkeit eines derivativen negativen Geschäftswerts (im Wege vermeintlicher Rechtsfortbildung) gleichzusetzen ist:[134] Zunächst ist nach dieser Ansicht der *gesamte* negative Kaufpreis als derivativer negativer Geschäftswert zu passivieren, während die angeschafften Wirtschaftsgüter ohne Abstockung mit ihrem jeweiligen Zeitwert ausgewiesen werden sollen; das ist aber, wie dargelegt, ein Verstoß gegen §§ 253 Abs. 1 Satz 1, 255 Abs. 1 Satz 3 HGB.[135] Daneben überzeugt auch eine „teilweise" Passivierung des negativen Kaufpreises als derivativer negativer Geschäftswert nicht: Denn zum einen scheidet beim Share Deal ein Posten „negativer Geschäftswert" zur Bilanzierung eines negativen Kaufpreises schon denklogisch aus, zum anderen müsste ein solches Verständnis zu nicht haltbaren Konsequenzen für die Folgebilanzierung führen. Auf beides ist noch zurück zu kommen.[136]

d.) Zusammenfassung

Was die Erstbilanzierung beim Erwerber im Fall des Asset Deals anbelangt, bleibt somit festzuhalten, dass die bilanz*rechtliche* Erfassung eines negativen Kaufpreises nicht ohne Weiteres mit einem der beiden erörterten Realmodelle gleichgesetzt werden darf. Mit Blick auf das Vorsichtsprinzip ist vielmehr – unter Rückgriff auf typisierende Annahmen – zu differenzieren: Bis zur Höhe der abstockungsfähigen Aktiva ist bilanzrechtlich von einem günstigen Kauf und damit einer Überbewertung der Wirtschaftsgüter auszugehen, so dass diese gemäß §§ 253 Abs. 1 Satz 1, 255 Abs. 1 Satz 3 HGB ggf. bis auf den Erinnerungswert abzustocken sind. Der *nach* Abstockung verbleibende Teil des negativen Kaufpreises wird dagegen bilanzrechtlich wie ein Ausgleich für künftig erwartete Verluste behandelt und ist nach hier vertretener Auffassung analog § 249 Abs. 1 Alt. 2 HGB zu passivieren.

---

130 Vgl. *Kozikowski/Schubert*, in: Beck'scher Bilanzkommentar, 8. Aufl., 2012, § 249 HGB Rn. 51.
131 Vgl. zum Topos der Konkretisierung im Zuge der Unternehmensveräußerung auch *Ernsting*, GmbHR 2007, 135 (137 f.); *Hartung*, (o. Fn. 112), S. 235, 240; *Winnefeld*, (o. Fn. 32), Kapitel M Rn. 459 und 484.
132 Das verkennt *Ossadnik*, BB 1994, 747 (751), der trotz „Ähnlichkeit" in wesentlichen Gesichtspunkten den methodischen Schritt der Analogie nicht in Erwägung zieht.
133 Vgl. die Nachweise in Fn. 83.
134 In BFH vom 26.04.2006, BB 2006, 1957 (1959) wird dies ausdrücklich offen gelassen. In diese Richtung aber *Christiansen*, Erwerb von Anteilen an einer Kapitalgesellschaft gegen Zuzahlung, HFR 2006, 867 (867 f.); *Gießler*, DStR 1995, 699 (700 f.); *Plewka/Klümpen-Neusel*, Die Entwicklung des Steuerrechts, NJW 2006, 3612 (3613).
135 Dazu bereits ausführlich unter C. II. 1. b. cc.
136 Vgl. hierzu C. II. 2. bzw. C. III. 1. a.

2. Besonderheiten in der Handelsbilanz beim Share Deal

Diese Ausführungen gelten entsprechend für die Bilanzierung des negativen Kaufpreises beim Share Deal, wie auch der BFH in seiner Rechtsprechung betont.[137] Freilich beschränkt sich die Abstockungslösung in diesem Fall auf die Beteiligung, da nur diese beim Erwerber bilanziert wird, während einzelne Vermögensgegenstände und Schulden auf Ebene der erworbenen Gesellschaft zu erfassen sind.[138]

Wie bereits dargelegt, kann aus eben diesem Grund ein negativer Kaufpreis, der über das Abstockungspotenzial der Beteiligung hinausgeht, m.E. schon denklogisch nicht als negativer derivativer Geschäftswert beim Erwerber bilanziert werden.[139] Ganz im Gegensatz zu diesem – auch aus anderen Gründen zu verwerfenden – Bilanzierungsvorschlag bewährt sich die Passivierung des verbleibenden negativen Kaufpreises analog § 249 Abs. 1 Alt. 2 HGB auch in der Konstellation des Share Deals[140] – ein weiterer Beleg für die Überzeugungskraft dieser Rechtsfortbildung.

3. Besonderheiten in der Steuerbilanz, insb. § 5 Abs. 4a EStG

Mit Blick auf das Prinzip der Maßgeblichkeit aus § 5 Abs. 1 Satz 1 EStG gelten die soeben angestellten Überlegungen zur Handelsbilanz grundsätzlich auch für die Steuerbilanz.[141] Was insbesondere das Anschaffungskostenprinzip anbelangt, trifft § 6 Abs. 1 Nr. 7 EStG für die Steuerbilanz eine inhaltlich § 253 Abs. 1 HGB entsprechende[142] Anordnung.

Auf den ersten Blick scheint dagegen eine Passivierung desjenigen Teils des negativen Kaufpreises, der das Abstockungspotenzial überschreitet, in Analogie zu den Regelungen betreffend Drohverlustrückstellungen für die Steuerbilanz an § 5 Abs. 4a EStG zu scheitern.[143] Allerdings wendet der BFH diese Vorschrift im Rahmen von Veräußerungs-vorgängen nicht an, um so die Erfolgsneutralität des Anschaffungsvorgangs zu wahren. Steuerrechtlich geht er unter Verweis auf die Konkretisierung der Verlusterwartung im Rahmen des Veräußerungsprozesses von einem Vergangenheitsbezug[144] und damit einer zulässigen *Verbindlichkeits*rückstellung aus: „Betriebliche Verbindlichkeiten, welche beim Veräußerer aufgrund von Rückstellungsverboten [...] in der Steuerbilanz nicht bilanziert worden sind, sind bei demjenigen Erwerber, der die Verbindlichkeit im Zuge eines Betriebs-erwerbs gegen Schuldfreistellung übernommen hat, keinem Passivierungsverbot unter-

---

137 Vgl. die Bezugnahme in BFH vom 26.04.2006, BB 2006, 1957 (1958) (Share Deal) auf BFH vom 21.04.1994, BB 1994, 1602 ff. (Asset Deal). Nicht nachvollziehbar ist daher die Äußerung von *Velte*, StB 2011, 396 (398), der behauptet, der BFH hätte in der zuerst genannten Entscheidung eine Abstockung nicht vorgenommen.

138 Vgl. nur *Preißer/Bressler*, BB 2011, 427 (429 f.).

139 Ebenso *Schulze-Osterloh*, BB 2006, 1955 (1956). Irreführend dagegen die Ausführungen in BFH vom 26.04.2006, BB 2006, 1957 (1959). Nicht überzeugend *Christiansen*, HFR 2006, 867 (867 f.); *Gießler*, DStR 1995, 699 (700 f.); *Plewka/Klümpen-Neusel*, NJW 2006, 3612 (3613).

140 Hier geht es dann um Verluste, die bspw. entstehen können, wenn der Erwerber aus Sicherheiten in Anspruch genommen wird, die zugunsten der Beteiligungsgesellschaft bestellt werden mussten, um die überschuldungs-bedingte Liquidation zu verhindern. Vgl. aber auch oben B. III.

141 Für die abweichende Behandlung von Personengesellschaften in der Steuerbilanz vgl. bereits oben Fn. 15.

142 § 6 Abs. 1 Nr. 7 EStG spricht daneben zwar auch von „Herstellungskosten", doch stellt dies ein Redaktions-versehen dar, vgl. *Mujkanovic*, WPg 1994, 522 und dort Fn. 1.

143 So in der Tat *Velte*, StB 2011, 396 (399) bei und in Fn. 37.

144 Vgl. zu diesem Kriterium und zur Abgrenzung von Verbindlichkeits- und Verlustrückstellung *Buciek*, in: Blümich, EStG – KStG – GewStG, 116. Lieferung, 2012, § 5 EStG Rn. 854b m.w.N.

worfen, sondern als ungewisse Verbindlichkeit auszuweisen [...]."[145] Diese Argumentation lässt sich ohne weiteres übertragen auf die Konstellation, dass im Rahmen einer Unternehmensveräußerung ein negativer Kaufpreis vereinbart wird. Auch insoweit ist aufgrund der Konkretisierung der Verlusterwartung im Zuge des Veräußerungsvorgangs eine steuerrechtlich zulässige Verbindlichkeitsrückstellung anzunehmen. Für Asset Deals kommt unter diesem Gesichtspunkt im Übrigen auch eine vorrangige Aufstockung von Passiva in der Steuerbilanz mit Blick auf bislang nicht oder zu niedrig bilanzierte (direkte) Rückstellungssachverhalte in Betracht: Insoweit lässt sich die Argumentation des BFH zur Ausnahme vom Bilanzierungsverbot für Drohverlustrückstellungen nämlich *mutatis mutandis* auf die steuerrechtlichen Verbote betreffend Pensionsrückstellungen (vgl. § 6a EStG) und Jubiläumsrückstellungen (vgl. § 5 Abs. 4 EStG) übertragen.[146]

4. Ertragsteuerliche Behandlung

Wenn gesellschaftsrechtliche Beziehungen zwischen Veräußerer und Erwerber bestehen oder ein grenzüberschreitender Sachverhalt vorliegt, kann aus ertragsteuerlicher Sicht schließlich die Frage eine Rolle spielen, ob der negative Kaufpreis einem Drittvergleich standhält. Ist das zu verneinen, kommt eine außerbilanzielle Korrektur des negativen Kaufpreises gemäß § 8 Abs. 3 KStG bzw. § 1 AStG in Betracht.[147] Da insoweit eine ausdrückliche gesetzliche Regelung zur Behandlung des negativen Kaufpreises zur Verfügung steht, ist in diesem speziellen Fall für die Steuerbilanz eine Passivierung im Wege der Rechtsfortbildung weder erforderlich noch zulässig.[148] Wurde in der Handelsbilanz ein Teil des negativen Kaufpreises analog § 249 Abs. 1 Alt. 2 HGB passiviert, ist dieser Posten daher im Rahmen der Überleitungsrechnung durch erfolgswirksame Gegenbuchung zu korrigieren, bevor anschließend über § 8 Abs. 3 KStG bzw. § 1 AStG eine außerbilanzielle Kürzung erfolgt. Da im Übrigen – wie dargelegt – von einer erfolgsneutralen Erfassung des negativen Kaufpreises beim Erwerber im laufenden Geschäftsjahr ausgegangen wird, sei für die weitere ertragsteuerliche Behandlung auf die Darstellung der Bilanzierung für Folgeperioden verwiesen.

III. Erfassung beim Erwerber in den Folgeperioden

Zu klären bleibt schließlich, wie ein ggf. (teilweise) passivierter negativer Kaufpreis beim Erwerber in den Folgeperioden zu erfassen ist. Die Lösung hängt entscheidend davon ab, welcher materielle Gehalt dem Passivposten zukommt, so dass zur Beantwortung dieser Frage auf die Ausführungen zur Erstbilanzierung zurückzugreifen ist.

---

145 Vgl. BFH vom 16.12.2009, BB 2010, 496 f. Bestätigt in BFH vom 14.12.2011, BB 2012, 696 (696 f.). Zustimmend *Schultz*, Kein Ertrag bei „angeschafften" Drohverlustrückstellungen, DB 2010, 364; *Geberth/Höhn*, Beschränkung steuerlicher Bilanzierungsverbote bei Asset Deals, DB 2010, 1905 (1906); *Hahne*, BB-Kommentar – BFH beschränkt steuerbilanzielle Bilanzierungsverbote bei Erwerbsvorgängen zu Gunsten des Anschaffungskostenprinzips, BB 2010, 498; *Prinz/Adrian*, Angeschaffte Rückstellungen in der Steuerbilanz, StuB 2011, 171; *Scheunemann/von Mandelsloh/Preuß*, DB 2011, 201 (203). Ähnlich *Hartung*, (o. Fn. 112), S. 235 (246). A.A. *Siegel*, StuW 1995, 390 (391).
146 Vgl. BFH vom 14.12.2011, BB 2012, 696 f.; FG Münster vom 15.06.2011, BB 2011, 2800, 2800 f.; *Lieb*, BB 2010, 2234; vgl. jüngst auch die Bestätigung in BFH vom 12.12.2012, BB 2013,943ff
147 Vgl. ausführlich *Preißer/Bressler*, BB 2011, 427 (430).
148 Ebenso *Preißer/Bressler*, BB 2011, 427 (430).

1. Behandlung in der Handels- und Steuerbilanz

a.) Planmäßige Auflösung

Teilweise wird in der Literatur die Auffassung vertreten, der vom BFH befürwortete passive Ausgleichsposten für denjenigen Teil des negativen Kaufpreises, der das Abstockungs-potenzial überschreitet, sei analog zur planmäßigen Abschreibung des positiven Geschäftswerts aufzulösen.[149] Ist das für die Steuerbilanz entsprechend der Abschreibungs-dauer von 15 Jahren aus § 7 Abs. 1 Satz 3 EStG noch darstellbar, fragt man sich vergeblich, wie analog § 253 Abs. 3 Satz 2 HGB die „planmäßige Nutzungsdauer" des Passivpostens bestimmt werden soll. Zwar lässt sich gegen die planmäßige Auflösung nicht bereits einwenden, sie verstoße gegen das Anschaffungskostenprinzip, weil die angeschafften Wirtschaftsgüter im Ergebnis mit einem höheren Wert abgebildet würden[150] und es dann gleichsam zu einem Erwerbsgewinn „durch die Hintertür" käme, was gegen das Realisationsprinzip verstoße.[151] Eine solche Argumentation verkennt zum einen den Rückstellungscharakter des Passivpostens, dessen Auflösung keinerlei Auswirkungen auf den Bilanzausweis der angeschafften Wirtschaftsgüter hat. Zum anderen liefe sie darauf hinaus, dass eine Auflösung vor Veräußerung oder Liquidation auch im Verlustfall nicht in Betracht käme; das ist – worauf gleich noch zurück zu kommen ist[152] – allerdings nicht haltbar. Eine planmäßige Auflösung scheidet vielmehr deshalb aus, weil der Passivposten Rückstellungscharakter hat und es durch nichts gerechtfertigt wäre anzunehmen, dass die prognostizierten Verluste stets über einen festen Zeitraum von bspw. 15 Jahren eintreten.

b.) Analogie zu § 309 Abs. 2 HGB

Eine Analogie zur Vorschrift des § 309 Abs. 2 HGB betreffend die Auflösung eines negativen Unterschiedsbetrags im Konzernabschluss wird fast einhellig abgelehnt.[153] Grund hierfür ist, dass Regelungen aus der Konzernrechnungslegung wegen der speziellen Zweck-richtung der Konsolidierung[154] nicht einfach auf den Einzelabschluss übertragen werden können.[155] Das wird schon daran offenbar, dass der Passivposten im Einzelabschluss stets Rückstellungscharakter hat, während ein negativer Unterschiedsbetrag nach § 309 Abs. 2 Nr. 1 und Nr. 2 HGB ganz offenbar einen unterschiedlichen Hintergrund haben kann.[156]

---

149 So etwa *Sauer*, FR 1974, 125 (128); *Clemm*, (o. Fn. 83), S. 605 (618 f.); *Heger*, jurisPR-SteuerR 34/2006, Anm. 2; Möhrle, DStR 1999, 1414 (1420); *Pusecker/Schruff*, BB 1996, 735 (741 f.); *Winnefeld*, (o. Fn. 32), Kapitel M Rn. 485 f. (bei mangelnder betragsmäßiger Fixierung).
150 So aber *Preißer/Bressler*, BB 2011, 427 (431) für den Fall des Share Deals.
151 Vgl. *Meier/Geberth*, DStR 2011, 733 (735).
152 Vgl. C. III. 1. c. aa.
153 Vgl. nur *Preißer/Preißer*, DStR 2011, 133 (137); *Pusecker/Schruff*, BB 1976, 735 (740) jeweils m.w.N. A.A. wohl *Schulze-Osterloh*, BB 2006, 1955 (1956).
154 Dazu noch ausführlich unter C. IV. 2.
155 So bereits *Siegel/Bareis*, BB 1994, 317 (319).
156 Dazu noch unter C. IV. 2.

c.) Auflösung bei Eintritt (prognostizierter) Verluste

aa.) Notwendigkeit der Verrechnung mit Verlusten

Der BFH hat sich dagegen dahin gehend geäußert, dass der Passivposten zunächst gegen spätere Verluste verrechnet werden muss. Seine Argumentation ist dabei so einfach wie bestechend: „Da der Erwerber für die genannte Vermögensposition nichts gezahlt hat, muss [...] gewährleistet sein, dass sich aus ihrer späteren Einbuße [...], insbesondere durch Verluste der Gesellschaft, für ihn keine Gewinnminderung ergibt."[157] Nach hier vertretener Auffassung folgt die Notwendigkeit der Auflösung gegen eintretende Verluste auch zwanglos aus dem Rückstellungscharakter des Passivpostens. Für den Share Deal ist natürlich zu beachten, dass der Ausgleichsposten nur mit Verlusten des *Erwerbers*, die mit der Beteiligung zusammenhängen, nicht aber mit Verlusten der *Kapitalgesellschaft* verrechnet werden darf.[158]

bb.) Qualifikation der Aufwendungen

Fraglich ist allerdings weiter, ob eine Verrechnung nur mit eben solchen Aufwendungen erfolgen darf, die auch Ursache für den negativen Kaufpreis und damit den Passivposten sind.[159] Mit Blick auf den herausgearbeiteten Rückstellungscharakter des Passivpostens ist das zu bejahen. Insofern empfiehlt es sich für die Parteien des Unternehmenskaufs, die Parameter der Kaufpreisfindung hinreichend genau zu dokumentieren,[160] um gegenüber der Finanzverwaltung Argumentationsspielraum zu haben.

cc.) Ausnahme bei Einlagen oder Bildung von Gewinnrücklagen

Eine Ausnahme von diesen Grundsätzen hat jüngst das FG Düsseldorf[161] für eine Konstellation angenommen, in der nach Anteilserwerb sowie Bildung eines Passivpostens Gewinne erwirtschaftet und den Gewinnrücklagen zugeführt wurden. In diesem Fall soll der Passivposten erst *nach* Verrechnung etwaiger Verluste mit den Gewinnrücklagen aufgelöst werden. Das ist in der Tat überzeugend,[162] da es bezüglich der Gewinnrücklagen gerade nicht dazu kommt, dass aus „steuerfrei" erlangtem Vermögen Verluste entstehen.

---

157 BFH vom 21.04.1994, BB 1994, 1602 (1603). Ebenso *Adler/Düring/Schmalz*, (o. Fn. 20), § 246 HGB Rn. 109; *Christiansen*, HFR 2006, 867 (868); *Günkel*, Aktuelle Probleme aus dem Bilanzsteuerrecht, StJB 2007/2008, 223 (241); *Heurung*, DB 1995, 385 (392); *Meier/Geberth*, DStR 2011, 733 (735); *Schmidt/Mielke*, Ubg 2009, 395 (403); *Moxter*, (o. Fn. 8), S. 853 (858); *Ossadnik*, BB 1994, 747 (749). A.A. *Ernsting*, GmbHR 2007, 135 (138); *Mujkanovic*, WPg 1994, 522 (527 f.); *Preißer/Bressler*, BB 2011, 427 (431); *Roser/Haupt*, GmbHR 2007, 78 (84).
158 Vgl. *Scheunemann/von Mandelsloh/Preuß*, DB 2011, 201 (205) sowie Fn. 140.
159 So *Scheunemann/Preuß*, DB 2011, 674 (675); *Bachem*, BB 1993, 967 (970); *Gießler*, DStR 1995, 699 (701 f.); ähnlich *Moxter*, (o. Fn. 8), S. 853 (858). A.A. unter „Objektivierungsgesichtspunkten" *Geiger*, DB 1996, 1533 (1535); *Heurung*, DB 1995, 385 (392).
160 Vgl. auch *Gießler*, DStR 1995, 699 (702); *Scheunemann/von Mandelsloh/Preuß*, DB 2011, 201 (204).
161 FG Düsseldorf vom 15.12.2010, BB 2011, 433 mit Anm. *Scholz*, BB 2011, 434.
162 Zustimmend auch *Meier*, DStR 2011, 114 (115); *Scheunemann/Preuß*, DB 2011, 674 (675).

d.)   Auflösung bei Erzielung von Gewinnen oder Gewinnprognose

Schwieriger fällt es dagegen, die Frage zu beantworten, ob auch bei Erzielung von Gewinnen oder im Fall der Prognose künftiger Gewinne eine Auflösung des Passivpostens angezeigt ist.[163] Gegen eine Anknüpfung an die bloße Gewinnerzielung wird zutreffend angeführt, dass diese gerade nach einer umfangreichen Abstockung von Umlaufvermögen kein geeigneter Indikator ist.[164] Dass die Beibehaltung des Passivpostens trotz positiver Geschäftsaussichten stets ein falsches Bild von der Unternehmenslage liefern würde,[165] ist umgekehrt aber ebenfalls zu pauschal. Mit Blick auf seinen Rückstellungscharakter ist der Passivposten m.E. vielmehr dann aufzulösen, wenn mit dem Eintritt der durch einen Teil des negativen Kaufpreises antizipierten Aufwendungen nicht mehr zu rechnen ist. Auch insoweit ist den Parteien folglich eine klare Dokumentation anzuraten.

e.)   Auflösung bei Veräußerung oder Liquidation

Schließlich ist man sich gemeinhin einig, dass der Passivposten jedenfalls im Zeitpunkt der Veräußerung oder Liquidation aufzulösen ist.[166] Bei Übertragung eines Teilbetriebs oder einzelner Wirtschaftsgüter ist eine Auflösung mit Blick auf den Rückstellungscharakter des Passivpostens dagegen nur insoweit vorzunehmen, als hiervon Wirtschaftsgüter betroffen sind, die ursächlich für die Erwartung künftiger Aufwendungen waren.[167] Wird ein Betrieb, Teilbetrieb oder Mitunternehmeranteil dagegen unentgeltlich übertragen, ist der Passivposten nach § 6 Abs. 3 EStG beim Rechtsnachfolger fortzuführen.[168]

2.   Ertragsteuerliche Behandlung

Sollte der Erwerber das Unternehmen seinerseits wiederum gegen einen negativen Kaufpreis veräußern, so kann für die ertragsteuerliche Behandlung weitgehend auf die bereits angestellten Überlegungen zur ertragsteuerlichen Behandlung aus Veräußerersicht verwiesen werden.[169] Ergänzend stellt sich beim Share Deal die Frage, ob ein aus der Auflösung des passivierten negativen Kaufpreises resultierender Gewinn gemäß (oder analog) § 8b Abs. 2 Satz 1 KStG außer Ansatz zu bleiben hat. Mit Blick auf die enge Verbindung zwischen Passivposten und Beteiligung ist das zu bejahen.[170] Aus dem gleichen Grund ist im Fall der Liquidation der Gesellschaft auf den Auflösungsgewinn § 8b Abs. 1 Satz 1, Abs. 5 Satz 1 KStG analog anzuwenden.[171]

---

163 Dafür etwa *Pusecker/Schruff*, BB 1996, 735 (742).
164 So etwa *Meier/Geberth*, DStR 2011, 733 (735). Vgl. zu dieser Argumentation bereits unter C. II. 1. b. bb.
165 So *Gießler*, DStR 1995, 699 (702).
166 Vgl. nur BFH vom 21.04.1994, BB 1994, 1602 (1603); *Ernsting*, GmbHR 2007, 135 (138); *Mujkanovic*, WPg 1994, 522 (527 f.); *Preißer/Bressler*, BB 2011, 427 (431); *Roser/Haupt*, GmbHR 2007, 78 (84).
167 Im Ergebnis ebenso *Scheunemann/von Mandelsloh/Preuß*, DB 2011, 201 (205).
168 Vgl. etwa *Scheunemann/von Mandelsloh/Preuß*, DB 2011, 201 (205).
169 Vgl. oben C. I. 3.
170 So etwa *Ernsting*, GmbHR 2007, 135 (138); *Preißer/Bressler*, BB 2011, 427 (432); *Pung*, Ubg 2008, 254 (255); *Scheunemann/von Mandelsloh/Preuß*, DB 2011, 201 (205); *Schiffers*, WPg 2006, 1279 (1284). Wohl auch *Hoffmann*, DStR 2006, 1315 (1316); *Meier/Geberth*, DStR 2011, 733 (735). Zur parallelen Problematik bei organschaftlichen Ausgleichsposten vgl. *Dötsch*, Minder- und Mehrabführungen mit Verursachung in organschaftlicher Zeit, Ubg 2008, 117 (123).
171 Vgl. *Scheunemann/von Mandelsloh/Preuß*, DB 2011, 201 (205).

IV. Bilanzierung nach IFRS und Konsolidierung nach HGB

Abschließend soll überblicksartig auf die bereits mehrfach angeklungene Erfassung negativer Kaufpreise in den IFRS sowie in der Kapitalkonsolidierung nach den Vorschriften des HGB eingegangen werden. Beide Regelungskomplexe beinhalten explizite Vorgaben zur Behandlung eines negativen Kaufpreises, die treffend vor Augen führen, dass dessen Einordnung nicht aus der Natur der Sache gleichsam vorgegeben ist, sondern vielmehr auf einer bilanz*rechtlichen* Wertung beruht. Sie sind daher ein weiterer, anschaulicher Beleg dafür, dass – wie bereits ausgeführt wurde[172] – zwischen tatsächlicher, ökonomischer Ebene und bilanzrechtlicher Einordnung eines negativen Kaufpreises strikt zu unterscheiden ist.

1. Bilanzierung nach IFRS

Das zeigt sich zunächst recht augenfällig an den IFRS: Wie bereits dargelegt, sieht IFRS 3.56 (b) nämlich – diametral entgegengesetzt zum Einzelabschluss nach HGB – vor, dass ein sog. Überschuss (*excess*) des zum *fair value* bewerteten Eigenkapitals über den Kaufpreis ertragswirksam zu vereinnahmen ist.[173] Dabei ist gemäß IFRS 3.67 (g) und (h) im Anhang anzugeben, welcher Betrag, wie und aus welchen Gründen als *excess* erfasst wurde. Nach IFRS 3.57 kommen für einen *excess* drei mögliche Gründe in Betracht: Das Nettovermögen wurde fehlerhaft angesetzt (a), Vermögenswerte durften mit einem anderen Wert als dem *fair value* bewertet werden[174] (b) oder es liegt ein *bargain purchase* vor (c), mit anderen Worten also ein günstiger Kauf. Dass der fehlerhafte Ansatz des Nettovermögens als praktisch relevanteste Ursache angesehen wird,[175] kommt darin zum Ausdruck, dass IFRS 3.56 (a) zunächst eine erneute Beurteilung (*reassessment*) vorsieht, bevor die erfolgswirksame Erfassung eines negativen Kaufpreises in Betracht kommt. Im Rahmen dieser erneuten Prüfung ist zum einen zu hinterfragen, ob für etwaige Verlusterwartungen nicht eine Eventualschuld gemäß IFRS 3.47 ff. anzusetzen ist.[176] Zum anderen ist zu untersuchen, ob eine zusätzliche Leistung des Erwerbers vorliegt, die separat vergütet wurde;[177] insofern kann auf die Ausführungen zur Abgrenzung nach den Prinzipien für Mehrkomponentengeschäfte verwiesen werden.[178]

Für die unterschiedliche bilanzrechtliche Behandlung von *excess* nach den IFRS und negativem Kaufpreis in Handels- und Steuerbilanz lassen sich mehrere Gründe anführen: Zunächst stellen die IFRS tendenziell die Informationsbedürfnisse der derzeitigen und potentiellen Investoren in den Vordergrund,[179] während das Vorsichtsprinzip nicht vergleichbar stark ausgeprägt ist, wie das für die Vorschriften zum Einzelabschluss nach

---

172 Vgl. oben C. II. 1. b. cc.

173 Bis zum 31.03.2004 beinhalteten IAS 22.59 und 22.64 (rev. 1998) dagegen ein Ansatzgebot für einen negativen Geschäftswert, wobei alternativ eine vorherige Abstockung nicht-monetärer Vermögenswerte zulässig war, vgl. *Hofmann/Triltzsch*, Entstehung negativer Unterschiedsbeträge im Rahmen der Kapitalkonsolidierung nach HGB und IFRS, StuB 2003, 673 (678); *Velte*, StB 2011, 396 (400); *Winnefeld*, (o. Fn. 32), Kapitel M Rn. 488.

174 Ein Beispiel hierfür bildet die Bewertung der Posten aus der Steuerlatenzrechnung, vgl. *Hofmann*, PiR 2007, 118 (120).

175 Ebenso *Hoffmann*, PiR 2007, 118 (120).

176 Vgl. *Gros*, Bilanzierung eines „bargain purchase" nach IFRS 3 – Sofortige erfolgswirksame Erfassung eines negativen Unterschiedsbetrags aus der Kapitalkonsolidierung im Konzernabschluss, DStR 2005, 1954 (1957 f.).

177 Vgl. für diesen Zusammenhang *Hoffmann*, PiR 2007, 118 (120).

178 Vgl. bereits ausführlich B. III.

179 Vgl. etwa *Baetge/Kirsch/Thiele*, Bilanzen, 10. Aufl. 2009, S. 141 ff.

HGB der Fall ist. Zu bedenken ist aber auch, dass die Regelung in IFRS 3.56 (b) bereits im Entwurfsprozess auf Ablehnung gestoßen ist und zu Recht als im Einzelfall irreführend kritisiert wird.[180] Daneben lässt sich im Gebot einer nochmaligen Überprüfung (*reassessment*) durchaus eine Parallele zur Abstockungslösung im Einzelabschluss nach den Regelungen des HGB ausmachen.[181]

2. Konsolidierung nach HGB

Wiederum anders stellt sich die Erfassung eines negativen Kaufpreises im Konzernabschluss nach den Regelungen des HGB dar: Nach § 301 Abs. 3 Satz 1 HGB ist ein nach der Kapitalaufrechnung verbleibender passiver Unterschiedsbetrag stets auszuweisen – und zwar nach dem Eigenkapital. Die Ursachen für den Unterschiedsbetrag sind gemäß § 301 Abs. 3 Satz 2 HGB im Anhang zu erläutern. Wirft man einen Blick auf die Behandlung des Unterschiedsbetrags in der Folgekonsolidierung nach § 309 Abs. 2 HGB, wird anhand der beiden Nummern dieser Vorschrift klar, dass der Gesetzgeber auch hier von den beiden schon bekannten Realmodellen „Erwartung künftiger Verluste" (Nr. 1) und „lucky buy" (Nr. 2) ausgeht.[182] Zur erfolgswirksamen Auflösung des negativen Unterschiedsbetrags kommt es daher darauf an, welcher dieser beiden Kategorien er im Einzelfall zuzuordnen ist: Bei der Kompensation künftiger Verluste erfolgt die Auflösung mit deren Eintritt; liegt dagegen ein „lucky buy" vor, so ist die Gewinnrealisierung entscheidend.

Zusammenfassend erfolgt in der Konzernbilanz somit stets ein gesonderter Ausweis des negativen Kaufpreises unter Erläuterung seines Charakters im Anhang. Bezogen auf den Einzelabschluss ist dieses Konzept vergleichbar mit der vollumfänglichen Passivierung eines negativen Geschäftswerts ohne Abstockung der Aktiva. Was sich also im Einzelabschluss – wie dargelegt – mit Blick auf das Vorsichtsprinzip verbietet,[183] hat der Gesetzgeber für den Konzernabschluss gesetzlich gerade festgeschrieben. Das ist freilich kein Widerspruch zur Abstockungslösung im Einzelabschluss, sondern erklärt sich daraus, dass im Konzernabschluss die möglichst umfassende[184] Information über Vermögens-, Finanz- und Ertragslage entscheidend ist – und nicht wie im Einzelabschluss Zahlungsbemessungsfunktion, Gläubigerschutz und damit einhergehend das Vorsichtsprinzip im Vordergrund stehen.[185]

---

180 So *Busse von Colbe/Ordelheide*, Konzernabschlüsse, 9. Aufl. 2010, S. 245 f.
181 So auch *Velte*, StB 2011, 396 (400).
182 Vgl. nur *Busse von Colbe*, in: Schmidt; Münchener Kommentar zum HGB, 2. Aufl., 2008, § 301 HGB Rn. 133; *Hofmann/Triltzsch*, StuB 2003, 673 (673 f.); *Velte*, StB 2011, 396 (399 f.). Ausführlicher *Busse von Colbe/Ordelheide*, (o. Fn. 180), S. 242 f.; *Förschle/Deubert*, in: Beck'scher Bilanzkommentar, 8. Aufl., 2012, § 301 HGB Rn. 155.
183 Dazu bereits unter C. II. 1. b. cc.
184 Insofern kritisiert *Velte*, StB 2011, 396 (399) allerdings zu Recht den Umstand, dass der Bilanzausweis des negativen Unterschiedsbetrags seit dem BilMoG einheitlich erfolgt und nicht mehr nach Konzern*rückstellungen* und Konzern*rücklagen* differenziert wird.
185 Zu den Funktionen des Einzelabschlusses und des Konzernabschlusses im Vergleich statt vieler *Busse von Colbe/Ordelheide*, (o. Fn. 180), S. 20 ff, 26 ff.

D.   Fazit und Ausblick

Die vorstehenden Ausführungen haben gezeigt, dass hinter dem Phänomen „negativer Kaufpreis" in *tatsächlicher* Hinsicht zwei Begründungsansätze stehen können, nämlich die Vergütung erwarteter zukünftiger Verluste oder der Abschluss eines für den Käufer günstigen Kaufs. Welches Modell letzten Endes der *rechtlichen* Bewertung des negativen Kaufpreises zugrunde gelegt wird, liegt in der Hand des Gesetzgebers oder muss – wie beim Einzelabschluss nach HGB – in Ermangelung ausdrücklicher Vorgaben aus allgemeinen Rechtsprinzipien und Rechtsgrundsätzen, wie etwa den GoB, entwickelt werden. Die Bandbreite reicht im Einzelnen von einer weitgehenden Orientierung am Modell des „lucky buy" in den IFRS über einen gewissen Ausweisspielraum in den Vorgaben zum Konzernabschluss nach HGB bis zur Aufteilung in unterschiedliche Komponenten, wie sie vorliegend für den Einzelabschluss nach HGB entwickelt wurde.

Was die Behandlung des negativen Kaufpreises in der Handels- und Steuerbilanz anbelangt, so wurde herausgearbeitet, dass das Vorsichtsprinzip eine vorrangige Abstockung der Aktiva gebietet. Im Wege der Rechtsfortbildung ist – wiederum unter Rückgriff auf das Vorsichtsprinzip – der das Abstockungspotenzial übersteigende Teil des negativen Kaufpreises zu passivieren, und zwar handelsrechtlich analog § 249 Abs. 1 Alt. 2 HGB als Drohverlustrückstellung und steuerrechtlich analog § 249 Abs. 1 Alt. 1 HGB (i.V.m. § 5 Abs. 1 Satz 1 EStG) als Verbindlichkeitsrückstellung . Bezüglich der Erstbilanzierung deckt sich das mit der vom BFH vorgeschlagenen Lösung über die Bildung eines passiven Ausgleichspostens. Letzterer ist materiell indes weitgehend inhaltsleer und erlaubt daher kaum Rückschlüsse auf die im Detail umstrittene Folgebilanzierung. Vorliegend wurde unter Rückgriff auf den Rückstellungscharakter des Passivpostens versucht, ein in sich stimmiges Lösungsmodell zu erarbeiten. Freilich bleibt zu hoffen, dass der BFH alsbald Gelegenheit erhält, in diesem Punkt für mehr Klarheit und Rechtssicherheit zu sorgen.

Unternehmenskäufe börsennotierter Unternehmen unter insiderrechtlichen Gesichtspunkten

Von Dr. Michael Langford, LL.M.

A. Einleitung

Diese Arbeit befasst sich mit den für die Praxis bedeutsamen insiderrelevanten Aspekten, die in Zusammenhang mit Unternehmenskäufen börsennotierter Unternehmen stehen. Hierbei handelt es sich im Wesentlichen um die Bestimmung des Zeitpunkts, in dem bei Unternehmenskauftransaktionen als gestreckten Vorgängen eine Insiderinformation gemäß § 13 WpHG eintritt und um die daraus resultierende Ad-hoc Meldepflicht gemäß § 15 Abs. 1 WpHG.

Der Transaktionsprozess im Unternehmenskauf setzt sich aus einer Vielzahl von Zwischenschritten zusammen. Als einleitender Schritt steht die strategische Entscheidung eines börsennotierten Unternehmens, ein anderes börsennotiertes Unternehmen zu kaufen oder zu verkaufen. Danach werden in der Vorbereitung der Transaktion unter anderem „Non Disclosure Agreements" (NDA) vereinbart, „Non Binding Offers" (NBO) abgegeben und ein „Due Diligence" Verfahren durchgeführt. Danach erfolgt eine Beschlussfassung durch den Vorstand des Käufers und des Verkäufers, dessen Genehmigung durch die Aufsichtsgremien, das Signing des Kaufvertrags und zuletzt wird das Closing durchgeführt, bevor die Transaktion abgeschlossen ist.[1] Bei diesem gestreckten Vorgang stellt sich zum einen die Frage, ob die vorgenannten Zwischenschritte Insiderinformationen sein können und ab wann der Unternehmenskauf als künftiges Ereignis nach § 13 Abs. 1 Satz 3 WpHG, der eine hinreichende Eintrittswahrscheinlichkeit voraussetzt, eine Insiderinformation wird. Zum anderen ist zu fragen, ob sich bei dem Unternehmenskauf als künftiges Ereignis die Kursrelevanz des Unternehmenskaufs auf die Eintrittswahrscheinlichkeit auswirken kann. Dies hätte die Folge, dass bei unterstellter signifikanter Kurserheblichkeit die Eintrittswahrscheinlichkeit als gering oder sogar verzichtbar eingestuft werden könnte.

Von der Beantwortung dieser Fragen hängt ab, wie viele Ad-hoc Meldungen von den Beteiligten vorzunehmen sind und zu welchem Zeitpunkt die Meldungen abgegeben werden müssen. Dies ist in der Unternehmenskauftransaktion von erheblicher Bedeutung. Die beteiligten Kaufvertragsparteien sind grundsätzlich an einer späten Meldepflicht interessiert, um die Transaktion nicht zu gefährden. Eine frühe Meldung wird den Aktienkurs des Zielunternehmens typischerweise steigen lassen,[2] was den Kaufpreis verteuert und damit die Transaktion erschweren oder sogar vereiteln kann. Um eine frühe Meldung zu vermeiden, bietet sich den beteiligten Unternehmen grundsätzlich die Möglichkeit der Selbstbefreiung von der Ad-hoc Meldepflicht gemäß § 15 Abs. 3 WpHG an. Dabei stellt sich hier folgerichtig die Frage, ob die Selbstbefreiung sich auf die Zwischenschritte beziehen muss und ob für jeden Zwischenschritt eine Selbstbefreiung erfolgen muss. Ferner ist das Verhältnis der Zwischenschritte zum künftigen Ereignis des Unternehmenskaufs bedeutend für die Ad-hoc Meldungen bzw. für die Selbstbefreiung. Konsumiert das künftige Ereignis die Zwischenschritte soweit es zur Insiderinformation geworden ist oder sind weitere Ad-hoc Meldungen bezüglich der Zwischenschritte erforderlich?

---

1   *Van Kann*, Praxishandbuch Unternehmenskauf, 1. Auflage 2009, S. 18 ff.; *Weilep/Dill*, Vendor Due Diligence bei der Private-Equity-Finanzierung mittelständischer Unternehmen, BB 2008, 1946 (1948); *Harbarth*, Ad-hoc Publizität beim Unternehmenskauf, ZIP 2005, 1898 (1900); *Pfüller*, in: Fuchs, WpHG, 1. Auflage 2009, § 15 Rn. 205.

2   *Andrade/Mitchell/Stafford*, New Evidence and Perspectives on Mergers, Journal of Economic Perspectives, 2001, 103 (110).

Nachfolgend soll in einem ersten Schritt die grundsätzliche Eignung des Unternehmens-kaufs als Insiderinformation untersucht werden. Im Anschluss wird die Problematik der Behandlung von Zwischenschritten als Insiderinformation erörtert und auf den Zeitpunkt eingegangen, ab dem der Unternehmenskauf als künftiges Ereignis zur Insiderinformation wird. In einem weiteren Teil setzt sich die Arbeit mit den Rechtsfolgen des Vorliegens einer Insiderinformation, insbesondere der Ad-hoc Meldepflicht gemäß § 15 Abs. 1 WpHG und der Möglichkeit der Selbstbefreiung hiervon gemäß § 15 Abs. 3 WpHG, auseinander.

B.   Insiderinformationen in Unternehmenskauftransaktionen

I.   Unternehmenskauf als Insiderinformation gemäß § 13 Abs. 1 Satz 1 WpHG

Eine Insiderinformation liegt nach § 13 Abs. 1 Satz 1 WpHG dann vor, wenn es sich um eine „konkrete Information über Umstände" handelt, die öffentlich nicht bekannt ist. Als weitere Voraussetzung muss sich die Insiderinformation auf einen oder mehrere Emittenten von Insiderpapieren oder auf die Insiderpapiere selbst beziehen. Ferner muss sie geeignet sein, im Falle ihres öffentlichen Bekanntwerdens, den Börsen- oder Marktpreis der Insiderpapiere erheblich zu beeinflussen. Dabei definiert § 13 Abs. 1 Satz 2 WpHG die Eignung zur Kursrelevanz aus Sicht eines verständigen Anlegers. Wenn dieser die Information in seiner Anlageentscheidung berücksichtigt, ist sie kursrelevant. Der Begriff der Insiderinformation setzt sich folglich aus vier Tatbestandsmerkmalen zusammen.

1.   Der Unternehmenskauf als „konkrete Information über Umstände" i.S.d. § 13 Abs. 1 Satz 1 WpHG

Zunächst muss die Insiderinformation ein konkreter Umstand sein. Fraglich ist, ob der Unternehmenskauf ein konkreter Umstand im Sinne des § 13 WpHG ist. Das WpHG spricht von der „konkreten Information über Umstände" im Gegensatz zur Marktmissbrauchs-richtlinie 2003/6/EG, die auf „präzise Information" abstellt. Jedoch ist dieser Begriffs-unterschied folgenlos, da er seinen Grund lediglich in der Transformation der Richtlinie findet.[3] Folglich ist der Begriff „konkret" wie der Begriff „präzise" zu verwenden und auszulegen.[4] Nach Art. 1 Abs. 1 der Durchführungsrichtlinie 2003/124/EG ist „eine Information als präzise anzusehen, wenn damit eine Reihe von Umständen gemeint ist, die bereits existieren oder bei denen man mit hinreichender Wahrscheinlichkeit davon ausgehen kann, dass sie in Zukunft existieren werden, ... und diese Information darüber hinaus spezifisch genug ist, dass sie einen Schluss... auf die Kurse von Finanzinstru-menten...zulässt." Der Unternehmenskauf an sich ist mit Abschluss des Kaufvertrages eine spezifische Information im o.g. Sinne.[5] Mit Abschluss des Vertrages wird der Unter-nehmenskauf zur Rechtstatsache und damit dem Beweis zugänglich.[6] Der abgeschlossene Unternehmenskaufvertrag ist derart bestimmt, dass er Rückschlüsse auf die Kurserheblich-

---

3   *Möllers*, Insiderinformation und Befreiung von der Ad-hoc-Publizität nach § 15 Abs. 3 WpHG, WM 2005, 1393 (1394); *Mennicke/Jakovou*, in: Fuchs, WpHG, 1. Auflage 2009, § 13 Rn. 22.
4   *Assmann*, in Assmann/Schneider, WpHG, 6. Auflage 2012, § 13 Rn. 6; *Pawlik*, in Kölner Kommentar zum WpHG, 2007, § 13 Rn. 12.
5   *Harbarth*, ZIP 2005, 1898 (1900).
6   *Assmann*, (o. Fn. 4), § 13 Rn. 12.

keit dem Grunde nach zulässt.[7] Dies ist aber nicht in dem Sinne zu verstehen, dass durch das Vorliegen des Unternehmenskaufvertrags schon dessen konkrete Kurserheblichkeit indiziert würde. Bei der Spezifität der Information handelt es sich lediglich um die Frage, ob die Information überhaupt kurserheblich sein kann.[8] Die potenzielle Eignung als Insiderinformation aufgrund ausreichender Spezifität ist von der Frage der hinreichenden Eintrittswahrscheinlichkeit des künftigen Ereignisses als Insiderinformation zu unterscheiden. Hierauf wird im Folgenden einzugehen sein. Im Ergebnis wird man feststellen können, dass der Unternehmenskauf eine konkrete Information über Umstände gemäß § 13 Abs. 1 Satz 1 WpHG darstellt.

2. Der Unternehmenskauf als nicht öffentlich bekannter Umstand

Die „konkreten Informationen über Umstände" dürfen öffentlich nicht bekannt sein, um Insiderinformationen darzustellen. Öffentlich bekannt im Sinne des § 13 WpHG ist jede veröffentlichte Information. Veröffentlicht ist eine Information, wenn die Bereichsöffentlichkeit sie kennt. Hiernach ist die Information öffentlich bekannt, wenn eine unbestimmte Anzahl von Marktteilnehmern die Möglichkeit hat, von ihr Kenntnis zu nehmen.[9] Dies wird dann der Fall sein, wenn die Information in allgemein zugänglichen Quellen kommuniziert wurde. Sobald hierüber die Bereichsöffentlichkeit hergestellt ist, verliert die Information ihre Eigenschaft als Insiderinformation.[10] Dies gilt insbesondere nach Veröffentlichung mittels Ad-hoc Nachricht gemäß § 15 Abs. 1 WpHG, da eine solche Veröffentlichung gerade der missbräuchlichen Nutzung von Insiderinformationen vorbeugen will.[11] Für die Information bezüglich eines Unternehmenskaufs heißt dies, dass solange dieser nur dem Kreis der damit kraft Funktion, also aus beruflichen Gründen Befassten, bekannt ist, er als öffentlich nicht bekannt gilt. Der Kreis der beruflich mit dem Unternehmenskauf Befassten dürfte z.B. aus Vorstand, Aufsichtsrat und aus Mitarbeitern der einschlägigen Fachabteilungen der beteiligten Unternehmen sowie Beratern, wie z.B. aus Rechtsanwälten und Wirtschaftsprüfern bestehen. Typischerweise sind die o.g. Berater als Berufsgeheimnisträger zur Verschwiegenheit verpflichtet. Die Organe und Mitarbeiter der an der Transaktion beteiligten Unternehmen werden regelmäßig über Vertraulichkeitsvereinbarungen zum Stillschweigen während des Transaktionsprozesses und bei Scheitern darüber hinaus verpflichtet. Nicht zuletzt die Gefahr, dass vorzeitig austretende Informationen bezüglich der Transaktion für diese negative Auswirkungen haben können und damit die Transaktion vereiteln können, werden zum Stillschweigen der Betroffenen führen. Insofern ist der Unternehmenskauf bis zur offiziellen Verlautbarung, z.B. über eine Ad-hoc Meldung, geheim und damit öffentlich nicht bekannt im Sinne des § 13 Abs. 1 Satz 1 WpHG.

---

7   BaFin, Emittentenleitfaden, 2009, S. 55f.; *Parmentier*, Ad-hoc-Publizität bei Börsengang und Aktienplatzierung, NZG 2007, 407 (408).
8   *Assmann*, (o. Fn. 4), § 13 Rn. 8.
9   *Assmann*, (o. Fn. 4), § 13 Rn. 34.
10 *Buck-Heeb*, Kapitalmarktrecht, 5. Auflage 2011, Rn. 235.
11 *Gunßer*, Ad-hoc-Veröffentlichung bei zukunftsbezogenen Sachverhalten, NZG 2008, 855 (857); Erwägungsgrund 4 der Richtlinie 2003/124/EG.

3.   *Emittenten- oder Insiderpapierbezug des Unternehmenskaufs*

Emittentenbezug haben Informationen, wie ein Unternehmenskauf, wenn sie Vorgänge im Unternehmen betreffen oder sich auf das Verhältnis des Unternehmens zu seiner Umwelt beziehen.[12] Soweit alle an einer Unternehmenskauftransaktion beteiligten Unternehmen börsennotiert und damit Emittenten i.S.d. § 2 Abs. 6 WpHG sind, kann sich die Transaktion grundsätzlich sowohl auf das Zielunternehmen als auch auf den Verkäufer sowie auf den Käufer beziehen. Für das Zielunternehmen hat die Übernahme durch einen Käufer direkte Auswirkungen, da sich die Aktionärsstruktur[13] ändert und der Einfluss des neuen Eigentümers Auswirkungen auf die Machtverhältnisse sowie die Unternehmens- und Geschäftspolitik haben kann. Ebenso wird sich die Information des Unternehmenskaufs auf den börsennotierten Käufer beziehen, da auch beim Käufer interne Vorgänge und Daten, wie die Vermögenslage und die Finanz- und Ertragslage, betroffen sind.[14] So wird die Veränderung der Vermögensstruktur, die durch den Erwerb des Zielunternehmens erfolgt, zu einem Emittentenbezug für den Käufer führen. Auch die Vermögensstruktur des Verkäufers wird durch den Abgang des Zielunternehmens verändert, woraus sich der Emittentenbezug für den Verkäufer ergibt. Daher hat der Unternehmenskauf Emittenten- bzw. Insiderpapierbezug.

4.   *Eignung des Unternehmenskaufs zur erheblichen Kursbeeinflussung gemäß § 13 Abs. 1 Satz 2 WpHG*

Das WpHG definiert die Eignung zur erheblichen Kursbeeinflussung, auch Kurserheblichkeit genannt, in § 13 Abs. 1 Satz 2 WpHG, indem es auf den verständigen Anleger abstellt. Soweit dieser die Insiderinformation bei seiner Anlageentscheidung berücksichtigt, ist die Kurserheblichkeit gegeben. Dabei ist fraglich, was unter einem verständigen Anleger zu verstehen ist und unter welchen Gesichtspunkten er seine Anlageentscheidung trifft. Diese beiden Aspekte der Kurserheblichkeit stehen in einem inneren Zusammenhang. So wird sich ein Spekulant nicht von denselben Erwägungen bezüglich seiner Anlage leiten lassen wie ein rationaler Anleger. Im Vordergrund dürfte beim Spekulanten primär das Gewinnstreben und damit eher die Chance auf einen hohen Gewinn als die Berücksichtigung des Anlagerisikos stehen. Wenn nun über den subjektiven Ansatz, den das WpHG gewählt hat, die Anlageentscheidung von einer lohnenden Anlage geleitet wird, um minimale Gewinne also Bagatellfälle auszuschließen,[15] bietet dieses Kriterium noch keinen Abgrenzungsansatz zwischen einem Spekulanten und einem rationalen Anleger. Beide werden nach einer Gewinnmaximierung streben. Als verständiger Anleger kommt ein Marktteilnehmer in Betracht, der seine Anlageentscheidungen mit Sachverstand trifft. Dabei stützt dieser seine Entscheidung auf sein Wissen bezüglich der Marktmechanismen und auf die Hintergrundinformationen bezüglich des Anlagegegenstandes. Bei dem Kauf von Aktien hieße dies, dass er die wirtschaftlichen Eckdaten des Unternehmens im Wesentlichen kennt und z.B. auf der Basis der technischen Analyse, wie der Chartanalyse, die Erfolgsaussichten seiner

---

12   *Assmann*, (o. Fn. 4), § 13 Rn. 48.
13   *Pawlik* (o. Fn. 4) § 13 Rn.39; *Lebherz*, Publizitätspflichten bei der Übernahme börsennotierter Unternehmen, WM 2010, 154 (161).
14   *Assmann*, (o. Fn. 4), § 13 Rn. 48.
15   *Assmann*, (o. Fn. 4), § 13 Rn. 66; BaFin, Emittentenleitfaden, 2009, S. 35.

Anlage beurteilt.[16] Dies heißt aber nicht, dass ein hohes Anlagerisiko automatisch zum spekulativen Anlageverhalten führt. Wenn der Anleger das Risiko nach eingehender Analyse als hoch einschätzt, dem aber entsprechende Gewinnchancen gegenüberstehen, dann stehen Chance und Risiko in einem angemessenen Verhältnis.[17] Dies entspräche dann einer rationalen Anlageentscheidung. Auch wenn sich ein Anleger ohne eine Fundamentalanalyse der Unternehmenskennzahlen oder ohne technische Analyse der Kursentwicklung auf empirische Werte verlässt, wie z.B. die statistische Wahrscheinlichkeit, dass ein konkretes Ereignis mit einer bestimmten Eintrittswahrscheinlichkeit zu einer bestimmten Kursauswirkung führt, wird man dies noch als rational ansehen können.[18] Hiervon abzugrenzen ist der Anleger, der ohne sachliche Grundlage seine Anlageentscheidung trifft. Wenn ein Anleger sich auf seine Hoffnung, sein Gefühl oder auf sein Glück verlässt, dann wird man hier von Spekulation sprechen können. Diese Grundlage berücksichtigt insbesondere nicht das Risiko einer Anlage, so dass eine solch unfundierte Entscheidung nur zufällig zum Erfolg führt. Diese Anlagementalität wird nicht dem Bild des verständigen Anlegers entsprechen. In diesem Sinne wird der Anleger, der seine Anlageentscheidung auf rationaler Grundlage trifft, der verständige Anleger im Sinne des WpHG sein und eben nicht der Spekulant.[19] Das bedeutet für den Unternehmenskauf, dass der verständige Anleger abhängig vom Einzelfall die Erfolgsaussichten der an der Transaktion beteiligten Unternehmen in seine Entscheidung einbeziehen würde.[20] Er würde insbesondere die potenziellen Kosteneinsparungen aufgrund von Synergien berücksichtigen. Ferner würde er die erwartete Veränderung des Jahresergebnisses berücksichtigen, um hieraus seine Schlüsse für die Kursentwicklung zu ziehen. Der Unternehmenskauf ist im Ergebnis kurserheblich, da er grundsätzlich geeignet ist, dem verständigen Anleger als Entscheidungsgrundlage für seine Investition oder Desinvestition zu dienen.

5.   *Fazit*

Als Ergebnis kann festgehalten werden, dass Unternehmenskäufe als historische Ereignisse, soweit sie nach Vorgesagtem kursrelevant sind, Insiderinformationen gemäß § 13 Abs. 1 Satz 1 WpHG sein können.

II.   Zwischenschritte im zeitlich gestreckten Vorgang eines Unternehmenskaufprozesses als Insiderinformationen

In der Vorbereitung des Unternehmenskaufs, in der dieser noch ein künftiges Ereignis i.S.v. § 13 Abs. 1 Satz 3 WpHG darstellt, existieren bereits durchlaufene Zwischenschritte. Diese sind Teil eines Transaktionsprozesses, also eines gestreckten Vorgangs und münden in das

---

16   *Veil*, Der Schutz des verständigen Anlegers durch Publizität und Haftung im europäischen und nationalen Kapitalmarktrecht, ZBB 2006, 162 (163); *Fleischer*, NZG, 2007, 401 (405); OLG Stuttgart vom 22.04.2009 – 20 Kap 1/08 = NZG 2009, 624 (628); *Lebherz*, WM 2010, 154 (157); Langenbucher, Aktien- und Kapitalmarktrecht, 2. Auflage 2011, § 15 Rn. 44; *Mennicke/Jakovou*, (o. Fn. 3), § 13 Rn. 141.

17   *Brealey/Myers/Allen*, Principles of Corporate Finance, 9. Auflage 2008, S. 86.

18   Generalanwalt beim EuGH, 21.03.2012 – C-19/11, Rn. 83, so auch *Pawlik* (o. Fn. 4), § 13 Rn. 91; *Eberl/Engelhardt*, Investor Sentiment und der Erfolg von Unternehmensübernahmen, FB 2008, 381 (384).

19   *Assmann*, (o. Fn. 4), § 13 Rn. 25; *Langenbucher*, Der „vernünftige Anleger" vor dem EuGH – Zu den Schlussanträgen des GA Mengozzi in der Sache „Schrempp", BKR 2012, 145 (147); *Fleischer/Schmolke*, Gerüchte am Kapitalmarkt, AG 2007, 841 (847).

20   *Eberl/Engelhardt*, FB 2008, 381 (393); *Lebherz*, WM 2010, 154 (157).

künftige Ereignis des Unternehmenskaufs ein bzw. verursachen dieses.[21] Insofern können in der Vorbereitungsphase lediglich die Zwischenschritte, die bereits eingetreten sind, als gegenwärtige Umstände auf ihre Eigenschaft als Insiderinformationen geprüft werden. Als einleitender Zwischenschritt steht die strategische Entscheidung eines börsennotierten Unternehmens, ein anderes börsennotiertes Unternehmen zu kaufen oder zu verkaufen. Danach werden in der Vorbereitung der Transaktion unter anderem „Non Disclosure Agreements" (NDA) vereinbart, „Non Binding Offers" (NBO) abgegeben und ein „Due Diligence" Verfahren durchgeführt. Danach erfolgt eine Beschlussfassung durch den Vorstand des Käufers und des Verkäufers, dessen Genehmigung durch die Aufsichtsgremien, ein Signing und zuletzt wird das Closing durchgeführt.[22] Bei solchen zeitlich gestreckten Verfahren stellt sich noch während des Transaktionsprozesses die Frage, ab welchem Zeitpunkt eine Insiderinformation vorliegt. Diese Frage hatte der BGH im Zusammenhang mit dem DaimlerChrysler-Fall zu klären. In diesem Fall ging es um die Frage, ab wann das Ausscheiden des seinerzeitigen Vorstandsvorsitzenden Schrempp eine Insiderinformation wurde. Der BGH hat diese Frage nicht entschieden, sondern als eine von zwei Vorlagefragen mit Beschluss vom 22.11.2010 dem EuGH zur Beantwortung vorgelegt, die dieser am 28.06.2012 entschieden hat.

Erste Vorlagefrage: „Ist bei einem zeitlich gestreckten Vorgang, bei dem über mehrere Zwischenschritte ein bestimmter Umstand verwirklicht oder ein bestimmtes Ereignis herbeigeführt werden soll, für die Anwendung von Art. 1 Abs. 1 der Richtlinie 2003/6/EG, Art. 1 Abs. 1 der Richtlinie 2003/124/EG nur darauf abzustellen, ob dieser künftige Umstand oder das künftige Ereignis als präzise Information nach diesen Richtlinienbestimmungen anzusehen ist, und demgemäß zu prüfen, ob man mit hinreichender Wahrscheinlichkeit davon ausgehen kann, dass dieser künftige Umstand oder das künftige Ereignis eintreten wird, oder können bei einem solchen zeitlich gestreckten Vorgang auch Zwischenschritte, die bereits existieren oder eingetreten sind und die mit der Verwirklichung des künftigen Umstands oder Ereignisses verknüpft sind, präzise Informationen im Sinn der genannten Richtlinienbestimmungen sein?"[23]

1.   Relevanz der Zwischenschritte als Insiderinformationen

Die Beantwortung dieser Vorlagefrage ist von erheblicher praktischer Relevanz, da wie bereits o.g. der Prozess des Unternehmenskaufs aus einer Vielzahl von Zwischenschritten besteht. Daher stellt sich die Frage, ob und zu welchem Zeitpunkt im Transaktionsprozess ein Zwischenschritt zur Insiderinformation wird. Können so frühe Zwischenschritte, wie die strategische Entscheidung des Vorstands eines börsennotierten Unternehmens, ein börsennotiertes Unternehmen zu kaufen bzw. zu verkaufen, bereits Insiderinformationen sein? Würde nach einer solchen strategischen Entscheidung bereits das Zustellen eines sogenannten „Teaser", als eine Art Verkaufsprospekt, und dessen Analyse durch den Empfänger eine Insiderinformation darstellen? Da „Teaser" das Interesse an einem Zielunternehmen bei potentiellen Käufern wecken sollen und in nicht kontrollierbarer Anzahl versendet werden, würde eine Flut von Insiderinformationen entstehen.

---

21   BGH vom 22.11.2010 – II ZB 7/09 = NJW 2011, 309 (311); Generalanwalt beim EuGH, 21.03.2012 – C-19/11, Rn. 34.
22   *Van Kann*, (o. Fn. 1), S. 18 ff.; *Weilep/Dill*, BB 2008, 1946 (1948); *Harbarth*, ZIP 2005, 1898 (1900).
23   BGH vom 22.11.2010 – II ZB 7/09 = NJW 2011, 309 (309).

2. Meinungsstand zu Zwischenschritten in zeitlich gestreckten Vorgängen als Insiderinformationen

a.) Zwischenschritte sind keine Insiderinformationen

Eine Meinung spricht den Zwischenschritten in einem gestreckten Vorgang die Eigenschaft als Insiderinformation ab. Das Schicksal der Zwischenschritte wird mit dem des künftigen Ereignisses verknüpft.[24] Nur wenn die Eintrittswahrscheinlichkeit des künftigen Ereignisses hinreichend sei, könne der Zwischenschritt überhaupt insiderrelevant sein. Wenn das künftige Ereignis nicht hinreichend wahrscheinlich eintrete, habe es keine Ausstrahlungs-wirkung auf den Zwischenschritt.[25] Begründet wird dies mit dem verständigen Anleger. Der Zwischenschritt sei nicht kursrelevant, wenn das künftige Ereignis nicht hinreichend wahrscheinlich eintreten werde, da der verständige Anleger im Gegensatz zum Spekulanten nicht auf eine vage Aussicht bzw. Chance bei seiner Anlageentscheidung vertraue.[26] Umgekehrt bedürfe es in dem Fall, in dem das künftige Ereignis wegen hinreichender Eintrittswahrscheinlichkeit selber Insiderinformation geworden sei, keines Zwischenschritts als Insiderinformation, um den Schutzzweck des Gesetzes zu erfüllen. Ferner spiele die Norm des § 13 Abs. 1 Satz 3 WpHG keine Rolle, wenn auf die Zwischenschritte abgestellt würde, da dann das gegenwärtige Ereignis des Zwischenschritts an die Stelle des künftigen, und zwar des Unternehmenskaufs, trete und dies obsolet mache.[27] Im Ergebnis sei ein Zwischenschritt keine Insiderinformation, sondern nur für die Beurteilung der Eintritts-wahrscheinlichkeit des künftigen Ereignisses von Bedeutung.[28]

b.) Zwischenschritte als Insiderinformationen

Eine andere Meinung[29] sieht bei Vorliegen der Tatbestandsmerkmale des § 13 Abs. 1 WpHG, insbesondere der Kursrelevanz, die Zwischenschritte als eigenständige Insider-informationen an.[30] Das künftige Ereignis sperre nicht die Zwischenschritte als Insider-information. Dies wird damit begründet, dass eine Sperrwirkung des künftigen Ereignisses nur dann in Betracht kommt, wenn die Gestalt des künftigen Ereignisses im Zeitpunkt des Entstehens des Zwischenschritts feststeht. Da sich fast immer verschiedene Ausprägungen

---

24 *Assmann*, (o. Fn. 4), § 13 Rn. 28; OLG Stuttgart vom 22.04.2009 – 20 Kap 1/08 = NZG 2009, 624 (627); *Gunßer*, Ad-hoc Publizität bei Unternehmenskäufen und -übernahmen, Diss. Halle-Wittenberg, Baden-Baden 2008, S. 53 f.; *Kümpel/Veil*, Wertpapierhandelsgesetz, 2. Auflage 2006, 3. Teil Rn. 25; *Veil*, Prognosen im Kapitalmarktrecht, AG 2006, 690 (694).

25 *Assmann*, (o. Fn. 4), § 13 Rn. 28.

26 OLG Stuttgart vom 22.04.2009 – 20 Kap 1/08 = NZG 2009, 624 (627).

27 *Gunßer*, (o. Fn. 24), S. 54.

28 OLG Stuttgart vom 22.04.2009 – 20 Kap 1/08 = NZG 2009, 624 (627).

29 *Buck-Heeb*, (o. Fn. 10), Rn. 232; *Fischer* zu Cramburg/Royé, in: Heidel, Aktienrecht und Kapitalmarktrecht, 3. Auflage 2011, § 13 WpHG Rn. 2; *Möllers*, WM 2005, 1393 (1394); *Simon*, Die neue Ad-hoc-Publizität, Der Konzern 2005, 13 (15); *Ziemons*, Neuerungen im Insiderrecht und bei der Ad-hoc-Publizität durch die Marktmissbrauchsrichtlinie und das Gesetz zur Verbesserung des Anlegerschutzes, NZG 2004, 537 (541).

30 *Fleischer*, Ad-hoc-Publizität beim einvernehmlichen vorzeitigen Ausscheiden des Vorstandsvorsitzenden* Der DaimlerChrysler-Musterentscheid des OLG Stuttgart, NZG 2007, 401 (403); *Klöhn*, Der „gestreckte Geschehensablauf" vor dem EuGH – Zum DaimlerChrysler-Vorlagebeschluss des BGH, NZG 2011, 166 (170); OLG Frankfurt vom 12.02.2009 – 2 Ss-OWi 514/08 = NZG 2009, 391 (391); *Kocher/Widder*, Ad-hoc-Publizität bei M&A-Transaktionen, CFL 2011, 88 (92); *Pawlik* (o. Fn. 4) § 13 Rn. 16; *Langenbucher*, BKR 2012, 145 (146); *Pfüller*, (o. Fn. 1), § 15 Rn. 102; *Langenbucher*, (o. Fn. 16), § 15 Rn. 27.

des Endziels ergeben könnten, wäre der Zwischenschritt unabhängig vom künftigen Ereignis.[31] Die von der Gegenmeinung angeführte Abhängigkeit des Zwischenschritts wird hierdurch in Abrede gestellt, da eben keine zwingende Verknüpfung existiere. Daneben entspreche das alleinige Abstellen auf ein künftiges Ereignis als Produkt der Zwischenschritte nicht dem Wortlaut des Gesetzes und führe im Ergebnis zur Gesetzeslage vor Einführung der Marktmissbrauchsrichtlinie 2003/6/EG, in der noch auf das abgeschlossene Ereignis abgestellt wurde.[32] Das WpHG spricht zum einen in § 13 Abs. 1 Satz 1 WpHG von gegenwärtigen bereits eingetretenen Umständen und zum anderen in Satz 3 von künftigen Ereignissen. Das Gesetz spricht nicht von Zwischenschritten, die in ein künftiges Ereignis einmünden, so dass für diese Zwischenschritte als historische Ereignisse § 13 Abs. 1 Satz 1 WpHG anzuwenden sei. Soweit die dort genannten Tatbestandsmerkmale erfüllt sind, läge eine Insiderinformation vor. Auch könnten keine gleichwertigen unternehmerischen Interessen ins Feld geführt werden, die zur Einschränkung der Publizitätspflicht führen könnten. Ganz im Gegenteil habe der Gesetzgeber für mögliche Interessenkollisionen die Möglichkeit der Selbstbefreiung gemäß § 15 Abs. 3 WpHG zur Verfügung gestellt.[33] Im Ergebnis könne ein Zwischenschritt bei entsprechender Kursrelevanz als bereits existierender Umstand eine Insiderinformation sein.

c.) *Insiderinformation im Lichte des Europarechts*

Soweit die Frage nach der Sperrwirkung des künftigen Ereignisses nach § 13 Abs. 1 Satz 3 WpHG für Zwischenschritte nicht mit dem WpHG gelöst werden kann, ist Europarecht zur Auslegung heranzuziehen, da der Begriff der Insiderinformation aus dem Unionsrecht stammt.[34] Dementsprechend hat der BGH mit Beschluss vom 22.11.2010 die Frage nach der Insidereigenschaft von Zwischenschritten dem EuGH zur Beantwortung vorgelegt. Insbesondere stellt sich dem BGH die Frage, ob Zwischenschritte eines gestreckten Vorgangs, die in ein künftiges Ereignis münden, Insiderinformationen im Sinne des § 13 Abs. 1 Satz 1 WpHG sein können und insofern unabhängig vom künftigen Ereignis sind.[35] Am 21.03.2012 hat der Generalanwalt des EuGH in seinen Schlussanträgen und der EuGH mit seinem Urteil vom 28.06.2012 die Anforderungen des Unionsrechts an die Insiderinformation dargelegt.

Sowohl der Generalanwalt des EuGH als auch der EuGH führen aus, dass der Begriff der Insiderinformation in Art. 1 Abs. 1 Unter- Abs. 1 der Richtlinie 2003/6/EG und in Art. 1 Abs. 1 der Durchführungsrichtlinie 2003/124/EG geregelt ist. In Art. 1 Abs. 1 der Richtlinie 2003/6/EG wird die Insiderinformation definiert als „eine nicht öffentlich bekannte präzise Information, die direkt oder indirekt einen oder mehrere Emittenten von Finanzinstrumenten oder ein oder mehrere Finanzinstrumente betrifft und die, wenn sie öffentlich bekannt würde, geeignet wäre, den Kurs dieser Finanzinstrumente…erheblich zu beeinflussen. Der Wortlaut der Richtlinie verlange kein abschließendes Ereignis und stelle auch keine Anforderungen an die zeitliche Stellung einer Insiderinformation im gestreckten Vorgang. Daraus könne man schließen, dass ein Zwischenschritt grundsätzlich eine Insider-

---

31 *Klöhn*, NZG 2011, 166 (170).
32 OLG Frankfurt vom 12.02.2009 – 2 Ss-OWi 514/08 = NZG 2009, 391 (392).
33 OLG Frankfurt vom 12.02.2009 – 2 Ss-OWi 514/08 = NZG 2009, 391 (392).
34 *Fleischer*, NZG 2007, 401 (404); *Kümpel/Veil*, (o. Fn. 24), 3. Teil, Rn. 20.
35 BGH vom 22.11.2010 – II ZB 7/09 = NJW 2011, 309 (311).

information sein könne.[36] Dies werde noch dadurch bekräftigt, dass der Wortlaut der Durchführungsrichtlinie explizit von einer „Reihe von Umständen" spreche, was darauf hindeute, dass Zwischenschritte als Insiderinformationen in Betracht kommen.[37]

Aus dem Kontext des Art. 1 Abs. 1 der Durchführungsrichtlinie 2003/124/EG ergebe sich durch Betrachtung des Art. 2 Abs. 3 der vorgenannten Richtlinie, dass Zwischenschritte Insiderinformationen sein könnten. Dies folge daraus, dass Änderungen von bereits Ad-hoc gemeldeten Umständen ihrerseits Ad-hoc gemeldet werden müssten. Eine Folgerung hieraus sei, dass die Richtlinie gerade davon ausgehe, dass Insiderinformationen in einem gestreckten Vorgang, sich durch überholende Zwischenschritte ändern könnten, sonst würden diese keiner neuerlichen Meldung bedürften.[38] Weiterhin lasse sich aus der Möglichkeit der Selbstbefreiung von der Ad-hoc Meldepflicht, die in Art. 6 der Richtlinie 2003/6/EG in Verbindung mit Art. 3 und dem 5. Erwägungsgrund der Durchführungsrichtlinie 2003/124/EG geregelt ist, auch entnehmen, dass Zwischenschritte Insiderinformationen seien. Diese Regelungen beschrieben typische Zwischenschritte gestreckter Vorgänge und ließen Ausnahmen von der Ad-hoc Meldepflicht bezüglich dieser Zwischenschritte zu. Hieraus ergebe sich in einem Umkehrschluss die grundsätzliche Meldepflicht bezüglich dieser Zwischenschritte.[39]

Die Eigenschaft der Zwischenschritte als Insiderinformationen ergebe sich auch aus dem Normzweck, der in der Richtlinie 2003/6/EG ausdrücklich dahin erklärt wird, dass die Integrität der Finanzmärkte und das Vertrauen der Anleger in dieselben geschützt werden sollen. Dies ergibt sich aus dem 2. und 12. Erwägungsgrund. Daneben nennt der 24. Erwägungsgrund die zeitnahe Meldung von Insiderinformationen als geeignet, um die vorgenannten Ziele zu erreichen. [40] Dies erschließe sich auch, wenn man die besondere Ausprägung der vorgenannten Schutzzwecke der Richtlinie heranziehe. So habe der EuGH in seiner „Spector Photo Group NV" Entscheidung[41] aus dem Jahr 2009 eine besondere Ausprägung in Form der „informationellen Chancengleichheit" formuliert, die auch als neues Prinzip anzusehen sei.[42] Nur wenn kein Marktteilnehmer kraft überlegenen Wissens einen Vorteil zu Lasten eines anderen Marktteilnehmers ausnutzen könne, würde das Vertrauen in die Märkte und damit deren Funktionsfähigkeit nachhaltig geschützt.[43] Um Informationsasymmetrien zwischen unterschiedlichen Marktteilnehmern auszugleichen, sei es erforderlich, jedweden Vorteil auf Grund Informationsvorsprungs durch entsprechende Kommunikation auch solcher Zwischenschritte zu beseitigen.[44]

Im Ergebnis teilt der EuGH die Meinung des Generalanwalts, dass der Schutzzweck der Richtlinien durch eine umfassende Transparenz erreicht werde, die bezüglich Insiderinformationen durch Ad-hoc Meldungen auch der Zwischenschritte erreicht werden könnte.

---

36 Generalanwalt beim EuGH, 21.03.2012 – C-19/11, Rn. 36-38.
37 Generalanwalt beim EuGH, 21.03.2012 – C-19/11, Rn. 41.
38 Generalanwalt beim EuGH, 21.03.2012 – C-19/11, Rn. 42.
39 Generalanwalt beim EuGH, 21.03.2012 – C-19/11, Rn. 43f., EuGH vom 28.06.2012 – C-19/11 = NJW 2012, 2787 (2788), Rn. 32.
40 EuGH vom 28.06.2012 – C-19/11, NJW 2012, 2787 (2788), Rn. 33 f..
41 EuGH vom 23.12.2009 – C-45/08 = NZG 2010, 107 ff.
42 *Hupka*, Das Insiderrecht im Lichte der Rechtsprechung des EuGH, EuZW 2011, 860 (863).
43 EuGH vom 23.12.2009 – C-45/08 = NZG 2010, 107 (110).
44 Generalanwalt beim EuGH, 21.03.2012 – C-19/11, Rn. 52 f., EuGH vom 28.06.2012 – C-19/11 = NJW 2012, 2787 (2788), Rn. 35.

d.) *Stellungnahme*

Zunächst ist von der nationalen Rechtslage auszugehen und zu klären, ob diese den Begriff des Zwischenschritts in gestreckten Vorgängen regelt. In § 13 Abs. 1 Satz 1 und 2 WpHG wird zwar die bereits existierende Insiderinformation geregelt, aber Zwischenschritte werden nicht explizit erwähnt. Auch in Satz 3, in dem es um künftige Ereignisse geht, werden die Zwischenschritte, die das künftige Ereignis vorbereiten, nicht erwähnt. Diese Zwischenschritte, soweit sie schon eingetreten sind, lassen sich nicht unter § 13 Abs. 1 Satz 3 WpHG subsumieren, da sie eben keine künftigen Ereignisse sind, sondern historische. Auch eine Subsumtion unter den § 13 Abs. 1 Satz 1 WpHG ist nicht ganz selbstverständlich möglich, da diese nicht ausdrücklich genannt sind. In diesem Zusammenhang ist die Beachtung des Unionsrechts hilfreich. Die Durchführungsrichtlinie 2003/124/EG erwähnt eine „Reihe von Umständen, die bereits existieren" und ist in der vorliegenden Frage tatsächlich weitreichender und damit klarer als das WpHG. Allein diese Formulierung lässt den Schluss auf die grundsätzliche Regelung einer Vielzahl von Zwischenschritten zu.[45] Denn Zwischenschritte existieren in einem gestreckten Vorgang in einer Reihe aufeinanderfolgender Ereignisse.

Ob der innere Zusammenhang der Zwischenschritte zum künftigen Ereignis eine Sperrwirkung entfaltet, wie es das OLG Stuttgart annimmt,[46] ist mit dem Schutzzweck der Richtlinien zu beantworten. Die Tatsache, dass die Richtlinie 2003/124/EG eine grundsätzliche Regelung der Zwischenschritte vorsieht, heißt im Ergebnis noch nicht automatisch, dass diese Insiderinformationen sind. Neben der Eigenschaft als Zwischenschritt müssen die weiteren Tatbestandsmerkmale der Richtlinie erfüllt sein, insbesondere die Kursrelevanz. Auch die Durchführungsrichtlinie 2003/124/EG stellt bezüglich der Kursrelevanz in Art. 1 Abs. 2 auf den verständigen Anleger ab. Damit der verständige Anleger seine Entscheidungsgrundlagen schaffen kann, bedarf er relevanter Informationen. Dabei ist nicht einzusehen, warum nur einige wenige Anleger als Marktteilnehmer, nämlich Insider, in den Genuss von Entscheidungsgrundlagen schaffender Informationen kommen sollen, während andere sich keine solch dezidierte Grundlage schaffen können.[47] Diese unterschiedliche Behandlung bezüglich relevanter Informationen ist auch, wie der EuGH zu Recht meint,[48] mit dem Schutzzweck der Richtlinie nicht zu vereinbaren. In diesem Zusammenhang verfängt auch nicht, dass Zwischenschritte vage Aussichten eröffnen und daher eher einer Spekulation entsprechen als einer fundierten Anlageentscheidung.[49] Dem ist entgegenzuhalten, dass auch die negative Anlageentscheidung, die auf der nicht ausreichenden Eintrittswahrscheinlichkeit basieren kann, vom Anleger erst beurteilt werden muss, was er nur kann, wenn ihm alle Informationen vorliegen, die seinem Counterpart vorliegen. Andernfalls wäre er im Nachteil, weil seine Anlageentscheidung weniger fundiert wäre, als die anderer Marktteilnehmer. Wenn nun die Richtlinien eine unterschiedliche Informationsbasis der Marktteilnehmer billigen würde, wäre über das mangelnde Vertrauen in die Finanzmärkte deren Integrität und Funktionstüchtigkeit nicht gesichert. Genau dies ist aber

45   *Pawlik* (o. Fn. 4) § 13 Rn. 15.
46   OLG Stuttgart vom 22.04.2009 – 20 Kap 1/08, NZG 2009, 624 (627).
47   Generalanwalt beim EuGH, 21.03.2012 – C-19/11, Rn. 94; EuGH vom 28.06.2012 – C-19/11 = NJW 2012, 2787 (2788), Rn. 33.
48   EuGH vom 23.12.2009 – C-45/08 = NZG 2010, 107 (110).
49   OLG Stuttgart vom 15.02.2007 – 901 Kap 1/06 = NZG 2007, 352 (358); ähnlich *Harbarth*, ZIP 2005, 1898 (1902).

der Schutzzweck der Richtlinie, so dass vorrangiges Ziel sein muss, ein allseits gleiches Informationsniveau zu schaffen. Dies kann nur dadurch erfolgen, dass kurserhebliche Zwischenschritte als Insiderinformationen grundsätzlich zu kommunizieren sind.[50] Im Ergebnis kann festgehalten werden, dass Zwischenschritte in gestreckten Vorgängen bei gegebener Kursrelevanz Insiderinformationen sind.

III.   *Unternehmenskauf als künftiges Ereignis nach § 13 Abs. 1 Satz 3 WpHG*

Grundsätzlich können künftige Ereignisse, wie Unternehmenskäufe, Insiderinformationen gemäß § 13 Abs. 1 Satz 3 WpHG sein. Voraussetzung hierfür ist nach § 13 Abs. 1 Satz 3 WpHG, dass der Eintritt des Ereignisses bzw. des Umstandes „hinreichend" wahrscheinlich ist. Es stellt sich nun die Frage, – und darüber gehen die Meinungen auseinander – wann diese hinreichende Wahrscheinlichkeit gegeben ist. Dabei ist entscheidend, ob eine Mindesteintrittswahrscheinlichkeit erforderlich ist, um das künftige Ereignis als Insiderinformation zu qualifizieren.[51] Diese Frage hat der BGH als zweite Vorlagefrage im o.g. DaimlerChrysler-Fall mit Beschluss vom 22.11.2010 dem EuGH zur Beantwortung vorgelegt.

Zweite Vorlagefrage: „Verlangt hinreichende Wahrscheinlichkeit im Sinn von Art. 1 Abs. 1 der Richtlinie 2003/124/EG eine Wahrscheinlichkeitsbeurteilung mit überwiegender oder hoher Wahrscheinlichkeit, oder ist unter Umständen, bei denen mit hinreichender Wahrscheinlichkeit von ihrer zukünftigen Existenz, oder Ereignissen, die mit hinreichender Wahrscheinlichkeit in Zukunft eintreten werden, zu verstehen, dass das Maß der Wahrscheinlichkeit vom Ausmaß der Auswirkungen auf den Emittenten abhängt und es bei hoher Eignung zur Kursbeeinflussung genügt, wenn der Eintritt des künftigen Umstands oder Ereignisses offen, aber nicht unwahrscheinlich ist?"[52]

Diese Vorlagefrage enthält genau genommen drei Fragen, wenn man die Rechtsprechung des OLG Stuttgart[53] sowie die vormals vertretene Ansicht des BGH[54] zum Ausmaß der Eintrittswahrscheinlichkeit berücksichtigt. Neben der grundsätzlichen Frage nach der Mindesteintrittswahrscheinlichkeit an sich ist die Frage nach der genauen Höhe der Eintrittswahrscheinlichkeit beinhaltet. Daneben tritt die Frage zum Verhältnis der Kurserheblichkeit zur Eintrittswahrscheinlichkeit.

1.   *Künftiges Ereignis als Insiderinformation bei gegebener Mindesteintrittswahrscheinlichkeit*

Nach Meinung des OLG Stuttgart ist eine hohe, und zwar eine deutlich höhere Eintrittswahrscheinlichkeit als 50% erforderlich, um das künftige Ereignis als Insiderinformation zu qualifizieren.[55] Damit legt sich das OLG Stuttgart auch bezüglich der Mindesteintrittswahrscheinlichkeit, die es konsequenterweise voraussetzt, fest. Gleicher

---

50   *Kocher/Widder*, CFL 2011, 88 (89).
51   *Klöhn*, NZG 2011, 166 (168).
52   BGH vom 22.11.2010 – II ZB 7/09 = NJW 2011, 309.
53   OLG Stuttgart vom 15.02.2007 – 901 Kap 1/06 = NZG 2007, 352 (358).
54   BGH v 25.02.2008 – II ZB 9/07 = NZG 2008, 300.
55   OLG Stuttgart vom 15.02.2007 – 901 Kap 1/06, NZG 2007, 352 (358).

Auffassung ist eine Meinung in der Literatur.[56] Der BGH hat dagegen eine überwiegende, also eine über 50%-ige Eintrittswahrscheinlichkeit ausreichen lassen.[57] Das OLG Stuttgart stellt bei seiner Meinung darauf ab, dass der verständige Anleger nur dann zu einer Anlageentscheidung käme, wenn die Entscheidungsgrundlage, also das Eintreten des künftigen Ereignisses, nicht lediglich auf einer Spekulation basiere.[58] Damit setzt das OLG Stuttgart gleichzeitig die Kurserheblichkeit ins Verhältnis zur Eintrittswahrscheinlichkeit. Es priorisiert die Eintrittswahrscheinlichkeit gegenüber der Kurserheblichkeit, und zwar in dem Sinne, dass ohne hohe Eintrittswahrscheinlichkeit keine Kursrelevanz bestehe, da der verständige Anleger nicht auf Basis eines vagen Ereignisses handeln würde. Im Ergebnis bedürfe es bei einem künftigen Ereignis einer Mindesteintrittswahrscheinlichkeit, um als Insiderinformation qualifiziert zu werden.

2. Künftiges Ereignis als Insiderinformation ohne Mindesteintrittswahrscheinlichkeit

Die Gegenmeinung[59] wendet sich gegen eine Mindesteintrittswahrscheinlichkeit im Sinne einer eindimensionalen mathematischen Bestimmung nach überwiegender, 50 plus x Prozent bzw. einer noch höheren, Wahrscheinlichkeit.[60] Die isolierte Betrachtung der Eintrittswahrscheinlichkeit werde den Umständen des Einzelfalls nicht gerecht, diese zu berücksichtigen sei aber nach einer CESR-Empfehlung erforderlich und entspräche im Übrigen auch dem Schutzzweck des § 13 WpHG. In dieser Empfehlung heißt es: „The precise nature of information is to be assessed on a case-by-case basis and depends on what the information is and the surrounding context"[61]. Um alle Umstände zu berücksichtigen sei auch die Auswirkung des künftigen Ereignisses auf den Emittenten in Betracht zu ziehen.[62] Dies folge daraus, dass der verständige Anleger eben nicht nur auf die Eintrittswahrscheinlichkeit abstelle, sondern als rationaler Anleger alle wesentlichen Aspekte in seine Entscheidung einfließen lasse. Demzufolge nutze der rationale Anleger auch finanztheoretische Berechnungsweisen. Das Lohnen der Investition ermittle der verständige Anleger dadurch, dass er die „möglichen Ergebnisse mit ihrer jeweiligen Eintrittswahrscheinlichkeit multipliziere und auf den Bewertungsstichtag abzinse."[63] Dies entspreche dem Probability Magnitude Ansatz, den der US Supreme Court im Jahre 1988 der Entscheidung in der Sache Basic v. Levinson zugrunde gelegt hat.[64] Danach richtet sich die Eigenschaft zukünftiger Ereignisse als Insiderinformationen, „zu jeder Zeit nach dem Verhältnis der Eintrittswahrscheinlichkeit des Ereignisses und dem erwarteten Ausmaß dieses Ereignisses im Lichte der sonstigen Aktivitäten der Gesellschaft."[65] Insofern fände die hier vertretene Meinung auch durch Rechtsvergleich eine Bestätigung.[66] Ferner spreche das Argument der Rechtssicherheit unter dem Gesichtspunkt des „Information Overload"

---

56   *Assmann*, (o. Fn. 4), § 13 Rn. 25; *Parmentier*, NZG 2007, 407 (411); *Gunßer*, (o. Fn. 24), S. 67 f.
57   BGH v. 25.02.2008 – II ZB 9/07, NZG 2008, 300 (300) so auch *Pawlik* (o. Fn. 4) § 13 Rn. 85.
58   OLG Stuttgart vom 15.02.2007 – 901 Kap 1/06, NZG 2007, 352 (358); *Assmann*, (o. Fn. 4), § 13 Rn. 25.
59   *Harbarth*, ZIP 2005, 1898 (1901); *Pawlik* (o. Fn. 4) § 13 Rn. 93; *Fleischer*, NZG 2007, 401 (405).
60   *Fleischer*, NZG 2007, 401 (405 f.); *Mennicke/Jakovou*, (o. Fn. 3), § 13 Rn. 136.
61   CESR, second set of CESR guidance and information on the common operation of the Directive to the market 06-562, 2006, S. 4.
62   *Pawlik* (o. Fn. 4) § 15 Rn. 93; *Harbarth*, ZIP 2005, 1898 (1901).
63   *Fleischer*, NZG 2007, 401 (405); *Klöhn*, NZG 2011, 166 (168); *Klöhn*, Kapitalmarkt, Spekulation und Behavioral Finance, 2006, S. 234; *Brealey/Myers/Allen*, (o. Fn. 17), S. 85.
64   Basic v. Levinson, 485 U. S. 224, 233-240 (1988).
65   *Klöhn*, NZG 2011, 166 (168).
66   *Fleischer*, NZG 2007, 401 (405).

nicht für eine Mindesteintrittswahrscheinlichkeit. Dieser Overload könne zwar dann entstehen, wenn jede Information abhängig von ihrer Kursrelevanz veröffentlicht würde. Dennoch würde eine klare Regelung, wie eine prozentual genau festgelegte Eintrittswahrscheinlichkeit, den Rechtsanwender dazu motivieren, andere Auslegungsmöglichkeiten zu nutzen, um den Einzelfall gerecht zu entscheiden.[67] Weiterhin würde der „Information Overload" zu einer breiteren Entscheidungsgrundlage führen, die zwar zu Fehlentscheidungen führen könnte, aber im Gegensatz zu einer Entscheidung mit geringer Grundlage fundierter wäre und den Anleger eigenverantwortlich entscheiden lasse.[68] Im Ergebnis bedürfe es keiner Mindesteintrittswahrscheinlichkeit im Sinne einer überwiegenden oder hohen Wahrscheinlichkeit, um ein künftiges Ereignis als Insiderinformation anzusehen, wenn die Kurserheblichkeit nur ausreichend groß sei. Man könne allerdings darüber nachdenken, künftige Ereignisse dann nicht als Insiderinformationen anzusehen, wenn deren Eintritt unwahrscheinlich sei, weil sich das Ereignis nicht einmal ansatzweise verfestigt habe.[69]

3. Künftiges Ereignis als Insiderinformation im Lichte des Europarechts

Fraglich ist, ab welchem Zeitpunkt das künftige Ereignis zu einer Insiderinformation wird. Das Gesetz spricht im § 13 Abs. 1 Satz 3 WpHG von hinreichender Eintrittswahrscheinlichkeit und lässt damit nicht klar erkennen, auf welchen Zeitpunkt abzustellen ist.[70] Zur Klärung dieser Frage sind die vom Generalanwalt beim EuGH und dem EuGH gemachten Ausführungen zu den Voraussetzungen des Europarechts für die Bewertung des künftigen Ereignisses als Insiderinformation zu beachten. Hervorzuheben ist, dass der EuGH und der Generalanwalt bezüglich der Anwendbarkeit des Probability Magnitude Ansatzes unterschiedlicher Meinung sind. Diesen Ansatz, der die Anforderungen an das Vorliegen der Eintrittswahrscheinlichkeit von der Kursrelevanz abhängig macht, hat der Generalanwalt noch in seinen Anträgen vom 21.03.2012 vertreten. Der Generalanwalt will die Tatbestandsvoraussetzungen der Insiderinformation, die sich aus Art. 1 Abs. 1 der Richtlinie 2003/6/EG i.V.m. Art. 1 Abs. 1 der Durchführungsrichtlinie 2003/124/EG ergeben, im Zusammenhang sehen. Das künftige Ereignis sei nicht bereits dann als Insiderinformation zu qualifizieren, wenn seine Eintrittswahrscheinlichkeit hinreichend sei. Daneben müssten auch noch die Präzisheit der Information, das öffentliche nicht Bekanntsein und insbesondere die Kursrelevanz vorliegen. Eine isolierte Betrachtung der Eintrittswahrscheinlichkeit zur Bewertung der Insidereigenschaft reiche nicht aus.[71] Die beiden Tatbestandsvoraussetzungen Kursrelevanz und Eintrittswahrscheinlichkeit seien zwar logisch getrennt zu betrachten, wiesen jedoch Abhängigkeiten auf.[72] Diese Abhängigkeit folge bereits daraus, dass beide Voraussetzungen vorliegen müssten. Der Grad der Ausprägung der einen oder anderen Voraussetzung sei aber nicht zwingend vorgeschrieben, solange beide nicht ausgeschlossen seien.[73] Aus diesem Zusammenspiel der beiden Tatbestandsvoraussetzungen des künftigen Ereignisses als Insiderinformation würde auch die zweite Frage nach der Abhängigkeit beantwortet, da die Eintrittswahrscheinlichkeit als

---

67 *Klöhn*, NZG 2011, 166 (169).
68 Generalanwalt beim EuGH, 21.03.2012 – C-19/11, Rn. 93f..
69 *Klöhn*, NZG 2011, 166 (169); *Harbarth*, ZIP 2005, 1989 (1901).
70 OLG Stuttgart vom 15.02.2007 – 901 Kap 1/06 = NZG 2007, 352 (358).
71 Generalanwalt beim EuGH, 21.03.2012 – C-19/11, Rn 97f
72 Generalanwalt beim EuGH, 21.03.2012 – C-19/11, Rn. 68f..
73 Generalanwalt beim EuGH, 21.03.2012 – C-19/11, Rn. 70.

bewegliches System zu sehen sei.[74] Dieser Wechselwirkung tritt der EuGH in seinem Urteil vom 28.06.2012 entgegen. Die beiden Tatbestandsmerkmale seien unabhängig voneinander zu sehen und müssten insbesondere beide erfüllt sein, damit vom Vorliegen einer Insiderinformation ausgegangen werden könne. Die gegenteilige Ansicht könne im Ergebnis dazu führen, dass eine völlig unsichere Eintrittswahrscheinlichkeit von der Kurserheblichkeit ersetzt werden könne. Dieses bedeute, dass die Eintrittswahrscheinlichkeit nicht greifbar vorzuliegen brauche und man dennoch eine Insiderinformation unterstellen könne. Dem könne aber nach dem Wortlaut des Gesetzes schlechterdings so sein.[75]

Auch bezüglich dessen, was der verständige Anleger zur Grundlage seiner Entscheidung macht, sind sich der Generalanwalt und der EuGH nicht einig. Beide ziehen die Entscheidungsgrundlage des verständigen Anlegers als Kontext zur Auslegung heran, wobei der Generalanwalt meint, dass der verständige Anleger alle Umstände des Einzelfalls in seiner Anlageentscheidung einbeziehe. Daher läge es nahe, auch hier die Eintrittswahrscheinlichkeit im Zusammenhang mit der Kursrelevanz zu sehen.[76] Der EuGH schränkt die vom verständigen Anleger zugrunde gelegten Umstände auf alle verfügbaren, also die bereits existierenden ein. Damit wendet er sich insbesondere gegen die Zugrundelegung der künftigen, wenn auch bedeutenden, Auswirkungen eines Ereignisses auf den Emittenten.[77] Der EuGH will die Eintrittswahrscheinlichkeit auf einer umfassenden Würdigung der bereits verfügbaren Anhaltspunkte basieren lassen. Hieraus ergebe sich dann die vernünftige Erwartung, dass das künftige Ereignis eintreten werde.[78]

Der Generalanwalt stützt seine Bewertung letztlich noch auf den Schutzzweck der Richtlinie, also die Integrität der Finanzmärkte und das Vertrauen der Anleger. Dabei bezieht er sich vor allem auf die vom EuGH entwickelte Ausprägung der informationellen Chancengleichheit. Hiernach sei die Bevorteilung einzelner Marktteilnehmer zu Lasten anderer nicht mit dem Schutzzweck vereinbar.[79] Dies würde wiederum dazu führen, dass eine Mindesteintrittswahrscheinlichkeit eine mit dem Schutzzweck nicht vereinbare Informationshürde darstelle.[80] Folglich ergebe sich aus dem Schutzzweck, dass ein künftiges Ereignis als Insiderinformation qualifiziert werden könne, wenn bei entsprechender Kursrelevanz die Eintrittswahrscheinlichkeit gering sei, solange der Eintritt nicht unmöglich oder unwahrscheinlich sei. Aus dieser Auslegung zieht der EuGH einen gegenteiligen Schluss. So sei gerade bei dieser Wertung die Möglichkeit eröffnet, dass einzelne Marktteilnehmer informationell bevorzugt würden, da nun auch nicht präzise Informationen zu Insiderinformationen würden.[81] Den Schutzzweckgedanken weitet der EuGH auch noch auf die Rechtssicherheit, die sich aus dem 3. Erwägungsgrund der Richtlinie 2003/124 ergebe, aus. Hieraus folge, dass die Marktteilnehmer, zu denen auch Emittenten zählten, schutzbedürftig bezüglich ihrer Ad-hoc Meldepflicht seien. Die erforderliche Rechtssicherheit für korrekte Ad-hoc Meldungen lasse sich nicht durch die Anwendung des Probability Magnitude Ansatzes verwirklichen.[82]

---

74 *Fleischer*, NZG 2007, 401 (405); Generalanwalt beim EuGH, 21.03.2012 – C-19/11, Rn. 98.
75 EuGH vom 28.06.2012 – C-19/11, NJW 2012, 2787 (2788), Rn. 52f..
76 Generalanwalt beim EuGH, 21.03.2012 – C-19/11, Rn. 79 f.; *Fleischer*, NZG 2007, 401 (405).
77 EuGH vom 28.06.2012 – C-19/11 = NJW 2012, 2787 (2788), Rn. 55.
78 EuGH vom 28.06.2012 – C-19/11 = NJW 2012, 2787 (2788), Rn. 45, 49.
79 EuGH vom 23.12.2009 – C-45/08 = NZG 2010, 107 (110).
80 Generalanwalt beim EuGH, 21.03.2012 – C-19/11, Rn. 92.
81 EuGH vom 28.06.2012 – C-19/11 = NJW 2012, 2787 (2788), Rn. 47.
82 EuGH vom 28.06.2012 – C-19/11 = NJW 2012, 2787 (2788), Rn. 48.

4. Stellungnahme

Ausgehend vom reinen Wortlaut der einschlägigen Normen wird klar, dass die isolierte Betrachtung des Begriffs der „hinreichenden Wahrscheinlichkeit" weder im WpHG noch in der Durchführungsrichtlinie 2003/124/EG deren Bedeutung erkennen lässt. Insofern wird man unter anderem den Kontext zur Auslegung heranzuziehen haben. Zu diesem Kontext gehört auch die Eignung zur Kursbeeinflussung. Zur Auslegung der „hinreichenden Wahrscheinlichkeit" bezüglich des Eintritts künftiger Ereignisse hat die Kursrelevanz und ihr Verhältnis zur Eintrittswahrscheinlichkeit auch eine gewisse Bedeutung.[83] Für den Unternehmenskauf kann man sagen, dass die Höhe der Kurserheblichkeit den Nachdruck und die Ernsthaftigkeit der betroffenen Parteien bezüglich der Kaufverhandlungen steigert. Dies ist aber nicht dahin zu verstehen, dass die Kursrelevanz eine fehlende oder kaum greifbare Eintrittswahrscheinlichkeit ersetzen könnte. Beide Tatbestandsmerkmale müssen gleichzeitig und unabhängig voneinander vorliegen, damit von einer Insiderinformation gesprochen werden kann. Aus diesem Grunde ist dem EuGH Recht zu geben, die Anwendung des Probability Magnitude Ansatzes abzulehnen. Dieser würde den Kreis künftiger Ereignisse als Insiderinformationen ausufern lassen. Diese weite Auslegung des Begriffs der Insiderinformation kann zwar eine umfassende Transparenz schaffen, birgt aber die Gefahr, dass die Rechtssicherheit darunter leidet. Rechtsanwender, wie z.B. der Emittent aber auch andere Marktteilnehmer wären nie ganz sicher, ob künftige Ereignisse als Insiderinformationen zu behandeln sein würden. Dies wäre angesichts der Rechtfolgen bedenklich. Würde der Emittent alle kursrelevanten Umstände unabhängig von ihrer Eintrittswahrscheinlichkeit mittels Ad-hoc Meldung kommunizieren, könnte er leicht in den Verdacht der Marktmanipulation gemäß § 20a WpHG geraten. Aber auch die Sanktionen der unterlassenen Ad-hoc Meldung sind einschneidend. Emittenten laufen Gefahr, gemäß § 39 Abs. 2 Nr. 5a) i.V.m. § 39 Abs. 4 Satz 1 WpHG mit Geldbußen bis zu einer Millionen Euro belegt zu werden, wenn sie Ad-hoc Meldungen nicht, nicht richtig, nicht vollständig oder verspätet veröffentlichen. Dieser Zwangslage, zwischen verschiedenen negativen Konsequenzen entscheiden zu können, könnte sich der Emittent durch Selbstbefreiung gemäß § 15 Abs. 3 WpHG entziehen. Diese soll aber nur in eng begrenzten Ausnahmefällen erfolgen und nicht die Regel darstellen und schon gar nicht den Zweck verfolgen, sich dem o.g. Dilemma zu entziehen.

Das Argument, dass nur eine all umfassende Transparenz den Schutzzweck der Funktionstüchtigkeit der Märkte und das Vertrauen der Marktteilnehmer fördert, kann nur bedingt verfangen. Wenn der Markt mit Informationen überflutet wird, die zwar kurs-relevant sind, aber deren Eintritt gegebenenfalls völlig unsicher ist, kann dies das Vertrauen der Marktteilnehmer ganz im Gegenteil untergraben. Dabei ist das Argument der Schutz-bedürftigkeit vor einem „Information Overload" nicht entscheidend. Die Informationsfülle, die heute bereits an den Märkten verarbeitet wird, mit dem Ziel, Entscheidungsgrundlagen zu schaffen, um künftige und kursrelevante Informationen zu erweitern, wird den verständigen Anleger sicherlich nicht überfordern.[84] Entscheidend ist vielmehr, dass die Vielzahl von künftigen Ereignissen, die bei Anwendung des Probability Magnitude Ansatzes als Insiderinformationen gelten würden, zu einem großen Teil nicht eintreten würden, da eben das Merkmal der Eintrittswahrscheinlichkeit vernachlässigt würde. Diese

---

83   *Pawlik* (o. Fn. 4), § 15 Rn. 93; *Harbarth*, ZIP 2005, 1989 (1902); *Pfüller*, (o. Fn. 1), § 15 Rn. 103.
84   *Versteegen*, Kölner Kommentar zum WpHG, 2007, § 15 Rn. 16.

Enttäuschung von Markterwartungen würde den Markt nicht nur verunsichern, sondern das Vertrauen in die Relevanz von ad-hoc kommunizierten Insiderinformationen gefährden. Immerhin handelt es sich bei einer Ad-hoc Meldung um einen gesetzlich geregelten, verbindlichen Verlautbarungsakt, dem eine offizielle Legitimation anhaftet. Wenn sich jetzt eine große Zahl solcher Meldungen zerschlagen würde, würde diese Kommunikation unverlässlich.

Auch wenn man die besondere Ausprägung des Schutzzwecks der Richtlinien 2003/6/EG und 2003/124/EG sowie des WpHG, die informationelle Gleichbehandlung der Marktteilnehmer, zugrunde legt, ergibt sich nichts anderes. Natürlich ist es nicht einzusehen, dass sich Marktteilnehmer, die über Insiderinformationen verfügen, zu Lasten anderer ungerechtfertigt bereichern sollen. Dies setzt aber relevante Informationen voraus. Wenn jede kurserhebliche Information, unabhängig von ihrer Eintrittswahrscheinlichkeit theoretisch einen Vorteil darstellen könnte, hätte der Informationsinhaber tatsächlich keinen Vorteil, da er ja selber völlig im Unklaren über den Eintritt wäre. Folglich läge kein informationeller Vorteil vor, der zu Lasten Dritter ausgenutzt werden könnte, sondern lediglich Vermutungen, Erwartungen und Hoffnungen. Insofern ist der Schutzzweck nicht berührt.

Zusammenfassend kann also der Unternehmenskauf als künftiges Ereignis nur bei gleichzeitigem Vorliegen von Kursrelevanz und einer gegebenen Eintrittswahrscheinlichkeit zu einer Insiderinformation werden. Diese soll dem EuGH zufolge dann gegeben sein, wenn auf Grundlage bereits vorhandener Umstände der Eintritt des Unternehmenskaufs vernünftigerweise anzunehmen ist. Dies bedeutet für den Unternehmenskauf, dass die Umstände des Einzelfalls zu berücksichtigen sein werden. Trotz des vergleichsweise standardisierten Verkaufsprozesses wird der Rechtsanwender nicht umhin kommen, den konkret vorliegenden Einzelfall zu bewerten und bei einer überwiegenden Eintrittwahrscheinlichkeit eine Insiderinformation zu unterstellen.[85]

C.   Ad-hoc Meldungen beim Unternehmenskauf

I.   § 15 Abs. 1 WpHG Ad-hoc Meldepflicht

Die Qualifizierung von Zwischenschritten als Insiderinformationen in gestreckten Vorgängen kann im Allgemeinen und insbesondere in Unternehmenskauftransaktionen zu früheren Meldepflichten führen.[86] Dies ist von erheblicher Relevanz, wenn diese frühere Meldepflicht auch bedeutet, dass grundsätzlich alle Insiderinformationen in einem gestreckten Vorgang zu melden sind.[87]

§ 15 WpHG regelt die Voraussetzungen für die Ad-hoc Meldepflicht. Voraussetzung für eine Ad-hoc Meldung ist hiernach das Vorliegen einer Insiderinformation gemäß § 13 WpHG, die den Emittenten unmittelbar betrifft. Unmittelbar betroffen ist ein Emittent

---

85   *Möllers/Seidenschwann*, Anlegerfreundliche Auslegung des Insiderrechts durch den EuGH. Das Ende der Daimler/ Schrempp-Odyssee in Luxemburg, NJW 2012, 2762 (2764), *Kocher/Widder*, EuGH: Zwischenschritte einer gestreckten Entscheidung als Insider-Informationen, BB 2012, 1817 (1821).
86   *Kocher/Widder*, CFL 2011, 88 (93 f.); *Langenbucher*, BKR 2012, 145 (146).
87   *Langenbucher*, BKR 2012, 145 (148).

nach § 15 Abs. 1 Satz 3 WpHG insbesondere dann, wenn die Insiderinformationen in seinem Tätigkeitsbereich eintreten.[88] Für Unternehmenskauftransaktionen heißt dies konkret, dass das börsennotierte Zielunternehmen unmittelbar von dem künftigen Ereignis des Unternehmenskaufs betroffen ist, da sich seine Aktionärsstruktur ändert. Fraglich ist, ob das Zielunternehmen von den typischen bereits oben skizzierten Zwischenschritten eines Unternehmenskaufs, wie z.B. die strategische Entscheidung zur Transaktion, das Due Diligence Verfahren und die Kaufvertragsverhandlungen unmittelbar betroffen ist. Diese Zwischenschritte mit Ausnahme des Due Diligence Verfahrens finden typischerweise nicht im Tätigkeitsbereich des Zielunternehmens statt, da diese zwischen den Vertragsparteien ausgehandelt und vereinbart werden, und zwar ohne Beteiligung des Zielunternehmens. Da das Eintreten der Umstände im Tätigkeitsbereich des Emittenten in § 15 Abs. 1 Satz 3 WpHG lediglich als ein Beispiel genannt wird, ist fraglich, ob diese Zwischenschritte das Zielunternehmen dennoch unmittelbar betreffen, obwohl sie nicht im Tätigkeitsbereich des Zielunternehmens liegen. Dagegen spricht, dass das Zielunternehmen nicht beteiligt ist und ggf. nicht einmal informiert wird. Jedoch sollen all diese Zwischenschritte in den Verkauf des Zielunternehmens münden. Wenn nun das Zielunternehmen von einem Zwischenschritt erfährt, werden die Verkaufsplanungen offensichtlich. In dem Fall ist das Zielunternehmen unmittelbar betroffen und hat die Pflicht, Ad-hoc zu melden.[89] Insofern müsste das Zielunternehmen grundsätzlich nicht nur das künftige Ereignis des Unternehmenskaufs an sich, sondern alle Zwischenschritte, die die Verkaufsbestrebungen indizieren, nach § 15 Abs. 1 WpHG melden.[90]

Für den börsennotierten Käufer bzw. Verkäufer handelt es sich bei dem Unternehmenskauf, wie bereits ausgeführt, abhängig von der Größenordnung und der strategischen Bedeutung, um eine Insiderinformation.[91] Diese bezieht sich auch unmittelbar auf die Emittenten, da sich z.B. die Vermögensstruktur des Käufers sowie des Verkäufers ändert. Beim Verkäufer geht die Beteiligung aus dem Vermögen ab während beim Käufer derselbe Vermögensgegenstand aktiviert wird. Insofern ist der Unternehmenskauf für beide Parteien Ad-hoc meldepflichtig. Die Zwischenschritte zum Unternehmenskauf spielen sich folglich im Tätigkeitsbereich der betroffenen Emittenten Käufer und Verkäufer ab,[92] so dass sie dem Grunde nach meldepflichtig sind.

Fraglich ist, ob alle weiteren Zwischenschritte, die nach dem ersten, als Insiderinformation qualifizierten Zwischenschritt, eintreten, ebenfalls zu melden sind. Nach § 15 Abs. 1 WpHG ist an jeden einzelnen Zwischenschritt als Insiderinformation anzuknüpfen.[93] Dafür spricht auch, dass die weiteren Zwischenschritte für den verständigen Anleger als Entscheidungsgrundlage an Bedeutung gewinnen. Dies liegt daran, dass bei den späteren Zwischenschritten neben der gleichbleibenden Kursrelevanz des künftigen Ereignisses die Eintrittswahrscheinlichkeit mit jedem weiteren Zwischenschritt steigt, da der Verkaufsprozess immer weiter in Richtung Finalisierung fortschreitet. Folglich ist es nicht ausreichend, nur

---

88   *Assmann*, (o. Fn. 4), § 15 Rn. 10; *Buck-Heeb*, (o. Fn. 10), Rn. 292.
89   *Assmann*, (o. Fn. 4), § 15 Rn. 71.
90   *Pfüller*, (o. Fn. 1), § 15 WpHG Rn. 102.
91   *Kocher/Widder*, CFL 2011, 88.
92   *Harbarth*, ZIP 2005, 1898 (1903).
93   *Mennicke*, Ad-hoc-Publizität bei gestreckten Entscheidungsprozessen und die Notwendigkeit einer Befreiungsentscheidung des Emittenten, NZG 2009, 1059 (1060); *Langenbucher*, BKR 2012, 145 (146); *Simon*, Der Konzern 2005, 13 (15); *Pfüller*, (o. Fn. 1), §15 Rn. 205.

den ersten Zwischenschritt als Insiderinformation mittels Ad-hoc Meldung zu kommunizieren und auf die weiteren Meldungen zu verzichten.
Eine ähnliche Problemstellung ergibt sich auch bezüglich des Verhältnisses der Zwischenschritte zum künftigen Ereignis des Unternehmenskaufs. Soweit auf dem Weg zum endgültigen Ereignis bereits Zwischenschritte Ad-hoc gemeldet wurden und das künftige Ereignis mit zunehmender Eintrittswahrscheinlichkeit selbst zur Insiderinformation und damit meldepflichtig wird, fragt sich, ob zeitlich spätere Zwischenschritte neben dem künftigen Ereignis mit Ad-hoc Meldung zu kommunizieren sind. Auch hier ist von dem Grundsatz der Meldepflicht für Insiderinformationen des § 15 Abs. 1 WpHG auszugehen. Daraus folgt, dass alle Zwischenschritte, die als Insiderinformation zu qualifizieren sind, unabhängig von ihrem Entstehungszeitpunkt meldepflichtig sind.

Gegen diese Meldepflicht spricht auch nicht, dass durch die Meldung des künftigen Ereignisses als Insiderinformation die erforderliche Transparenz für fundierte Anlageentscheidungen hergestellt ist. Durch die Kommunikation späterer Zwischenschritte wird nicht nur die ursprüngliche Anlageentscheidung, die auf der Kommunikation des ersten Zwischenschritts beruht, bekräftigt. Weitere Zwischenschritte, die das Endergebnis nicht nur wahrscheinlicher machen, sondern immer weiter präzisieren, können ihrerseits zu neuen Entscheidungen führen, da sie zusätzlichen entscheidungserheblichen Informationsgehalt aufweisen können. Die Präzisierung durch zusätzliche Zwischenschritte ist insofern entscheidend, da ein künftiges Ereignis selten nur eine einzige Ausprägung haben wird.[94] Weiterhin gibt es auch eine Ad-hoc-Meldepflicht im Falle der Aktualisierung einer ursprünglich gemeldeten Insiderinformation gemäß § 4 Abs. 2 WpAIV. Wenn der zeitlich spätere Zwischenschritt als eine Aktualisierung des vorangegangenen Zwischenschritts oder des früher kommunizierten künftigen Ereignisses des Unternehmenskaufs betrachtet wird, ist allein aus diesem Gesichtspunkt eine multiple Meldepflicht angezeigt. Voraussetzung hierfür ist, dass es sich bei dem weiteren Zwischenschritt um eine eigenständige Insiderinformation handelt.[95] Dies kann nach den bereits gemachten Ausführungen grundsätzlich der Fall sein. Man denke an die Veröffentlichung des Unternehmenskaufs als künftiges Ereignis, die durch kartellrechtliche Auflagen und damit durch einen weiteren Zwischenschritt ein völlig neues Gepräge erhält, das seinerseits kurserheblich sein kann. Noch klarer wird dies für die kartellrechtliche Versagung. Hier liegt die Kurserheblichkeit auf der Hand und ein solcher Zwischenschritt wäre nach bereits erfolgter Ad-hoc Meldung des Unternehmenskaufs zu melden.[96] Im Ergebnis wird man festhalten können, dass jeder Zwischenschritt im gestreckten Vorgang des Unternehmenskaufs sowie das künftige Ereignis des Unternehmenskaufs, soweit diese Insiderinformationen sind, mittels Ad-hoc Nachricht gemäß § 15 WpHG zu melden sind.

II.   § 15 Abs. 3 WpHG Selbstbefreiung von der Ad-hoc Meldepflicht

Die oben dargestellten Ad-hoc Meldepflichten, die bei der Wertung von Zwischenschritten in gestreckten Verfahren als Insiderinformationen deutlich früher einsetzen könnten, könnten nachteilige Auswirkungen auf die Beteiligten an einer Unternehmenskauf-

---

94   BGH vom 22.11.2010 – II ZB 7/09 = NZG 2011, 309 (311); *Klöhn*, NZG 2011, 166 (170).
95   *Assmann*, (o. Fn. 4), § 15 Rn. 184; *Gunßer*, (o. Fn. 24), S. 118; *Pawlik* (o. Fn. 4), § 15 Rn. 235; *Harbarth*, ZIP 2005, 1898 (1907).
96   *Harbarth*, ZIP 2005, 1898 (1908); *Langenbucher*, BKR 2012, 145 (146).

transaktion haben. Eine frühzeitigere Meldung des geplanten Unternehmenskaufs bzw. der darauf hinführenden Zwischenschritte kann bei unterstellter Kursrelevanz zur Steigerung des Kaufpreises führen. Dies liegt darin begründet, dass der Unternehmenskauf den Kurs des Zielunternehmens empirisch immer in die Höhe treibt.[97] Die zu erwerbenden Aktien und damit der Kaufpreis würden folglich steigen. Aber auch Kursverluste des Käuferunternehmens, die häufig eintreten,[98] würden zu einer Verteuerung der Transaktion führen, wenn der Käufer mit eigenen Aktien zahlen wollte.[99] Die Verteuerung könnte dann den Unternehmenskauf vereiteln, da er wirtschaftlich nicht mehr sinnvoll durchführbar wäre. Aus diesem Grund haben Käufer und Verkäufer ein Interesse daran, die Insiderinformationen so spät wie möglich zu veröffentlichen, um den Unternehmenskauf zu einem erfolgreichen Abschluss zu bringen. Um dies zu erreichen ist an eine Selbstbefreiung von der Meldepflicht nach § 15 Abs. 3 WpHG zu denken. Eine Selbstbefreiung ist unter drei Voraussetzungen möglich. Berechtigte Interessen des Emittenten müssen das Interesse der Öffentlichkeit an Transparenz überwiegen, es darf keine Irreführung der Öffentlichkeit zu befürchten stehen und die Vertraulichkeit muss gewährleistet werden. Fraglich ist, ob es neben den bereits genannten Tatbestandsvoraussetzungen einer Entscheidung des Ad-hoc Meldepflichtigen bezüglich der Selbstbefreiung bedarf oder ob eine Befreiung kraft Gesetzes entsteht.

1. Berechtigte Interessen des Emittenten

Nach § 15 Abs. 7 WpHG i.V.m. § 6 WpAIV werden die berechtigten Interessen des Emittenten präzisiert. Hiernach überwiegt das Interesse des Emittenten an Geheimhaltung gemäß § 6 Abs. 1 Satz 2 Nr. 1 WpAIV, wenn laufende Verhandlungen oder das Ergebnis der Verhandlung bei Veröffentlichung des Umstandes erheblich beeinflusst würden. Als solche Verhandlungen sind Verhandlungen im Zusammenhang mit Unternehmenskäufen zu sehen.[100] Fraglich ist, ab wann eine erhebliche Beeinträchtigung vorliegt. Als solche Beeinträchtigungen kommen Wettbewerbsnachteile, Imageschaden und Kostensteigerungen in Betracht.[101] Wenn die Information bezüglich eines Unternehmenskaufs frühzeitig an die Öffentlichkeit gelangen würde, entstünde die oben aufgezeigte Gefahr der erheblichen Kaufpreissteigerung aufgrund Anstiegs des Aktienkurses des Zielunternehmens. Warum, wie Assmann vertritt,[102] Kostensteigerungen keine solchen Nachteile auslösen sollen, ist nicht einzusehen, zumal diese sich in einer Größenordnung bewegen können, die die Transaktion scheitern lassen. Dabei ist die Transaktion nicht nur dann als gescheitert anzusehen, wenn der Abschluss des Vertrages nicht zu Stande kommt, sondern auch dann, wenn die Post Merger Integration (PMI) die gewünschten finanziellen und strategischen Ziele nicht erreicht, z.B. weil der Kaufpreis zu teuer war.[103] Insofern beeinträchtigt die Kaufpreissteigerung auf Grund öffentlichen Bekanntwerdens der Transaktion das Ergebnis und den Verlauf der Verhandlungen erheblich. Hierdurch wäre ein berechtigtes Emittenteninteresse i.S.d. § 15 Abs. 3 Satz 1 WpHG beeinträchtigt.

97 *Andrade/Mitchell/Stafford*, Journal of Economic Perspectives 2001, 103 (110).
98 *Eberl/Engelhardt*, FB 2008, 381 (390).
99 *Kocher/Widder*, CFL 2011, 88.
100 *Harbarth*, ZIP 2005, 1898 (1904).
101 *Harbarth*, ZIP 2005, 1898 (1904).
102 *Assmann*, (o. Fn. 4), § 15 Rn. 153.
103 *Seibt/Wollenschläger*, Haftungsrisiken für Manager wegen fehlgeschlagener Post Merger Integration, DB 2009, 1579 (1579); *Austmann*, Integration der Zielgesellschaft nach Übernahme, ZGR 2009, 277 (278).

Nach § 6 Abs. 1 Satz 2 Nr. 2 WpAIV lässt ein weiterer Umstand das Emittenteninteresse an Geheimhaltung überwiegen. Nach dieser Norm sind vom Geschäftsführungsorgan geschlossene Verträge, wenn diese mit dem Hinweis bekanntgegeben werden müssten, dass ein Aufsichtsgremium noch zustimmen muss, solche Umstände. Diese müssten ferner die sachgerechte Bewertung des Publikums gefährden. Bei Unternehmenskauftransaktionen wird dieser Fall regelmäßig vorliegen, da der Unternehmenskaufvertrag, der vom Geschäftsführungsorgan abgeschlossen wird, typischerweise noch der Genehmigung durch ein Aufsichtsorgan bedarf.[104] Eine Nachricht, die zwar den Unternehmenskauf meldet, diesen aber unter den Vorbehalt der Genehmigung durch das Aufsichtsgremium stellt, lässt den Anleger im Unsicheren darüber, ob es denn im Ergebnis zu einer Transaktion kommt, da eine Genehmigung im Voraus nie ganz sicher ist. Dies würde eine sachgerechte Bewertung gefährden, da es Aufgabe des Aufsichtsgremiums ist, solche Vorhaben objektiv zu prüfen und ggf. auch eine Versagung auszusprechen. Auch dieser Aspekt spricht für ein überwiegendes Emittenteninteresse.

2. Keine Irreführung der Öffentlichkeit

Die Frage, ob es sich bei nicht veröffentlichten Informationen um positive oder negative handeln muss, ist für Unternehmenskauftransaktionen nicht erheblich, da hier die Information bezüglich des Unternehmenskaufs beides in sich vereint. Für die Zielgesellschaft stellt die Information auf Grund der typischerweise steigenden Aktienkurse eine positive Information dar und für den Käufer, bei dem es eher zu Kursverlusten kommen wird, eine negative Information. Eine Irreführung entsteht per Definition bei Nichtveröffentlichung allein deswegen, weil dem Anleger eine existierende Information vorenthalten wird, also eine Fehlvorstellung bezüglich tatsächlicher Umstände unterhalten wird. Solange aber keine Anhaltspunkte für die Existenz des nicht gemeldeten Umstandes bestehen, verbleibt es lediglich beim Nichtwissen. Ein Zweifel bezüglich des Bestehens wird insofern nicht bewirkt.[105] Zu einem solchen Zweifel käme es ganz im Gegenteil dann, wenn die Information bezüglich derer sich der Emittent von der Meldepflicht zu befreien sucht, kommuniziert würde. Wenn Zwischenschritte auf dem Weg zum Unternehmenskauf ad-hoc gemeldet würden und sich dann durch das Scheitern der Verhandlungen zerschlagen würden, wären durch die Meldungen Erwartungen geweckt, die nicht erfüllt würden. Dies würde eine Irreführung nach sich ziehen. Wenn nun die Ad-hoc Meldepflicht zeitlich vorverlagert wird, weil auch frühe Zwischenschritte gemeldet werden müssen, nimmt die Irreführung an Bedeutung zu. So kann gerade die frühe Meldepflicht dazu führen, dass Erwartungen zerschlagen werden, weil das Endergebnis eines gestreckten Vorgangs entweder nicht oder in einer gänzlich geänderten Ausprägung zum Tragen kommt. Dies würde dann eine Irreführung bewirken, die durch die Selbstbefreiung verhindert würde. Daher wird durch die Nicht-Meldung auf Grund Selbstbefreiung gerade keine Irreführung bewirkt.

---

104 *Harbarth*, ZIP 2005, 1898 (1905).
105 *Harbarth*, ZIP 2005, 1898 (1905); *Versteegen*, (o. Fn. 85), § 13 Rn. 155.

3. Gewährleistung der Vertraulichkeit

Nach § 15 Abs. 3 Satz 1 WpHG hat der Emittent die Vertraulichkeit sicherzustellen. Wie genau er dies gewährleisten kann, ergibt sich aus § 7 WpAIV, der die vorgenannte Pflicht konkretisiert. Hiernach muss er zunächst den Zugang zu den Insiderinformationen kontrollieren und nach dem „Need to Know Prinzip" auf den Kreis derer beschränken, die die Insiderinformationen zur Wahrnehmung ihrer beruflichen Aufgaben benötigen. In Unternehmenskaufsituationen werden typischerweise Projektteams aus Mitarbeitern der einschlägigen Abteilungen gegründet, die sich mit dem Unternehmenskauf befassen. Insofern wird der Kreis derer, die Zugang zu den relevanten Informationen haben, auf das erforderliche Maß reduziert. Diese werden im Insiderverzeichnis gemäß § 15b WpHG geführt und sind gemäß § 15 Abs. 1 Satz 3 WpHG über ihre Pflichten zu unterrichten. In diesem Zusammenhang wird insbesondere bezüglich des Verbots der unbefugten Informationsweitergabe gemäß § 14 Abs. 1 Nr. 2 WpHG belehrt. Zusätzlich werden die Projektmitglieder bezüglich ihrer Geheimhaltungspflicht auf Grund der Vertraulichkeitsvereinbarungen der am Unternehmenskauf Beteiligten hingewiesen und darauf verpflichtet. Diese Vorkehrungen sind geeignet, den Zugang zu Insiderinformationen auf den erforderlichen Kreis zu beschränken. Nach § 7 Nr. 2 WpAIV muss der Emittent sicherstellen, dass er die Insiderinformation unverzüglich ad-hoc melden kann, wenn er die Vertraulichkeit nicht mehr gewährleisten kann. Diesem Erfordernis kann er durch den Entwurf einer Ad-hoc Meldung entsprechen.[106] Im Ergebnis kann festgehalten werden, dass die Vertraulichkeit in Unternehmenskauftransaktionen grundsätzlich gewährleistet ist.

4. Pflicht zur Selbstbefreiung durch Entscheidung

Fraglich ist, ob die Befreiung bei Vorliegen der Tatbestandsvoraussetzungen kraft Gesetzes erfolgt oder ob der Selbstbefreiung eine Entscheidung ggf. durch Beschlussfassung vorauszugehen hat. Diese Frage wird, wenn man von einer Meldepflicht der Zwischenschritte im gestreckten Verfahren ausgeht, zunehmend an Bedeutung gewinnen. Wie bereits ausgeführt wurde, würde die Vielzahl von Ad-hoc Meldungen bezüglich der Zwischenschritte zu ebenso vielen Selbstbefreiungen führen, um die Geheimhaltung des Unternehmenskaufs zu wahren. Dies wäre mit einer erheblichen Arbeitsbelastung verbunden, zumal die Bewertung der Zwischenschritte als Insiderinformationen in einer Übergangsphase sicherlich noch nicht in allen Einzelheiten klar wäre und zu einer Reihe von Vorratsbeschlüssen führen würde.

Die Frage nach der Notwendigkeit einer Entscheidung bezüglich der Selbstbefreiung ist streitig. So vertritt das OLG Stuttgart die Meinung, dass die Befreiungswirkung ohne weiteres Dazutun, also aufgrund Gesetzes, eintritt und beruft sich auf den Wortlaut des § 15 Abs. 3 Satz 1 WpHG.[107] Dieser spricht von einer Befreiung bei Vorliegen der gesetzlichen Voraussetzungen, ohne eine entsprechende Entscheidung vorauszusetzen. Dagegen spricht der Wortlaut des § 15 Abs. 3 Satz 4 WpHG, der explizit auf eine Entscheidung

---

106 *Harbarth*, ZIP 2005, 1898 (1906).
107 OLG Stuttgart vom 22.04.2009 – 20 Kap 1/08 = NZG 2009, 624 (635); *Versteegen*, (o. Fn. 85), § 13 Rn. 168; *Assmann*, (o. Fn. 4), § 15 Rn. 165d.

abstellt.[108] Die BaFin löst diesen Widerspruch unter Heranziehung des § 8 Abs. 5 Nr. 2 WpAIV zu Gunsten einer erforderlichen Entscheidung.[109] Dieser schreibt vor, dass der Zeitpunkt der Entscheidung und die Namen der an der Entscheidung Beteiligten der BaFin bekannt zu geben sind. Hierzu vertritt Assmann, dass diese Norm sich nicht zwingend auf den Zeitpunkt des Entstehens der Insiderinformation beziehen müsse, sondern eine nachträgliche Nennung der Namen im Zeitpunkt der Vorabmeldung gemäß § 15 Abs. 4 WpHG an die BaFin vor der Nachholung der Ad-hoc Veröffentlichung ausreiche.[110] Dies scheint hingegen unter Berücksichtigung des Kontexts nicht der Logik des Gesetzes zu entsprechen. So wird sich ein Unternehmen durch eine Bewertung der Umstände darüber bewusst werden müssen, dass und ab wann eine Insiderinformation vorliegt. Diesem Bewertungsergebnis folgen dann auch verschiedene rechtliche Pflichten. So ist das Insiderverzeichnis gemäß § 15b WpHG einzurichten und sind die Insider gemäß § 15b Abs. 1 Satz 3 WpHG zu belehren, und zwar auch bezüglich der Verbote des § 14 WpHG. Daraus folgt, dass alle Involvierten sich des Vorliegens einer Insiderinformation bewusst sind. Zu diesem Zeitpunkt muss grundsätzlich eine Ad-hoc Meldung nach § 15 Abs. 1 WpHG erfolgen. Hiervon werden die verantwortlichen Organe ausgehen, so dass es keine andere Möglichkeit gibt, sich gegen eine solche Veröffentlichung auszusprechen, als eine entsprechende Entscheidung zu treffen. Von diesem Wirkungszusammenhang wird auch der Gesetzgeber ausgegangen sein, was einer Befreiung kraft Gesetzes, widerspricht. Hier verfängt auch *Assmanns* Einwand nicht, dass die Ad-hoc Meldepflicht von Insiderinformationen aus verschiedenen Aspekten obsolet werden könne und eine Befreiungsentscheidung dann unnötig wäre. So könne sich die Insiderinformation generell zerschlagen oder die ursprüngliche Insiderinformation von einer anderen ersetzt werden.[111] Dieser pragmatische Ansatz kann aber nicht über den Umstand hinweghelfen, dass im Zeitpunkt des Entstehens einer Insiderinformation eine Entscheidung für oder gegen eine Selbstbefreiung erfolgen wird. Dieser Reflektionsprozess der Entscheidung wird auch nicht von dem Gedanken, dass die Überlegungen unnötigerweise angestellt werden, unterdrückt, da man ja in diesem Zeitpunkt nicht von einem möglichen späteren Wegfall der Insiderinformation weiß. Weiterhin spricht die historische Auslegung für das Erfordernis der Entscheidung. Die frühere Handhabung vor in Kraft treten des AnSVG am 21.10.2004 war dergestalt, dass der Emittent eine Entscheidung über die Befreiung von der Ad-hoc Meldepflicht bei der BaFin beantragen musste. Auf einen solchen Antrag erließ die BaFin einen Bescheid, dem eine Entscheidung vorausging. Es ist keine Begründung ersichtlich, warum bei Übertragung der Verantwortung auf den Emittenten von dem Erfordernis einer Entscheidung abgewichen werden solle.[112]

Im Ergebnis lässt sich also festhalten, dass eine Entscheidung durch den Emittenten bezüglich der Selbstbefreiung von der Ad-hoc Meldepflicht erfolgen muss. Diese Entscheidung muss sich mit den Tatbestandsvoraussetzungen, insbesondere der Abwägung der unterschiedlichen Interessen auseinandersetzen. Wenn es dann zu dem Wegfall der

---

108 *Harbarth*, ZIP 2005, 1898 (1906); Mennicke, NZG 2009, 1059 (1061); *Widder*, Befreiung von der Ad-hoc-Publizität ohne Selbstbefreiungsbeschluss?, BB 2009, 967 (971); *Schneider/Gilfrich*, Die Entscheidung des Emittenten über die Befreiung von der Ad-hoc-Publizitätspflicht, BB 2007, 54 (55).
109 BaFin, Emittentenleitfaden, 2009, S. 65.
110 *Assmann*, (o. Fn. 4), § 15 Rn. 165d.
111 *Assmann*, (o. Fn. 4), § 15 Rn. 165e.
112 *Mennicke*, NZG 2009, 1059 (1061); *Widder*, BB 2009, 967 (969); *Schneider/Gilfrich*, BB 2007, 54 (54); *Pfüller*, (o. Fn. 1), § 15 Rn. 346.

Selbstbefreiung kommt, muss die Begründung der Selbstbefreiung nach § 15 Abs. 4 WpHG i.V.m. § 8 Abs. 5 Nr. 1 WpAIV vor der Ad-hoc Meldung an die BaFin gemeldet werden. Daher ist es sinnvoll, im Zeitpunkt der Selbstbefreiungsentscheidung die Gründe schriftlich zu dokumentieren und die Entscheidung ggf. durch Beschluss zu fassen.[113]

D. Zusammenfassung

Ausgehend von der Untersuchung der Insiderinformation in Unternehmenskäufen als typische gestreckte Vorgänge lässt sich feststellen, dass die Diskussion um den Begriff der Insiderinformation in Bewegung gekommen ist. Die Diskussion zu bereits eingetretenen Zwischenschritten als Insiderinformationen lässt ein starke Tendenz erkennen, dass Insiderinformationen in Unternehmenskäufen deutlich früher im Transaktionsprozess auftreten können und somit das Transparenzinteresse der Marktteilnehmer immer mehr Gewicht gegenüber den Unternehmensinteressen an Geheimhaltung gewinnen wird. Gleichzeitig werden die Belange der Unternehmen, Unternehmenskäufe solange wie möglich geheim zu halten, durch die Möglichkeit der Selbstbefreiung von der Ad-hoc Meldepflicht berücksichtigt. Die Selbstbefreiung fördert zwar nicht unmittelbar die Transparenzbedürfnisse der Märkte, erfüllt jedoch in gesteigertem Maße die informationelle Chancengleichheit, da die Geheimhaltungspflichten während des Zeitraums der Selbstbefreiung deutlich höheren Anforderungen unterliegen als die betrieblich bedingte Geheimhaltung, die auf Vertraulichkeitsvereinbarungen beruht.

Dennoch werden die Emittenten zusätzlichen Belastungen unterliegen. So werden die Anzahl der Ad-hoc Meldungen, die entstehen können und der Mehraufwand bezüglich der Selbstbefreiungsbeschlüsse steigen. Gleichzeitig steigt die Verantwortung, die den Emittenten trifft, da er die Voraussetzungen der Selbstbefreiung im Rahmen von Unternehmenskaufprozessen immer häufiger beurteilen muss. Eine Fehlbeurteilung hat einschneidende Konsequenzen. So können Anleger, die zu spät mittels Ad-hoc Meldung über Insiderinformationen informiert wurden, weil die Selbstbefreiung unwirksam war, nach § 37b WpHG Schadensersatzansprüche geltend machen. Des Weiteren laufen Emittenten vermehrt Gefahr, gemäß § 39 Abs. 2 Nr. 5a) i.V.m. § 39 Abs. 4 Satz 1 WpHG mit Geldbußen bis zu einer Millionen Euro belegt zu werden, wenn sie Ad-hoc Meldungen nicht, nicht richtig, nicht vollständig oder verspätet veröffentlichen. Insofern wird die korrekte Beurteilung des Vorliegens von Insiderinformationen immer mehr an Bedeutung gewinnen. Ferner kann sich das Handelsverbot gemäß § 14 Abs. 1 Nr. 1 WpHG für Organe börsennotierter Unternehmen, die in Unternehmenskäufen involviert sind, verlängern. Dies wird sich nachteilig auf die ohnehin schon kurzen Handelsfristen bezüglich Stock Options auswirken, da Insiderinformationen früher im Transaktionsprozess entstehen können.

Vor dem Hintergrund der Auswirkungen der jüngsten Finanzkrisen scheinen Handhabungen, die die Funktionstüchtigkeit der Märkte intendieren, immer wichtiger. Insofern sind die vorgenannten Belastungen und Risiken der Unternehmen ein akzeptabler Preis für die Bemühung, die Finanzmärkte funktionstüchtig zu halten.

---

113 *Schneider/Gilfrich*, BB 2007, 54 (56).

Value Based Management im deutschen Mittelstand und die Bedeutung für M&A-Transaktionen

Von Dirk Pasternack, EMBA

A. Einleitung

I. Einführung in die Thematik

Beim Value Based Management (VBM)[1] handelt es sich um ein ganzheitliches Führungskonzept, welches das gesamte Unternehmen auf die Steigerung des Unternehmens-

---

1   Synonym wird der Begriff wertorientierte Unternehmensführung verwendet.

wertes ausrichtet.[2] Wertorientierte Steuerungsinstrumente kommen bei großen börsen-notierten Unternehmen bereits seit Anfang der 1990er Jahre zur Anwendung.[3] Aber auch in kleinen und mittelständischen Unternehmen (KMU)[4] gewinnt das Thema Unternehmens-wertsteigerung und die damit verbundenen wertorientierten Führungssysteme derzeit in Theorie und Praxis stetig an Bedeutung.

Trotz veränderter regulatorischer Anforderungen (u. a. IFRS, Basel II), eines stetig steigenden Wettbewerbsdrucks, der bestehenden Nachfolgeproblematik und der zunehmen-den Globalisierung,[5] befindet sich der deutsche Mittelstand weiterhin auf Erfolgskurs.[6] Dennoch wird es für KMU aufgrund der genannten Herausforderungen immer schwieriger den Wachstumskurs der letzten Jahre fortzusetzen.

In diesem Zusammenhang spielt das Thema Mergers & Acquisitions (M&A) für KMU zunehmend eine entscheidende Rolle, um die gesteckten Wachstumsziele zu erreichen. Dies wird durch die gestiegene Anzahl von M&A-Transaktionen im Mittelstand in den letzten Jahren deutlich.[7] Aber auch hier gibt es für KMU eine Reihe von Besonderheiten und Herausforderungen, die bewältigt werden müssen, um M&A-Transaktionen erfolgreich durchzuführen. Ein Problem ergibt sich bereits im Vorfeld einer geplanten M&A-Transaktion und liegt in der Beschaffung der notwendigen Finanzierungsmittel. Die Finanzierungssituation von KMU ist durch eine hohe Abhängigkeit von der klassischen Kreditfinanzierung durch die Hausbank gekennzeichnet.[8] Zusätzlich wird der Zugang zu Fremdkapital durch die Bestimmungen von Basel II in Verbindung mit der Eigenkapital-schwäche von KMU erschwert.[9] Aber auch bei der Durchführung von M&A-Transaktionen gibt es für KMU einige Herausforderungen. Knappe Ressourcen, mangelnde Erfahrung, strukturelle Schwächen im Controlling und die Abhängigkeit vom Eigentümer stellen hierbei die größten Hürden dar.

Es stellt sich daher die Frage, ob und inwieweit mit Hilfe des VBM die Herausforderungen und Probleme von KMU in Bezug auf die Finanzierung und Durchführung von M&A-Transaktionen gelöst werden können.

---

2 Vgl. *Schomaker/Günther*, Wertorientiertes Management für den Mittelstand, in: Schweickart, Nikolaus und Töpfer, Armin [Hrsg.], Wertorientiertes Management: Werterhaltung – Wertsteuerung – Wertsteigerung ganzheitlich gestalten, 2006, S. 215 (221); *Coenenberg/Salfeld*, Wertorientierte Unternehmensführung: Vom Strategieentwurf zur Implementierung, 2., überarb. Auflage, 2007, S. 10-13.

3 Vgl. *Coenenberg/Salfeld*, (o. Fn. 2), S. 6-10; *Gonschorek*, Einflussfaktoren der Anwendung wertorientierter Unternehmensführung im deutschen Mittelstand – Ergebnisse einer empirischen Studie, 2009, S. 1.

4 Vgl. *Günterberg/Kayser*, SMEs in Germany – Facts and Figures – 2004, IfM-Materialen Nr. 161, 2004, S. 1. Die Begriffe KMU, Mittelstand und mittelständische Unternehmen werden in dieser Arbeit synonym verwendet.

5 Vgl. *Dieckmann*, Globalisierung KMU; Entwicklungstendenzen, Erfolgskonzepte und Handlungsempfehlungen, 2007, S. 27-34.

6 Vgl. Ernst&Young, Mittelstandsbarometer - Januar 2012, Befragungsergebnisse, 2012.

7 Vgl. *Bethge*, Sonderkonjunktur für M&A im Mittelstand, Zeitschrift für das gesamte Kreditwesen, Jg. 65, Heft 07/2012, 327.

8 Vgl. *Reize*, KfW-Mittelstandspanel 2011, Mittelstand gut gerüstet gegen zunehmende Finanzierungsrisiken und konjunkturelle Abschwächung, 2011, S. 53-55.

9 Vgl. Deutscher Sparkassen- und Giroverband, Diagnose Mittelstand 2012, 2012, S. 42 ff. Für einen Überblick der Eigenkapitalquoten europäischer Unternehmen vgl. KfW, Eigenkapital für den breiten Mittelstand, 2003, S. 2-3.

II.   Zielsetzung und Gang der Untersuchung

Das Ziel der vorliegenden Arbeit liegt in der Analyse der Bedeutung des VBM für KMU im Rahmen von M&A-Transaktionen. Die Untersuchung fokussiert sich somit auf die Schnittmenge der Themenbereiche VBM, KMU und M&A. Zuvor werden die notwendigen Grundlagen gelegt und Wechselbeziehungen der Teilmengen VBM/KMU (Teil B) und M&A/KMU (Teil C) herausgearbeitet.

In Teil B erfolgt die für diese Arbeit relevante Definition und Klassifizierung von KMU. Anschließend werden die Grundkonzeption und Zielsetzung des VBM erläutert, das Vorgehen und die Bestandteile bei der Implementierung beschrieben und die Anforderungen für die Anwendung des VBM in KMU herausgearbeitet.

Teil C befasst sich mit Mergers & Acquisitions im deutschen Mittelstand und beginnt mit einer kurzen thematischen Bestandsaufnahme der aktuellen M&A-Aktivitäten von KMU. Anhand eines idealtypischen M&A-Prozesses werden anschließend spezifische Besonderheiten im Hinblick auf M&A-Transaktionen im Mittelstand vorgestellt. Der Fokus liegt hierbei auf der Finanzierung und Durchführung von M&A-Transaktionen durch KMU. Im Anschluss folgt Teil D, in dem die Bereiche VBM, KMU und M&A inhaltlich zusammengeführt werden. Durch die Analyse der Schnittmenge und Wechselbeziehungen dieser Themengebiete soll die Bedeutung des VBM für KMU im Rahmen von M&A-Transaktionen anhand möglicher Synergie- und Nutzenpotentiale herausgearbeitet werden. Teil E beinhaltet eine Zusammenfassung und einen Ausblick und schließt den Rahmen der gesamten Arbeit.

B.   Value Based Management im deutschen Mittelstand

I.   Definition und Charakteristika von KMU

In der Literatur gibt es eine Vielzahl verschiedener Definitionen und Größenkriterien für KMU. Zur eindeutigen Abgrenzung werden oftmals quantitative und qualitative Kriterien kombiniert. Bei den quantitativen Kriterien handelt es sich i.d.R. um Jahresabschlusskennzahlen, wie z.B Umsatz oder Mitarbeiteranzahl.[10] Diese Arbeit orientiert sich an der Empfehlung des Instituts für Mittelstandsforschung (IfM) in Bonn, das die Obergrenze für KMU bei 500 Beschäftigten und 50 Mio. EUR Umsatz p. a. festlegt.[11] Für eine eindeutige Abgrenzung werden zusätzlich qualitative Merkmale hinzugezogen. Demnach werden KMU in der folgenden Untersuchung als rechtlich und wirtschaftlich selbstständige Unternehmen ohne Börsennotierung definiert, bei denen es eine weitgehende Einheit von Eigentum und Unternehmensführung gibt.[12]

---

10   Für eine Übersicht verschiedener KMU-Definitionen vgl. *Behringer*, Unternehmensbewertung der Mittel- und Kleinbetriebe: Betriebswirtschaftliche Verfahrensweisen, 2004, S. 6-11.

11   Vgl. *Günterberg/Wolter*, Unternehmensgrößenstatistik 2001/2002 – Daten und Fakten –, IfM-Materialen Nr. 157, 2002, S. 21.

12   Vgl. *Khadjavi*, Wertmanagement im Mittelstand (Dissertation der Universität St. Gallen), 2005, S. 52-58; *Schauf*, Grundlagen der Unternehmensführung im Mittelstand, in: *Schauf*, Malcolm [Hrsg.], Unternehmensführung im Mittelstand: Rollenwandel kleiner und mittlerer Unternehmen in der Globalisierung, 2., aktualisierte Auflage, 2009a, S. 1 (7 ff.).

In Deutschland hat der Mittelstand traditionell eine große volkswirtschaftliche Bedeutung. Im Jahr 2009 beschäftigten die rund 3,6 Mio. KMU (das entspricht 99,7% aller umsatzsteuerpflichtigen Unternehmen) ca. 61% aller sozialversicherungspflichtigen Erwerbstätigen und bildeten ca. 83% aller Lehrlinge aus.[13] Im Jahr 2009 wurden 64% der KMU in der Rechtsform der Einzelunternehmung, 17% in der Form der Kapitalgesellschaft, 12% als Personengesellschaft und die restlichen 7% in sonstigen Rechtsformen geführt.[14]

Hinsichtlich der Anwendung wertorientierter Führungssysteme gilt es die besonderen Eigenschaften von KMU zu berücksichtigen. Auf Basis der qualitativen Abgrenzung lassen sich aus der Literatur drei Charakteristika von KMU ableiten, die es zu beachten gilt: die Ressourcenknappheit, der Sozialcharakter und die zentrale Position des Unternehmens.[15]

Die ressourcenorientierte Sichtweise (RBV), mit deren Hilfe in der Literatur eine Differenzierung von KMU aus Ressourcensicht angestrebt wird, kann in vier Ressourcentypen unterteilt werden: Finanzkapital, physisches Kapital, organisatorisches Kapital und Humankapital.[16] In Bezug auf die Anwendung eines VBM-Systems in KMU stellen eine limitierte Ausstattung mit Finanzierungsmitteln, IT-Systemen, Fachpersonal und die geringe Dokumentation im Finanz- und Rechnungswesen die größten Hürden dar.[17]

Neben diesen Aspekten bestehen häufig langjährige Geschäftsbeziehungen zu Lieferanten und persönliche Bindungen zu Kunden und Mitarbeitern. Die damit verbundene soziale Verantwortung des Unternehmers kann ökonomische Entscheidungen begrenzen.[18] Ein weiteres wichtiges Merkmal von KMU ist die Rolle des Unternehmers. Aufgrund der häufig mangelnden Kompetenz, der Verknüpfung von Eigentum und Unternehmensführung und der daraus resultierenden Alleinverantwortung werden die Unternehmensziele häufig stark beeinflusst.[19] Durch Einbringung des privaten Kapitals und die Bedeutung des Unternehmens für die eigene Existenzsicherung verschmelzen ökonomische und persönliche Ziele.[20] Neben diesen Interessenkonflikten des Unternehmers besteht bei Familienunternehmen zusätzlich die Gefahr, dass durch unterschiedliche Beteiligung der Eigentümer an der Unternehmensführung Konflikte innerhalb der Eigentümerfamilie entstehen.[21]

---

13   Vgl. IfM Bonn, http://www.ifm-bonn.org/[Stand: 06.05.2012].

14   Vgl. *Günterberg*, Unternehmensgrößenstatistik – Unternehmen, Umsatz und sozialversicherungspflichtig Beschäftigte 2004 bis 2009 in Deutschland, Ergebnisse des Unternehmensregisters (URS 95), 2012, S. 62.

15   Vgl. *Behringer*, (o. Fn. 10), S. 12-23; *Behrends/Meyer/Korjamo*, Strategisches Management in KMU: Befunde, Anforderungen und Gestaltungsmöglichkeiten, in: *Schöning*, Stephan/Ott, Ingrid, et al. [Hrsg.], Kleine und mittlere Unternehmen in Umbruchsituationen, 2005, S. 17 (21 ff.).

16   Vgl. *Eggers*, Die Begründung der Besonderheiten von kleinen und jungen Unternehmen aus ressourcenorientierter Sicht, in: Schulte, Reinhard [Hrsg.], Ergebnisse der Mittelstandsforschung, 2005, S. 89 (95 ff.).

17   Vgl. *Behrends/Meyer/Korjamo*, (o. Fn. 15), S. 17 (25 ff.).

18   Vgl. *Schomaker/Günther*, (o. Fn. 2), S. 215 (216). Zum Merkmal „Sozialcharakter" vgl. *Behrends/Meyer/Korjamo*, (o. Fn. 15), S. 17 (23).

19   Zu Bedeutung und Einfluss des Unternehmers vgl. *Hamer*, Mittelständische Unternehmen: Gründung, Führung, Chancen, Risiken, 1990, S. 85-95; *Bussiek*, Anwendungsorientierte Betriebswirtschaftslehre für Klein- und Mittelunternehmen, 2. Auflage, 1996, S. 18-20; *Wegmann*, Betriebswirtschaftslehre mittelständischer Unternehmen, 2006, S. 145-148.

20   Vgl. *Behringer*, (o. Fn. 10), S. 16 f.; *Khadjavi*, (o. Fn. 12), S. 58-60. In aktuellen Studien zur Mittelstandsforschung steht die Sicherung des Unternehmens an 2. Stelle aller Unternehmensziele, vgl. Wallau/Adenäuer/Kayser, BDI-Mittelstandspanel: Ergebnisse der Online-Mittelstandsbefragung, 2006, S. 44; *Günther/Gonschorek*, Wertorientierte Unternehmensführung im deutschen Mittelstand – Ergebnisse einer empirischen Studie, CONTROLLING – Zeitschrift für erfolgsorientierte Unternehmenssteuerung, Heft: 1, 2011, Vol. 23, 18 (20 f.).

21   Vgl. *Khadjavi*, (o. Fn. 12), S. 60.

II.   Zum Begriff des Value Based Management

1.   Zielsetzung und Grundkonzeption des VBM

Im Folgenden werden die Grundgedanken des VBM vorgestellt. Aufgrund der Vielzahl konzeptioneller Gestaltungsmöglichkeiten beschränken sich die Ausführungen auf wesentliche Basisinhalte, die für das Verständnis und die Zielsetzung der Arbeit notwendig sind.

Ausgangspunkt heutiger VBM-Systeme ist der Shareholder Value (SV) Ansatz von Rappaport.[22] Beim VBM wird der Unternehmenswert als zentrale strategische Zielgröße in die Unternehmensführung integriert und die gesamte Unternehmensstrategie auf die nachhaltige Steigerung des Unternehmenswertes ausgerichtet.[23] Neben der ursprünglich eindimensionalen Aktionärsausrichtung werden in der Literatur diverse Variationen diskutiert. Vertreter sog. Stakeholderansätze fordern eine Erweiterung der Zielfunktion. Neben der Steigerung des Unternehmenswertes als primäres Ziel, sollen die Interessen verschiedener Anspruchsgruppen im Zielsystem als Nebenbedingungen berücksichtigt werden.[24] Bei Zielkonflikten sollen nur die Interessen in die Unternehmensstrategie einbezogen werden, die den Unternehmenswert langfristig steigern.[25] Kritiker dieses Ansatzes sehen neben der Lösung der Zielkonflikte vor allem Probleme in der Mehr-dimensionalität der Zielfunktion. Eine Lösung könnte darin bestehen, zunächst den Unternehmenswert zu steigern und anschließend den Übergewinn unter den Anspruchs-gruppen zu verteilen.[26]

Die Berechnung des Unternehmenswertes basiert beim VBM auf Methoden der entscheidungsorientierten Unternehmensbewertung.[27] Aufgrund des Zukunftsbezugs und der Entscheidungs- bzw. Barwertorientierung eignen sich sowohl das Ertragswertverfahren als auch die Discounted Cashflow(DCF)-Methode.[28] Aufgrund der Akzeptanz und Verbreitung der DCF-Methode und der positiven Korrelation des DCF-Wertes zum Marktwert wird das Verfahren für den weiteren Arbeitsverlauf nun kurz dargestellt.[29] Beim Entity-Ansatz der DCF-Methode werden die erwarteten freien Cashflows $E(CF_t)$ mit dem gewichteten Kapitalkostensatz (WACC) diskontiert, um den Bruttounternehmenswert

---

22 Vgl. *Rappaport*, Creating Shareholder Value – the new standard for business performance, 1986.
23 Vgl. *Rappaport*, Shareholder Value: Ein Handbuch für Manager und Investoren, 2. Auflage, übersetzt von Wolfgang *Klien*, 1999; *Stührenberg/Streich/Henke*, Wertorientierte Unternehmensführung: Theoretische Konzepte und empirische Befunde, 2003, S. 4.
24 Vgl. *Becker/Ulrich/Ebner*, Wertorientierte Unternehmensführung im Mittelstand, WIST Wirtschaftswissen-schaftliches Studium, Jg. 39, 2010, Heft: 3, 114 (115). Zur Berücksichtigung von Stakeholder Interessen vgl. von Düsterlho, Das Shareholder-Value-Konzept: Methodik und Anwendung im strategischen Management, 2003, S. 17-23; *Pape*, Wertorientierte Unternehmensführung, 4., überarb. Auflage, 2010, S. 147-152.
25 Vgl. *Jensen*, Value Maximisation, Stakeholder Theory, and the Corporate Objective Function, European Financial Management, Vol. 7, No. 3, 2001, 297 (309).
26 Vgl. *Khadjavi*, (o. Fn. 12), S. 10-17.
27 Zu Unternehmensbewertungsfunktionen vgl. *Günther*, Unternehmenswertorientiertes Controlling, 1997, S. 73-76. Zur Entscheidungsorientierung der Unternehmensbewertung im VBM vgl. *Behringer*, (o. Fn. 10), S. 60.
28 Vgl. *Stührenberg/Streich/Henke*, (o. Fn. 23), S. 7; *Pape*, (o. Fn. 24), S. 154-158.
29 Vgl. *Copeland/Koller/Murrin*, Unternehmenswert: Methoden und Strategien für eine wertorientierte Unter-nehmensführung, 3., völlig überarb. und erw. Auflage, 2002, S. 112; *Dibelius*, Mergers & Acquisitions: Schnittstelle zwischen Unternehmen und Kapitalmärkten, in: *Picot*, Gerhard [Hrsg.], Handbuch Mergers & Acquisitions – Planung, Durchführung, Integration, 3., grundl. überarb. und aktual. Auflage, 2005, S. 41 (49-51).

(BUW) zu berechnen. Dieser besteht aus dem Barwert aller $E(CF_t)$ des Planungszeitraumes und einer ewigen Rente, in der die $E(CF_t)$ mit einer konstanten Rate g wachsen. Anschließend muss der Marktwert des Fremdkapitals vom BUW abgezogen werden, um zum Marktwert des Eigenkapitals (SV) zu gelangen.[30]
Die Formel des WACC-Ansatzes lautet:[31]

$$BUW = \sum_{t=1}^{T} \frac{E(CF_t)}{(1+WACC)^t} + \frac{(1+g)E(CF_T)}{(1+WACC)^T (WACC - g)}$$

Mit den $E(CF_t)$ sollen die Ansprüche der Fremd-/Eigenkapitalgeber befriedigt werden. In der Praxis werden zunächst Brutto-CF indirekt aus der Plan-GuV abgeleitet. Das operative Ergebnis nach Steuern und vor Zinsen wird um nicht zahlungswirksame Aufwendungen und Erträge korrigiert. Dann folgt die Bereinigung um Investitionen ins Anlage und Umlaufvermögen.[32] Der WACC stellt den gewichteten Kapitalkostensatz des Unternehmens dar. Er enthält die anhand der Kapitalstruktur gewichteten Eigenkapital und Fremdkapital-kosten (abzüglich Steuervorteil).[33] Die Fremdkapitalkosten (FKK) können den bestehenden Kreditverträgen entnommen werden.[34] Die Ermittlung der Eigenkapitalkosten (EKK) unter Berücksichtigung des unternehmensspezifischen Risikos erfolgt auf Basis des CAPM.[35]

Die Formel lautet:[36]

$$EKK = r_f + (r_M - r_f) * \beta$$

Die EKK ergeben sich aus der Rendite einer risikolosen Anlage r_f (z.B. Bundesanleihe) und einem unternehmensspezifischen, kapitalmarktbezogenen Risikoaufschlag.

2. Implementierung eines VBM Systems im Unternehmen

Der Implementierungsprozess und spätere Führungskreislauf eines VBM-Systems im Unternehmen kann in drei Phasen unterteilt werden: Planung, Steuerung und Kontrolle.[37] Der Fokus liegt hierbei auf der Planungsphase und der Darstellung der Aufgaben und Inhalte des wertorientierten Controllings.

---

30 SV = MW des Eigenkapitals = Unternehmenswert, vgl. von Düsterlho, (o. Fn. 24), S. 5.
31 Vgl. *Steiner/Wallmeier*, Unternehmensbewertung mit Discounted Cash Flow-Methoden und dem Economic Value Added-Konzept, Finanz-Betrieb, Heft Nr. 5, 1999, 1 (3-4). Beim Equity-Verfahren wird der SV direkt ermittelt. Für einen Überblick der Verfahren vgl. *Drukarczyk/Schüler*, Unternehmensbewertung, 6., überarb. und erw. Auflage, 2009, S. 125-134. Zur DCF-Methode vgl. *Wöhe/Döring*, Einführung in die Allgemeine Betriebs-wirtschaftslehre, 24., überarb. und aktual. Auflage, 2010, S. 574-579.
32 Vgl. *Günther*, (o. Fn. 27), S. 137-143; *Copeland/Koller/Murrin*, (o. Fn. 29), S. 174 f. Zum Überblick der Cashflow Definitionen vgl. *Günther*, (o. Fn. 27), S. 112-116.
33 Vgl. *Copeland/Koller/Murrin*, (o. Fn. 29), S. 250 ff.
34 Alternativ Ableitung aus Marktkonditionen, vgl. *Pape*, (o. Fn. 24), S. 112-113.
35 Zum Capital Asset Pricing Model (CAPM) vgl. Sharpe, Capital Asset Prices: A Theory of Market Equilibrium under Conditions of Risk, Journal of Finance, Vol. 19, No. 3, 1964, 425 (425-442).
36 Vgl. *Günther*, (o. Fn. 27), S. 160-169. Der β-Faktor determiniert die Höhe des sogenannten systematischen Risikos, vgl. *Copeland/Koller/Murrin*, (o. Fn. 29), S. 265.
37 Vgl. *Hahn/Hungenberg*, PuK – Wertorientierte Controllingkonzepte, 6. vollst. überarb. und erw. Auflage, 2001, S. 45.

In der *Planungsphase* des VBM wird das strategische Management unter Wertsteigerungs-aspekten reorganisiert. Zu den wichtigsten Aufgaben zählen die Ableitung einer Unternehmensvision/-politik und die Definition strategischer Unternehmensziele.[38] Ausgangspunkt ist die Formulierung einer Unternehmensvision, in der ein konkreter Anspruch zur Steigerung des Unternehmenswertes zum Ausdruck kommt. Nach *Coenenberg/Salfeld* sind erfolgreiche Visionen richtungweisend, motivierend, plausibel und prägnant, damit sie in der Unternehmenskultur verankert und von allen Mitarbeitern gelebt und akzeptiert werden.[39] Mit Hilfe einer wertorientierten Unternehmenspolitik werden ausgehend vom Primärziel, der Steigerung des Unternehmenswertes, die Leitlinien und Unternehmensziele konkretisiert und manifestiert.[40] Dazu müssen in der Planungsphase zunächst mit Hilfe von Wertsteigerungsanalysen vorhandene Wertsteigerungspotenziale identifiziert werden, um anschließend wertsteigernde Strategien und Maßnahmen ableiten zu können, deren Renditen die Kapitalkosten decken und zugleich den Unternehmenswert steigern.[41] Der wichtigste Schritt liegt dabei in der Identifikation und Operationalisierung sog. Werttreiber innerhalb des wertorientierten Controllings, das u. a. spezielle Anforde-rungen wie z.B. die Zahlungs- und Zukunftsorientierung erfüllen muss.[42]

Zunächst wird ein Kennzahlensystem definiert, das sich zu einer Spitzenkennzahl aggregieren lässt. Basierend auf der bereits dargestellten DCF-Methode lassen sich verschiedene Konzepte unterscheiden, die sich für eine periodisierte Erfolgsmessung eignen. Zu den bekanntesten Spitzenkennzahlen zählen der Shareholder Value Added (SVA), Economic Profit (EP), Economic Value Added (EVA) und der Cash Value Added (CVA).[43] Da sich die Konzepte inhaltlich stark ähneln und auf die gleiche Datenbasis zurückgreifen, wird an dieser Stelle nur das generelle Prinzip kurz erläutert: Eine Unter-nehmenswertsteigerung entsteht, wenn die erzielten Cashflows die Renditeforderungen aller Kapitalgeber (EKK und FKK) erfüllen und übertreffen.[44]

Nach der Auswahl der Erfolgskennzahl wird das zugehörige Kennzahlensystem aufgestellt, indem die einzelnen Komponenten zur Berechnung der Spitzenkennzahl in weitere Bestandteile bis auf die operative Ebene zerlegt werden. Dies ist die Ausgangsbasis für die Wertsteigerungsanalyse.[45] Eine wesentliche Aufgabe besteht in der Identifikation von unternehmensspezifischen Werttreibern, die mit operativen Stellhebeln verglichen werden können, und deren Veränderung einen direkten Einfluss auf den Unternehmenswert hat.[46] Die Ermittlung erfolgt mit Hilfe von Sensitivitätsanalysen, um die Werttreiber mit dem größten Einfluss auf Unternehmenswertänderungen zu identifizieren.[47] Die zur Steigerung des Unternehmenswertes wesentlichen Werttreiberkategorien stellt *Rappaport* in seinem Shareholder-Value-Netzwerk folgendermaßen dar:

---

38 Zu den Aufgaben des strategischen Managements vgl. *Pape*, (o. Fn. 24), S. 16-28.
39 Vgl. *Coenenberg/Salfeld*, (o. Fn. 2), S. 21-26.
40 Vgl. *Palli*, Wertorientierte Unternehmensführung: Konzeption und empirische Untersuchung zur Ausrichtung der Unternehmung auf den Kapitalmarkt, 2004, S. 134; *Pape*, (o. Fn. 24), S. 17-21.
41 Vgl. *Pape*, (o. Fn. 24), S. 158-163.
42 Für eine Übersicht der Anforderungen ans Controlling vgl. *Günther*, (o. Fn. 27), S. 204.
43 Für eine Gegenüberstellung der einzelnen Verfahren vgl. *Palli* (o. Fn. 40), S. 151. Für eine Beurteilung der Wert-steigerungskonzepte vgl. *Pape*, (o. Fn. 24), S. 138-141.
44 Vgl. *Rappaport*, (o. Fn. 23), S. 44 f.; *Schomaker/Günther*, (o. Fn. 2), S. 215 (229).
45 Hierbei kann ein Top-down-Ansatz (Wie kann der Unternehmenswert gesteigert werden?), oder ein Bottom-up-Ansatz (Wie wirken sich Werttreiberänderungen auf den Unternehmenswert aus?) gewählt werden. Vgl. *Günther*, State-of-the-Art des Wertsteigerungsmanagements, CONTROLLING – Zeitschrift für erfolgsorientierte Unter-nehmenssteuerung, Heft: 8/9, August/September 1999, 361 (366 f.).
46 Vgl. *Palli* (o. Fn. 40), S. 160.
47 Vgl. *Copeland/Koller/Murrin*, (o. Fn. 29), S. 136.

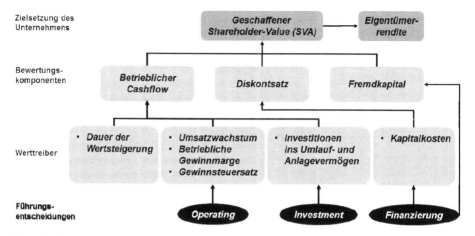

Abb. 1: Das Shareholder-Value-Netzwerk nach Rappaport. Quelle: In Anlehnung an Rappaport, (o. Fn. 23), S.68.

Umsatzwachstum, betriebliche Gewinnmarge, Gewinnsteuersatz, Investitionen ins Umlauf- und Anlagevermögen, Kapitalkosten und Dauer der Wertsteigerung bilden hierbei die zentralen Werttreiber, die durch gezielte Führungsentscheidungen gesteuert und kontrolliert werden können.[48] Am Ende der Planungsphase werden die ermittelten Wertsteigerungspotentiale in konkrete Maßnahmenpakete und strategische Ziele überführt. Dabei werden beim VBM neben monetären (z.B. Steigerung des Jahresumsatzes um x%) auch nicht monetäre Werte (wie z.B. die Steigerung der Kundenzufriedenheit) berücksichtigt.[49]

Eine Lösung zur Umsetzung quantitativer und qualitativer Parameter bietet z.B. die Balanced Scorecard (BSC), bei der die verschiedenen Werttreiber vier Perspektiven zugeordnet und zu strategischen Handlungen verbunden werden.[50] Die wesentlichen Vorteile der BSC liegen u. a. in der Verknüpfung von Strategie und messbaren Erfolgsfaktoren und in der ganzheitlichen Ausrichtung der Führung auf die Wertsteigerung.[51]

Nach der Planungsphase erfolgt in der *Steuerungsphase des VBM* die eigentliche Umsetzung der Strategien. Die in der Wertsteigerungsanalyse ermittelten Cashflow Potentiale werden in operative Budgets heruntergebrochen, um die entwickelten Strategien kontinuierlich neu bewerten und anpassen zu können.[52]

---

48 Vgl. *Rappaport*, (o. Fn. 23), S. 67-69.
49 Vgl. *Vollert/Bachmann*, Strategisches Finanzmanagement und Controlling – Protagonisten einer wertorientierten Unternehmungsführung, in: Siegwart, Hans/Mahari, Julian, et al. [Hrsg.], Corporate Governance, Shareholder Value & Finance, 2002, S. 397 (410 f.). Für eine allgemeine Kategorisierung von Werten vgl. *Daxner/Gruber/Riesinger*, Wertorientierte Unternehmensführung: Das Konzept, in: Auinger, Franz/Böhnisch, Wolf R., et al. [Hrsg.], Unternehmensführung durch Werte: Konzepte – Methoden – Anwendungen, 2005, S. 3 (6 f.).
50 Vgl. *Kaplan/Norton*, Balanced Scorecard: Strategien erfolgreich umsetzen (aus dem Amerikanischen übersetzt von Peter Horvath), 1997, S. 28-30. Hierbei gibt es eine finanzwirtschaftliche, eine Kunden-, eine Prozess- und eine Lern-/Entwicklungsperspektive.
51 Vgl. *Vollert/Bachmann*, (o. Fn. 49), S. 397 (414 f.).
52 Vgl. *Pape*, (o. Fn. 24), S. 161 f.

Die letzte Phase des VBM bildet die *Kontrollphase*. Mit Hilfe von Abweichungsanalysen im wertorientierten Controlling werden die Ist-Größen der Erfolgskennzahlen und erreichten Cashflows mit den Soll-Daten aus der strategischen Planung abgeglichen und kontrolliert.[53] Um den Grad der Zielerreichung zu erhöhen, kann ein Anreizsystem in Form eines variablen Vergütungssystems implementiert werden, um persönliche Erfolgsbeiträge einzelner Mitarbeiter zu belohnen und die Motivation zu steigern.[54] Ein weiterer Baustein der Kontrollphase besteht in der Installation eines wertorientierten Risikomanagementsystems, da höhere Renditeforderungen mit größeren Risiken behaftet sind.[55] Daher ist es notwendig, potentielle Risiken zu identifizieren, zu bewerten und durch geeignete Risikogegenmaßnahmen zu reduzieren.[56]

III. Anforderungen an das VBM für die Anwendung in KMU

VBM-Systeme werden bisher überwiegend von börsennotierten Unternehmen genutzt, bei denen die Orientierung an den Interessen der Aktionäre im Vordergrund steht. [57] In deutschen KMU kommen wertorientierte Führungssysteme bisher nur selten zur Anwendung.[58] Dies wird durch die generelle „Strategiearmut" im Mittelstand bestätigt.[59] Dennoch zeigen aktuelle Studien, dass neben der Erhöhung der Kundenzufriedenheit und der Sicherung des Unternehmensbestandes vor allem die Steigerung des Unternehmenswertes für KMU an Bedeutung gewinnt.[60]

Auf Basis der in Kapitel I dargestellten unternehmensspezifischen Besonderheiten und Merkmale von KMU, müssen hinsichtlich der Implementierung von VBM-Systemen einige Anforderungen erfüllt werden. Insbesondere aufgrund der begrenzten finanziellen, personellen und organisatorischen Ressourcen sollte die Implementierung und Nutzung des VBM ressourcenschonend erfolgen und ein direkt messbarer, nachhaltiger strategischer Nutzen entstehen.[61] Bei der Konzeption des VBM können drei wesentliche Aspekte identifiziert werden, bei denen KMU-Spezifika berücksichtigt werden müssen: das

---

53   Vgl. *Palli* (o. Fn. 40), S. 175 f.
54   Vgl. *Kartscher/Rockholtz*, Wertorientiertes Management im Mittelstand – Wie mittelständische, nicht-börsennotierte Unternehmen vom Shareholder-Value-Konzept profitieren können, BETRIEB + PERSONAL (B+P), Heft: 3, 2002, 175 (176 f.); *Pape*, (o. Fn. 24), S. 169-175. Zu den Komponenten des Vergütungssystems vgl. auch *Roos/Stelter*, Die Komponenten eines integrierten Wertmanagementsystems, CONTROLLING, Heft: 7/1999, 301 (305 f.).
55   Vgl. *Stührenberg/Streich/Henke*, (o. Fn. 23), S. 83. Zur Beziehung von Rendite und Risiko in der Portfoliotheorie vgl. *Perridon/Steiner*, Finanzwirtschaft der Unternehmung, 12. Auflage, 2003, S. 752-758.
56   Zum Risikomanagement im VBM vgl. *Gleißner*, Future Value: 12 Module für eine strategische wertorientierte Unternehmensführung, 2004, S. 205-216.
57   Vgl. *Achleitner/Bassen*, Entwicklungsstand des Shareholder-Value-Ansatzes in Deutschland - Empirische Befunde, in: Siegwart, Hans/Mahari, Julian, et al. [Hrsg.], Corporate Governance, Shareholder Value & Finance, 2002, S. 611 (620 f.).
58   Vgl. *Günther/Gonschorek*, (o. Fn. 20), 18.
59   Ca. 50% der KMU in Deutschland haben keine schriftliche Unternehmensplanung. Vgl. Deimel, Stand der strategischen Planung in kleinen und mittleren Unternehmen (KMU) in der BRD, Zeitschrift für Planung & Unternehmenssteuerung, Vol. 19 (3), Jahr 2008, 281 (285 f.). Lediglich 40% verfügen über eine schriftlich fixierte Strategie. Vgl. *Welter*, Strategien und strategisches Verhalten von KMU, in: Bouncken, Ricarda B. [Hrsg.], Management von KMU und Gründungsunternehmen, 2003, S. 27 (29); Kayser/Wallau, Der industrielle Mittelstand –ein Erfolgsmodell (Untersuchung im Auftrag des Bundesverbandes der Deutschen Industrie e.V. und der Ernst & Young AG Wirtschaftsprüfungsgesellschaft, 2003, S. 88 f.
60   Vgl. *Wallau/Adenäuer/Kayser*, (o. Fn. 20), S. 44-47; *Günther/Gonschorek*, (o. Fn. 20), 18 (20); *Krol*, Wertorientierte Unternehmensführung im Mittelstand – Erste Ergebnisse einer empirischen Studie, 2009, S. 5 f.
61   Vgl. *Khadjavi*, (o. Fn. 12), S. 163.

Zielsystem, die Bewertungsmethoden und die Werttreiber. Die Frage nach der Ziel-ausrichtung des VBM ist eng mit der Bedeutung der Unternehmerposition verbunden. Die Bedeutung des Eigentümers und die besondere Sozialkultur in mittelständischen Unternehmen sollten daher bei der Berücksichtigung der Interessen weiterer relevanter Anspruchsgruppen beachtet werden.[62] Im Rahmen der Planungsphase sollte darauf geachtet werden, dass das gewählte Konzept zur bestehenden Unternehmenskultur passt, um die Implementierungsbarrieren zu reduzieren.[63] Hinsichtlich der Mehrdimensionalität der Zielfunktion folgt diese Arbeit der Argumentation von Khadjavi, der die Lösung der Zielproblematik zunächst in der primären Ausrichtung des Unternehmens an den Eigentümerinteressen sieht. Begründet wird dies durch die zentrale Rolle des Eigentümers und der hohen Risikoübernahme aufgrund der persönlichen finanziellen Verflechtungen.[64] Die Interessen weiterer Anspruchsgruppen sollen dann nach Erreichen des Oberzieles durch Partizipation am Gewinn berücksichtigt werden.[65]

Die Basis des VBM bilden kapitalmarktorientierte Bewertungsmodelle wie das vorgestellte DCF-Verfahren.[66] Da KMU nach der hier gewählten Definition nicht börsennotiert sind, gibt es Anwendungsprobleme bei der Ermittlung der EKK mit dem CAPM. Durch den fehlenden Kapitalmarktbezug können keine Beta-Faktoren bestimmt werden. Eine Lösung liegt in der Ableitung des Beta-Faktors über börsennotierte Vergleichsunternehmen derselben Branche mit ähnlicher Struktur.[67] Khadjavi nutzt ein modifiziertes CAPM zur Entscheidungsunterstützung und sieht in der konkreten Renditeforderung des Eigentümers die Lösung der Bestimmung der EKK.[68]

Darüber hinaus sind Systeme und Strukturen im Rechnungswesen und Controlling in KMU häufig unterentwickelt.[69] Daher sollten bei der Berechnung wertorientierter Kennzahlen Vereinfachungen und pragmatische Lösungen angedacht werden. So kann beispielsweise bei fehlenden Informationen aus der Kostenrechnung vereinfachend auf Daten des externen handelsrechtlichen Rechnungswesens zurückgegriffen werden.[70]

---

62   Vgl. *Becker/Ulrich/Ebner*, (o. Fn. 24), 114 (116 f.).

63   Vgl. *Behrends/Meyer/Korjamo*, (o. Fn. 15), S. 17 (26 f.).

64   Vgl. *Khadjavi*, (o. Fn. 12), S. 167-171. Inhaltlich sollte das Oberziel die Maximierung des Unternehmenswertes sein. Daneben gibt es für KMU die Möglichkeiten der Wertkonservation (Werterhaltung) und Wertsatifizierung (Vorgabe der Eigenkapitalrendite). Vgl. *Khadjavi*, (o. Fn. 12), S. 175-182.

65   Dies kann z.B. durch an Zielerreichung gebundene Bonuszahlung erfolgen. Vgl. *Khadjavi*, (o. Fn. 12), S. 171-175.

66   Andere Autoren lehnen den Einsatz kapitalmarktorientierter Modelle wie das DCF-Verfahren aufgrund der Komplexität und schwierigen Operationalisierbarkeit für KMU ab. Vgl. Fischer-Winkelmann/Raab, Unternehmens(be)wert(ungs)konzepte-Zielkonzeptionen für mittelständische Unternehmen?, in: Fischer, Hajo [Hrsg.], Unternehmensführung im Spannungsfeld zwischen Finanz- und Kulturtechnik: Handlungsspielräume und Gestaltungszwänge, 2001, S. 195 (210-217); *Benson/Pistorius*, Anmerkungen zur Unternehmensbewertung - Der Fall des personenbezogenen Unternehmens, in: *Schöning*, Stephan/Ott, Ingrid, et al. [Hrsg.], Mittelstands-forschung: Beiträge zu Strategien, Finanzen und zur Besteuerung von KMU, 2004, S. 179 (185 ff.). Diese Meinung wird hier nicht geteilt, da die DCF-Methode eine wesentliche Grundlage des VBM darstellt und durch geringe Modifikationen auf KMU angepasst werden kann.

67   Vgl. *Hachmeister*, Der Discounted Cash Flow als Maß der Unternehmenswertsteigerung, 1999, S. 195-198. Dagegen sieht *Behringer* den Einsatz des CAPM für KMU aufgrund fehlender Übertragbarkeit der Grund-gedanken als problematisch an. Vgl. *Behringer*, (o. Fn. 10), S. 110.

68   Zur Modifikation der DCF-Methode für KMU vgl. *Khadjavi*, (o. Fn. 12), S. 193-208.

69   Vgl. *Günther/Gonschorek*, (o. Fn. 20), S. 18 (22 ff.).

70   Vgl. *Becker/Ulrich/Ebner*, (o. Fn. 24), 114 (117 f.).

Aufgrund der dargestellten Bedeutung der verschiedenen Anspruchsgruppen (Kunden, Mitarbeiter, Lieferanten) für die Wertsteigerung mittelständischer Unternehmen, ist dies auch bei der Bestimmung der Werttreiber im Rahmen der Wertsteigerungsanalyse zu berücksichtigen. Mit Hilfe von Stakeholder Analysen besteht die Möglichkeit, die Zielrichtungen der jeweiligen Anspruchsgruppen direkt über Werttreiber im wertorientierten Controlling System zu erfassen und mit eigentümerwertorientierten Steuerungsgrößen zu verknüpfen.[71] Ein weiterer wichtiger Aspekt für die Nutzung des VBM in KMU besteht in der Berücksichtigung sog. nicht-monetärer Steuerungsgrößen.[72] Dies kann z.B. parallel zur Einbeziehung der Stakeholder Interessen durch integrative Verknüpfung mit dem finanziellen Oberziel der Unternehmenswertsteigerung mit Hilfe der Balanced Scorecard erfolgen.[73]

Abschließend kann festgehalten werden, dass das VBM grundsätzlich auch für KMU geeignet ist und durch geringe Modifikationen implementiert werden kann. Dennoch sollte beachtet werden, dass die Unternehmensgröße den Nutzungsgrad des VBM in KMU determiniert. Ein vollständiger VBM-Ansatz ist mit entsprechendem Ressourcenaufwand verbunden und daher tendenziell für größere KMU realisierbar.[74] Dies sollte auch vor dem Hintergrund der weiteren Analysen in dieser Arbeit berücksichtigt werden.

C. Mergers & Acquisitions im deutschen Mittelstand

I. Thematische Grundlagen und Marktüberblick

In der Literatur gibt es eine Vielzahl von Definitionen für das Begriffspaar Mergers & Acquisitions (M&A).[75] Diese Arbeit folgt der Auffassung von Wöhe, der in der Bindungsintensität, welche den Grad der rechtlichen und wirtschaftlichen Selbständigkeit von Unternehmen beschreibt, ein geeignetes Differenzierungsmerkmal sieht.[76] Demnach werden Unternehmenszusammenschlüsse in Kooperationen und Konzentrationen unterschieden. Bei den Kooperationen handelt es sich z.B. um Konsortien und Gemeinschaftsunternehmen bei denen die kooperierenden Unternehmen rechtlich und in Bezug auf den außerhalb der vertraglichen Zusammenarbeit liegenden Teil wirtschaftlich selbständig bleiben.[77] Der Fokus dieser Arbeit liegt jedoch auf den Konzentrationen, bei denen die beteiligten

---

71 Zur Berücksichtigung der Kunden als zentraler Erfolgsfaktor bei der Wertsteigerungsanalyse mit dem CVA als Spitzenkennzahl vgl. *Khadjavi*, (o. Fn. 12), S. 217-223; *Becker/Ulrich/Ebner*, (o. Fn. 24), 114 (118 f.).

72 Vgl. *Schomaker/Günther*, (o. Fn. 2), S. 215 (219 ff.).

73 Zur BSC in KMU vgl. Schmalenbach-Gesellschaft, Wert(e)orientierte Führung in mittelständischen Unternehmen (Arbeitskreis "Wertorientierte Führung in mittelständischen Unternehmen der Schmalenbach-Gesellschaft für Betriebswirtschaft), Finanz-Betrieb, Heft Nr. 9, 2003, 525 (529 f.).

74 Zur Berechnung der Wirtschaftlichkeit des VBM vgl. *Khadjavi*, (o. Fn. 12), S. 137-166.

75 Internationale Bezeichnung für Unternehmenszusammenschlüsse/-übernahmen. Vgl. Weinmann, Wertorientiertes Management von Unternehmenszusammenschlüssen, 2004, S. 11; *Picot*, Wirtschaftliche und wirtschaftsrechtliche Aspekte bei der Planung der Mergers & Acquisitions, in: *Picot*, Gerhard [Hrsg.], Handbuch Mergers & Acquisitions – Planung, Durchführung, Integration, 3., grundl. überarb. und aktual. Auflage, 2005, S. 3 (4 f.). Für eine Übersicht in der Literatur verwendeter Definitionen vgl. *Horzella*, Wertsteigerung im M&A-Prozess, Erfolgsfaktoren – Instrumente – Kennzahlen, 2009, S. 24-26.

76 Vgl. *Balz/Arlinghaus*, Praxisbuch Mergers & Acquisitions, Von der strategischen Überlegung zur erfolgreichen Integration, 2., aktual. und erw. Auflage, 2007, S. 11 f.; *Wöhe/Döring*, (o. Fn. 31), S. 250 f. Für eine ausführlichere Systematisierung vgl. *Horzella*, (o. Fn. 75), S. 27-30.

77 Vgl. *Wöhe/Döring*, (o. Fn. 31), S. 250 f.

Unternehmen ihre wirtschaftliche Selbständigkeit nach der Transaktion vollständig aufgeben und unter einer einheitlichen Leitung geführt werden. In erster Linie ist hierunter der Unternehmenskauf zu verstehen. Erfolgt darüber hinaus die Aufgabe der rechtlichen Selbständigkeit, handelt es sich um eine Fusion.[78]

Laut einer aktuellen Studie der Wirtschaftsprüfungsgesellschaft PricewaterhouseCoopers war im Jahr 2010 jedes zehnte mittelständische Unternehmen an einer Transaktion beteiligt.[79] Neben den typischen Motiven für M&A-Transaktionen wie z.B. der Realisierung von Skaleneffekten/Synergien und der Reduktion des Wettbewerbs sind die wesentlichen Treiber für M&A-Aktivitäten deutscher KMU die Erschließung neuer Produktmärkte und geographischer Märkte.[80] Ein weiterer Treiber für M&A im Mittelstand ist eine häufig ungeregelte Unternehmensnachfolge. Laut einer Studie des Institutes für Mittelstandsforschung in Bonn (IfM) stehen jährlich 22.000 KMU zur Übernahme an. In 86% der Fälle aus Altersgründen[81] und in über 50% aller Fälle sind keine Nachfahren des Eigentümers vorhanden, um das Unternehmen fortführen zu können, so dass häufig nur der Unternehmensverkauf als Lösung in Frage kommt.

Der M&A-Gesamtmarkt in Deutschland ist derzeit angespannt. Laut aktueller Statistiken lagen die M&A-Aktivitäten in 2011 mit einem Volumen von rund 60 Mrd. USD auf einem Allzeittief der letzten 27 Jahre.[82] Trotz des starken wirtschaftlichen Aufschwungs der letzten zwei Jahre und der Rekordumsätze und -gewinne deutscher Unternehmen,[83] ist der M&A-Markt u. a. aufgrund der Staatsschuldenkrise und der damit verbundenen Frage nach der Stabilität des Euro und Rezessionsängsten von großer Unsicherheit geprägt.[84] Bei differenzierter Betrachtung wird jedoch deutlich, dass die Transaktionen im Mittelstand entgegen des Marktrends leicht angestiegen sind.[85] Neben dem großen Interesse ausländischer strategischer Investoren und Private Equity Fonds am deutschen Mittelstand, sind es vor allem die KMU selbst, die für den Anstieg der M&A-Aktivitäten verantwortlich sind.[86]

---

78   Vgl. *Bergmann*, Zusammenschlusskontrolle, in: *Picot*, Gerhard [Hrsg.], Handbuch Mergers & Acquisitions - Planung, Durchführung, Integration, 3., grundl. überarb. und aktual. Auflage, 2005, S. 353 (356); *Wöhe/Döring*, (o. Fn. 31), S. 251. Im Folgenden werden die Begriffe M&A-Transaktion und Unternehmenskauf synonym verwendet.

79   Vgl. *Müller*, Transaktionen im Mittelstand – Bestandsaufnahme und Ausblick (Studie), 2011, S. 13.

80   Vgl. *Müller*, (o. Fn. 79), S. 14 ff.

81   Vgl. *Hauser/Kay*, Unternehmensnachfolgen in Deutschland 2010 bis 2014 – Schätzung mit weiterentwickeltem Verfahren, IfM-Materialien Nr. 198, 2010, S. 32 f.; *Müller*, (o. Fn. 79), S. 15.

82   Vgl. *Bethge*, (o. Fn. 7), 327 (327-330); *Spanninger*, Gut angefangen und stark nachgelassen – Jahresrückblick auf das deutsche M&A-Geschehen 2011, M&A Review, Vol. 23, No. 2 (2012), 42 (43 f.).

83   Vgl. Ernst&Young, (o. Fn. 6).

84   Vgl. *Keller/Kuhn*, Deutscher Small- und Mid-Cap M&A-Markt 2011: verhalten begonnen und dann an Momentum verloren, IfM-Materialien, M&A Review, Vol. 23, No. 2 (2012), 52 (53 f.).

85   Vgl. *Bethge*, (o. Fn. 7), 327 (327 ff.).

86   Vgl. *Müller*, (o. Fn. 79), S. 18 f.; *Keller/Kuhn*, (o. Fn. 84), 52 (55).

Es stellt sich somit die Frage, ob sich dieser positive Trend weiter fortsetzen wird? Dafür sprechen das derzeitig gute Geschäftsklima und die komfortable Liquiditätslage deutscher KMU.[87] Ebenso könnten die bereits erwähnten anstehenden Nachfolgeregelungen im Mittelstand zu einer Erhöhung der M&A-Transaktionen führen.[88] Auch das Interesse ausländischer Investoren an deutschen KMU könnte die Zahl der M&A-Transaktionen erhöhen.[89] Vieles hängt jedoch von der Entwicklung der Schuldenkrise in Europa ab. Auch der Zugang zu Fremdkapital auf Basis der strengeren Eigenkapitalvorschriften der Banken wird die M&A-Aktivitäten im deutschen Mittelstand weiter beeinflussen.

II. Idealtypischer Ablauf einer M&A-Transaktion

In der Praxis gibt es verschiedene Arten und Abläufe von M&A-Transaktionen. Dies hängt von verschiedenen Parametern ab. Dazu gehören u. a. die Motivation und Art der Transaktion, die rechtliche Struktur der Transaktion, die Kenntnisse von Käufer/Verkäufer und der Erwerbsweg.[90] Dennoch lassen sich für die in dieser Arbeit betrachteten Unternehmenskäufe im Wege der Verhandlung anhand der folgenden Grafik vereinfacht die wesentlichen drei idealtypischen Prozessphasen darstellen, die in einer M&A-Transaktion durchlaufen werden:[91]

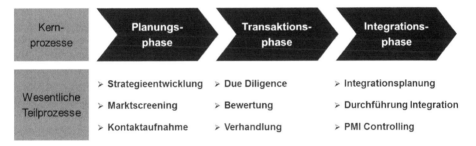

Abb. 2: Idealtypischer M&A-Prozess. Quelle: Eigene Darstellung in Anlehnung an *Picot*, (o. Fn. 75), S. 3 (18 ff.)

In der ersten Phase, der Planungsphase, liegt der Fokus auf der Erarbeitung der M&A-Strategie und der konkreten Zielsetzung, die mit der geplanten Akquisition verfolgt werden soll. Darüber hinaus erfolgt das Marktscreening, die Suche nach geeigneten Transaktionsobjekten auf Basis der definierten Strategie und des daraus resultierenden Suchmusters. Die Planungsphase endet mit der Kontaktaufnahme zu potentiellen Akquisitionsobjekten.[92] In der zweiten Phase, der Transaktionsphase, erfolgen als wesentliche Teildisziplinen die Due

---

87 Vgl. *Spanninger*, (o. Fn. 82), 42 (51); Creditreform, Wirtschaftslage und Finanzierung im Mittelstand, Frühjahr 2012, 2012, S. 1 ff.

88 Vgl. *Keller/Kuhn*, (o. Fn. 84), 52 (55). Schätzungen des IfM Bonn gehen von ca. 110.000 Übergaben zwischen 2010-2014 aus. Vgl. *Hauser/Kay*, (o. Fn. 81), S. 32 f.

89 Vgl. *Bethge*, (o. Fn. 7), 327 (327 ff.).

90 Vgl. *Balz/Arlinghaus*, (o. Fn. 76), S. 41 f.

91 Vgl. *Picot*, (o. Fn. 75), S. 3 (18 ff.). Für eine differenzierte Betrachtung der prozessualen Unterschiede des M&A-Prozesses bei den Erwerbswegen Kauf im Wege des Bieter/Auktionsverfahrens und Kauf über die Börse vgl. *Balz/Arlinghaus*, (o. Fn. 76), S. 50-61.

92 Vgl. *Picot*, (o. Fn. 75), S. 3 (21 ff.); *Balz/Arlinghaus*, (o. Fn. 76), S. 42-46.

Diligence,[93] die Unternehmensbewertung und die Vertragsverhandlung. Bei positivem Verlauf endet diese mit dem Vollzug, dem Kauf des Unternehmens.[94] In der letzten Phase, der Integrationsphase, wird das erworbene Unternehmen in die Konzernstruktur des Käuferunternehmens eingegliedert. Diese Phase hat großen Einfluss auf den Erfolg der Transaktion, da sich hier entscheidet, ob die Ziele und Synergien der Transaktion realisiert werden können.[95]

III. Besonderheiten bei M&A-Transaktionen im Mittelstand

1. Mittelstandsfinanzierung und die Bedeutung des Ratings

Entscheidende Grundlage zur Umsetzung von M&A-Transaktionen ist der Zugang zu Wachstumskapital. Die Mittelstandsfinanzierung ist in Deutschland durch eine hohe Abhängigkeit von der Innenfinanzierung und der klassischen Kreditfinanzierung durch die Hausbank gekennzeichnet.[96] Hierin liegt das zentrale Finanzierungsproblem von KMU, da sie im Vergleich zu Großunternehmen und internationalen Wettbewerbern gleicher Größe über eine geringe Eigenkapitalquote (EKQ) verfügen.[97] In dieser Situation verschärfen die gestiegenen Ratinganforderungen durch Basel II die Kreditvergabe, was die Finanzierung potentieller M&A-Transaktionen für KMU deutlich erschwert.[98]

Entscheidend für eine positive Kreditzusage ist das sog. Rating.[99] Im Bankwesen wird das Kredit-Rating zur Bewertung der Bonität des potentiellen Kreditnehmers eingesetzt.[100] Den Ursprung hat das Kredit-Rating im Internal-Rating-Based-Ansatz (IRB) der neuen Basler Eigenkapitalvereinbarungen (Basel II).[101]

---

93 Zu den verschiedenen Disziplinen der Due Diligence (u. a. Financial, Tax, Legal und Market Due Diligence etc.) vgl. *Berens/Strauch*, Herkunft und Inhalt des Begriffes Due Diligence, in: *Berens*, Wolfgang/*Brauner*, Hans U., et al. [Hrsg.], Due Diligence bei Unternehmensakquisitionen, 5., überarb. Auflage, 2008, S. 3 (12 ff.).

94 Vgl. *Schmitting*, Perspektiven eines Risikomanagements im Rahmen von Unternehmensakquisition und Due Diligence, in: Berens, Wolfgang/Brauner, Hans U., et al. [Hrsg.], Due Diligence bei Unternehmensakquisitionen, 5., überarb. Auflage, 2008, S. 233 (237 f.).

95 Vgl. *Gösche*, Mergers & Acquisitions im Mittelstand, Unternehmen und Beteiligungen gezielt kaufen und verkaufen: Planung, Strategie, Durchführung, Integration, 1991, S. 83; *Weinmann*, (o. Fn. 75), S. 25 f.

96 Vgl. *Buba*, Basel II: Wandel in der Kreditvergabe – Auswirkungen auf die Mittelstandsfinanzierung, 2006, S. 67-70; DSGV/Gruner + Jahr AG & Co KG [Hrsg.], MIND 2006: Aufschwung aus eigener Kraft (Wissenschaftliche Begleitung : IfM), 2006, S. 18; Zimmermann/Steinbach, UNTERNEHMENSBEFRAGUNG 2011, Folgen der Krise auf die Unternehmensfinanzierung weitgehend überwunden – strukturelle Finanzierungsprobleme rücken wieder in den Vordergrund, 2011, S. 79-87; *Reize*, (o. Fn. 8), S. 53-55.

97 Die durchschnittliche EKQ deutscher KMU lag 2010 bei ca. 18%, vgl. Deutscher Sparkassen- und Giroverband, (o. Fn. 9), S. 42 f. Für einen Vergleich internationaler EKQ vgl. *Lichtblau/Utzig*, Finanzierungs- und Kostenstrukturen des deutschen Mittelstandes, DIE BANK, 2002, Heft: 5, 326 (329).

98 Rund 33% der KMU haben lt. einer KfW-Umfrage Probleme bei der Kreditaufnahme, vgl. Plattner/Plankensteiner, Unternehmensbefragung 2006 (Hrsg. KfW), 2006, S. 10 ff. Die geringe EKQ ist mit 46% der häufigste Kreditablehnungsgrund. Vgl. *Plattner/Plankensteiner*, (o. Fn. 99), S. 47 f.

99 In Deutsch = „Bewertung". Vgl. *Eveling/Schneck*, Das Rating ABC, 2004, S. 87.

100 Es wird die zukünftige Zahlungsfähigkeit analysiert, um Zins-/Tilgungsleistung abzuschätzen. Vgl. Pawlik, Kreditwürdigkeitsprüfung durch Rating, in: Everling, Oliver [Hrsg.], Rating – Chance für den Mittelstand nach Basel II, 2001, S. 119 (120); *Schöning*, Zur Notwendigkeit eines Rating und der Inanspruchnahme rating-begleitender Unterstützung bei KMU-Finanzierungen, in: *Schöning*, Stephan/Ott, Ingrid, et al. [Hrsg.], Mittelstandsforschung: Beiträge zu Strategie, Finanzen und zur Besteuerung von KMU, 2004, S. 159 f.

101 Vgl. ausführlich Baseler Ausschuss für Bankenaufsicht, Internationale Konvergenz der Kapitalmessung und Eigenkapitalanforderungen (Übersetzung der Deutschen Bundesbank), 2004, S. 16-129.

Banken müssen hiernach auf Basis von Rating-Kriterien eine risikoadäquate Eigenkapital-unterlegung der einzelnen Kreditarrangements vornehmen. Entsprechend der Ausfall-wahrscheinlichkeit des Kreditnehmers und der damit verbundenen Eigenkapitalbereit-stellung erfolgt die Prüfung der Kreditvergabe und die risiko-/bonitätsgemäße Anpassung der Kreditkonditionen.[102]

Beim Rating werden Unternehmen mittels quantitativer und qualitativer Kriterien analysiert.[103] Bei der quantitativen vergangenheitsorientierten Jahresabschlussanalyse werden Kennzahlen zur Vermögensstruktur, Kapitalstruktur, Finanzkraft und Rentabilität des Unternehmens untersucht und mit Branchenkennzahlen verglichen.[104] Auf Basis qualitativer Kriterien wird die zukünftige Geschäftsentwicklung beurteilt. Dabei werden u.a. folgende Bereiche bewertet: Management, Markt-/Wettbewerb, Strategie-/Geschäfts-planung, Mitarbeiter und Controlling Systeme.[105] Durch Gewichtung werden die einzelnen Kriterien zu einer Punktzahl aggregiert und einer Rating-Klasse zugeordnet. Diese ergibt die Ausfallwahrscheinlichkeit,[106] die in Verbindung mit den verfügbaren Kreditsicherheiten in ein Gesamtbonitätsurteil überführt wird.[107] Trotz der Vielfalt und Bedeutung der einzelnen Rating-Kriterien ist anzumerken, dass die Eigenkapitalausstattung aus Bankensicht eine sehr große Bedeutung bei der Kreditvergabe besitzt.[108] Abschließend bleibt festzuhalten, dass die Intensität der Anwendung der Rating-Kriterien von der Unternehmensgröße abhängt.[109]

2. Besonderheiten entlang des M&A-Prozesses

Auch in Bezug auf den in Kapitel III dargestellten M&A-Prozess gilt es, die Eigenschaften von KMU zu berücksichtigen, wobei insbesondere den begrenzten Ressourcen eine große Bedeutung zukommt. In Großunternehmen werden die Arbeiten während einer M&A-Transaktion und insbesondere während der Planungsphase von spezialisierten Trans-aktionsabteilungen durchgeführt.[110] KMU verfügen häufig nicht über dieses Know-How

---

102 Vgl. *Helmel/Breitkreuz/Harwarth*, et al., Basel II und Mittelstand: Rating und Alternativen zum Bankkredit, 2006, S. 25; *Buba*, (o. Fn. 96), S. 29 u. S. 64 f.

103 Vgl. *Paul/Stein*, Rating, Basel II und die Unternehmensfinanzierung, 2002, S. 95; Pawlik, (o. Fn. 100), S. 119 (121 f.).

104 Vgl. *Huber/Frickhöfer*, Konzeption des Creditreform Ratings, in: Everling, Oliver [Hrsg.], Rating – Chance für den Mittelstand nach Basel II, 2001, S. 277 (281 ff.).

105 Vgl. *Stur*, Rating mit qualitativen und quantitativen Kriterien, in: *Everling*, Oliver [Hrsg.], Rating – Chance für den Mittelstand nach Basel II, 2001, S. 327 (334 ff.); *Gleißner/Füser*, Leitfaden Rating – Basel II: Rating-Strategien für den Mittelstand, 2. überarb. und erw. Auflage, 2003, S. 92-194.

106 Bei der Ermittlung der Ausfallwahrscheinlichkeit stehen die Transparenz der Risikosituation (Ertragsrisiko und Risikodeckungspotenzial) des Unternehmens, die Informationsversorgung und die zukünftige Ertragslage im Mittelpunkt. Vgl. Pawlik, (o. Fn. 100), S. 119 (123 f.); *Gleißner/Füser*, (o. Fn. 105), S. 35-39.

107 Vgl. *Schulenburg*, Externes und bankinternes Rating im Vergleich, Kredit & Rating Praxis, 2002, Heft Nr. 5, 8. Für ein Rating-Beispiel vgl. Ehlers, Basel II/Rating: Die Hausaufgaben für Mittelstandsunternehmer und Berater, 2. Auflage, 2005, S. 15-18.

108 Für eine Übersicht weiterer Frühindikatoren vgl. *Munsch*, Externes Rating - Ratingprozess und Ratingkriterien am Beispiel der Creditreform Rating AG, in: Reichmann, Thomas und Pyszny, Udo [Hrsg.], Rating nach Basel II - Herausforderungen für den Mittelstand, 2006, S. 233 (241).

109 Vgl. *Schulenburg*, Rating als Führungsinstrument im Mittelstand nutzen, in: Achleitner, Ann-Kristin und Everling, Oliver [Hrsg.], Handbuch Ratingpraxis, 2004, S. 559 (562 ff.).

110 Vgl. *Berens/Mertes/Strauch*, Unternehmensakquisitionen, in: Berens, Wolfgang/Brauner, Hans U., et al. [Hrsg.], Due Diligence bei Unternehmensakquisitionen, 5., überarb. Auflage, 2008, S. 23 (49); *Wichmann*, M&A im deutschen Mittelstand. Eine Darstellung des M&A-Prozesses im Vergleich zum Prozess bei Großunternehmen, in: Birk, Dieter/Bruse, Matthias, et al. [Hrsg.], Forum Unternehmenskauf 2008, Aus dem Münsteraner Studiengang "Mergers & Acquisitions", 2009, S. 213 (220 f.).

und eine eigene Transaktionsabteilung. Vielfach ist auch keine schriftlich fixierte strategische Planung vorhanden.[111] Die Entscheidung und Zielrichtung der Transaktion wird in KMU i.d.R. vom Unternehmer persönlich festgelegt.[112] Neben dem fehlenden Wissen besteht die Gefahr, dass die Entscheidung zur Durchführung einer Akquisition und die Festlegung des Akquisitionsplans durch persönliche und subjektive Ziele des Unternehmers beeinflusst werden.

In der Transaktionsphase liegt der Fokus auf der Durchführung der Due Diligence und der Unternehmensbewertung. Mit Hilfe einer Due Diligence sollen die Chancen und potentiellen Risiken im Vorfeld der Transaktion identifiziert und notwendige Informationen zur Bewertung des Zielunternehmens generiert werden.[113] Da die Analyse sämtliche Funktionsbereiche eines Unternehmens betrifft, ist eine Vielzahl interner Daten und Informationen durch das Zielunternehmen bereitzustellen.[114] Insbesondere bei der Financial Due Diligence, in der die Vermögens-, Finanz- und Ertragslage analysiert wird,[115] kommt es in KMU häufig zu Problemen, da aufgrund der unterentwickelten Systeme im Rechnungs- wesen und Controlling die erforderlichen Daten nicht bereitgestellt werden können.[116] In vielen KMU existiert weder eine schriftlich fixierte Unternehmensplanung noch eine Deckungsbeitragsrechnung.[117] Nicht selten stützen sich die Analysen dann auf ungeprüfte Jahresabschlüsse, was zu Qualitätsrisiken führt und den Informationsgehalt eingrenzt.[118] Diese geringe Informationsbasis in KMU hat dann Auswirkungen auf die Unternehmens- bewertung. Häufig werden Planungsrechnungen erstmals zum Zwecke des Unternehmens- verkaufes angefertigt, was die Zuverlässigkeit einschränkt und eine Plausibilisierung erschwert.[119] Diese Unsicherheit kann aus Käufersicht zu Risikoabschlägen bei der Ermittlung des Unternehmenswertes führen. Aber auch aus Sicht des Verkäufers besteht häufig Unkenntnis über den Wert des eigenen Unternehmens. Dies erschwert die Kauf- verhandlungen, da der Eigentümer nur über subjektive, wenig belastbare Wertvorstellungen verfügt.[120]

In der Integrationsphase geht es um die Eingliederung des Zielunternehmens. Der Fokus liegt auf der Realisierung der mit der Transaktion geplanten Synergien. Diese Phase hat entscheidenden Einfluss auf den Erfolg der Transaktion.[121] Mitentscheidend dafür ist die Sicherstellung der Messbarkeit und Kontrolle des Realisierungsgrades der Teilziele und Synergien mit Hilfe eines Integrationscontrollings.[122] Dadurch kann der Realisierungsgrad

---

111 Vgl. *Welter*, (o. Fn. 59), S. 27 (29), S. 29; Deimel, (o. Fn. 59), 281 (285 f.).

112 Vgl. *Wichmann*, (o. Fn. 110), S. 213 (221).

113 Vgl. *Berens/Strauch*, (o. Fn. 93), S. 3 (10 ff.); Belian, Due Diligence Prüfung bei Unternehmenstransaktionen - Kritische, konzeptionelle Reflexion, Analyse und Möglichkeiten zur Fortentwicklung, 2009, S. 74-76.

114 Vgl. *Berens/Strauch*, (o. Fn. 93), S. 3 (12 ff.).

115 Vgl. Bredy/Strack, Financial Due Diligence I: Vermögen, Ertrag und Cash Flow, in: *Berens*, Wolfgang/Brauner, Hans U., et al. [Hrsg.], Due Diligence bei Unternehmensakquisitionen, 5., überarb. Auflage, 2008, S. 359 (364 f.).

116 Vgl. *Günther/Gonschorek*, (o. Fn. 20), 18 (22 ff.).

117 Vgl. *Flacke*, Controlling in mittelständischen Unternehmen – Ausgestaltung, Einflussfaktoren der Instrumenten- nutzung und Einfluss auf die Bankkommunikation, Diss. Münster (Westfälische Wilhelms-Universität Münster), 2006, S. 132-138.

118 Viele KMU sind aufgrund ihrer Größe von der Pflichtprüfung nach Handelsrecht befreit oder genießen größenabhängige Erleichterung bei der Gliederung der Bilanz und GuV. Vgl. *Kaefer*, Unternehmensbewertung in kleinen und mittleren Unternehmen - Grundlagen, Besonderheiten, Bewertungsverfahren, 2007, S. 28-31.

119 Vgl. *Kaefer*, (o. Fn. 118), S. 30.

120 Vgl. *Müller*, (o. Fn. 79), S. 28 f.

121 Vgl. *Gösche*, (o. Fn. 95), S. 83; *Balz/Arlinghaus*, (o. Fn. 76), S. 289 f.

122 Synonym PMI-Controlling. PMI = Post Merger Integration.

transparent kommuniziert und Abweichungen frühzeitig erkannt werden.[123] Auch dies ist in KMU aufgrund der schwach ausgeprägten Controlling Systeme nur bedingt möglich. Knappe Mitarbeiterressourcen und daraus resultierende Mehrbelastung der Belegschaft können die Integration in KMU zusätzlich erschweren.[124]

D.   Bedeutung des VBM für KMU bei M&A-Transaktionen

I.   Vorgehensweise und Aufbau der Analyse

Nachdem in den vorherigen Kapiteln die inhaltlichen Grundlagen zu den drei Teilbereichen VBM, KMU und M&A gelegt wurden, erfolgt nun die analytische Zusammenführung der drei Teildisziplinen. Das Ziel der Untersuchung liegt in der Identifikation von Nutzenpotentialen des VBM für KMU und dessen Bedeutung in Bezug auf M&A-Transaktionen. Die Analyse orientiert sich inhaltlich und strukturell an den in Teil C aufgezeigten mittelstandsspezifischen Besonderheiten und Herausforderungen in Bezug auf M&A und fokussiert sich auf die Finanzierung und anschließende Durchführung von M&A-Transaktionen entlang des idealtypischen M&A-Prozesses. Zum besseren Verständnis erfolgt an entsprechenden Stellen innerhalb der Untersuchung eine weitere Differenzierung zwischen Käufer-/Verkäuferperspektive.

Im folgenden Kapitel wird die Bedeutung des VBM für KMU in Bezug auf die Finanzierung von M&A-Transaktionen aufgezeigt. In den Kapiteln III, IV und VV werden dann auf der Basis der drei idealtypischen M&A-Prozessphasen die Nutzenpotentiale des VBM für KMU während einer M&A-Transaktion betrachtet. In jedem einzelnen Abschnitt werden die Zusammenhänge und Wechselbeziehungen dargestellt und anschließend die Wirkungsweise und Nutzenpotentiale des VBM erläutert. Zum Abschluss werden die jeweiligen Teilergebnisse hinsichtlich der Bedeutung des VBM für KMU bei M&A-Transaktionen in Form eines kurzen Fazits zusammengefasst.

II.   Bedeutung des VBM für die Finanzierung von M&A

1.   Verbesserung der Fremdkapitalaufnahme

Zur Umsetzung von M&A-Transaktionen benötigen KMU Wachstumskapital. Aufgrund der hohen Abhängigkeit von der klassischen Bankfinanzierung ist der Zugang zu Finanzierungsquellen für KMU jedoch limitiert. Durch die Verschärfung der Kreditvergabe durch Basel II kommt es häufig zu Kreditengpässen, was potentielle M&A-Vorhaben gefährdet oder gar unmöglich werden lässt. Eine angemessene Eigenkapitalausstattung ist für KMU daher von zentraler Bedeutung. Das Eigenkapital übernimmt u. a. folgende Funktionen: Kontinuitätsfunktion, Haftungsfunktion, Verlustausgleichsfunktion und Kreditwürdigkeitsfunktion.[125] Diese Funktionen stehen auch beim Rating im Vordergrund, da das

---

123   Vgl. *Balz/Arlinghaus*, (o. Fn. 76), S. 306-310.
124   Vgl. *Balz/Arlinghaus*, (o. Fn. 76), S. 295 f.
125   Zu den Funktionen des Eigenkapitals vgl. *Helmel/Breitkreuz/Harwarth*, et al., (o. Fn. 102), S. 7 f.; *Baetge/Kirsch/Thiele*, Bilanzen, 11., aktual. Auflage, 2011, S. 462 ff.

Eigenkapital aus Sicht der Banken die Krisenbeständigkeit des Unternehmens anzeigt. Bei der quantitativen Analyse werden daher die EKQ und der Verschuldungsgrad (VG) überprüft. Die Formel des VG lautet: [126]

$$VG = \frac{Fremdkapital(FK)}{Eigenkapital(EK)} = \frac{FK}{Unternehmenswert}$$

Da der Marktwert des Eigenkapitals dem Unternehmenswert entspricht, kann die Beziehung zum VBM in der oben dargestellten Formel aufgezeigt werden.[127] Wie bereits erläutert, stellt die Unternehmenswertsteigerung beim VBM das primäre Unternehmensziel dar. Wird dieses erreicht, erfolgt c. p. eine Reduktion des VG und eine Verbesserung des Ratings.

Mit Hilfe eines VBM-Systems sind KMU in der Lage, wertsteigernde Maßnahmen zielgerichtet zu quantifizieren und zu bewerten. Aus identifizierten Wertsteigerungs-potentialen können strategische Entscheidungen abgeleitet werden, die eine Steigerung des Unternehmenswertes bzw. des Eigenkapitals fokussieren. Durch Umsetzung der konkreten operativen Einzelmaßnahmen ist es dann möglich, zusätzliche freie Cashflows zu generieren, die zur Ausschüttung an alle Kapitalgeber zur Verfügung stehen. Werden diese nicht vollständig verbraucht, stellt der einbehaltene Teil das Innenfinanzierungsvolumen des Unternehmens dar und führt zur Erhöhung des Eigenkapitals.[128] Eine höhere EKQ verbessert tendenziell das Rating bei der Kreditprüfung, was sich wiederum positiv auf die Kreditentscheidung auswirkt und den Zugang zu Fremdkapital erleichtert. Das Wachstumskapital kann anschließend erneut in wertsteigernde Projekte wie z.B. M&A-Transaktionen investiert werden, wodurch ein wertsteigernder VBM-Kreislauf initiiert und fortgesetzt wird.[129]

Der mögliche Erfolg der zuvor beschriebenen Wirkungszusammenhänge wird jedoch stark vom Implementierungsgrad des VBM, den verfügbaren Ressourcen und der Unternehmens-größe determiniert. Dennoch ergibt es auch für kleinere Unternehmen Sinn, sich mit den Gedanken des VBM zu beschäftigen, um das Eigenkapital zielgerichtet zu erhöhen. Dabei können bereits bei der Bewertung und Auswahl neuer Investitionen einfache Kapitalwert-überlegungen hilfreich sein. Dennoch sei darauf hingewiesen, dass die Erhöhung der EKQ bzw. Senkung des VG durch ein intaktes VBM erst mittel- bis langfristig einsetzt, da wertsteigernde Strategien zunächst geplant und umgesetzt werden müssen.

Fazit: KMU können durch Nutzung des VBM mittel- bis langfristig die EKQ als Grundvoraussetzung für eine Kreditvergabe erhöhen und so den Zugang zu Fremdkapital erst ermöglichen bzw. erleichtern.

---

126 Die EKQ misst das Verhältnis von Eigenkapital zu Gesamtkapital. Der Verschuldungsgrad zeigt die Relation von Fremdkapital zu Eigenkapital. Vgl. *Wöhe/Döring*, (o. Fn. 31), S. 661.

127 Vgl. *Gleißner/Füser*, (o. Fn. 105), S. 313.

128 Diese Finanzierungsform wird als Selbstfinanzierung bezeichnet und stellt eine Ausprägung der Innen-finanzierung dar. Zur Innenfinanzierung vgl. *Wöhe/Döring*, (o. Fn. 31), S. 644-656.

129 Vgl. *Gleißner/Füser*, (o. Fn. 105), S. 313.

2. Reduzierung der Fremdkapitalkosten

Neben einem verbesserten Zugang zu Fremdkapital, können KMU bei der Kreditaufnahme mit Hilfe des VBM weitere Vorteile generieren. Beim VBM stellen die freien Cashflows die zentrale Steuerungsgröße zur Steigerung des Unternehmenswertes dar.[130] Positive Cashflows verkörpern das Liquiditätspotential eines Unternehmens, zukünftigen Zahlungsverpflichtungen nachkommen zu können.[131] Eine gute Liquiditätslage erhöht die Krisenbeständigkeit, reduziert die Insolvenzwahrscheinlichkeit und ist daher auch beim Rating im Rahmen der Kreditvergabe von großer Bedeutung.[132]

Die Steuerung der zentralen Wertgröße Cashflow erfolgt beim VBM im Liquiditätsmanagement innerhalb des wertorientierten Controllings.[133] Operative Grundlage ist die Liquiditätsplanung als Teil der Finanzplanung.[134] Mit Hilfe der Liquiditätsplanung wird die Entwicklung der Cashflows aufgezeigt, so dass Liquiditätsengpässe frühzeitig identifiziert werden können. Je nach Länge des Planungszeitraumes unterscheidet man die strategische, operative und kurzfristige Liquiditätsplanung.[135] Aufgrund der Zukunftsorientierung des VBM, ist neben der operativen vor allem die langfristige Planung zur Ermittlung der freien Cashflows relevant. Dabei wird die Entwicklung der Zahlungsströme aus Daten der strategischen Unternehmensplanung abgeleitet.[136] Hierzu kann die Planung der zukünftigen Cashflows entweder indirekt aus den Daten der Bilanz/GuV erfolgen, oder direkt mit Hilfe zahlungsorientierter Daten in Form eines Globalfinanzplans, der sämtliche Zahlungsströme erfasst und verschiedenen Sektoren zuordnet (z.B. Zahlungen des Umsatz- oder Investitionsbereiches). Die direkte Ermittlung der freien Cashflows ist aufgrund der konkreten Herleitung und Zuordnung der Zahlungsströme der indirekten Ableitung vorzuziehen, obwohl dies mit größeren Anforderungen an das Rechnungswesen und Controlling verbunden ist.[137]

Neben der Planung übernimmt das Liquiditätsmanagement beim VBM auch die Steuerung und Kontrolle der Liquidität. Sind aus der aufgezeigten Entwicklung Liquiditätsengpässe zu befürchten, können frühzeitig Maßnahmen zur Liquiditätssicherung ergriffen werden. Dabei können neben der kurzfristigen Ausschöpfung von Liquidität (z.B. Betriebsmittellinie, Steuerstundung, Zahlungsaufschub), auch alternative Finanzierungsmaßnahmen (z.B. Leasing, Factoring) rechtzeitig initiiert werden.[138] Abschließend sei darauf hingewiesen, dass die Qualität der Plan-Cashflows bei KMU ebenfalls von der Unternehmensgröße abhängt und unterschiedlich sein kann. Gerade kleine Unternehmen können aufgrund schwach ausgeprägter Controlling Systeme die Cashflows häufig nur eingeschränkt bzw.

130 Vgl. *Ertl*, Aktives Cashflow-Management: Liquiditätssicherung durch wertorientierte Unternehmensführung und effiziente Innenfinanzierung, 2004, S. 49 f.
131 Vgl. *Huber/Simmert*, Gestaltungsmöglichkeiten zur Verbesserung des Finanzratings, in: Achleitner, Ann-Kristin/ Everling, Oliver, et al. [Hrsg.], Finanzrating, 2007, S. 167 (180).
132 Vgl. *Gleißner/Füser*, (o. Fn. 105), S. 147; Pawlik, (o. Fn. 100), S. 119 f.
133 Zum Liquiditätsmanagement vgl. *Ertl*, (o. Fn. 130), S. 4-28.
134 Zum Liquiditätsplan vgl. *Gleißner/Füser*, (o. Fn. 105), S. 356 f.
135 Vgl. *Ertl*, (o. Fn. 130), S. 6 ff.
136 Dabei werden Ein- und Auszahlungen der strategischen Planung und der Investitionsplanung berücksichtigt. Vgl. *Pape*, (o. Fn. 24), S. 190 ff.
137 Vgl. *Pape*, (o. Fn. 24), S. 189-198.
138 Vgl. *Ertl*, (o. Fn. 130), S. 22-27.

vereinfacht aus dem Rechnungswesen herleiten.[139] Dennoch ist die Auseinandersetzung mit der zukünftigen Liquiditätssicherung im VBM unabhängig von der Unternehmensgröße zur Existenzsicherung für KMU vorteilhaft.

Fazit: KMU können durch ein Liquiditätsmanagement im VBM das Rating verbessern. Hierbei wirken sich neben der Existenz eines Liquiditätsplans vor allem die transparente Ermittlung der Plandaten und die Kommunikation mit der Bank positiv aus. Darüber hinaus trägt das Liquiditätsmanagement zur Liquiditätssicherung bei, was beim Rating mit einer geringeren Ausfallwahrscheinlichkeit bewertet wird. Diese Verbesserung der Bonität führt zu günstigeren Fremdkapitalkosten.

III. Bedeutung des VBM für die Planungsphase von M&A

Aufgrund der dargestellten Defizite mittelständischer Unternehmen im Bereich der strategischen Unternehmensplanung und der Dominanz des Unternehmers bei der Entscheidungsfindung kommt es bei der Vorbereitung von M&A-Transaktionen oft zu Problemen.[140]

Durch Anwendung des VBM können KMU Methodenkompetenz und Synergien nutzen, um die Planung von M&A-Transaktionen zu verbessern. Wie bereits dargestellt, handelt es sich beim VBM um ein ganzheitliches Managementkonzept, bei dem die Erstellung einer Unternehmensstrategie und die Planung von Erfolgsgrößen Grundbestandteile sind. Bei der Erarbeitung der Unternehmensstrategie sind folgende Bereiche zu berücksichtigen: Kernkompetenzen, Geschäftsfelder und Wettbewerbsvorteile, Wertschöpfungskette und strategische Stoßrichtung.[141] Der Prozess der Strategieermittlung kann in die vier Phasen strategische Zielplanung, strategische Analyse, Strategieformulierung und Strategieimplementierung unterteilt werden.[142] Auf Basis des beim VBM vorgegeben finanziellen Oberziels, der Steigerung des Unternehmenswertes, entsteht in der ersten Phase u. a. die Definition der wertorientierten Vision.[143] In der zweiten Phase erfolgen die Unternehmens- und Wettbewerbsanalysen, um Kernkompetenzen und Wettbewerbsvorteile zu ermitteln.[144] Hier kann z.B. die Wettbewerbsanalyse nach Porter eingesetzt werden, die durch ihre einfache Anwendbarkeit besonders für KMU geeignet ist. Zur Ermittlung der Chancen und Risiken einer Branche unterscheidet Porter fünf Kräfte. Die Intensität des Wettbewerbs, die Bedrohung durch neue Konkurrenten und Substitutionsprodukte und die Macht der Kunden

---

139 Vgl. auch *Gleißner/Füser*, (o. Fn. 105), S. 342 f.
140 Mangelnde Kompetenz des Unternehmers sowie fehlende bzw. mangelhafte strategische Planungen gehören zu den zentralen Insolvenzursachen im Mittelstand. Vgl. *Wegmann*, (o. Fn. 19), S. 58 f.; *Hübner/Thomas*, Krisen- und Insolvenzursachen im deutschen Mittelstand, RATINGaktuell; 2003, Heft: 5, Sonderheft IBF Spezial, 26 (28 ff.).
141 Vgl. *Gleißner*, (o. Fn. 56), S. 155-160.
142 Zur Übersicht der Phasen der Strategiebildung vgl. *Schauf*, Strategisches Management im Mittelstand – Von der Konkurrenzanalyse zur Strategie, in: *Schauf*, Malcolm [Hrsg.], Unternehmensführung im Mittelstand: Rollenwandel kleiner und mittlerer Unternehmen in der Globalisierung, 2., aktualisierte Auflage, 2009c, S. 61 (66).
143 Bei der Zielbildung sind die Operationalisierung der Ziele und die Überprüfung einer realistischen Zielerreichung sehr wichtig. Zum Zielbildungsprozess vgl. *Schauf*, (o. Fn. 142), S. 61 (69 ff.). Im VBM erfolgt die Operationalisierung der Ziele durch Ermittlung von Wertsteigerungspotentialen.
144 Vgl. *Schauf*, (o. Fn. 142), S. 61 (74-87).

und Lieferanten.[145] Zur Ermittlung von Wettbewerbsvorteilen und der Ableitung von Strategien existiert eine Vielzahl von Konzepten (z.B. SWOT-Analyse), die auch in KMU angewendet werden können.[146] Auf Basis der Unternehmensstrategie werden alle Plandaten und Maßnahmen zur Zielerreichung in einem Businessplan für den Planungszeitraum schriftlich fixiert und laufend angepasst.[147]

Die Entscheidung für externes Unternehmenswachstum in Form von M&A-Transaktionen ist beim VBM demnach ein Ergebnis des Strategieprozesses.[148] Die Integration von M&A erfolgt beim VBM u. a. bei der Identifikation von Wertsteigerungspotentialen dezentraler Unternehmensbereiche und der Ableitung von Wertsteigerungsstrategien. Hierbei sind z.B. Zukäufe oder Desinvestitionen geeignete Maßnahmen, um Synergien im Rahmen von Expansionsstrategien zu realisieren oder wertvernichtende Unternehmensbereiche zu liquidieren.[149] Zur Strategieimplementierung eignet sich für KMU der Einsatz einer BSC. Durch die Verknüpfung monetärer und nicht monetärer Zielgrößen können die für das Unternehmen relevanten Anspruchsgruppen integriert werden. Dies erfolgt durch Operationalisierung aller Ziele in Form von Teilzielen, für die jeweils Werttreiber, Zielwerte und Maßnahmen definiert werden.[150]

Fazit: Der Strategieentwicklungsprozess des VBM dient als Entscheidungsgrundlage für M&A-Strategien und unterstützt KMU bei der Erarbeitung und Vorbereitung konkreter M&A-Maßnahmen.

IV.   Bedeutung des VBM für die Transaktionsphase von M&A

1. Verbesserung der Datenlage in der Due Diligence

Eine Due Diligence ist komplex und erfordert vom Zielunternehmen die Bereitstellung einer Vielzahl interner Daten aus sämtlichen Funktionsbereichen.[151] Insbesondere die Prognose

---

145 Zur Strukturanalyse von Branchen vgl. ausführlich *Porter*, Wettbewerbsstrategie (Competitive Strategy): Methoden zur Analyse von Branchen und Konkurrenten, 7. Auflage, 1992, S. 25-57.

146 Zu Strategieentwicklung und Analyseinstrumenten in KMU vgl. *Bussiek*, (o. Fn. 19), S. 186-201; *Wegmann*, (o. Fn. 19), S. 188-209.

147 Zu den Modulen eines Businessplans vgl. ausführlich *Nagl*, Der Business Plan – Geschäftspläne professionell erstellen, 2., überarb. und erw. Auflage, 2005, S. 13-84.

148 Vgl. *Furtner*, Management von Unternehmensakquisitionen im Mittelstand – Erfolgsfaktor Post-Merger-Integration, 2. Auflage, 2011, S. 78 ff.

149 Vgl. *Pape*, (o. Fn. 24), S. 217-228.

150 Über Ursache-Wirkungs-Zusammenhänge werden Strategien in übergeordnete Finanzziele übersetzt. Diese werden dann in Kundenziele, interne Ziele und Wachstumsziele heruntergebrochen, um die Finanzziele zu realisieren. Vgl. *Kaplan/Norton*, (o. Fn. 50), S. 28-30; *Greischel*, Balanced Scorecard: Erfolgsfaktoren und Praxisberichte, 2003, S. 6-12. Zur Integration der BSC ins VBM vgl. *Günther*, (o. Fn. 45), 361 (374 ff.), *Stührenberg/Streich/Henke*, (o. Fn. 23), S. 78-82.

151 Zu den Teilprüfungen gehören u. a. die Financial, Legal, Tax und Market Due Diligence. Vgl. dazu Exler, MidCap M&A: Management für den Verkauf und die Bewertung von mittelständischen Unternehmen, 2006, S. 36-38. Zu den Inhalten der Due Diligence in der Transaktionsphase vgl. *Berens/Brauner/Högemann*, Due Diligence und Controlling-Instrumente von Finanzinvestoren, in: *Berens*, Wolfgang/*Brauner*, Hans U., et al. [Hrsg.], Unternehmensentwicklung mit Finanzinvestoren: Eigenkapitalstärkung, Wertsteigerung, Unternehmensverkauf, 2005, S. 51 (60 ff.).

und Bewertung der zukünftigen Geschäftsentwicklung ist dabei von großer Bedeutung.[152] Aufgrund eingeschränkt verfügbarer Ressourcen, struktureller Schwächen im Rechnungs- wesen/Controlling und mangelnder M&A-Erfahrung sind KMU häufig nicht in der Lage die erforderlichen Daten bereitzustellen. Daraus resultierende Informationsasymmetrien erhöhen das Risikopotential des Käufers, da eine Plausibilisierung von Daten und die Bewertung des Zielunternehmens erschwert werden. Risikoabschläge und lange Gewähr- leistungs-/Garantiekataloge sind die Konsequenz und können zu einem Abbruch der Transaktion bzw. niedrigeren Kaufpreisen führen.[153]

Durch Einsatz eines VBM-Systems können KMU aus der Sicht eines potentiellen Zielunternehmens diese Situation optimieren und die Due Diligence für sich positiv gestalten. Größere Transparenz durch Bereitstellung der erforderlichen und professionell aufbereiteten Daten in der entsprechenden Qualität verbessert die Kommunikation mit dem potentiellen Käufer und schafft Vertrauen. Ermöglicht wird dies durch Nutzung von Synergien. Mittelständische Unternehmen, bei denen ein VBM-System zum Einsatz kommt, erzeugen und nutzen bereits viele der Daten, die auch in der Due Diligence erforderlich sind im Rahmen des wertorientierten Controllings und zur Steuerung des Unternehmens. So kann die Informationsversorgung der externen Prüfer bereits zu einem großen Teil sichergestellt werden. Zusätzlich zu Unternehmensplandaten (z.B. Plan-GuV, Plan-Bilanz), die neben der Zukunftsorientierung auch Entwicklungsszenarien hinsichtlich der Erfolgsgrößen berücksichtigen, werden beim VBM auch Deckungsbeitragsrechnungen und Liquiditätsplanungen verwendet, so dass potentielle Käufer auf Basis dieser Daten neben der Analyse der VFE-Lage die zur Ermittlung des Unternehmenswertes notwendigen Daten (Cashflows) ermitteln und bewerten können.

Neben der Tatsache, dass der potentielle Käufer aufgrund der verbesserten Datenlage detailliertere Ergebnisse aus der Due Diligence gewinnen kann, ergeben sich noch weitere Nebeneffekte. Zum einen wird die Unsicherheit beim Käufer reduziert, da viele Fragen aus der Due Diligence mit Detailauswertungen und Analysen aus dem Controlling beantwortet werden können, was wiederum weniger Spielraum für pauschale Risikoabschläge bei der Ermittlung des Kaufpreises ermöglicht. Zum anderen kann die Existenz von Controlling Systemen in Kaufpreisverhandlungen bei M&A-Transaktionen im Mittelstand vom Verkäufer als Argument genutzt werden, den Kaufpreis zu erhöhen, da der Käufer auf vorhandene Strukturen zurückgreifen und Integrationskosten einsparen kann.[154]

Fazit: KMU können mit Hilfe des VBM die Datenverfügbarkeit und Transparenz bei einer Due Diligence erhöhen. Hierdurch können die Unsicherheit beim Käufer reduziert und pauschale Risikoabschläge bei der Kaufpreisermittlung verhindert werden. Die Existenz des VBM kann in Kaufpreisverhandlungen positiven Einfluss auf den Kaufpreis haben.

---

152 Vgl. *Berens/Strauch*, (o. Fn. 93), S. 3 (10 ff.); *Schauf*, Spezifische Problemlagen bei der Bewertung kleiner und mittlerer Unternehmen im Kontext von M&A-Transaktionen, Schriften zur angewandten Mittelstandsforschung (SMf), hrsg. v. Rhein-Ruhr-Institut f. angewandte Mittelstandsforschung (RIFAM), Ausgabe 4/2009, 1 (2 f.).

153 Vgl. *Trützschler/Hues*, Due Diligence bei kleinen und mittelständischen Unternehmen (KMU), in: *Berens*, Wolfgang/*Brauner*, Hans U., et al. [Hrsg.], Due Diligence bei Unternehmensakquisitionen, 5., überarb. Auflage, 2008, S. 799 (808 f.), *Berens/Schmitting/Strauch*, Funktionen, Terminierung, und rechtliche Einordnung der Due Diligence, in: Berens, Wolfgang/Brauner, Hans U., et al. [Hrsg.], Due Diligence bei Unternehmensakquisitionen, 5., überarb. Auflage, 2008, S. 71 (99 ff.), *Müller*, (o. Fn. 79), S. 28 f.

154 Zu Maßnahmen der Unternehmenswertsteigerung vgl. *Copeland/Koller/Murrin*, (o. Fn. 29), S. 46 ff.

2. Professionalisierung der Kaufverhandlung

Wie bei der Due Diligence spielt die Verfügbarkeit von Daten auch bei der Unternehmensbewertung und der anschließenden Kaufpreisverhandlung bei M&A-Transaktionen eine wichtige Rolle.[155] Die Anwendung des VBM bietet KMU in der Transaktionsphase von M&A-Transaktionen einige Nutzenvorteile, da in beiden Disziplinen die gleichen Methoden der Unternehmensbewertung zum Einsatz kommen. Dies hat aus Verkäufersicht den Vorteil, dass der Wert des eigenen Unternehmens und damit verbundene Werttreiber bekannt sind. So kann der Eigentümer auf Basis transparenter und belastbarer Herleitungen und Werte kompetente Kaufpreisverhandlungen führen. Die Gefahr des „Verscherbelns" wird reduziert und es besteht die Möglichkeit einen höheren Kaufpreis zu erzielen.[156] Aber auch aus Sicht eines potentiellen Käufers stiftet das VBM bei der Bewertung des Zielunternehmens großen Nutzen, da zum einen die Abhängigkeit von externen M&A-Beratern reduziert werden kann und zum anderen geplante Synergien der Transaktion in die eigenen Wertsteigerungsanalysen und Planungsrechnungen implementiert und analysiert werden können. So gewinnt auch der Käufer zeitnah ein Gefühl für den aus seiner Sicht angemessenen Kaufpreis.

Fazit: VBM-Systeme können KMU bei der Erstellung belastbarer Unternehmensbewertungen unterstützen und dadurch kompetente Kaufpreisverhandlungen ermöglichen.

3. Steigerung des Unternehmenswertes

Nachdem in den beiden vorherigen Abschnitten die Nutzenpotentiale des VBM für die Due Diligence und die Unternehmensbewertung mit Hinblick auf Kaufpreisverhandlungen vorgestellt wurden, werden nun direkte Nutzenvorteile des VBM in Bezug auf den Unternehmenswert von KMU erläutert. Wie bereits aufgezeigt, kann ein positiver Einfluss des VBM auf das Bankrating und die damit verbundene Reduktion der Fremdkapitalkosten hergestellt werden.[157] Letztere haben eine direkte Wirkung auf den Unternehmenswert. Mit Hilfe der dargestellten Formel in Teil B II 1. wurde die Beziehung von Kapitalkosten, Cashflows und Bruttounternehmenswert (BUW) bereits verdeutlicht. Eine Reduktion der FKK durch eine Verbesserung des Ratings verringert c. p. den WACC und steigert c. p. den BUW und den SV. Im Zähler führt die Verringerung der Kreditzinsen zu einer Erhöhung der $E(CF_t)$. Durch Diskontierung der zusätzlichen Cashflows (erwirtschaftete Überrendite) lässt sich die Steigerung des Unternehmenswertes quantifizieren.

Darüber hinaus gibt es für KMU aber noch weitere direkte Nutzenpotentiale des VBM im Hinblick auf M&A-Transaktionen. Die Anwendung des VBM richtet das Unternehmen ganzheitlich auf die Steigerung des Unternehmenswertes aus. Hierdurch können KMU Wertsteigerungspotentiale identifizieren, um daraus wertsteigernde Maßnahmen abzuleiten. Investitionsalternativen können nach dem Grad des Wertsteigerungspotentials ausgewählt und umgesetzt werden. Bei einer konsequenten und erfolgreichen Realisierung führt dies mittel- bis langfristig zu einer Steigerung des Unternehmenswertes. Dies steigert die Attraktivität für potentielle Käufer und führt zu höheren Kaufpreisen.

---

155   Vgl. *Kaefer*, (o. Fn. 118), S. 28-31.
156   Vgl. *Schauf*, (o. Fn. 152), 1 (6).
157   Vgl. *Gleißner/Füser*, (o. Fn. 105), S. 16-19.

Fazit: KMU können durch konsequente Anwendung des VBM und Durchführung wertsteigernder Maßnahmen mittel- bis langfristig den Unternehmenswert steigern und so im Rahmen von M&A-Transaktionen aus Sicht des Zielunternehmens einen höheren Kaufpreis realisieren.

V. Bedeutung des VBM für die PMI-Phase von M&A

1. Steigerung der Motivation durch Anreizsysteme

Wesentlichen Einfluss auf den Erfolg von M&A-Transaktionen hat die Integrationsphase. Hier entscheidet sich, ob die mit der Transaktion verfolgten Ziele und Synergien realisiert werden können.[158] Neben einer guten Vorbereitung und einer effizienten Umsetzung der Integration, stellen qualifizierte und motivierte Führungskräfte und Mitarbeiter aufgrund ihrer zentralen Bedeutung auch in dieser Phase der M&A-Transaktion für KMU einen entscheidenden Erfolgsfaktor dar.[159] Der Verlust qualifizierter Schlüsselmitarbeiter und eine geringe Motivation der Mitarbeiter aufgrund der durch die Veränderung entstehenden Verunsicherung und Zukunftsängste können eine erfolgreiche Integration gefährden.[160] Motivation und die damit verbundene Leistungsbereitschaft werden vor allem durch die Unternehmenskultur, den Führungsstil und entscheidend durch betriebliche Anreizsysteme determiniert.[161] Mit Hilfe des VBM können KMU diese Strukturen schaffen.

Ein wesentlicher Bestandteil des VBM ist ein erfolgsabhängiges Vergütungssystem, mit dem die Steigerung des Unternehmenswertes an die persönliche Zielerreichung der Mitarbeiter gekoppelt wird und so ein effizientes Anreizsystem zur Wertsteigerung implementiert wird.[162] In KMU erfolgt die Installation der variablen Vergütung in Form eines kennzahlenorientierten Systems. Beim VBM orientieren sich die Zielvorgaben und die Messung der Zielerreichung an den Kennzahlen zur Wertsteigerungsanalyse.[163] Durch Operationalisierung der Werttreiber kann der Beitrag jedes Mitarbeiters an der Wertsteigerung quantifiziert werden. Ein erfolgreiches Anreizsystem im VBM sollte u.a. folgende Kriterien erfüllen: Nachvollziehbarkeit, Orientierung an einer nachhaltigen Wertsteigerung, Beeinflussbarkeit der Zielgröße und Ausgewogenheit bei der Honorierung von Individual-/Teamergebnissen.[164] Das Vergütungssystem sollte langfristige, der strategischen Wertorientierung entsprechende, und kurzfristige, die Motivation erhöhende Komponenten aufweisen.[165] Außerdem muss das variable Vergütungssystem zur Mitarbeiterposition passen. Während das Gehalt von Führungskräften zu einem Großteil aus erfolgsabhängigen Komponenten besteht, sollte die Beteiligung der übrigen Mitarbeiter am

---

158 Vgl. *Kaltenbacher*, Integration bei Mergers & Acquisitions – Eine empirische Studie des Human Resource Managements aus Sicht des ressourcenbasierten Ansatzes 2011, S. 38-40.
159 Vgl. *Furtner*, (o. Fn. 148), S. 101 f.
160 Vgl. *Balz/Arlinghaus*, (o. Fn. 76), S. 295 f.; *Furtner*, (o. Fn. 148), S. 134-137; *Kaltenbacher*, (o. Fn. 158), S. 28-33.
161 Vgl. *Gleißner/Füser*, (o. Fn. 105), S. 165 f.
162 Vgl. *Kartscher/Rockholtz*, (o. Fn. 54), 175 (176).
163 Vgl. *Palli* (o. Fn. 40), S. 183.
164 Vgl. *Roos/Stelter*, (o. Fn. 54), 301 (304 f.); *Kartscher/Rockholtz*, (o. Fn. 54), 175 (177)
165 Vgl. *Michel*, Wertmanagement: Ein umfassender und durchgängiger Ansatz zur kapitalmarktorientierten Unternehmenssteuerung, CONTROLLING, Heft: 8/9, 371 (378).

Unternehmenserfolg durch zusätzliche Bonuszahlungen erfolgen.[166] Auf diese Weise kann auch die Realisierung von Wertsteigerungspotentialen von M&A-Transaktionen in der Integrationsphase belohnt werden.

In KMU kann die Integration des Anreizsystems z.B mit Hilfe der BSC erfolgen. Neben der Berücksichtigung quantitativer Erfolgskennzahlen kann die variable Vergütung auch an nicht monetäre Faktoren geknüpft werden.[167] Aus Unternehmenssicht kann neben der Leistungsmessung jedes Mitarbeiters mit der BSC auch die Mitarbeiterzufriedenheit und somit der Erfolg des Vergütungssystems gemessen (anhand der Mitarbeiterfluktuation) und für das Management transparent gemacht werden. Auch die Qualifikation der über-nommenen Mitarbeiter kann kontrolliert und gesteuert werden, indem Weiterbildungs-maßnahmen/-bedarf anhand von Schulungsquoten koordiniert werden.[168]

Fazit: Mit Hilfe des VBM können KMU ein Anreizsystem schaffen, um den individuellen Wertbeitrag einzelner Mitarbeiter am Unternehmenserfolg zu belohnen. Dieses Anreiz-system kann auch in der Integrationsphase von M&A-Transaktionen genutzt werden, um die Motivation der Mitarbeiter in dieser wichtigen M&A-Phase zu steigern und so die Wahrscheinlichkeit einer erfolgreichen Integration zu erhöhen.

2. Verbesserung der Risikofrüherkennung

Ein wesentlicher Faktor für den späteren Erfolg der Integration ist die Sicherstellung der Messbarkeit und Kontrolle des Realisierungsgrades der Teilziele und Synergien mit Hilfe des Integrationscontrollings.[169] Abweichungen und Risiken während der Integrationsphase müssen frühzeitig erkannt werden, um Gegenmaßnahmen einleiten zu können. Auch hierbei können vorhandene VBM-Systeme KMU unterstützen.

Im Rahmen des VBM ist die Ermittlung von Risiken und deren Bewältigung vor allem bei der Prognose der zukünftigen freien Cashflows relevant, da diese einer risikobedingten Streuung unterliegen.[170] Dies erfolgt durch Integration eines Risikomanagementsystems, das die Risikosituation des Unternehmens erfasst und bewertet, die Ergebnisse an die Unternehmensführung kommuniziert und Gegenmaßnahmen einleitet.[171] Die folgende Grafik zeigt den Risikomanagementprozesskreislauf:[172]

---

166 Zu Bestandteilen und Formen von erfolgsabhängigen Vergütungssystemen im VBM vgl. *Roos/Stelter*, (o. Fn. 54), 301 (305 f.); *Palli* (o. Fn. 40), S. 180-186.

167 Zur Verknüpfung des Vergütungssystems mit der BSC vgl. *Kaplan/Norton*, (o. Fn. 50), S. 209-214.

168 Vgl. *Gleißner/Füser*, (o. Fn. 105), S. 259 f. Zur Messung von Mitarbeiterzielen vgl. *Kaplan/Norton*, (o. Fn. 50), S. 121-129.

169 Vgl. *Balz/Arlinghaus*, (o. Fn. 76), S. 306 ff.; *Kaltenbacher*, (o. Fn. 158), S. 34 f.

170 Vgl. *Gleißner/Füser*, (o. Fn. 105), S. 177 und S. 339.

171 Vgl. *Gleißner/Lienhard/Stroeder*, Risikomanagement im Mittelstand: Planungssicherheit erhöhen, Rating ver-bessern, Unternehmen sichern, 2004, S. 14.

172 Vgl. *Gleißner/Lienhard/Stroeder*, (o. Fn. 171), S. 16; *Diederichs/Form/Reichmann*, Standard zum Risikomanage-ment, in: Reichmann, Thomas und Pyszny, Udo [Hrsg.], Rating nach Basel II – Herausforderungen für den Mittelstand, 2006, S. 367 (373); *Reichling/Bietke/Henne*, Praxishandbuch Risikomanagement und Rating – Ein Leitfaden, 2., überarb. und erw. Auflage, 2007, S. 214 ff.

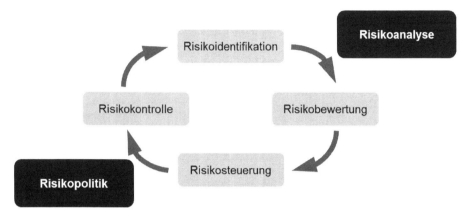

Abb. 3: Risikomanagementprozesskreislauf. Quelle: In Anlehnung an *Reichling/Bietke/Henne,* (o. Fn. 172), S. 214 ff.

Im ersten Schritt müssen potentielle Risiken für das Unternehmen im Rahmen der Risikoanalyse identifiziert und bewertet werden. Das ist essentiell notwendig, da nur bekannte Risiken bewertet und gesteuert werden können. Die für das Unternehmen ermittelten Einzelrisiken werden beschrieben, Risikofeldern (z.B. Marktpreisrisiken) zugeordnet und im Risikoinventar erfasst.[173] Danach erfolgt die Risikobewertung, bei der die identifizierten Einzelrisiken nach ihrer Relevanz sortiert werden.[174] Anschließend werden die für das Unternehmen als relevant eingestuften Risiken mit statistischen Verfahren bewertet und zu einem Gesamtrisiko aggregiert. Mit Risikosimulationen werden Wechselwirkungen der Einzelrisiken auf die Plandaten simuliert.[175] Die Risikopolitik umfasst die Risikosteuerung und -kontrolle. Bei der Steuerung von Risiken werden u. a. Maßnahmen der Risikovermeidung, der Risikominderung und der Risikoüberwälzung unterschieden.[176] Die Aufgabe des Risikomanagements besteht in der Wahl der richtigen Maßnahme, deren Koordination und Anpassung.[177] Im letzten Schritt erfolgt die Risiko-kontrolle. Hier werden die eingeleiteten Risikomanagementmaßnahmen in Bezug auf ihre Wirksamkeit überprüft.[178]

Mit Hilfe des VBM können KMU die vorhandene Risikomanagementexpertise in Verbindung mit den dazu notwendigen Controlling und Reporting Systemen auch in der Integrationsphase von M&A-Transaktionen nutzen. Hierbei stehen insbesondere die Möglichkeit der frühzeitigen Implementierung eines einheitlichen Berichtswesens und die Kommunikation der Vermögens-, Finanz- und Ertragslage des neuen Unternehmens im Mittelpunkt. Dadurch kann die mit der Integration verbundene Realisierung der geplanten Synergien effizienter gesteuert und Integrationsrisiken frühzeitig identifiziert werden.

---

173 Vgl. *Gleißner/Lienhard/Stroeder,* (o. Fn. 171), S. 38 f. und S. 98-102.
174 Die Risiken werden in einem Rankingsystem bzgl. ihrer Gefahr für das Unternehmen bewertet. Vgl. *Gleißner/Lienhard/Stroeder,* (o. Fn. 171), S. 69 f.
175 Jedem Risiko werden eine Eintrittswahrscheinlichkeit und potentielle Schadenshöhe zugewiesen. Die Risikoaggregation erfolgt z.B. durch Monte-Carlo-Simulation. Mit dem Value-at-Risk (VaR) kann dann der Höchstschaden bestimmt werden. Vgl. *Gleißner,* (o. Fn. 56), S. 210-215; *Gleißner/Lienhard/Stroeder,* (o. Fn. 171), S. 71-80.
176 Zur Übersicht von Risikomaßnahmen vgl. *Reichling/Bietke/Henne,* (o. Fn. 172), S. 216.
177 Vgl. *Diederichs/Form/Reichmann,* (o. Fn. 172), S. 367 (378 f.).
178 Vgl. *Reichling/Bietke/Henne,* (o. Fn. 172), S. 216.

Fazit: KMU können durch ein Risikomanagement den Erfolg in der Integrationsphase bei M&A-Transaktionen erhöhen. Risiken können identifiziert und Risikogegenmaßnahmen frühzeitig initiiert werden.

VI. Kritische Würdigung der Ergebnisse

Hinsichtlich der Finanzierung von M&A-Transaktionen konnten die aus Sicht von KMU positiven Nutzeneffekte des VBM auf das Bankrating bei der Kreditvergabe aufgezeigt werden. Durch die Ausrichtung des Unternehmens auf die Steigerung des Unternehmenswertes wird die Eigenkapitalquote von KMU verbessert. Dies verringert die Ausfallwahrscheinlichkeit aus Sicht der Bank, führt zu einer Verbesserung der Bonität und wirkt sich positiv auf die Kreditentscheidung aus. Darüber hinaus können KMU durch Nutzung des VBM und den damit verbundenen Systemen, Prozessen und Reportings das Rating verbessern und die Fremdkapitalkosten reduzieren. Durch diese positiven Nutzeneffekte nimmt das VBM für KMU in Bezug auf die Finanzierung von M&A-Transaktionen eine Art „Enabler-Funktion" ein, da durch den verbesserten Zugang zu Fremdkapital M&A-Transaktionen häufig erst ermöglicht werden.

Auch bei der Durchführung von M&A-Transaktionen konnte die Bedeutung des VBM für KMU dargestellt werden. In der Planungsphase von M&A-Transaktionen unterstützt das VBM KMU bei der Entwicklung von M&A-Strategien und der professionellen Vorbereitung konkreter M&A-Vorhaben. M&A ist in diesem Kontext ein Ergebnis eines strukturierten Strategieentwicklungsprozesses beim VBM. In der Due Diligence Phase einer Transaktion können KMU aus Sicht des potentiellen Zielunternehmens mit Hilfe des VBM die Datenverfügbarkeit und Transparenz erhöhen, da bereits viele der erforderlichen Daten beim VBM genutzt werden oder zeitnah aufgrund der vorhandenen Controlling Systeme erzeugt werden können. Hierdurch können die Unsicherheit beim Käufer reduziert und pauschale Risikoabschläge bei der Kaufpreisermittlung verhindert werden. Auch in Bezug auf die Unternehmensbewertung und die Kaufpreisverhandlungen bestehen positive Wirkungszusammenhänge des VBM. Bereits die Existenz des VBM kann aus Sicht des mittelständischen Verkäufers als kaufpreiserhöhendes Argument in der Verhandlung eingesetzt werden. Darüber hinaus unterstützt die Methodenkompetenz des VBM KMU bei der Bewertung von Unternehmen und der Durchführung kompetenter und belastbarer Kaufpreisverhandlungen. Aus Sicht eines potentiellen Zielunternehmens besteht durch die konsequente Anwendung des VBM und die Durchführung wertsteigernder Maßnahmen mittel- bis langfristig die Möglichkeit den eigenen Unternehmenswert zu steigern und so den Kaufpreis bei M&A-Transaktionen zu erhöhen.

In der Integrationsphase können KMU mit Hilfe der im VBM vorgesehen Anreizsysteme den individuellen Wertbeitrag einzelner Mitarbeiter auch während der Integration messen und belohnen. Die Motivation der in der Integrationsphase beteiligten Führungskräfte und Mitarbeiter kann so direkt gesteigert und der Integrationserfolg erhöht werden. Durch Nutzung der im VBM bestehenden Risikomanagementsysteme und -prozesse können KMU ein Integrationscontrolling aufbauen, um den Realisierungsgrad der geplanten Synergien während der Integrationsphase laufend zu kontrollieren. Potentielle Risiken und Abweichungen können so frühzeitig identifiziert und Risikogegenmaßnahmen initiiert werden.

Einschränkend ist jedoch festzuhalten, dass die dargestellten potentiellen positiven Nutzeneffekte des VBM für KMU in Bezug auf M&A-Transaktionen vom Nutzungs- und Implementierungsgrad der VBM-Systeme und somit auch von der Unternehmensgröße und den verfügbaren Ressourcen abhängen. Des Weiteren wurden die Ergebnisse auf einer theoretischen Basis abgeleitet, so dass Aussagen zur realen Wirkungsintensität des VBM in dieser Arbeit nicht getroffen werden können. Detaillierte Kosten-/Nutzenabwägungen wurden ausgeklammert.

Gesamtfazit: Aufgrund der identifizierten Nutzenpotentiale und Synergieeffekte hat das VBM für KMU eine große Bedeutung im Hinblick auf M&A-Transaktionen. Daher ist die Prüfung einer potentiellen Implementierung und Nutzung des VBM in KMU auch im Hinblick auf geplante M&A-Transaktionen als grundsätzlich sinnvoll und positiv zu bewerten.

E.   Zusammenfassung und Ausblick

In dieser Arbeit wurde die Bedeutung des VBM für KMU in Bezug auf M&A-Transaktionen untersucht. Der Fokus lag auf der Identifikation von Nutzenpotentialen des VBM für KMU in Bezug auf die Finanzierung und Durchführung von M&A-Transaktionen. Es konnte gezeigt werden, dass KMU mit Hilfe des VBM positive Nutzeneffekte in Bezug auf M&A-Transaktionen realisieren können. Durch eine Verbesserung des Bankratings kann der Zugang zu den für M&A-Transaktionen notwendigen Finanzierungsmitteln erleichtert werden. Bei der Durchführung von M&A-Transaktionen wird die Bedeutung des VBM für KMU ebenfalls deutlich. In der Planungsphase unterstützt das VBM bei der Entwicklung von M&A-Strategien und der Vorbereitung konkreter M&A-Vorhaben. In der Transaktionsphase hat das VBM neben prozessualen Nutzeneffekten insbesondere aus Verkäufersicht positive Wirkungen auf den späteren Kaufpreis. Neben der Erhöhung der Transparenz in der Due Diligence und der Steigerung der Professionalität in Kaufverhandlungen wirkt sich die Existenz des VBM bei der Kaufpreisermittlung positiv aus. Darüber hinaus können KMU durch die konsequente Anwendung des VBM mittel- bis langfristig den Unternehmenswert steigern und den Kaufpreis bei M&A-Transaktionen erhöhen. In der Integrationsphase ermöglicht das VBM über Anreizsysteme die Incentivierung von Mitarbeitern und die Erhöhung der Motivation hinsichtlich der Erreichung der Integrationsziele. Durch Nutzung bestehender Risikomanagementsysteme im VBM können KMU ein PMI-Controlling implementieren, um Risiken frühzeitig identifizieren zu können.

Aufgrund der in dieser Arbeit identifizierten großen Anzahl von Nutzenpotentialen kann die Bedeutung des VBM für KMU in Bezug auf M&A-Transaktionen bestätigt werden. Da die Ergebnisse jedoch rein deskriptiver Natur sind, sollten die Ergebnisse in der Zukunft durch empirische Studien insbesondere hinsichtlich der realen Wirkungsintensität und Kosten-/Nutzenabwägungen überprüft werden, um den Aussagegehalt der großen Bedeutung des VBM für KMU bei M&A-Transaktionen zu verifizieren.

Der Unternehmenskaufvertrag (SPA) im Hinblick auf die Ausgestaltung und Abwägung unterschiedlicher Kaufpreisanpassungsmechanismen sowie vertraglicher Garantien und Gewährleistungen

Von Stefan Täger, LL.M.

A. Einführung

I. Einleitende Betrachtung des Untersuchungsgegenstands

Kaufpreisanpassungsmechanismen fungieren als Bindeglied zwischen den Bewertungs-szenarien von Käufer und Verkäufer, den Erkenntnissen aus der Due Diligence, dem Finan-zierungskonzept des Käufers und der Chancen- und Risikoverteilung zwischen den

Vertragsparteien. Insbesondere soll der Kaufpreismechanismus dazu dienen, bestehende Informationsasymmetrien zwischen Käufer und Verkäufer zu überbrücken. Aus diesem Grund stellt die Anpassung des Kaufpreises in Unternehmenskaufverträgen ein wesentliches Gestaltungsinstrument dar – neben Garantien und Freistellungsansprüchen vielleicht das Wichtigste überhaupt.[1]

Zwar finden sich in der Transaktionspraxis nach wie vor einfache Festpreisvereinbarungen, wenn jedoch Vertragsunterzeichnung („Signing") und Vollzug des Vertrags („Closing") zeitlich auseinanderfallen und der Stichtag der preisbestimmenden Bilanz nicht unmittelbar vor der Vertragsunterzeichnung liegt, beabsichtigen Käufer berechtigterweise vor Wertabflüssen aus dem Zielunternehmen nach dem Bilanzstichtag geschützt zu werden. Wenn das Geschäft im Zeitraum zwischen Signing und Closing potenziellen Schwankungen oder Veränderungen unterworfen ist, wird der Käufer in aller Regel verlangen, dass der Kaufpreis auf der Grundlage der wirtschaftlichen Verhältnisse am Vollzugstag bestimmt wird. Verkäufer werden hingegen Planungssicherheit hinsichtlich der Kaufpreishöhe fordern und zudem sicherstellen wollen, dass Gewinne aus der Geschäftstätigkeit bis zum Vollzugszeitpunkt von ihnen vereinnahmt werden können oder anderweitig vergütet werden.

Aus diesen einleitenden Ausführungen ergibt sich, dass ein sorgfältig ausgestalteter Kaufpreismechanismus den Transaktionserfolg maßgeblich beeinflussen und Optimierungspotenziale sowohl für Käufer als auch Verkäufer eines Unternehmens schaffen kann.

Nicht zuletzt durch den zunehmend wachsenden Einfluss von Private Equity-Gesellschaften auf die Transaktionsbranche werden überwiegend deren Bewertungsmodelle als Grundlage der Kaufpreisermittlung und dadurch auch zur Herleitung von Kaufpreisanpassungsklauseln in Unternehmenskaufverträgen herangezogen.[2]

Ziel dieser Arbeit ist es, die in der Transaktionspraxis gängigen Kaufpreisanpassungsmechanismen inklusive der jeweils bestehenden typischen Interessensgegensätze darzustellen sowie die Vor- und Nachteile der einzelnen Mechanismen für Käufer und Verkäufer zu beleuchten und gegeneinander abzuwägen. Zudem werden daraus abgeleitete Empfehlungen hinsichtlich der Gestaltung der entsprechenden Vertragsklauseln gegeben. Da – neben den Kaufpreisanpassungsmechanismen – im Unternehmenskaufvertrag vereinbarte Garantien und Gewährleistungen aus ökonomischer Sicht eine weitere Anpassung des effektiv zu zahlenden Kaufpreises darstellen (können), sind diese ebenfalls Gegenstand der vorliegenden Arbeit. In diesem Zusammenhang wird aufgezeigt, warum individualvertragliche Vereinbarungen dem gesetzlichen Gewährleistungsregime überwiegend vorzuziehen sind und wo die Grenzen des Ausschlusses der gesetzlichen Regelungen liegen.

II.   Themeneingrenzung und Gang der Darstellung

Im Hinblick auf den Untersuchungsgegenstand werden folgende Eingrenzungen vorgenommen:

---

1   *Bruski*, Kaufpreisbemessung und Kaufpreisanpassung im Unternehmenskaufvertrag, BB-Special 2005, 19.
2   *Bruski*, BB-Special 2005, 19.

Den Schwerpunkt der vorliegenden Arbeit bildet die Darstellung und Abwägung der unterschiedlichen Kaufpreisanpassungsmechanismen, wohingegen die vertraglichen Garantien und Gewährleistungen in Unternehmenskaufverträgen im Zuge einer umfänglichen Betrachtung der – aus ökonomischer Sichtweise – bestehenden Kaufpreisbestandteile aufgeführt und beschrieben, aufgrund des Umfangs dieses Themas jedoch nicht vertiefend behandelt werden.

Eine Beschreibung der unterschiedlichen Methoden der Unternehmensbewertung, die zur Herleitung des Basiskaufpreises herangezogen werden, ist nicht Gegenstand dieser Arbeit. Des Weiteren beziehen sich die Ausführungen ausschließlich auf Unternehmenstransaktionen im Wege von Anteilsübertragungen.

Der Gang der Darstellung ist mit den aufeinander aufbauenden Zielsetzungen bereits vorgezeichnet. Zunächst wird auf die rechtliche Eingrenzung des Unternehmenskaufvertrags eingegangen. Anschließend werden die unterschiedlichen Kaufpreisanpassungsmechanismen detailliert dargestellt und es erfolgt – ausgehend von den vorangegangenen Ausführungen – eine Abwägung der jeweiligen Kaufpreisanpassungsmechanismen. Des Weiteren werden in diesem Abschnitt, welcher den Schwerpunkt der Untersuchung darstellt, Gestaltungsempfehlungen für die entsprechenden Vertragsklauseln gegeben. Aufbauend auf der Darstellung des gesetzlichen Gewährleistungsregimes werden sodann Aufbau, Ausgestaltung und Inhalt individualvertraglicher Garantie- und Gewährleistungsvereinbarungen erläutert, deren Vorzüge gegenüber den gesetzlichen Regelungen herausgearbeitet sowie Grenzen der Abdingbarkeit dieser aufgezeigt. Die Schlussbetrachtung dient der Zusammenfassung der Ergebnisse dieser Arbeit sowie einer Einschätzung über die Bedeutsamkeit der Kenntnis der behandelten Themen für die Verhandlungs- und Vertragsgestaltungspraxis bei Unternehmenstransaktionen.

III.   Rechtliche Eingrenzung des Unternehmenskaufvertrags

1.   Unternehmenskaufverträge im deutschen Rechtssystem

Der Unternehmenskaufvertrag ist das Kernstück einer jeden Unternehmenstransaktion. Ein Unternehmen kann grundsätzlich im Wege eines Erwerbs der Geschäftsanteile („Share Deal") oder eines Wirtschaftsgüterkaufs („Asset Deal") erworben werden.[3] Wie bereits bei der Themeneingrenzung beschrieben, beschränken sich die Ausführungen in dieser Arbeit auf Share Deals, also auf die Unternehmensübertragung „unter Beibehaltung seiner Trägerschaft durch Erwerb der Gesellschaftsanteile von den jeweiligen Gesellschaftern [...]".[4] Die in der M&A-Praxis gängige Bezeichnung für das Vertragswerk eines solchen Gesellschaftsanteilskaufs lautet „Share Purchase Agreement" (SPA).[5] Grundsätzlich finden auf Unternehmenskaufverträge, ohne anders lautende Vereinbarungen, die Vorschriften der §§ 433, 453 Abs. 1 BGB Anwendung. Es gilt jedoch zu beachten, dass Unternehmenskaufverträge regelmäßig das gesetzliche Haftungsregime soweit wie möglich ausschließen, um zu

---

3   *Bergjan*, Unternehmens- und Beteiligungskauf, in: Saenger, Ingo/Aderhold, Lutz/Lenkaitis, Karlheinz/
     Speckmann, Gerhard (Hrsg.), Handels- und Gesellschaftsrecht Praxishandbuch, 2011, S. 1306 (1322).
4   *Bergjan*, (o. Fn. 3), S. 1306 (1322).
5   *Kästle/Oberbracht*, Unternehmenskauf - Share Purchase Agreement, 2. Aufl. 2010, S. 1.

gewährleisten, dass für die Ansprüche zwischen Verkäufer und Käufer lediglich der zwischen ihnen geschlossene Vertrag einschließlich der dort vereinbarten Garantien und Gewährleistungen Grundlage ist.[6] Somit wird ein Rückgriff auf die Regelungen des BGB größtenteils vermieden.[7; 8]

2. Internationalisierung der Transaktionsprozesse und Unternehmenskaufverträge

Die seit den 1990er Jahren zunehmenden internationalen und globalen Transaktionsprozesse prägen seither die Entwicklungen der Regelungen zu Unternehmenskäufen im deutschen Bürgerlichen Recht. Nach anglo-amerikanischem Vorbild werden Transaktionsverträge somit (weitgehend) in englischer Sprache konzipiert und zunehmend analog dem angel-sächsischen „Common Law" im Wege der „konkret-individualisierenden Regelungs-methodik" gestaltet.[9] Das bedeutet, dass alle erkennbaren regelungsbedürftigen Chancen und Risiken möglichst konkret und abschließend im Unternehmenskaufvertrag abgehandelt werden. Auch wenn die Ausgestaltung von Unternehmenskaufverträgen zumeist als eigen-ständiges und umfassendes Regelungssystem erfolgt, haben sich in der Praxis, unabhängig vom jeweils anwendbaren nationalen Recht, gewisse Standards für die Gestaltung und den Inhalt der Transaktionsverträge herausgebildet.[10]

B.   Kaufpreisanpassungsmechanismen in Unternehmenskaufverträgen

I.   Effective Date, Signing und Closing und die resultierende Notwendigkeit für Kaufpreisanpassungsmechanismen

Der wirtschaftliche Übertragungsstichtag („Effective Date") legt fest, zu welchem Zeitpunkt die kaufpreisrelevanten Parameter ermittelt werden und das Gewinnbezugsrecht aus den Gesellschaftsanteilen vom Verkäufer auf den Käufer übergeht. Wirtschaftlicher Über-tragungszeitpunkt ist zumeist ein in der Vergangenheit liegender Stichtag, vorwiegend der letzte Bilanzstichtag, denn zur exakten Wertermittlung der zu übertragenden Gesellschafts-anteile im Zeitpunkt der wirtschaftlichen Übernahme bedarf es der Aufstellung einer sogenannten Abrechnungsbilanz („Effective Date Financial Statements"), welche die Basis für die Festsetzung des Kaufpreises darstellt. Fällt der wirtschaftliche Übergang nicht auf den letzten Bilanzstichtag, so ist die Aufstellung einer gesonderten Abrechnungsbilanz – im Regelfall unter Hinzuziehung des Wirtschaftsprüfers des Zielunternehmens – vonnöten. Generell ist es möglich, den Rückwirkungszeitpunkt des wirtschaftlichen Übertragungs-stichtags so weit in die Vergangenheit zu legen, wie noch kein Gewinnverwendungs-beschluss durch die Gesellschafter gefasst wurde.[11] Für den Fall, dass das Effective Date

---

6   *Bergjan*, (o. Fn. 3), S. 1306 (1327).

7   *Kästle/Oberbracht*, (o. Fn. 5), S. 1.

8   An dieser Stelle sei auf die weiterführenden Ausführungen in Abschnitt C. verwiesen.

9   *Picot*, Entwicklungen des Unternehmenskaufrechts im deutschen Bürgerlichen Recht, in: Müller-Stewens, Günther/Kunisch, Sven/Binder, Andreas (Hrsg.), Mergers & Acquisitions, Analysen, Trends und Best Practices, 2010, S. 513 (514).

10 *Picot*, (o. Fn. 9), S. 14; *Binder*, M&A Rechtsentwicklungen – Blicke zurück nach vorn, in: Müller-Stewens/Kunisch/Binder (Hrsg.), Mergers & Acquisitions, Analysen, Trends und Best Practices, 2010, S. 484 (484f.); *Kästle/Oberbracht*, (o. Fn. 5), S. 2.

11 *Bergjan*, (o. Fn. 3), S. 1306 (1329); *Kästle/Oberbracht*, (o. Fn. 5), S. 80ff.

zeitlich nach Unterzeichnung des Unternehmenskaufvertrags liegt, eine Abrechnungsbilanz im Zeitpunkt des Vertragsschlusses also noch nicht vorliegt, sind von den Parteien dezidierte Regelungen bezüglich der Erstellung dieser Effective Date Financial Statements zu treffen.[12] Hierzu sei auf die weiterführenden Ausführungen in Abschnitt B. II. 3. a.) verwiesen.

Die vertragliche Vereinbarung über Kauf und Abwicklung der Unternehmenstransaktion, in welcher auch der wirtschaftliche Übertragungszeitpunkt festgelegt wird, ist das sogenannte Signing.[13] Dieses stellt schuldrechtlich ein Verpflichtungsgeschäft dar, welches den Verkäufer verpflichtet, das Eigentum an den Gesellschaftsanteilen gegen Zahlung des Kaufpreises auf den Käufer zu übertragen.[14]

Bei größeren, komplexeren Transaktionen kommt zumeist das sogenannte „Two Step-Modell" zum Tragen.[15] Das bedeutet, dass die schuldrechtliche Verpflichtung und der dingliche Vollzug des Unternehmenskaufvertrags (Closing[16]), an dem die Übertragung der Gesellschaftsanteile gemäß §§ 398 ff. BGB gegen Zahlung des Kaufpreises erfolgt, zeitlich auseinanderfallen. Diese vertragliche Konstruktion ergibt sich aus der Tatsache, dass der dingliche Übergang der Gesellschaftsanteile zumeist nach § 158 Abs. 1 BGB aufschiebend bedingt an sogenannte „Closing Conditions" oder „Conditions Precedent" – also zuvor von den Vertragsparteien vereinbarte, zu erfüllende Bedingungen – geknüpft ist.[17] Eine der wichtigsten Closing Conditions ist in vielen Transaktionen die Kartellfreigabe. Weitere mögliche Bedingungen für die Wirksamkeit des Unternehmenskaufvertrags sind etwa die Zustimmung des Beirats oder Aufsichtsrats einer Vertragspartei oder die vollständige Zahlung des Kaufpreises durch den Käufer.[18] Generell ist die Anknüpfung des dinglichen Übergangs der Geschäftsanteile an Closing Conditions umso wichtiger, je weiter Signing und voraussichtliches Closing zeitlich auseinanderfallen.[19]

Da sich im Zeitraum zwischen Effective Date und Closing beziehungsweise Signing und Closing zum Teil erhebliche Wertveränderungen auf Ebene des Zielunternehmens einstellen können, ergibt sich die Notwendigkeit, entsprechende Kaufpreisanpassungsmechanismen zu implementieren, welche darauf gerichtet sind, diese temporären Wertverschiebungen auszugleichen und somit den Interessen von Käufer und Verkäufer Rechnung zu tragen.

---

12 *Lips/Stratz/Rudo*, Vertragsgestaltung, in: Hettler, Stephan/Stratz, Rolf-Christian/Hörtnagl, Robert (Hrsg.), Beck'sches Mandats Handbuch Unternehmenskauf, 2004, S. 233 (389f.).
13 *Beisel/Klumpp*, Der Unternehmenskauf – Gesamtdarstellung der zivil- und steuerrechtlichen Vorgänge, 6. Aufl. 2009, S. 211.
14 *Borgmann/Kalnbach*, Bilanzgarantien in M&A Verträgen, M&A Review 2007, 227.
15 *Beisel/Klumpp*, (o. Fn. 14), S. 211.
16 „Überwiegend wird der Übergangsstichtag als Closing bezeichnet. Vereinzelt wird darunter aber auch die zusammenfassende Beschreibung der an diesem Stichtag vorzunehmenden Rechtshandlungen und die Erfüllung der sog. Closing Conditions verstanden." *Picot*, Der Unternehmenskaufvertrag – Abschluss und Durchführung, in: Picot, Gerhard (Hrsg.), Handbuch Mergers & Acquisitions – Planung, Durchführung, Integration, 2005, S. 138 (185).
17 *Bergjan*, (o. Fn. 3), S. 1306 (1329).
18 *Beisel/Klumpp*, (o. Fn. 14), S. 212.
19 *Bergjan*, (o. Fn. 3), S. 1306 (1329).

II.   Ausgestaltung der unterschiedlichen Kaufpreisanpassungsmechanismen

1. Definition Kaufpreisanpassungsklausel/-mechanismus

In seinem Urteil vom 18.05.1983 nimmt der Bundesgerichtshof erstmalig eine grundlegende begriffliche Differenzierung von Anpassungsklauseln vor.[20] Demnach zeichnen sich Preisanpassungsklauseln dadurch aus, dass bei Vertragsabschluss ein Preis vereinbart wird, der zu einem späteren Zeitpunkt angepasst werden kann – dabei sind sowohl nachträgliche Preiserhöhungen als auch -reduzierungen möglich – wohingegen Preisvorbehaltsklauseln dadurch gekennzeichnet sind, dass bei Vertragsschluss kein Preis vereinbart wird, sondern dieser erst zu einem späteren Zeitpunkt festgelegt wird.[21; 22] Sobald der Unternehmenskaufvertrag unterzeichnet ist, sind die Vertragsparteien an die darin getroffenen Vereinbarungen einschließlich des Kaufpreises gebunden. Da jedoch bei zeitlichem Auseinanderfallen von Signing und Closing die Informationen bezüglich des tatsächlichen Umweltzustands des Unternehmens im Zeitpunkt der dinglichen Anteilsübertragung unvollkommen sind, kann sich dieser Preis für eine oder beide Parteien in der Rückbetrachtung als nachteilig erweisen. Hätte bereits im Zeitpunkt des Signing Klarheit über den tatsächlichen Umweltzustand am Tag des Closing bestanden, wäre eventuell ein anderer Preis von den Parteien vereinbart worden. Wenn der preisbegründende Umweltzustand also nicht dem tatsächlichen entspricht, entsteht folglich ein Anpassungsbedarf.[23]

Neben den vertraglichen Gewährleistungsklauseln haben sich vor diesem Hintergrund in der M&A-Praxis übliche Kaufpreisanpassungsmechanismen herausgebildet, die Änderungen zuvor bestimmter Parameter mit dem Kaufpreis verknüpfen, wodurch dieser bis zum Closing angepasst werden kann und sich somit das Risikopotenzial der Vertragsparteien reduziert.[24]

Nachfolgend werden die gängigsten Kaufpreisanpassungsmechanismen aufgeführt und detailliert erläutert, wobei jedoch zu berücksichtigen ist, dass es keine Standard-Kaufpreisformeln gibt, da diese immer an die unterschiedlichen Zielunternehmen und die jeweiligen Motive von Käufer und Verkäufer anzupassen sind. Die Bandbreite der unterschiedlichen Kaufpreisgestaltungen reicht dabei von einfachen Festpreisen sowie der sogenannten „Locked Box"-Variante über variable Kaufpreismechanismen, durch die sich der Kaufpreis in Abhängigkeit von der Entwicklung definierter Finanzkennzahlen bis zum Closing ergibt, bis hin zu Kaufpreisanpassungsmodellen, bei denen der finale Kaufpreis auf Basis der zukünftigen wirtschaftlichen Entwicklung des Zielunternehmens nachträglich festgelegt wird.[25]

---

20   BGH vom 18.05.1983 – VIII ZR 20/82 = NJW 1983, 1603 (1603).

21   *Lübke-Detring*, Preisklauseln in Allgemeinen Geschäftsbedingungen, 1989, S. 20.

22   Preisvorbehaltsklauseln spielen in der M&A-Praxis jedoch keine Rolle und werden deshalb in dieser Arbeit nicht weiter behandelt.

23   *Gaßmann*, Bilanzielle Abbildung von Preisanpassungsklauseln – Im Rahmen von Unternehmenszusammenschlüssen nach IFRS 3 (rev. 2008), 2009, S. 10f.; *Müller*, Risiko und Ungewissheit, in: Wittmann, Waldemar u.a. (Hrsg.), Enzyklopädie der Betriebswirtschaftslehre, Band 1, Handwörterbuch der Betriebswirtschaft, Teilband 3, 1993, Sp. 3813 (3813f.); *Bamberg/Coenenberg/Krapp*, Betriebswirtschaftliche Entscheidungslehre, 14. Aufl. 2008, S. 19.

24   *Borgmann/Kalnbach*, (o. Fn. 15), 227 (227f.).

25   *Kästle/Oberbracht*, (o. Fn. 5), S. 71.

2. Locked Box

Die Vereinbarung eines Fixkaufpreises zum Zeitpunkt des wirtschaftlichen Übergangs (Effective Date) bedeutet, dass auch der wirtschaftliche Risikoübergang schon zum Stichtag der preisbestimmenden Bilanz stattfindet. Im Regelfall wird dies lange vor dem dinglichen Gesellschaftsanteilsübergang erfolgen, zu dem die rechtliche und tatsächliche Verfügungsmacht über das Zielunternehmen erworben wird.[26] In der M&A-Praxis sind Festpreisvereinbarungen, bei denen ein zahlenmäßig fixer Betrag im Vertragswerk aufgenommen wird, der sich allenfalls über Garantien oder Gewährleistungen im Nachhinein modifiziert,[27] nur vereinzelt vorzufinden.[28] In Fällen von Unternehmenskäufen aus der Insolvenz, Verkäufen durch die öffentliche Hand, Management Buyouts oder weniger komplexen Transaktionen, bei denen der Aufwand einer Kaufpreisanpassung unverhältnismäßig hoch wäre, sind feste Kaufpreisvereinbarungen jedoch durchaus geläufig.[29] Weitaus üblicher hingegen ist die Locked Box-Variante, bei der ein Kaufpreis basierend auf einer Abrechnungsbilanz – in den meisten Fällen wird dies die Bilanz zum letzten Abschlussstichtag sein – bestimmt und fixiert wird. Im Gegensatz zur reinen Festpreisvereinbarung garantiert der Verkäufer dem Käufer hierbei zum einen die Qualität der zugrunde liegenden Abrechnungsbilanz – eine derartige Garantie wird auch als „Bilanzgarantie"[30] bezeichnet – und zum anderen die Fortführung des Zielunternehmens im Rahmen der gewöhnlichen Geschäftstätigkeit, mit der Sorgfalt des ordentlichen Kaufmanns und in Übereinstimmung mit der bisherigen Geschäftsführungspraxis.[31] Eine entsprechend lautende Vereinbarung ist die sogenannte „Past Practice"-Klausel.[32] Dazu gehört, dass sich definierte Finanzkennzahlen – im Regelfall „Net Working Capital" und „Net Debt"[33] – zwischen dem Stichtag der Abrechnungsbilanz („Locked Box-Date") und dem Closing innerhalb eines bestimmten Korridors bewegen und dass innerhalb dieses Zeitraums keine Liquiditätsabflüsse in Form von (verdeckten oder offenen) Gewinnausschüttungen an die Gesellschafter oder außergewöhnliche Zahlungen an Dritte erfolgen (sogenannte „No Leakage"-Klausel).[34] Zusätzlich zum festen Kaufpreis wird vielfach eine Verzinsung des Kaufpreises („Locked Box-Zins") vereinbart, die aus Verkäufersicht als Kompensation für die entgangene Wertschöpfung im Unternehmen zwischen Locked Box-Date und Closing beziehungsweise als Berücksichtigung der Tatsache, dass der Kaufpreis erst im Zeitpunkt des Übertragungsstichtags gezahlt wird, interpretiert werden kann.[35]

---

26 *Kästle/Oberbracht*, (o. Fn. 5), S. 80f.

27 Hierbei ist zu beachten, dass Garantien und Gewährleistungen kein Bestandteil der Kaufpreisformel sind.

28 *Holzapfel/Pöllath*, Unternehmenskauf in Recht und Praxis - Rechtliche und steuerliche Aspekte, 14. Aufl. 2010, S. 484; *Bergjan*, (o. Fn. 3), S. 1306 (1335).

29 *Modlich*, Kaufpreisanpassungsklauseln in M&A – Transaktionen, M&A Review 2003, 438.

30 Das bedeutet im Regelfall, dass dem Käufer vom Verkäufer zugesichert wird, dass die Erstellung der Abrechnungsbilanz unter Anwendung der Grundsätze ordnungsgemäßer Buchführung und unter Wahrung der Bilanzierungs- und Bewertungskontinuität aufgestellt wurde und dass die Abrechnungsbilanz ein den tatsächlichen Verhältnissen entsprechendes Bild der Vermögens- Finanz- und Ertragslage der Gesellschaft vermittelt. *Hess/Fabritius*, Unternehmenskauf, in: Hopt, Klaus (Hrsg.), Vertrags- und Formularbuch zum Handels-, Gesellschafts-, Bank- und Transportrecht, 2000, S. 639 (669).

31 *Grabowski/Harrer*, Wesentliche Elemente von Zusicherungen und/oder Garantien beim Unternehmenskauf, DStR 1993, 20 (20f.); *Hilgard*, Cash-free/Debt-free-Klauseln beim Unternehmenskauf, DB 2007, 559 (561).

32 *Kästle/Oberbracht*, (o. Fn. 5), S. 100.

33 Diese Begrifflichkeiten werden im Rahmen der variablen Kaufpreisanpassungen in Abschnitt B. II. 3. a.) detailliert erläutert.

34 *Holzapfel/Pöllath*, (o. Fn. 29), S. 484; *Kästle/Oberbracht*, (o. Fn. 5), S. 100f.

35 *Diem/Erni*, Locked Box beim Unternehmenskauf, GesKR 2010, 354 (355f.).

Bei der Locked Box-Variante wird der Käufer keinen Einfluss auf die Erstellung der Abrechnungsbilanz haben, da es sich bei dieser zumeist um die letzte Stichtagsbilanz oder um einen vom Verkäufer aufgestellten Zwischenabschluss handelt. Somit hat der Käufer dafür Sorge zu tragen, dass die entsprechenden, oben aufgeführten Garantien in den Unternehmenskaufvertrag aufgenommen werden, was – je nach Verhandlungsstärke und -position – vom Verkäufer im Zuge eines vergleichsweise schnellen und unkomplizierten Abschlusses der Transaktion regelmäßig akzeptiert wird.[36] Darüber hinaus wird der Käufer im Regelfall eine sehr umfangreiche Due Diligence durchführen wollen, innerhalb derer potenzielle bilanzielle Risiken identifiziert, Ungewissheiten reduziert und dadurch Informationsasymmetrien zwischen Verkäufer und Käufer abgebaut werden können.[37]

3. Variable Kaufpreisgestaltungen

Die vertragliche Ausgestaltung der Kaufpreisanpassung bis zum Closing stellt einen der entscheidenden Bausteine einer M&A-Transaktion dar. Insbesondere beim Auseinanderfallen von Signing und Closing ist die nachträgliche Anpassung des (vorläufigen) Kaufpreises nahezu unabdingbar, um die oftmals divergierenden Interessen von Käufer und Verkäufer auszugleichen.[38]

Zur variablen Kaufpreisanpassung sei an dieser Stelle angemerkt, dass diese in der einschlägigen Literatur unterschiedlich definiert wird. Während einige Autoren den – im Nachfolgenden detailliert beschriebenen – „Closing Accounts"-Mechanismus unter den Festpreisvereinbarungen subsumieren, wobei der vorläufig festgelegte Kaufpreis dann definitionsgemäß lediglich einer nachträglichen Anpassung im Zeitpunkt des dinglichen Übertragungsstichtags beziehungsweise gemäß der in der Abrechnungsbilanz festgestellten Finanzkennzahlen unterliegt,[39] definieren andere Autoren die Kaufpreisanpassung aufgrund einer nach Signing aufgestellten Abrechnungsbilanz als variable Kaufpreisgestaltung.[40] Dieser letztgenannten Betrachtungsweise wird im Rahmen dieser Arbeit gefolgt, da nach Auffassung des Verfassers die im Zeitpunkt der Erstellung der Abrechnungsbilanz zu berücksichtigenden Finanzkennzahlen seit dem Zeitpunkt des Signing erheblichen Schwankungen ausgesetzt sein können und der finale Kaufpreis im Zeitpunkt der Vertragsunterzeichnung somit noch nicht fixiert ist, was einer Klassifizierung als festem Kaufpreis entgegensteht.

---

36 *Bergjan*, (o. Fn. 3), S. 1306 (1335).
37 *Berens/Schmitting/Strauch*, Funktionen, Terminierung und rechtliche Einordnung der Due Diligence, in: Berens, Wolfgang/Brauner, Hans U./Strauch, Joachim (Hrsg.), Due Diligence bei Unternehmensakquisitionen, 2011, S. 67 (96).
38 *Bruski*, BB-Special 2005, 19.
39 Vergleiche hierzu u.a. *Holzapfel/Pöllath*, (o. Fn. 29), S. 484f.; *Beisel/Klumpp*, (o. Fn. 14), S. 231; *Lips/Stratz/Rudo*, (o. Fn. 13), S. 233 (387).
40 Vergleiche hierzu u.a. *von Braunschweig*, Variable Kaufpreisklauseln in Unternehmenskaufverträgen, DB 2002, 1815 (1816); *Witte/Mehrbrey*, Variable Kaufpreisregelungen in Unternehmenskaufverträgen im Geflecht von Schiedsgutachtervereinbarungen und Schiedsgerichtsklauseln, NZG 2006, 241; *Lappe/Schmitt*, Risikoverteilung beim Unternehmenskauf durch Stichtagsregelungen, DB 2007, 153 (156); *Bergjan*, (o. Fn. 3), S. 1306 (1335).

a.) *Kaufpreisanpassung bis zum Closing (Closing Accounts)*

Beim Closing Accounts-Mechanismus vereinbaren Käufer und Verkäufer, den endgültigen Kaufpreis anhand von Effective Date Financial Statements zu ermitteln, welche das gesamte bilanzierbare Vermögen erfassen, das dem zu übertragenden Unternehmen am Übertragungsstichtag zuzuordnen ist und aus dem somit die im Unternehmenskaufvertrag definierten, kaufpreisbestimmenden Parameter hervorgehen.[41] Häufig werden Effective Date und Closing auf denselben Tag festgelegt, was dazu führt, dass die Effective Date Financial Statements als Closing Accounts[42] und die relevante Kaufpreisformel als Closing Accounts-Mechanismus definiert werden.[43] Eine einheitliche Festlegung von Effective Date und Closing ist deshalb sachgerecht, weil die finanziellen Chancen und Risiken dadurch bis zum Closing beim Verkäufer des Zielunternehmens liegen und erst im Zeitpunkt des Closing, in dem der Käufer die tatsächliche Kontrolle über das zu übertragende Unternehmen erlangt, auf diesen übergehen. Zu beachten ist hierbei allerdings, dass der endgültige Kaufpreis im Zeitpunkt des Closing noch nicht feststeht.[44] Daher wird im Unternehmenskaufvertrag regelmäßig ein vorläufiger Kaufpreis eingesetzt, welcher den endgültigen Kaufpreis möglichst genau prognostiziert[45] und nachfolgend anhand der Closing Accounts adjustiert wird. Es wird also im Nachhinein überprüft, ob der am Tag des Closing gezahlte vorläufige Kaufpreis durch Kaufpreisnachzahlung des Käufers oder Kaufpreiserstattung des Verkäufers anzupassen ist. Mit der Vereinbarung eines solchen Closing Accounts-Mechanismus wird gewährleistet, dass der gezahlte Kaufpreis den Wert des Unternehmens im Zeitpunkt der dinglichen Gesellschaftsanteilsübertragung widerspiegelt.[46] Da die Effective Date Financial Statements – je nachdem unter wessen Kontrolle sie aufgestellt werden – von Informationsasymmetrien geprägt sind, ist dies ein häufiger Streitpunkt im SPA. Liegt das Effective Date vor dem Closing, unterliegt das zu übertragende Unternehmen noch den Weisungen des Verkäufers. Der Käufer wird hier Informationsasymmetrien abbauen wollen, indem er beziehungsweise ein von ihm benannter Wirtschaftsprüfer uneingeschränkten Zugang zu den Arbeitspapieren und Teilnahmerecht an den Abschlussbesprechungen oder beispielsweise der Inventurbeobachtung erhält. Fallen Effective Date und Closing zusammen, was dazu führt, dass die Abschlusserstellung durch den Käufer erfolgt, sichert sich der Verkäufer regelmäßig entsprechende Mitwirkungs- und Einsichtsrechte.[47] Im letzteren Fall werden die Effective Date Financial Statements nach Erstellung durch den Käufer für gewöhnlich durch dessen Wirtschaftsprüfer geprüft und mit einem entsprechenden Testat versehen. Anschließend erfolgt die Prüfung durch den Verkäufer beziehungsweise dessen Wirtschaftsprüfer. Sofern die Prüfungsergebnisse voneinander abweichen, folgt im Regelfall ein schiedsgutachterliches Verfahren,[48] dessen Ergebnis für beide Parteien verbindlich ist.[49]

---

41 *Semler*, Der Unternehmens- und Beteiligungskaufvertrag, in: Hölters, Wolfgang (Hrsg.), Handbuch des Unternehmens- und Beteiligungskaufs, 2005, S. 649 (690); *Kästle/Oberbracht*, (o. Fn. 5), S. 80.

42 Besonders in der UK-Praxis ist ebenfalls der Begriff ‚Completion Accounts' gebräuchlich. *Kästle/Oberbracht*, (o. Fn. 5), S. 118.

43 *Kästle/Oberbracht*, (o. Fn. 5), S. 118.

44 Die kaufpreisbestimmenden Parameter werden ja erst auf eben diesen Übertragungsstichtag ermittelt.

45 Hierzu werden gegebenenfalls Planbilanzen auf den Übertragungsstichtag erstellt.

46 *Kästle/Oberbracht*, (o. Fn. 5), S. 60ff.; *Bergjan*, (o. Fn. 3), S. 1306 (1335).

47 *Von Braunschweig*, DB 2002, 1815 (1816); *Berens/Schmitting/Strauch*, (o. Fn. 38), S. 67 (97f.).

48 Dies setzt eine entsprechende Vereinbarung der Vertragsparteien voraus. In der Regel wird hierzu ein neutraler Wirtschaftsprüfer herangezogen, der von einer neutralen Stelle (z.B. dem Institut der Wirtschaftsprüfer e.V.) bestellt wird.

49 *Witte/Mehrbrey*, NZG 2006, 241; *Modlich*, M&A Review 2003, 438 (439).

Die Tatsache, dass beim Closing Accounts-Mechanismus nach Vertragsunterzeichnung eine kaufpreisbestimmende Abrechnungsbilanz aufgestellt wird, entlastet tendenziell die käuferseitige Due Diligence im Gegensatz zum Locked Box-Mechanismus. Nichtsdestotrotz hat eine genaue Untersuchung der im SPA vereinbarten und im Zeitpunkt des Closing anzupassenden Parameter, die im Folgenden detailliert beschrieben werden, eine herausragende Bedeutung.

aa.) Cash free/Debt free-Bewertung und Net Debt-Anpassung

Im Zuge der fortschreitenden Internationalisierung der Transaktionsprozesse – insbesondere unter Beteiligung von Private Equity-Gesellschaften – hat sich die Kaufpreisermittlung und -anpassung auf Basis der sogenannten „Cash free/Debt free"-Bewertung etabliert.[50] Das bedeutet, dass zum Closing die gesamten zinstragenden Fremdverbindlichkeiten zurückzuführen und sämtliche freie liquide Mittel auszuschütten sind beziehungsweise dass dieser Zustand für Zwecke der Kaufpreisermittlung unterstellt wird. In einer entsprechenden Kaufpreisformel im SPA werden dann zur Ermittlung des Kaufpreises die als Net Debt bezeichneten Nettofinanzverbindlichkeiten (zinstragende Fremdverbindlichkeiten abzüglich freier Liquidität) von dem vor Berücksichtigung dieses Net Debt ermittelten Unternehmenswert abgezogen.[51] Idealtypischerweise wurde der entsprechende – ein schuldenfreies (Debt free) über keinerlei nicht betriebsnotwendige Liquidität verfügendes (Cash free) Unternehmen unterstellende – Ausgangs-Unternehmenswert gemäß dem DCF[52]-Verfahren (in der Variante der Bruttomethode) errechnet.[53] Der demzufolge ermittelte „Enterprise Value" stellt sodann den Bruttokaufpreis („Base Amount") dar und ist der Wert, auf dessen Basis – besonders in Auktionsverfahren – die Bieter in aller Regel gebeten werden, ihre Angebote abzugeben. Dies hat den Grund, dass die Angebote nur auf Basis solcher einheitlichen Cash free/Debt free-Bewertungen uneingeschränkt vergleichbar sind. Da für das DCF-Verfahren jedoch detaillierte Unternehmensinformationen inklusive einer langfristigen Planungsrechnung benötigt werden, die dem potenziellen Käufer in einem frühen Transaktionsstadium zumeist nicht offengelegt werden, wird aufgrund der einfacheren Handhabung vielfach auf das Multiplikator-Verfahren zurückgegriffen. Letztendlich bleibt die jeweilige Methode zur Bestimmung des Base Amount größtenteils intransparent, da die Kaufinteressenten nicht offenlegen möchten, welche Anpassungen, Diskontierungen und Sicherheitsabschläge sie vorgenommen haben oder welche Synergien eingepreist und welche Integrationskosten berücksichtigt wurden.[54] Um den tatsächlich zu zahlendenden Kaufpreis, also den Wert des Eigenkapitals („Equity Value") des Zielunternehmens, zu ermitteln, werden im Rahmen der Net Debt-Anpassung die Nettofinanzverbindlichkeiten im Zeitpunkt des Closing vom Base Amount (Enterprise Value) abgezogen.[55]

Die Ausgestaltung des SPA auf Cash free/Debt free-Basis inklusive der genauen Definition der abzuziehenden Finanzverbindlichkeiten stellt hohe Anforderungen an die vertragsgestaltenden Parteien. Das Net Debt ist jeweils transaktionsspezifisch zu definieren, da

---

50   *Kästle/Oberbracht*, (o. Fn. 5), S. 79; *von Braunschweig*, DB 2002, 1815 (1816).
51   *Hilgard*, DB 2007, 559.
52   Discounted Cash Flow.
53   *Bruski*, BB-Special 2005, 19 (24).
54   *Kästle/Oberbracht*, (o. Fn. 5), S. 78f.
55   *Lappe/Schmitt*, DB 2007, 153 (156); *Kästle/Oberbracht*, (o. Fn. 5), S. 79.

keine einheitliche, rechnungslegungsübergreifende[56] Definition dafür existiert. Dabei ergeben sich in Bezug auf die Zusammensetzung und Höhe der als Kaufpreiskorrektiv fungierenden Nettofinanzverbindlichkeiten regelmäßig intensive Verhandlungen zwischen den Vertragsparteien, da Käufer und Verkäufer diesbezüglich diametral entgegengesetzte Interessen verfolgen. Weitestgehend unproblematisch sind die zu addierenden „Cash and Cash Equivalents", welche sich üblicherweise aus Kassenbestand, Schecks, Bankguthaben sowie sonstigen Wertpapieren ergeben.[57] Obwohl sich auch hier Unstimmigkeiten über einzelne Positionen ergeben können,[58] zieht die Definition der Finanzverbindlichkeiten für gewöhnlich einen höheren Verhandlungsbedarf nach sich. Allgemein anerkannt ist, dass es sich bei Verbindlichkeiten, die einen Zinsaufwand in der Gewinn- und Verlustrechnung nach sich ziehen, um Finanzverbindlichkeiten handelt.[59] Dies sind typischerweise Verbindlichkeiten gegenüber Kreditinstituten, Wechselverbindlichkeiten, Verbindlichkeiten aus Anleihen und Schuldverschreibungen sowie Gesellschafterdarlehen, Verbindlichkeiten gegenüber verbundenen Unternehmen und Verbindlichkeiten gegenüber Unternehmen, mit denen ein Beteiligungsverhältnis besteht (sofern diese nicht aus einer Lieferungs- und Leistungsbeziehung entstanden sind).[60] Oftmals strebt die Käuferseite zusätzlich den Abzug sogenannter „Debt like items", also Finanzverbindlichkeiten ähnlicher Bilanzpositionen, an. Hierunter fallen beispielsweise Rückstellungen für Pensionen und ähnliche Verpflichtungen, Verbindlichkeiten aus unechtem Factoring, Leasingverbindlichkeiten sowie unterlassene Investitionen in das Anlagevermögen.[61]

Insbesondere um potenzielle Manipulationsmöglichkeiten[62] weitestgehend auszuschließen, ist die Net Debt-Anpassung mit einem Kaufpreismechanismus auf Basis des zum Vollzugsstichtag zu ermittelnden Nettoumlaufvermögens zu verbinden. Dieser ist Gegenstand des nachfolgenden Abschnitts.

bb.) Net Working Capital-Anpassung

Da durch die gesteuerte Veränderung des Nettoumlaufvermögens (Net Working Capital) das Volumen des Net Debt beeinflusst werden kann, ist neben einer Anpassung des Net Debt gleichzeitig ein Net Working Capital-Mechanismus als notwendiges Korrektiv im Unternehmenskaufvertrag aufzunehmen, welcher die Abweichung zwischen einem im SPA festgelegten Net Working Capital-Referenzwert und dem tatsächlichen Net Working Capital-Bestand im Zeitpunkt des Closing ausgleicht.[63] Dieses Vorgehen gewährleistet, dass im Übergangszeitpunkt ein Mindestbestand an betriebsnotwendigem Net Working Capital im Unternehmen vorhanden ist beziehungsweise eine Unterschreitung entsprechend vergütet wird. Eine Besonderheit bei der Net Working Capital-Anpassung besteht darin, dass die Referenzgröße, auf deren Basis das Net Working Capital im Zeitpunkt des Closing

---

56   Die überwiegende Anzahl an Unternehmenstransaktionen, insbesondere solcher mit internationalem Bezug, erfolgt auf Basis von nach IFRS oder US-GAAP ermittelten Zahlenwerken. *Kästle/Oberbracht*, (o. Fn. 5), S. 81.

57   *Hilgard*, DB 2007, 559 (563); *Bruski*, BB-Special 2005, 19 (25).

58   Dies ist häufig dann der Fall, wenn die Cash Bestände nicht ohne weiteres oder nicht vollständig für die Zielgesellschaft und ihre Gesellschafter verfügbar sind (sogenanntes ‚Trapped Cash'). *Kästle/Oberbracht*, (o. Fn. 5), S. 91.

59   *Matzen*, Kaufpreisanpassung auf Basis eines Verkaufs cash free/debt free, in: Knott, Hermann/Mielke, Werner (Hrsg.), Unternehmenskauf, 2008, S. 227 (229); *Bruski*, BB-Special 2005, 19 (25).

60   *Hilgard*, DB 2007, 559 (563); *Bruski*, BB-Special 2005, 19 (25).

61   *Matzen*, (o. Fn. 60), S. 227 (232); *Kästle/Oberbracht*, (o. Fn. 5), S. 88f.

62   Beispiele entsprechender Manipulationsmöglichkeiten werden im nachfolgenden Gliederungspunkt B. II. 3. ab.) aufgeführt.

63   *Matzen*, (o. Fn. 60), S. 227.

auszugleichen ist, sich regelmäßig nicht direkt aus der letzten Jahresabschlussbilanz oder einem für Zwecke der Wertermittlung erstellten Zwischenabschluss ergibt, sondern einen (normalisierten) Jahres- oder Mehrjahresdurchschnittswert repräsentiert. Dies hat den Grund, dass – sich je nach Branche ergebende – saisonale Schwankungen sowie eventuelle Sondereffekte geglättet werden sollen.[64] Übersteigt das im SPA definierte Net Working Capital im Zeitpunkt des Closing die Referenzgröße, muss der Käufer folglich einen um diesen Differenzbetrag höheren Kaufpreis an den Verkäufer zahlen, während sich bei einer Unterschreitung der Referenzgröße der Kaufpreis entsprechend reduziert.

Ähnlich wie im Falle des Net Debt gibt es keine einheitliche Definition des Net Working Capital, da es sich auch hierbei um keinen gesetzlich normierten Begriff handelt. Daher ist vertraglich dezidiert zu regeln, welche Positionen das vom Kaufpreisanpassungsmechanismus erfasste Net Working Capital beinhaltet. Gemäß der engen Definition des Working Capital – dieses wird auch als „Trade Working Capital" bezeichnet – besteht jedoch allgemein Einigkeit darüber, dass sich dieses aus Vorräten, Forderungen aus Lieferungen und Leistungen sowie Verbindlichkeiten aus Lieferungen und Leistungen zusammensetzt. Darüber hinaus bezeichnet das Net Working Capital die Differenz aus kurzfristigem, nicht der Liquidität zuzurechnendem, Umlaufvermögen („Current Assets") und kurzfristigen, nicht die Finanzverbindlichkeiten betreffenden, Verbindlichkeiten („Current Liabilities"). Hierzu zählen normalerweise sonstige (innerhalb eines Jahres liquidierbare) Forderungen und Vermögensgegenstände, innerhalb eines Jahres fällige sonstige Verbindlichkeiten, erhaltene Anzahlungen, kurzfristige Rückstellungen (mit Ausnahme von Steuer- und Pensionsrückstellungen) sowie aktive und passive Rechnungsabgrenzungsposten. In jedem Fall ist darauf zu achten, dass eine doppelte Berücksichtigung einzelner Positionen sowohl in der Net Debt- als auch in der Net Working Capital-Anpassung vermieden wird.[65]

Die Wirkungsweise von sorgfältig definierten – alle wesentlichen und relevanten Bilanzpositionen umfassenden – und aufeinander abgestimmten Net Debt- und Net Working Capital-Anpassungsmechanismen gewährleistet, dass für den Verkäufer im Zeitraum zwischen Signing und Closing keine Anreize bestehen, das Net Working Capital kurzfristig zu reduzieren und dem Zielunternehmen zum Nachteil des Käufers notwendige, im Umlaufvermögen gebundene Liquidität zu entziehen (beispielsweise durch ein verstärktes Forderungsmanagement, Forfaitierung, ein verzögertes Zahlen von Rechnungen oder die Unterlassung von Vorratsbestellungen), um dadurch den Bestand an liquiden Mitteln und entsprechend den Kaufpreis zu erhöhen.

cc.) Flexible Ermittlung des Bruttokaufpreises

Anstelle der zuvor beschriebenen Fixierung des Bruttokaufpreises (Base Amount) im Zeitpunkt des Vertragsabschlusses können sich Käufer und Verkäufer auch darauf verständigen, den Base Amount anhand einer Rechenformel flexibel zu gestalten. Zumeist finden sich dann in den Verträgen auf dem Multiplikator-Verfahren basierende Kaufpreisformeln, in denen der Base Amount als Produkt eines festgelegten Faktors (Multiplikator) und einer

---

64   Sind saisonale Schwankungen jedoch von untergeordneter Bedeutung, so wird auch bei der Net Working Capital-Anpassung auf den letzten Jahresabschluss beziehungsweise den zur Bewertung herangezogenen Zwischenabschluss abgestellt.

65   *Bruski*, BB-Special 2005, 19 (26); *Matzen*, (o. Fn. 60), S. 227 (237).

definierten Finanzkennzahl (Ausgangsbetrag) im Zeitpunkt des Closing ermittelt wird.[66] Im Fall von kleineren oder sich im Aufbau befindlichen Unternehmen werden häufig der Umsatz oder der Auftragsbestand mit einem vertraglich vereinbarten Faktor multipliziert, um zum Base Amount zu gelangen. Bei größeren Transaktionen wird jedoch zumeist auf EBIT[67] oder EBITDA[68] als Ergebnisgröße abgestellt,[69] welche sodann regelmäßig um außerordentliche (nicht wiederkehrende und/oder nicht operative) Effekte zu bereinigen ist.[70]

b.) *Net Equity-Anpassung*

Ein hierzulande – zumindest vor dem zunehmenden Einfluss von Private Equity-Gesellschaften auf den Transaktionsmarkt – häufig verwendeter Kaufpreismechanismus ist die Anpassung des Kaufpreises an Wertänderungen des vertraglich vereinbarten Eigen-kapitals („Net Equity") des zu übertragenden Unternehmens.[71] Bei der Net Equity-Anpassung wird eine im Kaufvertrag definierte, aus der letzten Stichtagsbilanz abgeleitete, Referenzgröße des im Zeitpunkt der Geschäftsanteilsübertragung zu liefernden Eigen-kapitals festgelegt. Diese ist gegebenenfalls noch um ein erwartetes Jahresergebnis bis zum Closing anzupassen. Weicht der im Zeitpunkt des Closing ermittelte Wert des Net Equity von der festgelegten Referenzgröße ab, so erfolgt eine entsprechende Erhöhung oder Reduzierung des vereinbarten Kaufpreises.[72] Auch bei dieser Anpassungsmethode ist eine präzise vertragliche Ausformulierung des zu berücksichtigenden Kapitals vonnöten.[73] Obwohl die Net Equity-Anpassung dann die Auswirkungen sämtlicher Positionen der Bilanz berücksichtigt und damit die umfassendste Bilanzgarantie darstellt, ist mit Vor-dringen der DCF-Bewertung und der damit einhergehenden Anpassungsmechanismen dieser, auch als „Eigenkapitalgarantie" bezeichnete, Kaufpreismechanismus in den Hinter-grund getreten.[74]

c.) *Nachträgliche Kaufpreisanpassung (Earn Out)*

Neben Kaufpreisanpassungsmechanismen, die Wertveränderungen bis zum Zeitpunkt des Closing berücksichtigen, kann der Kaufpreis auch vom zukünftigen Erfolg des Unter-nehmens abhängig gemacht werden. Die Vereinbarung sogenannter „Earn Out"-Klauseln, die eine ergebnisabhängige Anpassung des Kaufpreises und somit eine Partizipation des Verkäufers am zukünftigen Erfolg des veräußerten Unternehmens vorsehen, wird ins-besondere dann in Betracht gezogen, wenn unterschiedliche Auffassungen über die zukünftige wirtschaftliche Entwicklung des Zielunternehmens und entsprechend unter-schiedliche Kaufpreisvorstellungen zwischen den Vertragsparteien vorliegen.[75]

---

66 *Kästle/Oberbracht*, (o. Fn. 5), S. 106f.
67 Earnings before Interest and Taxes.
68 Earnings before Interest, Taxes, Depreciation and Amortization.
69 Im Falle eines unterjährigen Abschlusses der Transaktion ist die Ergebnisgröße auf 12 Monate hochzurechnen und um saisonale Schwankungen zu glätten.
70 *von Braunschweig*, DB 2002, 1815 (1816); *Kästle/Oberbracht*, (o. Fn. 5), S. 107.
71 *Borgmann/Kalnbach*, M&A Review 2007, 227 (228).
72 *Bruski*, BB-Special 2005, 19 (26f.); *Borgmann/Kalnbach*, M&A Review 2007, 227 (228).
73 Bei Kapitalgesellschaften besteht das bilanzielle Eigenkapital gemäß §§ 266 Abs. 3, 272 HGB aus dem gezeichneten Kapital, den Kapital- und Gewinnrücklagen, dem Gewinn- oder Verlustvortrag und dem Jahresüberschuss oder - fehlbetrag sowie einem evtl. bestehenden nicht durch Eigenkapital gedeckten Fehlbetrag nach § 268 Abs. 3 HGB.
74 *Bruski*, BB-Special 2005, 19 (27); *Kästle/Oberbracht*, (o. Fn. 5), S. 95.
75 *Hilgard*, Earn-Out-Klauseln beim Unternehmenskauf, BB 2010, 2912.

Besonders bei jungen Unternehmen, deren geschäftliche Entwicklung maßgeblich vom Eintreten zukünftiger Ereignisse oder dem Erreichen bestimmter Entwicklungsstufen abhängt, ist die Unternehmenswertermittlung mit großen Unsicherheiten behaftet und die Meinungen über einen angemessenen Kaufpreis weichen zwischen den Vertragsparteien zumeist stark voneinander ab. Auch bei Unternehmenstransaktionen, deren wirtschaftlicher Erfolg von der Verbesserung gewisser struktureller Parameter oder der geplanten Hebung gemeinsamer Synergien abhängt, kommen Earn Out-Klauseln zur Kaufpreisbestimmung vermehrt zur Anwendung.

Zumeist wird in den entsprechenden Vertragswerken, zusätzlich zu einem fest vereinbarten Kaufpreisanteil, ein variabler Bestandteil aufgenommen, dessen Höhe von der zukünftigen Entwicklung definierter Parameter abhängt. Hierzu ist die Festlegung einer relevanten Earn Out-Periode, der Bezugsgröße, anhand derer der wirtschaftliche Erfolg des Unternehmens gemessen werden soll, sowie einer Formel, die die Beteiligung des Verkäufers an der Bezugsgröße bestimmt, vorzunehmen. Bei der Bezugsgröße handelt es sich regelmäßig um EBIT, EBITDA oder den Jahresüberschuss. Es kommen jedoch auch nicht finanzielle Erfolgsindikatoren wie beispielsweise die Erteilung eines wichtigen Patents oder die erfolgreiche Einführung neuer Produkte in Betracht. Die Ausgestaltung der Beteiligungs-formel reicht von einer einfachen prozentualen Beteiligung bis zu komplexen Berechnungs-modellen.[76] Eine weitere Ausgestaltungsmöglichkeit ist die Beibehaltung einer (Minder-heits-)Beteiligung des Verkäufers an der zu übertragenden Gesellschaft oder die Ein-räumung eines Optionsrechts, dessen Wert sich im Falle eines Weiterverkaufs der Gesellschaft oder nach einer festgelegten Periode realisiert.[77]

In jedem Fall erfordert die Implementierung von Earn Out-Klauseln sehr detaillierte Regelungen im SPA sowie einen erhöhten Abwicklungsaufwand, da der Verkäufer nach dem Übertragungsstichtag im Regelfall keinen Einfluss mehr auf die übertragene Gesell-schaft ausüben kann und ohne geeignete Vorkehrungen somit vielfältige Manipulations-anreize für die Käuferseite bestehen.[78]

III.   *Abwägung der unterschiedlichen Kaufpreisanpassungsmechanismen sowie Gestaltungsempfehlungen für die entsprechenden Vertragsklauseln*

Wie in den vorherigen Ausführungen über die Ausgestaltung unterschiedlicher Kaufpreis-anpassungsmechanismen bereits angeführt, gibt es keine universell anzuwendenden Kauf-preisformeln. Vielmehr richtet sich die jeweilige Strukturierung der Unternehmensüber-tragung nach den Motivationen und Bedürfnissen der Vertragsparteien im gegebenen Transaktionsumfeld. Nichtsdestotrotz ergeben sich Situationen, in denen ein bestimmter Mechanismus einem anderen vorzuziehen ist, was insbesondere auf die Rolle zurückzu-führen ist, in der sich Käufer und Verkäufer befinden. Nachfolgend werden die Vor- und Nachteile der zuvor definierten Kaufpreisanpassungsmechanismen sowohl aus der Perspek-tive des Käufers als auch des Verkäufers detailliert beleuchtet und Gestaltungsempfehlun-gen für die entsprechenden Vertragsklauseln gegeben.

---

76   *Kästle/Oberbracht*, (o. Fn. 5), S. 107f.; *Hilgard*, BB 2010, 2912 (2912ff.).
77   *Bruski*, BB-Special 2005, 19 (27).
78   *Meyding/Grau*, Earn-out-Klauseln und Absicherung von Garantieansprüchen – „tickende Zeitbomben" bei Distressed M&A?, NZG 2011, 41 (42).

1. Locked Box

Wird sich im Unternehmenskaufvertrag auf die Locked Box-Variante geeinigt, bietet dies für beide Vertragsparteien grundsätzlich den Vorteil der Verlässlichkeit hinsichtlich der Höhe des Kaufpreises. Überwiegend ergeben sich jedoch Vorteile für die Verkäuferseite, was dazu geführt hat, dass diese Form der Kaufpreisgestaltung insbesondere im stark verkäuferfreundlich orientierten Transaktionsmarkt bis Mitte 2007 vorherrschend war.[79] So steht der Kaufpreis dem Veräußerer unmittelbar nach Closing in voller Höhe zur Verfügung, da keine Rückzahlung durch nachträgliche Kaufpreisanpassung eingeplant werden muss. Auch ist der Verkäufer vor Unsicherheiten hinsichtlich einer durch den Käufer erstellten Abrechnungsbilanz nach dem Vollzugsstichtag geschützt, sodass es im Nachhinein zu keinerlei Unstimmigkeiten hinsichtlich der Zurechnung einzelner Sachverhalte zum Net Debt oder Net Working Capital kommt und insgesamt das Risiko langwieriger Rechtsstreitigkeiten im Zusammenhang mit einer nachträglichen Kaufpreisanpassung im Zeitpunkt des Closing ausgeschlossen ist. Da die nachträgliche Kaufpreisanpassung bei der Locked Box-Variante entfällt, sind zudem in einem Auktionsverfahren abgegebene Angebote besser miteinander vergleichbar.

Um einen Locked Box-Mechanismus im Unternehmenskaufvertrag vereinbaren zu können, wird der Verkäufer umfangreiche – zum Teil vertrauliche – Informationen über das Zielunternehmen zur Verfügung stellen müssen. Die Verlässlichkeit der Abrechnungsbilanz sollte zudem besonders hoch sein, da der Unternehmenswert auf Basis dieses, in der Vergangenheit liegenden, Abschlusses ermittelt wird. Ebenfalls wird die käuferseitige Due Diligence entsprechend umfangreich sein, was für den Verkäufer mit der Bindung von Managementkapazitäten einhergeht. Sollten der geplante Transaktionszeitpunkt und das Datum des letzten geprüften Abschlusses zeitlich weit auseinander liegen, so kann darüber hinaus die Erstellung eines Zwischenabschlusses erforderlich sein, was ebenfalls dazu führt, dass Kosten verursacht und Kapazitäten im Unternehmen gebunden werden.

Aus den vorgenannten Gründen ist es daher empfehlenswert, die geplante Transaktion gezielt vorzubereiten[80] und die Beauftragung einer verkäuferseitigen Due Diligence, welche die Erstellung eines „Vendor" Due Diligence-Berichts beinhaltet, in Erwägung zu ziehen. Dies trägt dazu bei, dass das Vertrauen auf Seiten des Erwerbers gestärkt, dadurch die käuferseitige Due Diligence entlastet und der Transaktionsprozess insgesamt effizienter gestaltet wird.

Das größte Risiko für den Käufer besteht bei der Vereinbarung einer Locked Box-Variante darin, dass dieser das wirtschaftliche Risiko der Zielgesellschaft zwischen dem Zeitpunkt der maßgeblichen Abrechnungsbilanz und dem Closing trägt. Je länger dieser Zeitraum ist, desto größer ist auch das Risiko einzuschätzen, welches außerdem dadurch erhöht ist, dass die Zielgesellschaft während dieses Zeitraums vom Verkäufer kontrolliert wird. Um zu gewährleisten, dass die aus diesem Grunde einzufordernden Verkäufergarantien (insbesondere die Bilanzgarantie sowie die Past Practice- und die No Leakage-Klausel) möglichst spezifisch sowie gleichzeitig praktikabel – also ohne den gewöhnlichen

---

79   *Kästle/Oberbracht*, (o. Fn. 5), S. 100.
80   Dies beinhaltet Maßnahmen wie beispielsweise die Erstellung eines Zwischenabschlusses, die Implementierung eines monatlichen Berichtswesens, die Anfertigung von Cash Flow-Rechnungen oder die Erstellung einer integrierten Detailplanung.

Geschäftsbetrieb zu beeinträchtigen – formuliert werden, empfiehlt es sich, diese in Abstimmung mit der Geschäftsführung des zu übertragenden Unternehmens zu entwerfen. Dieses Vorgehen setzt zwar ein gewisses Maß an Vertrauen in die Geschäftsführung der Zielgesellschaft voraus, da diese im Falle einer erfolgreichen Transaktion jedoch regelmäßig gewillt sein wird, mit dem Erwerber als neuem Gesellschafter weiterhin auf Basis eines positiven Verhältnisses zusammenzuarbeiten, erscheint dieses Risiko überschaubar.[81]

Da der Käufer keinen Einfluss auf die Erstellung der Abrechnungsbilanz hat, ist diese im Rahmen einer umfangreichen Due Diligence zu überprüfen, was mit entsprechenden Beraterkosten sowie mit Zeitaufwand verbunden ist. Dass keine nachträgliche Abrechnungsbilanz auf den Zeitpunkt des Closing erstellt wird, kann jedoch auch Vorteile für den Käufer mit sich bringen, da dieser – neben den ohnehin zu bewältigenden Integrationsmaßnahmen – keine weiteren Kapazitäten binden muss, um die Closing Accounts zu erstellen, und dadurch den Geschäftsbetrieb möglichst effizient fortsetzen kann.

In jedem Fall muss der Verkäufer die überwiegenden Vorteile der Locked Box gegen das Risiko abwägen, die Transaktion nur zu einem niedrigeren Verkaufserlös durchführen zu können, da die bestehenden Unsicherheiten für gewöhnlich vom Erwerber entsprechend eingepreist werden.

2. Closing Accounts

Aus Sicht des Verkäufers ist der Closing Accounts-Mechanismus auf Basis von Cash free/Debt free-Bewertungen oftmals nachteilig, da die kaufpreisbestimmenden Closing Accounts nach dem dinglichen Übertragungsstichtag und somit in Regie des Käufers erstellt werden. Darüber hinaus ist es dem Verkäufer nicht möglich, direkt über den vollständigen Kaufpreis zu verfügen, da er damit rechnen muss, dem Käufer einen Teil des Kaufpreises zurückerstatten zu müssen, falls es zu einer entsprechenden Unterschreitung der definierten Parameter kommt. Auch ziehen Anpassungsklauseln nicht selten langwierige und kostspielige Schlichtungsverfahren zwischen den Parteien nach sich. Der Verkäufer muss daher abwägen, ob er die genannten Risiken in Kauf nimmt, um dadurch einen potenziell höheren Kaufpreis zu erzielen, oder ob er für die durch Vereinbarung eines Locked Box-Mechanismus gegebene Sicherheit einen Preisabschlag akzeptieren möchte. Hierbei spielen generell die Verhandlungsposition und -stärke eine entscheidende Rolle. Während in einem Verkäufermarkt der Locked Box-Mechanismus häufiger von der Käuferseite gebilligt werden wird, hat der Veräußerer im umgekehrten Fall den vom Erwerber präferierten Mechanismus zu akzeptieren.

Doch auch für die Käuferseite ergeben sich bei der Vereinbarung eines Closing Accounts-Mechanismus Risiken, da sie zwischen Signing und Closing keinen Einfluss auf die Geschäftsführung des Zielunternehmens hat und sich im Falle eines lückenhaften Vertragswerks ungewollte Gestaltungsmöglichkeiten[82] durch den Verkäufer ergeben können.

---

81 Diese Einschätzung wäre im Falle eines Gesellschafter-Geschäftsführers der Zielgesellschaft gegebenenfalls anders zu treffen.

82 Wie bereits in Gliederungspunkt B. II. 3. ab.) beschrieben, kann es sich hierbei beispielsweise um ein verstärktes Forderungsmanagement durch den Verkäufer, um Forfaitierung, um ein verzögertes Zahlen von Rechnungen oder um die Unterlassung von Vorrats-Bestellungen handeln. Diese Maßnahmen führen dazu, dass die Liquidität des Zielunternehmens – im Zweifelsfall zu Lasten der operativen Leistungsfähigkeit oder der Verschlechterung der Geschäftsbeziehungen – steigt und sich der zu zahlende Kaufpreis entsprechend erhöht.

Aus diesem Grund gilt es bei Einigung auf einen Closing Accounts-Mechanismus, die entsprechenden Vertragsklauseln detailliert und genau zu formulieren und neben der Definition des vom Bruttokaufpreis abzuziehenden Net Debt ebenfalls einen Net Working Capital-Mechanismus zu installieren. In der Praxis hat sich die Maßnahme etabliert, unter Rückgriff auf den Kontenrahmen der zu übertragenden Gesellschaft, eine vollumfassende Zuordnung der Konten zu den Positionen Net Debt, Net Working Capital, Fixed Assets[83] sowie gegebenenfalls Others[84] vorzunehmen und diese dem SPA anzuhängen. Bei entsprechender Zuordnung verbleibt das Eigenkapital als Residualgröße. Eine solche Einteilung der Bilanz gemäß der sogenannten „Net Asset"-Darstellung ist nachfolgend vereinfachend veranschaulicht:

Fixed Assets		Fixed Assets	Net Assets (Equity)
+/- Net Working Capital			
+/- (Others)		Net Working Capital	Net Debt
+/- Net Debt			
+/- (Others)		(Others)	(Others)
= Net Assets			

Abb. 1: Bilanzübersicht in der Net Asset-Darstellung. Eigene Darstellung.

Dieses Vorgehen ist grundsätzlich zu empfehlen, um die zuvor angesprochenen Manipulationsmöglichkeiten weitestgehend auszuschließen, da Bewegungen auf dem einen Bilanzkonto immer eine entsprechende Gegenbewegung auf einem anderen Bilanzkonto auslösen. Sofern aber nicht sämtliche Bilanzkonten vom Kaufpreismechanismus erfasst sind, könnten eben genau diese fehlenden Konten bebucht werden, um den Kaufpreis-mechanismus zu umgehen. In diesem Zusammenhang ist ebenfalls die Einforderung einer Past Practice-Klausel durch den Käufer von entscheidender Bedeutung, um sicherzustellen, dass der Verkäufer keine außergewöhnlichen Transaktionen vornimmt und die Geschäfte weiterhin mit der Sorgfalt eines ordentlichen Kaufmanns sowie insbesondere in Einklang mit der bisherigen Geschäftsführungspraxis fortführt. Eine Past Practice-Klausel soll den Käufer somit auch davor schützen, dass sich der Verkäufer nach dem Signing entgegen seiner bisherigen Buchhaltungsrichtlinien und Bewertungsmaßstäbe einen Vorteil dadurch verschafft, dass er beispielsweise Verbindlichkeiten und Rückstellungen unterbewertet und Vermögensgegenstände überbewertet, um so eine für ihn positive Kaufpreisanpassung im Zeitpunkt des Closing herbeizuführen. Welche Geschäftsvorfälle als außergewöhnliche Transaktionen gelten, ist im Vertragswerk möglichst umfassend zu definieren. Oftmals wird vereinbart, dass Geschäftsvorfälle, die einen festgelegten Wert übersteigen, der schriftlichen

---

83 Diese beinhalten dann sowohl die immateriellen Vermögensgegenstände als auch das Sach- und Finanz-anlagevermögen der Gesellschaft.

84 Hierunter fallen Bilanzkonten, die keiner Kategorie zugeordnet werden (können) und bei denen Einigung darüber besteht, dass diese gesondert zu behandeln und beispielsweise über entsprechende Garantien oder Freistellungen zu erfassen sind. So werden Steuerrückstellungen häufig vom Kaufpreismechanismus ausgeklammert und über separate Freistellungen geregelt (zu den Garantien und Freistellungen sei an dieser Stelle auf Abschnitt C. II. verwiesen).

Genehmigung des Käufers bedürfen. Durch eine entsprechende Vereinbarung kann sich der Käufer davor schützen, dass etwa betriebsnotwendiges Anlagevermögen veräußert wird, um die Liquidität im Zeitpunkt des Closing zu erhöhen und somit die Abzugsposition vom Kaufpreis zu verringern. Auch im Falle einer vollumfänglichen Zuordnung der Konten ist die Zuweisung zu den jeweiligen – oben aufgeführten – Net Asset-Positionen von entscheidender Bedeutung. So wird die Käuferseite bestrebt sein, möglichst viele Verbindlichkeiten dem Net Debt zuzuordnen, da dies zu einer sogenannten „Euro für Euro"-Anpassung – also einem vollumfänglichen Abzug vom Bruttokaufpreis – führt, während beim Net Working Capital lediglich ein Ausgleich bei Abweichung vom festgelegten Referenzwert erfolgt.

3. Net Equity-Anpassung

Entgegen der Locked Box, die eine eher verkäuferfreundliche Kaufpreisanpassung darstellt, handelt es sich bei der Net Equity-Anpassung um eine tendenziell käuferfreundliche Variante, die sich aus Erwerbersicht besonders dann empfiehlt, wenn das Signing unterjährig stattfindet und somit kein aktueller Jahres- oder Zwischenabschluss vorliegt. So schützt die Eigenkapitalgarantie den Käufer nach dem Signing etwa vor Liquiditätsentnahmen und Ausschüttungen, vor einem Rückgang des Jahresergebnisses durch die Ausübung von Bilanzierungswahlrechten, vor Bewertungsunsicherheiten, vor einer Verfehlung des geplanten Jahresergebnisses und vor Manipulationen durch den Verkäufer, die sich nicht im Net Working Capital widerspiegeln.[85] Darüber hinaus sichert die Eigenkapitalgarantie dem Käufer das Vorhandensein eines gewissen Mindestbestands an Vermögensgegenständen auf der Aktivseite. Bei der vertraglichen Definition des relevanten Eigenkapitals ist es von entscheidender Bedeutung, zwischen dem (handels-)rechtlichen und wirtschaftlichen Eigenkapital zu unterscheiden. Auch bei der Net Equity-Anpassung ist es empfehlenswert, dass sich der Käufer garantieren lässt, dass die Bilanzierungs- und Bewertungsmethoden im Zeitraum zwischen Signing und Closing im Einklang mit der vorherigen Geschäftspraxis angewendet werden.

Die Minimierung der Risiken für den Erwerber gehen zu Lasten des Veräußerers, der das Risiko der Geschäftsentwicklung zwischen Signing und Closing trägt und für den eine Einschätzung des finalen Kaufpreises im Zeitpunkt des Closing erschwert ist. Der Verkäufer wird sich – bei der Vereinbarung einer Net Equity-Anpassung – die Mehrrisiken in Form einer Kaufpreiserhöhung ausgleichen lassen. Aus Sicht des Verkäufers kann der höhere Kaufpreis dann als eine Versicherungsprämie interpretiert werden.[86]

Mit zunehmender Höhe des Kaufpreises in Relation zum Buchwert des Eigenkapitals steigt auf Seiten des Käufers dessen Preisrisiko, da der Kaufpreis dann verstärkt auf zukünftigen Einschätzungen (beziehungsweise Wertbeimessungen der stillen Reserven) beruht. Je größer die Differenz zwischen dem Kaufpreis und dem buchmäßigen Eigenkapital ausfällt, desto weniger sichert die Eigenkapitalgarantie den Käufer ab, was dazu führt, dass die Attraktivität dieses Anpassungsmechanismus für den Käufer sinkt. Durch die Anwendung eines Eigenkapitalmultiplikators kann dieses Preisrisiko jedoch zwischen Käufer und

---

85   Als Beispiel wäre hier der Verkauf eines wichtigen Grundstücks anzuführen.
86   *Borgmann/Kalnbach*, M&A Review 2007, 227 (228f.).

Verkäufer aufgeteilt werden. In diesem Fall wird das Verhältnis zwischen dem planmäßigen Buchwert des Eigenkapitals im Zeitpunkt des Closing und dem Kaufpreis ermittelt und dem sich nach Erstellung der Abrechnungsbilanz ergebenden Verhältnis zwischen dem Kaufpreis und dem tatsächlichen buchmäßigen Eigenkapital gegenübergestellt. Die sich bei diesem Vergleich ergebende Differenz zwischen den ermittelten Multiplikatoren wird proportional vom Kaufpreis abgezogen beziehungsweise hinzugerechnet. Die Entwicklung des Buchwerts des Eigenkapitals wird folglich als eine Indikation der zukünftigen Ertragsentwicklung interpretiert.[87]

Nichtsdestotrotz lässt sich festhalten, dass das bilanzielle Eigenkapital generell über das Net Debt hinaus keine zukünftigen Zahlungsströme abbildet, sondern auf der Passivseite lediglich die Veränderungen der Aktivseite sowie der Rückstellungen reflektiert. Wenn aber der Unternehmenswert – wie es heutzutage überwiegend der Fall ist – auf Basis zukünftiger Zahlungsströme ermittelt wird, ist eine Kaufpreisanpassung um die Veränderung des Net Equity nicht sachgerecht. Darüber hinaus ist das zu einem bestimmten Stichtag ermittelte buchmäßige Eigenkapital eine eher willkürliche Größe, da enthaltene reine Buchvorgänge wie beispielsweise Aktivierungen, Zu- und Abschreibungen, Rückstellungsbildungen sowie andere Abgrenzungsbuchungen regelmäßig erheblich zeitversetzt zu den jeweiligen Zahlungsströmen erfolgen und somit eine Aussage über den tatsächlichen Unternehmenswert auf Basis des stichtagbezogenen Net Equity erheblich verzerren.[88]

4. Earn Out

Zielen die Vertragsparteien auf die Vereinbarung einer Earn Out-Klausel im Unternehmenskaufvertrag ab, sollten die jeweiligen Vor- und Nachteile zunächst sorgfältig eruiert und gegeneinander abgewogen werden. Generell ermöglichen Earn Out-Klauseln, dass Unsicherheiten über die zukünftige wirtschaftliche Entwicklung des Zielunternehmens überbrückt und damit einhergehende unterschiedliche Preisvorstellungen von Käufer und Verkäufer einander angenähert werden können. Dadurch wird das Risiko von Kaufpreisfehleinschätzungen für beide Seiten reduziert. Andererseits ist das Konfliktpotenzial bei dieser Art der nachträglichen Kaufpreisanpassung deutlich erhöht.

Aus der Käufersicht ist ein Earn Out-Mechanismus vor allem deshalb vorteilhaft, weil nur dann ein erhöhter Kaufpreis zu zahlen ist, wenn bestimmte, zuvor definierte Erwartungen auch tatsächlich eintreten. Des Weiteren kann für den Fall, dass eine nachträgliche Kaufpreiszahlung zu erfolgen hat, diese (zumindest teilweise) aus den laufenden Gewinnen der Zielgesellschaft finanziert werden. Im Falle (stark) abweichender Kaufpreisvorstellungen kann die Vereinbarung einer Earn Out-Klausel überhaupt erst ermöglichen, dass eine Transaktion zustande kommt. Einem Verkäufer mit einer aus Käufersicht überhöhten Kaufpreisforderung kann so suggeriert werden, dass dieser einen entsprechend hohen Kaufpreis erhält, wenn sein Unternehmen sich tatsächlich so entwickelt, wie es seine Erwartungen und die Planungsrechnung vorzeichnen. Dem Verkäufer können zudem Anreize gesetzt werden, dem Unternehmen auch künftig loyal gegenüberzustehen. Bleibt der Voreigentümer beispielsweise als Geschäftsführer oder Berater nach der Transaktion im

---

87 *Borgmann/Kalnbach*, M&A Review 2007, 227 (229).
88 *Kästle/Oberbracht*, (o. Fn. 5), S. 95f.

Unternehmen beschäftigt, kann ihn die Vereinbarung einer Earn Out-Klausel dazu motivieren, seine Kontakte und Fähigkeiten weiterhin vollumfänglich auszuschöpfen und einzubringen. Nachteile können sich hingegen bei der Integration des Zielunternehmens ergeben, wenn im SPA festgelegt ist, dass bestimmte Unternehmensbereiche oder Buchungskreise zur Festlegung der definierten Parameter bestehen bleiben müssen und dadurch Umstrukturierungen, Verschmelzungen sowie die Hebung von Synergien behindert und verzögert werden.

Bei der Vereinbarung einer Earn Out-Klausel hat der Verkäufer die Möglichkeit, auch nach Abschluss der Transaktion, von einer positiven Entwicklung seines Unternehmens zu profitieren und so einen gegebenenfalls höheren Kaufpreis durchzusetzen als im Falle eines Closing Accounts- oder Locked Box-Mechanismus ohne nachträgliche Kaufpreisanpassung. Andererseits erhält er – sofern die vereinbarten Parameter erreicht werden – einen Teil des Kaufpreises erst zu einem späteren Zeitpunkt. Da sich das Unternehmen nach dem Übertragungsstichtag jedoch nicht mehr in der Hand des Verkäufers befindet, ist dieser ohne die Vereinbarung von Schutzmechanismen potenziellen Manipulationen des Käufers hinsichtlich der im SPA definierten Parameter ausgeliefert. Der Verkäufer sollte deshalb unbedingt die Einräumung von Auskunfts- und Prüfungsrechten sowie einer Wohl-verhaltensvereinbarung seitens des Käufers verlangen. Zudem muss der festgelegte Zielparameter genauestens formuliert sein. Handelt es sich bei der Bezugsgröße um einen nicht im Gesetz normierten Begriff wie beispielsweise EBIT oder EBITDA, ist ebenfalls eine präzise Definition der Berechnungsgrundlage vonnöten. Es empfiehlt sich daher, dem SPA eine detaillierte Beispielberechnung inklusive einer exakten Bezeichnung der einzubeziehenden Konten anzuhängen. Darüber hinaus sollte festgelegt werden, dass Bilanzierungs- und Bewertungsmethoden in Einklang mit der bisherigen Geschäftspraxis anzuwenden sind. Aufgrund einer vereinfachten Abwicklung kann es praktikabel sein, statt einer fixen Zielgröße einen Korridor festzulegen, innerhalb dessen sich der relevante Parameter befinden muss. Neben der Berechnungsgrundlage ist außerdem der Bemessungs-zeitraum zu definieren. Aus Sicht des Verkäufers sollte diese Earn Out-Periode nicht zu lang sein, da ansonsten die Änderungen der Zielgesellschaft und die Gestaltungs-möglichkeiten des Käufers unüberschaubar werden könnten. Auch die Käuferseite sollte aufgrund regelmäßig bestehender vertraglich bedingter Integrationshemmnisse eine Earn Out-Periode von höchstens drei Jahren anstreben.[89]

Zwar wird es in der Praxis nahezu unmöglich sein, sämtliche Manipulationsmöglichkeiten durch den Käufer auszuschließen, dennoch grenzt ein enges Vertragswerk dessen Gestaltungsspielraum ein. So sollten unbedingt Regelungen über konzerninterne Trans-aktionen der Käufergruppe, durch die sich andernfalls relativ einfache Beeinflussungs-potenziale ergeben würden, sowie über Umstrukturierungen der Zielgesellschaft, die eine Beurteilung des definierten Zielparameters undurchführbar gestalten würden, getroffen werden.

Das hohe Konfliktpotenzial, die angesichts der gegebenen Gestaltungsmöglichkeiten bestehende Schwierigkeit der Feststellung der definierten Zielgröße nach Ablauf der Earn Out-Periode und die sich ergebenden Kosten im Streitfall stellen die größten Nachteile von Earn Out-Regelungen dar. Eine deutlich konfliktfreiere und händelbarere Alternative wäre

---

89   *Hilgard*, BB 2010, 2912 (2915f.).

eine Minderheitsbeteiligung des Voreigentümers. Fraglich ist jedoch, ob dies im Interesse der jeweiligen Vertragsparteien sein wird. In jedem Fall sollten bei der Vereinbarung eines Earn Out klare Regelungen zum Streitschlichtungsverfahren im Vertragswerk aufgenommen werden. Aufgrund der vorhandenen Erfahrungen und der Praxisnähe sowie der regelmäßig schnelleren Abwicklung gegenüber staatlichen Gerichten ist die Einigung auf ein Schiedsgericht zur Streitschlichtung dringend zu empfehlen.

C.   *Vertragliche Garantien und Gewährleistungen in Unternehmenskaufverträgen*

Die Kaufpreiszahlung auf Basis der beschriebenen Anpassungsmechanismen ist nur eine von weiteren vertraglich geregelten Rechten und Pflichten zur Bestimmung der tatsächlichen Gegenleistung für die Übertragung der Gesellschaftsanteile. Darüber hinaus enthalten Unternehmenskaufverträge regelmäßig einen umfassenden Katalog an Garantien und Gewährleistungen, welche die aus Käufersicht bestehenden Bewertungsunsicherheiten bezüglich potenzieller Mängel der Beteiligungsrechte sowie des Zustands der Zielgesellschaft abfedern sollen und somit – ökonomisch betrachtet – ebenfalls eine nachträgliche Anpassung des Kaufpreises zur Folge haben (können).

I.   *Gesetzliches Gewährleistungsregime*

Wie bereits in Abschnitt A. III. 1. beschrieben, handelt es sich beim Unternehmenskauf im Wege eines Share Deals um einen Rechtskauf im Sinne der §§ 433, 453 Abs. 1 BGB. Für den Kauf von Rechten und sonstigen Gegenständen[90] finden gemäß § 453 Abs. 1 BGB die Vorschriften über den Kauf von Sachen entsprechende Anwendung.[91];[92] Gemäß § 433 Abs. 1 Satz 2 BGB hat der Verkäufer dem Käufer die Sache frei von Sach- und Rechtsmängeln zu verschaffen, um den Erfüllungsanspruch des Käufers zu befriedigen. Das hat zur Folge, dass die Übergabe einer mangelhaften Sache kein Erlöschen der geschuldeten Leistung gemäß § 362 Abs. 1 BGB bewirkt, sondern dass in diesem Fall das allgemeine Leistungsstörungsrecht zur Anwendung kommt.[93] Das Vorliegen eines Mangels wird in den §§ 434 BGB (Sachmangel) und 435 BGB (Rechtsmangel) geregelt. In § 437 BGB sind die Rechte des Käufers bei Vorliegen von Mängeln aufgeführt. Daraus ergibt sich, dass der Käufer für den Fall, dass die Voraussetzungen der folgenden Vorschriften erfüllt sind und soweit keine davon abweichenden Regelungen getroffen wurden, nach § 439 BGB Nacherfüllung verlangen, nach den §§ 440, 323 und 326 Abs. 5 BGB vom Vertrag zurücktreten oder nach § 441 BGB den Kaufpreis mindern und nach den §§ 440, 280, 281, 283 und 311a BGB Schadensersatz oder nach § 284 BGB den Ersatz vergeblicher Aufwendungen einfordern kann. Eine Anwendung der genannten Haftungsfolgen trägt den Besonderheiten des Unternehmenskaufs jedoch unzureichend Rechnung und ist daher überwiegend nicht sachgerecht.[94] Die dem Wortlaut des Gesetzes nach vorrangig anzuwendende Nacherfüllung ist deshalb ungeeignet, weil zum einen eine komplette Neulieferung aufgrund der

---

90   Entsprechend der eindeutigen Aussage des Gesetzgebers fällt der Unternehmenskauf im Wege des Share Deals unter den Kauf „sonstiger Gegenstände" im Sinne des § 453 Abs. 1 BGB. BT-Drucks. 14/6040, S. 242.

91   *Picot*, (o. Fn. 17), S. 138 (139f.).

92   Die vormals in Bezug auf die Haftung gemäß §§ 459ff. BGB bestehende Unterscheidung zwischen Sach- oder Rechtskauf ist mit Inkrafttreten des Schuldrechtsmodernisierungsgesetzes am 01.01.2002 nicht mehr von Bedeutung.

93   *Picot/Russenschuck*, Unternehmenskauf – Gibt es noch selbstständige Garantien?, M&A Review 2002, S. 64 (64f.).

94   *Mellert*, Selbstständige Garantien beim Unternehmenskauf – Auslegungs- und Abstimmungsprobleme, BB 2011, 1667.

Einzigartigkeit des Unternehmens ausgeschlossen ist und zum anderen der Verkäufer nach dem Übertragungsstichtag keinen Einfluss mehr auf das Unternehmen hat, der es ihm ermöglichen würde, bestehende Mängel zu beseitigen.[95] Des Weiteren wird das Unternehmen als Ganzes verkauft, was dazu führt, dass der Mangel eines einzelnen Wirtschaftsguts grundsätzlich nicht isoliert betrachtet werden kann.

Eine sich durch Rücktritt ergebende Rückabwicklung stellt aufgrund der Tatsache, dass sich bereits nach relativ kurzer Zeit massive Veränderungen in diversen Bereichen des übertragenen Unternehmens ergeben können, ebenfalls keine adäquate Rechtsfolge dar. Ist dem Käufer die Rückabwicklung nicht möglich, so steht dem Verkäufer im Rücktrittsfall zudem ein Wertersatzanspruch gemäß § 346 Abs. 2 BGB zu, der vom Käufer regelmäßig nicht zu erfüllen sein wird. Bei der Minderung stellt sich die Frage, wie der hypothetische Wert des mangelfreien Unternehmens zum Zeitpunkt des Vertragsschlusses im Verhältnis zum wirklichen Wert (Wert des mangelhaften Unternehmens) zu ermitteln ist, insbesondere, da der gezahlte Kaufpreis größtenteils auf Annahmen über dem Unternehmen zukünftig zufließende Zahlungsströme beruht. Entlastend ist in diesem Zusammenhang jedoch die neue Regelung des § 441 Abs. 3 Satz 2 BGB, wonach eine Schätzung des Minderungsbetrags möglich ist.

Beim Schadensersatz ist es dem Käufer möglich, zwischen einem kleinen Schadensersatz nach § 281 Abs. 1 Satz 1 BGB und einem Schadensersatz anstelle der ganzen Leistung (großer Schadensersatz) nach § 281 Abs. 1 Satz 2 und 3 BGB zu wählen. Der große Schadensersatz zieht jedoch eine Rückabwicklung nach sich und hat somit rücktrittsgleiche Wirkung. Ansprüche auf kleinen Schadensersatz erscheinen dahingegen als anwendbar. Anstelle des Schadensersatzes kann der Käufer auch den Ersatz seiner vergeblichen – also in Erwartung der Vertragserfüllung getätigten – Aufwendungen verlangen. Da sowohl Schadensersatzansprüche als auch vergebliche Aufwendungen den Kaufpreis theoretisch übersteigen können, stellt sich jedoch die Frage, ob dies interessengerecht ist.[96]

Das gesetzliche Gewährleistungsregime ist somit nicht in der Lage, die Folgen von auftretenden Mängeln bei Unternehmenskäufen durch entsprechende Regelungen sachgerecht und umfassend aufzufangen. Auch die Einführung des Schuldrechtsmodernisierungsgesetzes am 01.01.2002 hat an dieser Tatsache – aufgrund fehlender spezifischer Regelungen zum Unternehmenskauf – wenig geändert.[97] Vor diesem Hintergrund ist es lediglich dort sinnvoll, sich auf die gesetzlichen Regelungen des BGB zu stützen, wo die darin erfassten Tatbestände und Rechtsfolgen tatsächlich von den Vertragsparteien entsprechend gewollt sind.[98] Ansonsten gilt es, durch die Vereinbarung eines abgeschlossenen, individualvertraglichen Haftungsregimes, die aufgeführten Lücken des gesetzlichen Gewährleistungs- und Haftungsrechts beim Unternehmenskauf – dessen Abdingbarkeit vorausgesetzt – weitestgehend zu schließen.

---

95 Eine Nacherfüllung kann so gemäß § 439 Abs. 3 BGB wegen Unzumutbarkeit ausgeschlossen sein.
96 *Schmitz*, Mängelhaftung beim Unternehmenskauf nach der Schuldrechtsreform, RNotZ 2006, 561 (567ff.); *Picot*, (o. Fn. 17), S. 138 (164f.); *Fischer*, Die Haftung des Unternehmensverkäufers nach neuem Schuldrecht, DStR 2004, 276, (276ff.).
97 *Schmitz*, RNotZ 2006, 561.
98 *Lips/Stratz/Rudo*, (o. Fn. 13), S. 233 (238).

II. Individualvertragliche Garantien und Gewährleistungen

Die zuvor beschriebenen kaufrechtlichen Gewährleistungstatbestände sind grundsätzlich dispositiver Natur und können somit durch die Vereinbarung eines eigenständigen Haftungssystems größtenteils abbedungen werden.[99] Neben einem möglichst umfangreichen Ausschluss der gesetzlichen Gewährleistungsvorschriften werden regelmäßig selbstständige Garantien durch den Verkäufer abgegeben, welche den im angelsächsischen Rechtssystem üblichen „Representations and Warranties" nachgebildet sind und oftmals auch in Unternehmenskaufverträgen, die dem deutschen Recht unterliegen, als solche bezeichnet werden. Eine Unterscheidung zwischen Representations, welche den gegenwärtigen Zustand des Unternehmens zusichern, und Warranties, die Garantien hinsichtlich des zukünftigen Eintritts beziehungsweise Nichteintritts gewisser Umstände darstellen, ist nach deutschem Recht jedoch nicht sachgerecht.[100] Die Abgabe einer selbstständigen Garantie gemäß § 311 Abs. 1 BGB durch den Verkäufer hat zur Folge, dass dieser verschuldensunabhängig[101] und unabhängig von der Kenntnis des jeweiligen Umstands durch den Käufer diesem gegenüber für die vertraglich vereinbarte Beschaffenheit einzustehen hat. Es handelt sich dabei um ein, neben die Rechte aus dem Unternehmenskaufvertrag tretendes, eigenständiges Schuldverhältnis. Die Rechtsfolgen, die sich aus der Verletzung selbstständiger Garantien ergeben, werden von den Vertragsparteien überwiegend individuell vereinbart, sodass die gesetzlichen Vorschriften nicht zur Anwendung kommen.[102]

Im Gegensatz zur selbstständigen Garantie handelt es sich bei der unselbstständigen nicht um ein eigenständiges Schuldverhältnis, sondern um eine nähere Ausgestaltung eines bereits bestehenden Vertragsverhältnisses. Unselbstständige Garantien finden sich im gesetzlichen Gewährleistungssystem in Form von Beschaffenheits- und Haltbarkeitsgarantien gemäß § 443 BGB wieder.[103]

Grundsätzlich lässt sich formulieren, dass der Käufer möglichst umfangreiche Garantien hinsichtlich der wertbildenden Umstände und bestehenden Risiken des zu übertragenen Unternehmens fordern wird, während der Verkäufer im Umkehrschluss eine möglichst geringe Haftung anstrebt. Dementsprechend ist der Umfang des Garantiekatalogs im SPA je nach Geschäftstätigkeit des Unternehmens, Kaufpreisfindung, Kaufpreishöhe, Verhandlungsposition der Vertragsparteien sowie weiterer fallspezifischer Umstände sehr unterschiedlich und zumeist das Ergebnis intensiver Vertragsverhandlungen. Dies betrifft sowohl den Gegenstand der Gewährleistungen als auch den Umfang der Haftung und die Voraussetzungen für die Geltendmachung der Haftungsansprüche.[104] Voraussetzung einer hinsichtlich der Rechtsfolgen sinnvoll gestalteten Garantie ist, dass der Garantiegeber einer entsprechenden Haftungsverpflichtung auch tatsächlich nachkommen kann, also nicht etwa wie im Fall von Private Equity-Gesellschaften, die ihr Fondsvermögen nach Verkauf ihrer Beteiligung an die Anteilseigner ausschütten und eine Haftungsmasse somit nicht mehr vorhanden ist.[105; 106]

---

99   Zu den Ausnahmen beziehungsweise den Grenzen von Haftungsausschlüssen wird im Folgenden Gliederungspunkt C. III. Stellung genommen.
100 *Mellert*, BB 2011, 1667; *Kästle/Oberbracht*, (o. Fn. 5), S. 153.
101 *Westermann*, in: Münchener Kommentar zum Bürgerlichen Gesetzbuch, Band 3, 6. Aufl. 2012, § 437 Rn. 36.
102 *Fischer*, DStR 2004, 276 (281); *Knott*, Garantien, in: Knott/Mielke (Hrsg.), Unternehmenskauf, 2008, S. 249 (250f.).
103 *Westermann*, (o. Fn. 102), § 443 Rn. 8f.; *Bergjan*, (o. Fn. 3), S. 1306 (1337f.).
104 *Kästle/Oberbracht*, (o. Fn. 5), S. 153f.
105 *Knott*, (o. Fn. 103), S. 249 (250).

Der Katalog selbstständiger Garantieversprechen ist zumeist einheitlich aufgebaut. Zunächst wird eine Generalklausel formuliert, die üblicherweise folgenden Wortlaut trägt: „Der Verkäufer garantiert dem Käufer in Form selbstständiger Garantieversprechen gemäß § 311 Abs. 1 BGB, dass die nachfolgenden Aussagen zum Zeitpunkt der Beurkundung dieses Vertrages (und am Vollzugstag) vollständig[107] und zutreffend sind."[108] Daraufhin werden die einzelnen Garantien aufgeführt, welche Zustandsbeschreibungen der rechtlichen, wirtschaftlichen oder tatsächlichen Situation des Zielunternehmens beziehungsweise der zu übertragenden Anteile beinhalten. Abschließend erfolgt die Beschreibung der Rechtsfolgen im Falle der Unrichtigkeit oder Unvollständigkeit der jeweiligen Garantien. Grundsätzlich handelt es sich hierbei um Schadensersatzansprüche. Nacherfüllung, Rücktritt oder Minderung werden überwiegend ausgeschlossen.[109]

Je nach Verhandlungsposition wird der Verkäufer bestrebt sein, das vertragliche Haftungsrisiko zu beschränken, um dieses kalkulierbar zu gestalten. In der M&A-Praxis haben sich vor diesem Hintergrund insbesondere Bagatellgrenzen („De Minimis Amount"), Schwellenwerte („Basket"), Haftungshöchstbeträge („Cap") sowie Verjährungsklauseln herausgebildet.

Bagatellgrenzen haben zur Folge, dass Streitigkeiten über eine Vielzahl von Kleinschäden vermieden werden, da der Käufer keine Ansprüche geltend machen kann, sofern der durch eine Garantieverletzung entstehende Schaden einen bestimmten Mindestbetrag nicht überschreitet. Die Festlegung eines Basket gewährleistet, dass der Verkäufer nur in Anspruch genommen werden kann, wenn die Summe der Schäden, welche die Bagatellgrenze übersteigen, größer ist als dieser festgelegte Schwellenwert. De Minimis Amount und Basket können jeweils als Freibetrag oder Freigrenze ausgestaltet sein. Im Falle eines Freibetrags haftet der Verkäufer nur in der Höhe, in der die Schäden den jeweils festgelegten Betrag übersteigen, während er im Falle einer Freigrenze ebenfalls erst ab einem gewissen Schwellenwert – dann allerdings für den gesamten Schadensbetrag – in Anspruch genommen wird. Haftungsobergrenzen werden entweder als prozentualer Anteil des Kaufpreises ausgedrückt oder als absoluter Betrag festgesetzt. Individuelle Klauseln zur Verjährung – diese sind innerhalb der Grenzen des § 202 BGB zulässig – geben an, wie lange der Verkäufer für die einzelnen Garantien in Anspruch genommen werden kann. Meist wird ein bestimmter Zeitraum ausgehend vom Closing definiert. Dabei werden in der Praxis für unterschiedliche Gewährleistungstatbestände zumeist unterschiedliche Verjährungsfristen vereinbart.[110]

Nachfolgende Darstellung verschafft einen zusammenfassenden Überblick über die in Unternehmenskaufverträgen regelmäßig vereinbarten selbstständigen Verkäufergarantien, wobei Umfang und Inhalt jeweils einzelfallabhängig und angepasst an das Transaktionsumfeld ausgestaltet sind:

---

106 In diesem Fall wird ein Käufer jedoch anderweitig, beispielsweise durch eine entsprechende Bankgarantie, abgesichert werden wollen.
107 Der Bezug auf die Vollständigkeit ist in der Formulierung der betreffenden Garantie bereits enthalten und sollte aus Sicht des Verkäufers daher vermieden werden.
108 *Mellert*, BB 2011, 1667 (1667f)
109 *Mellert*, BB 2011, 1667 (1667f.).
110 *Lips/Stratz/Rudo*, (o. Fn. 13), S. 233 (277ff.); *Kästle/Oberbracht*, (o. Fn. 5), S. 154ff.

Kategorie	Inhalt
Garantien bezüglich Bestand und Inhalt von Rechten:	
- Rechtsfähigkeit des Veräußerers	- Ordnungsgemäßes Bestehen des Veräußerers - Vorliegen erforderlicher gesellschaftsrechtlicher Zustimmungen - Keine Notwendigkeit der Zustimmung oder Genehmigung durch Dritte
- Rechtsverhältnisse der Gesellschaft	- Ordnungsgemäßes Bestehen der zu übertragenden Gesellschaft - Bestehen der Gesellschafts- und Unternehmensverträge - Kein Vorliegen stiller Beteiligungen oder anderer Teilhaberrechte Dritter - Keine Eröffnung oder Beantragung eines Insolvenzverfahrens sowie keine (drohende) Zahlungsunfähigkeit
- Rechtsverhältnisse der zu übertragenden Anteile	- Veräußerer ist alleiniger Eigentümer der Anteile und unterliegt keinen Veräußerungsbeschränkungen - Anteile sind vollständig eingezahlt, frei veräußerlich, frei übertragbar und ohne Nachschusspflichten und es bestehen keine Rechte Dritter an den Anteilen - Keine Ausschüttung von Kapital, Dividenden oder vergleichbaren Zahlungen seit dem letzten Bilanzstichtag
- Vermögensgegenstände und Grundbesitz	- Volles, unbeschränktes und unbelastetes Eigentum und Besitz an Grundstücken und Gebäuden sowie an beweglichen und unbeweglichen Vermögensgegenständen - Vorratbestände hinsichtlich Menge und Qualität nutzbar und verkäuflich - Gebäude sowie Auf- und Einbauten und wesentliche Vermögensgegenstände ordnungsgemäß instand gehalten und in gutem und gebrauchsfähigem Zustand
- Gewerbliche Schutzrechte	- Gesellschaft ist Inhaberin der für den gegenwärtigen (und ggf. geplanten) Geschäftsbetrieb erforderlichen gewerblichen Schutzrechte (u.a. Patente, Geschmacksmuster, Marken, Namensrechte, Geschäftsbezeichnungen, Know-how) - Gewerbliche Schutzrechte sind frei von Rechten Dritter
- Wesentliche Verträge	- Wesentliche Verträge (einzeln aufzuführen) sind wirksam, durchsetzbar und wurden nicht beendet - jeweils andere Vertragspartei verletzt nicht wesentliche Vertragspflichten und ist nicht mit einer Vertragspflicht wesentlich in Verzug
- Genehmigungen und Rechtsvoschriften	- Gesellschaft hat wesentliche behördliche und arbeitsschutzrechtliche Genehmigungen und Konzessionen - Keine (drohende) Rücknahme, Änderung oder Widerruf solcher Genehmigungen

Kategorie	Inhalt
Garantien bezüglich Belastungen und Verpflichtungen:	
- Arbeitnehmer	- Personalbestand mit sämtlichen Arbeitsverträgen einschließlich Leiharbeitnehmer, Versorgungszusagen, Kündigungsliste - Bestand an Geschäftsführern, Organmitgliedern sowie Details zu ihrer Anstellung/Beschäftigung
- Steuern und Abgaben	- Keine offenen Steuern und Abgaben bzw. ausreichende Bildung von Rückstellungen - Angaben zur letzten steuerlichen Außenprüfung und deren Ergebnisse
- Eventualverbindlichkeiten	- Vollständiger Ausweis aller Eventualverbindlichkeiten, die sich aus Sicherheiten für fremde Verbindlichkeiten ergeben
Garantien bezüglich des Jahresabschlusses:	
- Jahresabschluss entsprechend der vertraglich vereinbarten Rechnungslegungsvorschriften	- Jahresabschlüsse und internes Berichtswesen sind mit der Sorgfalt eines ordentlichen Kaufmanns erstellt und entsprechen anwendbaren Bilanzierungsgrundsätzen und Bilanzierungsrichtlinien - Jahresabschlüsse sind vollständig und richtig und vermitteln ein vollständiges und richtiges Bild der Vermögens-, Finanz- und Ertragslage - Berücksichtigung der vorhersehbaren Risiken, Abwertungen und Verluste mit angemessenen Abschreibungen, Wertberichtigungen oder Rückstellungen
Garantien bezüglich sonstiger Tatbestände:	
- Ordentlicher Geschäftsverlauf / wesentliche Verschlechterung	- Seit dem letzten Bilanzstichtag wurden die Geschäfte im normalen und ordentlichen Geschäftsverlauf geführt - Keine wesentlichen negativen Abweichungen seit dem letzten Bilanzstichtag
- Gerichtliche Verfahren	- Keine Beteiligung an anhängigen oder drohenden Verwaltungs- oder Untersuchungsverfahren - Keine Umstände bekannt, die solche Rechtsstreitigkeiten erwarten lassen
- Versicherungen	- Versicherungsverträge sind wirksam, wurden nicht beendet oder deren Beendigung angedroht - Prämien wurden vollständig bezahlt - Keine Umstände bekannt, die Bestehen des Versicherungsschutzes infrage stellen
- Umwelt	- Gesellschaft hat wirksam alle wesentlichen zur Führung des Geschäftsbetriebs erforderlichen Umweltgenehmigungen - Führung des Geschäftsbetriebs in Übereinstimmung mit Umweltgenehmigungen und Umweltrecht - Grundbesitz und Gebäude frei von Verunreinigungen

Abb.2: Übersicht wesentlicher Verkäufergarantien in Unternehmenstransaktionen. Eigene Darstellung in Anlehnung an Holzapfel/Pöllath, (o. Fn. 29), S. 389ff.; Lips/Stratz/Rudo, (o. Fn. 13), S. 233 (270); Beisel/Klumpp, (o. Fn. 14), S. 383.

Über den vertraglichen Garantiekatalog hinaus beziehungsweise alternativ zur Garantie werden hinsichtlich bestimmter Sachverhalte regelmäßig Freistellungen vereinbart, die sich – im Gegensatz zu den selbstständigen Garantien – dadurch auszeichnen, dass es nicht zu einem Schadenseintritt kommen muss, sondern sich der Käufer bei Vorliegen des Freistellungstatbestands durch den Verkäufer von der entsprechenden Verbindlichkeit gegenüber einem Dritten befreien lassen kann. Während Garantien dabei auf fest umrissene Tatbestände in der Vergangenheit gerichtet sind, beziehen sich Freistellungen zumeist auf zukünftige Unsicherheiten beziehungsweise schwebende Zustände. Die üblichen Freistellungstatbestände betreffen Nachforderungen von Steuern und Sozialversicherungsbeiträgen, anhängige Gerichtsverfahren sowie Umweltrisiken oder andere Altlasten.[111]

Neben den aufgeführten Garantien und Freistellungen des Verkäufers ist es in dessen Interesse üblich, dass auch der Käufer einige elementare Erklärungen abzugeben hat. Diese betreffen überwiegend die Kaufpreisabsicherung, das Bestehen der Erwerbergesellschaft sowie das Vorliegen der für die Transaktion erforderlichen Genehmigungen, insbesondere der Kartellfreigabe.[112]

III. Grenzen von Haftungsausschlüssen

Wie bereits erwähnt, können die Vertragsparteien die gesetzliche Haftung für Mängel des Unternehmens weitestgehend vertraglich ausschließen. Grenzen der Abdingbarkeit ergeben sich jedoch aus § 444 BGB. Demzufolge kann der Verkäufer sich nicht auf die Einschränkung oder den Ausschluss der gesetzlichen Rechte des Käufers aufgrund eines bestehenden Mangels berufen, „soweit er den Mangel arglistig verschwiegen oder eine Garantie für die Beschaffenheit der Sache übernommen hat". Der Begriff „soweit" ersetzt das zuvor[113] im Gesetzestext verwendete „wenn", da der Gesetzgeber verdeutlichen wollte, dass nur für den jeweils konkret in Rede stehenden Mangel eine Haftungsbegrenzung ausgeschlossen ist und dies nicht für sämtliche individualvertraglich vereinbarten (selbstständigen oder unselbstständigen) Garantien gilt.[114]

Dies hat zur Folge, dass nach herrschender Meinung das Haftungsausschlussverbot nach § 444 BGB auf die typischerweise im SPA verwendeten selbstständigen Garantien nach § 311 Abs. 1 BGB keine Anwendung findet und sich deshalb allein auf die unselbstständigen Garantien des Kaufrechts erstreckt.[115]

Gemäß § 442 Abs. 1 BGB sind die Rechte des Käufers wegen eines Mangels allerdings ausgeschlossen, wenn der Käufer den Mangel bei Vertragsabschluss kannte oder ihm dieser infolge grober Fahrlässigkeit unbekannt geblieben ist. Eine analoge Anwendung des § 442 Abs. 1 BGB auf selbstständige Garantien ist abzulehnen, da die Geltung der gesetzlichen Gewährleistungsansprüche hierin explizit ausgeschlossen wird. Nichtsdestotrotz werden im SPA regelmäßig Kenntnis-Klauseln in Anlehnung an § 442 Abs. 1 BGB vereinbart, die unterschiedlich umfangreich ausgeprägt sein können und so von einer schadlosen Käufer-

---

111 *Bergjan*, (o. Fn. 3), S. 1306 (1346f.).
112 *Bergjan*, (o. Fn. 3), S. 1306 (1346); *Holzapfel/Pöllath*, (o. Fn. 29), S. 388.
113 Vor der entsprechenden Gesetzesänderung am 2. Dezember 2004. BGBl. I 2004, S. 3103.
114 *Kästle/Oberbracht*, (o. Fn. 5), S. 158f.; *Bergjan*, (o. Fn. 3), S. 1306 (1338f.).
115 *Bergjan*, (o. Fn. 3), S. 1306 (1339); *Schmitz*, RNotZ 2006, 561 (587).

kenntnis bis hin zu weitgefassten, den Umfang des § 442 Abs. 1 BGB überschreitenden Regelungen reichen.[116] In vielen Unternehmenskaufverträgen finden sich dementsprechend Vereinbarungen darüber, dass die während der Due Diligence veröffentlichten Informationen dem Erwerber als bekannt gelten. Inwieweit dies von der Käuferseite akzeptiert wird, ist in Anbetracht der Fülle von Dokumenten und Informationen, die im Rahmen eines Verkaufsprozesses bereitgestellt werden, wiederum eine Frage der individuellen Verhandlungsstärke und -position sowie der spezifischen Gegebenheiten der jeweiligen Transaktion.

D. Schlussbetrachtung

In vielen Fällen gibt es mehr als einen angemessenen und damit einigungsfähigen Kaufpreismechanismus. Dies hat die vorliegende Arbeit im Rahmen der Darstellung und Abwägung der unterschiedlichen Mechanismen gezeigt. Entscheidend ist die sachgerechte Ausgestaltung angepasst an das Zielunternehmen und die Bedürfnisse der jeweiligen Vertragsparteien im gegebenen Transaktionsumfeld.

Die Locked Box ist aus Sicht des Verkäufers vor allem aufgrund der gegebenen Kaufpreis-sicherheit vorteilhaft. Nichtsdestotrotz muss diese Sicherheit gegen entsprechende Kauf-preisabschläge sowie einen erhöhten Due Diligence-Aufwand abgewogen werden. Auf der Käuferseite ist bei Einigung auf einen Locked Box-Mechanismus darauf zu achten, dass entsprechende Bilanzgarantien und No Leakage-Klauseln vom Veräußerer abgegeben werden und dass Effective Date und voraussichtliches Closing zeitlich nicht zu weit auseinanderliegen.

Beim Closing Accounts-Mechanismus ist die – im Hinblick auf eine vollumfängliche Zuordnung der Bilanzkonten – exakte Formulierung des SPA für beide Vertragsparteien von entscheidender Bedeutung, um den Spielraum potenzieller Manipulationen möglichst gering zu gestalten. Bei einer dezidierten Ausgestaltung des SPA und der Vereinbarung flankierender Garantien und Gewährleistungen stellt der Closing Accounts-Mechanismus die ausgewogenste Kaufpreisanpassung dar, da der gezahlte Kaufpreis hierbei den Wert des Unternehmens im Zeitpunkt der dinglichen Gesellschaftsanteilsübertragung widerspiegelt.

Angesichts der beschriebenen Nachteile der Net Equity-Anpassung, insbesondere der Einschränkung, dass ein stichtagbezogener Eigenkapitalbuchwert eine tendenziell rechnungslegungsbezogene und damit in vielen Fällen nur sekundär ökonomisch zu interpretierende Größe darstellt, die zudem zukünftige Zahlungsströme weitestgehend unberücksichtigt lässt, ist diese bei größeren Transaktionen, bei denen zumeist eine Cash Flow-basierte Bewertung des Basiskaufpreises angewendet wird, nicht zu empfehlen.

Die Vereinbarung einer Earn Out-Klausel sollte aus Verkäufersicht – aufgrund der nach Abschluss der Transaktion vielfältig bestehenden Manipulationsmöglichkeiten durch den Erwerber und des damit einhergehenden hohen Risikos späterer Rechtsstreitigkeiten – weitestgehend vermieden werden. Auch für die Käuferseite kann sich eine entsprechend lautende Earn Out-Klausel als nachteilig erweisen, wenn dadurch die Integration der

---

116 *Schmitz*, RNotZ 2006, 561 (590f.).

Zielgesellschaft gehemmt und die Ausübung der Geschäftstätigkeit beschränkt wird. Nichtsdestotrotz bietet die Vereinbarung einer Earn Out-Klausel die Chance, stark abweichende Kaufpreisvorstellungen zu überbrücken und somit eine Einigung zwischen den Vertragsparteien herbeizuführen und ein Scheitern der Transaktion zu verhindern. In diesem Fall müssen die entsprechenden Regelungen sehr sorgfältig und zielgerichtet formuliert werden. Die Vertragsparteien sollten sich darüber hinaus der bestehenden Risiken bewusst sein und alternative Regelungen, wie beispielsweise eine (Minderheits-) Beteiligung des Voreigentümers, abwägen.

Neben den beschriebenen Kaufpreisanpassungsmechanismen werden – im Sinne einer angemessenen Risikoverteilung – für auf Seiten des Käufers bestehende Bewertungsunsicherheiten und potenzielle Mängel der zu übertragenden Gesellschaft regelmäßig umfassende Garantie- und Gewährleistungszusagen vom Verkäufer verlangt. Auch wenn die gesetzlichen Bestimmungen – da sie den Besonderheiten des Unternehmenskaufs nicht hinreichend Rechnung tragen – im SPA weitestgehend abbedungen werden, ist deren umfassende Kenntnis Voraussetzung dafür, die individualvertraglichen Regelungen gestalten zu können und deren Zulässigkeit und praktische Anwendbarkeit zu beurteilen.

Die weiter zunehmende Professionalisierung der Transaktionsmärkte führt dazu, dass auch bei vermeintlich kleinen Transaktionen umfassende Vertragswerke geschlossen und Kaufpreisanpassungsmechanismen vereinbart werden. Die Kenntnis der jeweiligen Vor- und Nachteile sowie der typischen Interessensgegensätze sind daher für die einzelnen Vertragsparteien unerlässlich, um im Sinne der eigenen Interessen und transaktionsspezifischen Gegebenheiten sowie im Rahmen der in der M&A-Praxis gängigen Methoden den höchstmöglichen Transaktionserfolg erzielen zu können. Darüber hinaus wird die Anwendung der dargestellten Konzepte sowie deren Weiterentwicklung nach Auffassung des Autors auch in Zukunft einen wesentlichen interdisziplinären Aspekt von M&A-Transaktionen darstellen, der Käufer und Verkäufer sowie deren Berater – insbesondere vor dem Hintergrund unsicherer und volatiler wirtschaftlicher Rahmenbedingungen – weiterhin beschäftigen wird.

Die Verfasser

 **Daniel Eisenhuth, EMBA**

Daniel Eisenhuth arbeitet seit 2006 für die Ernst & Young GmbH in Hamburg und ist im Bereich der Transaktionsberatung als Prokurist tätig. Nach dem Studium der Wirtschaftsinformatik begann er ein Traineeprogramm bei der Ernst & Young GmbH sowohl im In- als auch im Ausland und sammelte Erfahrungen in unterschiedlichen Beratungszweigen. Schwerpunktmäßig berät der Verfasser nationale und internationale Unternehmen im Rahmen von Transaktionen und Investmententscheidungen. Hierbei liegt ein Hauptaugenmerk auf der Ermittlung der (finanziellen) Vorteilhaftigkeit von verschiedenen Entscheidungsalternativen.

 **Claudia Fritze, LL.M.**

Claudia Fritze leitet seit 2004 die Abteilung Recht – Kapitalmarkt-geschäft in der Landesbank Berlin AG (vormals Bankgesellschaft Berlin AG), deren Aufgabenbereich seit 2010 um gesellschafts- und unternehmensrechtliche Fragestellungen erweitert wurde. Nach Abschluss einer Ausbildung zur Bankkauffrau, Studium der Rechts-wissenschaften an der Freien Universität Berlin und Referendar-stationen in Berlin und London, betreut sie seit 1997 das Kapital-marktgeschäft der Bank in rechtlichen Fragen.

Tobias Karrenbrock, LL.M./Rechtsanwalt

Tobias Karrenbrock ist seit Anfang 2012 im Bereich Corporate/M&A am Düsseldorfer Standort der Kanzlei PETERS Rechtsanwälte tätig. Nach dem Studium der Rechtswissenschaften in Trier und Köln sowie dem Referendariat im OLG-Bezirk Hamm begann 2010 sein beruflicher Werdegang als Rechtsanwalt im Bereich M&A bei Schindhelm in Osnabrück. Von Oktober 2010 bis Juni 2012 absolvierte er den berufsbegleitenden Masterstudiengang "Mergers & Acquisitions" der Westfälischen Wilhelms-Universität Münster.

Tätigkeitsschwerpunkt ist die Beratung bei nationalen und internationalen M&A-Transaktionen und im Zusammenhang mit Joint Ventures, sowie die Begleitung von Umstrukturierungen.

Dr. Andreas Klauze, EMBA

Vor seiner Tätigkeit für den RWE-Konzern war der Verfasser für zwei internationale Rechtsanwaltssozietäten in Frankfurt am Main und München in den Bereichen Projektfinanzierung, internationaler Anlagenbau, Schiedsverfahren, M&A und IP tätig.

Er studierte an den Universitäten Trier und Bonn und wurde an der Universität Bonn mit einem insolvenzrechtlichen Thema zum Dr. iur. promoviert.

Sein derzeitiger Tätigkeitsschwerpunkt liegt in der konzernweiten rechtlichen Begleitung des Erwerbs und der Veräußerung von Beteiligungen und Unternehmen im In- und Ausland. Er berät zudem beim Abschluss von Konsortial- und Joint Venture-Verträgen sowie bei großen Investitionsprojekten im Ausland und bei Projektfinanzierungen.

Christopher Krois, EMBA

Der Autor ist Wissenschaftlicher Mitarbeiter am Lehrstuhl für Bürgerliches Recht, Arbeitsrecht und Zivilprozessrecht von Prof. Dr. Matthias Jacobs an der Bucerius Law School, Hamburg. Daneben ist er seit Februar 2013 Referendar am Hanseatischen Oberlandesgericht Hamburg.

Er studierte von 2003 bis 2008 an der Bucerius Law School in Hamburg und an der Columbia School of Law in New York. Sein Erstes Staatsexamen legte er 2008 ab. Es folgte die Doktorarbeit zu einem Thema des kollektiven Arbeitsrechts. Die Forschungsschwerpunkte des Autors liegen im Bürgerlichen Recht, Arbeitsrecht, allgemeinen Schuldrecht und Verbraucherschutzrecht.

Dr. Michael Langford, LL.M.

Dr. Michael S.A. Langford, LL.M. arbeitet bei einem namhaften deutschen Erstversicherer im Bereich Finance und ist dort zuständig für den Bereich WpHG / Transactions.

Sein beruflicher Werdegang begann nach erfolgreich abgeschlossenem zweitem juristischen Staatsexamen als Trainee bei der Dresdner Bank AG. Nach einer Ausbildung zum Credit Analysten arbeitete er ein Jahr lang als stellvertretender Filialleiter. Anschließend wechselte er in den Bereich Management Training / Changemanagement. Nach drei Jahren wechselte er in den Bereich Qualitätsmanagement, den er als Abteilungsleiter und Prokurist leitete. Hier war er verantwortlich für Kundenzufriedenheitsbefragungen und das Beschwerdemanagement. In dieser Funktion war er mit vielfältigen bankrechtlichen Fragestellungen befasst. Im Juli 2006 trat er in den Dienst eines namhaften deutschen Erstversicherers und arbeitete dort drei Jahre lang im internationalen Führungskräfteentwicklungsbereich. Im Juli 2009 wechselte er in den Bereich WpHG-Compliance und war dort für sämtliche WpHG Meldungen und die Einhaltung der Insiderverbote zuständig. Seit 2010 ist er des Weiteren mit kapitalmarktrechtlichen Fragestellungen im Zusammenhang mit Unternehmenstransaktionen sowie rechtlichen Corporate Finance Themen befasst. Seit 1998 führt er nebenberuflich Seminare zu bank- und kapitalmarktrechtlichen Themen für die Frankfurt School of Finance & Management durch. Nach abgeschlossener Bankausbildung bei der National Bank AG studierte er Jura und BWL. Seinen Doktor der Rechte erwarb er an der Ruhr Universität Bochum durch Bearbeitung eines bankenrechtlichen Themas, das sich mit dem zivilprozessualen Verhältnis von Banksicherheiten befasste. 2012 schloss er sein Masterstudium in „Mergers & Acquisitions" an der Wilhelms-Universität Münster ab und erwarb seinen Master of Laws (LL.M.). Zuvor bestand er die theoretische Prüfung für den Fachanwalt für Handels- und Gesellschaftsrecht.

Dirk Pasternack, EMBA/Dipl. Kaufmann

Dirk Pasternack ist Diplom-Kaufmann und derzeit kaufmännischer Leiter der vitronet Gruppe, einem mittelständischen Unternehmen mit Sitz in Essen, welches sich auf die schlüsselfertige Errichtung und Vermarktung von Glasfaserinfrastrukturen spezialisiert hat.

Herr Pasternack verfügt über eine mehrjährige Erfahrung in der strategischen Beratung großer und mittelständischer Unternehmen unterschiedlicher Branchen sowie von Finanzinvestoren. Nach seiner Ausbildung zum Bankkaufmann und dem anschließenden Studium der Betriebswirtschaftslehre an der Westfälischen Wilhelms-Universität Münster begann er seine berufliche Karriere als Consultant bei der Strategieberatung goetzpartners Management Consultants GmbH in Düsseldorf. Im Rahmen dieser Tätigkeit begleitete er zahlreiche Strategieprojekte bei Dienstleistungs-, Handels- und Logistikunternehmen. 2009 folgte dann der Wechsel in den Bereich Transaction Services der I-ADVISE AG, einer Wirtschaftsprüfungsgesellschaft mit Sitz in Düsseldorf. Dort war Herr Pasternack als Manager in verschiedenen finanz- und transaktionsorientierten Beratungsprojekten tätig. Seit 2011 ist er in seiner derzeitigen Funktion als kaufmännischer Leiter bei der vitronet Gruppe tätig. Im Jahr 2012 absolvierte er erfolgreich den Masterstudiengang „Mergers & Acquisitions" an der JurGrad – School of Tax and Business Law in Münster.

Stefan Täger, LL.M./Dipl. Kaufmann

Stefan Täger ist Senior Manager im Bereich Corporate Finance bei Deloitte & Touche in Hamburg und begleitet seit 2006 nationale wie internationale Unternehmenstransaktionen für Finanz- und strategische Investoren. Vor seiner Tätigkeit bei Deloitte & Touche war Herr Täger bei Ernst & Young im Bereich Transaction Advisory Services – unter anderem auch in Shanghai, China – beschäftigt. Nach Absolvierung der dualen Ausbildung zum Betriebswirt im Außenhandel studierte er Betriebswirtschaftslehre an der Universität Lüneburg mit dem Schwerpunkt Steuern und Wirtschaftsprüfung. In seinem jetzigen Tätigkeitsbereich befasst er sich im Wesentlichen mit der Durchführung von Financial Due Diligence-Projekten sowie der weiterführenden Beratung im Rahmen der finanziellen Kaufvertragsgestaltung und -verhandlung sowohl auf der Käufer- als auch der Verkäuferseite.